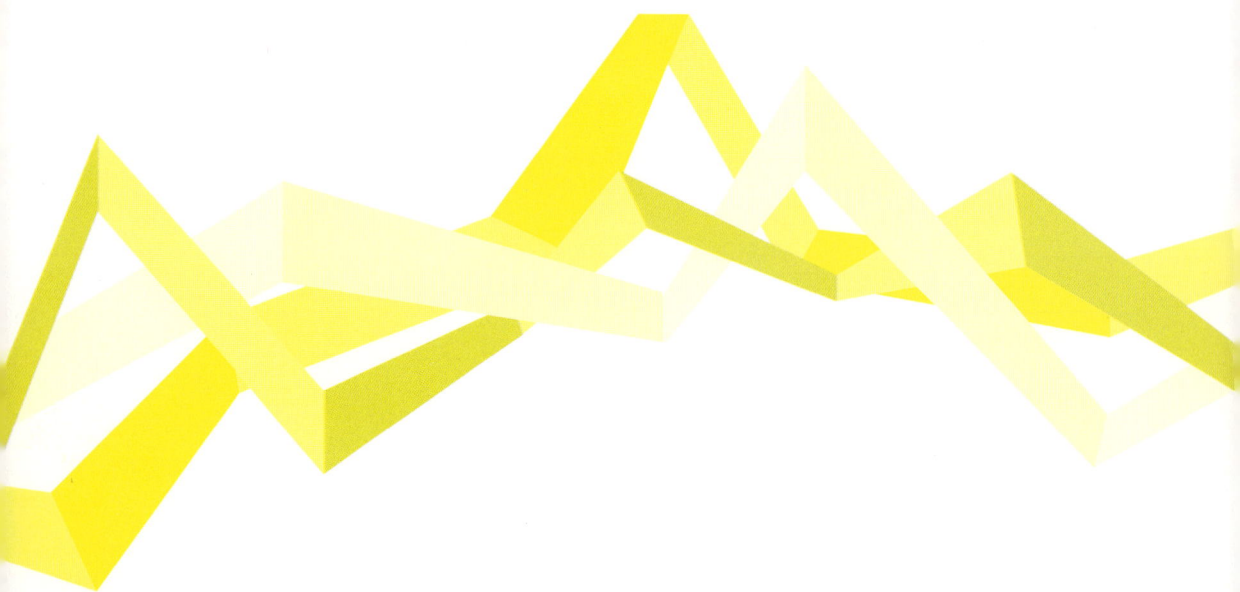

中国特色社会主义财税思考

A STUDY ON STATE FINANCE AND TAXATION

FROM THE PERSPECTIVE OF SOCIALISM

WITH THE CHINESE CHARACTERISTICS

邓力平·著

厦门大学出版社

XIAMEN UNIVERSITY PRESS 国家一级出版社
全国百佳图书出版单位

图书在版编目(CIP)数据

中国特色社会主义财税思考/邓力平著. —厦门:厦门大学出版社,2016.8
ISBN 978-7-5615-5918-5

Ⅰ.①中…　Ⅱ.①邓…　Ⅲ.①财政理论-研究-中国②税收理论-研究-中国
Ⅳ.①F812

中国版本图书馆 CIP 数据核字(2016)第 011842 号

出 版 人	蒋东明
策划编辑	宋文艳
责任编辑	江珏玙
装帧设计	李嘉彬
责任印制	朱　楷

出版发行 厦门大学出版社

社　　址	厦门市软件园二期望海路 39 号
邮政编码	361008
总 编 办	0592-2182177　0592-2181406(传真)
营销中心	0592-2184458　0592-2181365
网　　址	http://www.xmupress.com
邮　　箱	xmupress@126.com
印　　刷	厦门集大印刷厂

开本	720mm×1000mm　1/16
印张	19.75
插页	3
字数	340 千字
版次	2016 年 8 月第 1 版
印次	2016 年 8 月第 1 次印刷
定价	59.00 元

本书如有印装质量问题请直接寄承印厂调换

厦门大学出版社
微信二维码

厦门大学出版社
微博二维码

导　言

　　财政是以国家为主体的分配关系，税收是国家财政收入的主要来源，财政及作为其重要组成部分的税收（以下简称财税）是国家治理的基础和重要支柱，科学的财税体制是优化资源配置、维护市场统一、促进社会公平、实现国家长治久安的制度保障。 中国特色社会主义财税就是在中国特色社会主义旗帜的指引下不断形成的，既有一般国家财税的本质特征，又具有鲜明的中国特色，是笔者多年从事财税理论与实践研究的主要对象。 本书是根据笔者在我国经济社会发展新时期（主要是自 2012 年下半年以来）关于中国特色社会主义财税发展新特征提出的一些主要观点，并在笔者多年已经初步形成的理论体系框架内写作而成的。

　　自 1996 年回国以来，笔者始终坚持用中国特色社会主义理论与实践来指导对我国财税发展的研究，始终坚持从中国国情出发，始终根植于我国财税改革发展的实践，同时借鉴各国财税发展的前沿成果，努力探索对中国特色社会主义财税理论体系的构建。 在近 20 年的财税理论研究中，笔者持续地提出了一些在国内财税界或独具理论特色，或具有实践启示意义，或引起一定关注的观点与主张，逐步形成了自己对中国特色社会主义财税体系构建的基本判断。 回顾中华人民共和国成立 60 多年，特别是改革开放 30 多年来我国财税发展的历程，笔者始终认为，中国特色社会主义财税是一个伴随着中国特色社会主义理论与实践而与时俱进的动态发展体系。 经过多年探索，笔者于 2011 年提出了中国特色社会主义财税"四位一体"的分析框架，即中国特色社会主义财税应是国家财税、公共财税、发展财税与涉外财税的结合。 正是在这种认识的基础上，笔者于 2011 年 12 月在经济科学出版社出版了《中国特色社会主义财政："四位一体"的分析》一书。

　　从 2012 年年底到现在，三年多过去了。 在这期间，我们迎来了党的十八大的胜利召开，以习近平同志为总书记的党中央领导全国人民，继续高扬中国特色社会主义伟大旗帜，努力实现"两个一百年"的奋斗目标，全力推进中华民族伟大复兴的历史进程，国家经济社会发展又进入了一个新时期。党的十八届三中全会提出了全面深化改革的目标，党的十八届四中全会又提出了全面推进依法治国的目标，当前党中央又提出"四个全面"的战略布局，提出要认识、适应与引领经济发展新常态。 在这种充满生机、动态前进、与时俱进、不断丰富的中国特色社会主义发展进程中，我国财税发展也进入了一个新的发展阶段。 党的十八届三中全会提出的"深化财税体制改革，建立现代财政制度"的要求，党的十八届四中全会提出的"建立与完善现代法治财税"的构想，都为我国财税事业的发展提出了新的要求。 我国财政税务部门的同志们正在此要求的引领下，努力为中国特色社会主义财税事业的发展而奋斗。 也正是在这一时代进程中，作为财税理论工作者，笔者认真学习党的十八大、十八届三中和四中全会精神，认真领会习近平总书记的系列重要讲话精神，回顾改革开放以来我国财税的发展轨迹，同时展望全面深化改革目标与建立现代法治财税对我国财税发展的新要求，在原有对中国特色社会主义财税"四位一体"理论体系认识的基础上，将推动我国经济社会不断前行之"前进动力"的改革特性(包括法治特性)纳入对"中国独特财税路"的分析之中。 据此，笔者于2014年提出中国特色社会主义财税应该具有国家性、公共性、发展性、改革性与统筹性(涉外性)"五大特征"，换言之，就是国家财税、公共财税、发展财税、改革财税与统筹财税(涉外财税)的统一。

就在本书写作即将完稿之时，我们又迎来了党的十八届五中全会的召开，党中央在全会上提出的关于制定国民经济和社会发展第十三个五年规划的建议，是我们努力实现党确定的"两个一百年"奋斗目标的第一个百年奋斗目标的思想指南，是我们全面建成小康社会决胜阶段的行动纲领。 党中央按照"四个全面"的战略布局，开创性地提出了"创新、协调、绿色、开放、共享"的五大新发展理念，为我们在经济发展新常态和全面决胜新阶段的经济社会发展增添了新的指导思想。 站在2016年年初这个时点上，笔者再次认真学习了党的十八大以来党中央的一系列战略部署与工作要求，结合近年来我国财政税收战线在落实中央精神、应对复杂多变的国内外形势、努力开创中国特色社会主义财税发展新局面方面的一些新举措，又对本书所阐述的一些观点，在保持历史原貌的前提下，与时俱进地进行了必要的调整。笔者认为，自己对中国特色社会主义财税"五大特征"体系的归纳符合我国财税发展实际，既包含着对这一极具特色的中国财税发展道路的一般规律的认识，又在新条件下不断创新地朝前发展，增加新的动力元素与时代气息。

　　总之，根据上述这一立足中国国情、理论实际结合、动态发展、逐步成型的逻辑分析体系，本书将在"中国特色社会主义财税'五大特征'"的分析框架下展开。 在这框架中，笔者将对自己三年多来提出的主要观点与想法加以梳理、阐发与拓展。 动态上看，这些观点既延续着笔者20年来就我国社会主义财税发展所提出的基本思路，又伴随着在当前新时期下与时俱进的思考。 本书中将要阐述的观点有些是笔者长期酝酿而逐步形成的，有些则是根据变化的新形势首次提出并加以阐述的。 这些理论观点从不同侧面论证并支持着笔者对中国特色社会主义财税"五大特征"体系的认识。 这些观点中有的曾以论文形式发表过，有的则是在研讨会、论坛、讲座或教学培训的过程中形成的，它们都将在本书中重新梳理，都将在"五大特征"的框架内加以阐述。 站在今天的时点上，结合对中国特色社会主义财税发展伟大实践的回顾，对笔者一以贯之的理论思路和三年多来的新观点进行总结归纳与脉络梳理，有助于我们加深对中国特色社会主义财税发展的认识。 因此，摆在读者面前的这本《中国特色社会主义财税思考》，是《中国特色社会主义财政：" 四位一体" 的分析》的姐妹作，是笔者所提出的分析框架与主要观点在新时期中的运用、完善、拓展与延伸。

　　本书定名为"中国特色社会主义财税思考"，至少包含三层含义：一是"中国特色社会主义财税"，这既是本书的研究对象，又是作为一个特定体系加以研究的。 二是特别突出当前所处的"新时期"，强调本书的研究对象是中国特色社会主义财税发展的一个新阶段，即党的十八大以来我国财税的新发展。 书中所阐述的内容是笔者三年多来的研究成果，是在2011年出版的《中国特色社会主义财政：" 四位一体" 的分析》的基础上的再认识。 这种研究既有在中国特色社会主义财税发展一以贯之体系中的延续性，又突出这一研究的动态性。 三是"思考"，是一个初步的"研究"。 中国特色社会主义财税作为一个动态体系，对其规律的把握需要一个较长的时期，需要持续不断的实践佐证。 对这一体系在新时期中的发展，笔者的思考仅仅是一家之言，是自己在现阶段对中国特色社会主义财税发展的学习体会，展示的是笔者现有的初步结论与未来的前进方向，提出来供大家一起讨论。

　　具体说来，本书的特点主要有五。 一是"体系支撑"。 本书阐述的主要观点都是在中国特色社会主义财税"五大特征"体系中加以体现的，而且具有动态发展的特征，都是从不同侧面对基本体系的佐证与强化。 这一写作特点既符合中国特色社会主义财税改革发展的进程，也体现着笔者长期以来孜孜不倦的努力与持续提高的认识。 二是"观点导向"。 本书的主要章节体现的是笔者近年来的一些新认识。 这些观点表明，笔者在不断前行的中国特色社会主义财税发展进程中，始终结合当前的中国财税发展实践进行探索，所提出的一些基本观点都有机地融合或嵌入笔者倡导的"五大特征"分析体系中，当然有些方面可能论述相对较多，内容相对充实，而有些方面则相对较少，但从总体上看，所提出的观点以及这些观点所代表的思路都是笔者近期研究的重点。 三是"财税合一"。 本书将财政与税收一并加以研究，在新提出的"五大特征"框架中，对税收研究的比重还略多些。 四是"尊重历史"。 笔者在这三年多里提出的一些观点，都是在特定年份或特定条件下形成的见解。 因此，在本书的写作过程中，笔者既努力将自己原来提出的观点纳入本书框架来论述，同时对一些具有特殊时期标志与特定历史要求的表述，尽可能地保留原貌，从而既能体现笔者一以贯之的理论构思与发展脉络，又能给读者一个完整的体系判断与逐步演进的分析进程。 五是"与时俱进"。 由于中国特色社会主义进程（包括中国特色社会主义财税进程）始终是动态发展的，是我们在党的领导下，努力结合中国国情不断摸索前进、探寻规律、总结经验、奋力向前的发展进程，因此，我们在坚持基本原理与总体认识的前提下，还要不断地吸收新的理论营养，还要结合新的实践经验，还要回应新的时代要求，还要预见新的未来发展。 社会科学本来就是服务于社会实践的科学，社会实践发生的变化必然要反映到社会科学理论的构建中，前进中的中国社会科学更是如此。 因此，笔者的一些观点，或者是一些观点的前后表述，就体现着这样一种继往开来的特性，有的还需要做进一步的探讨。

　　本书除导言外，共 9 章 33 节，围绕中国特色社会主义财税"五大特征"而展开论述。 此外，还有两个附录，一个是笔者 2015 年 10 月 21 日应邀在江西省人大常委会"人大讲堂"上的讲座记录稿，题目是《中国特色社会主义财政与对新预算法的认识》。 另一个是笔者 2016 年 3 月 28 日撰写的就 30 年来两次编译出版《财政理论与实践》一书过程的回顾文章。 这两篇文章都从不同角度、不同侧面诠释了笔者对中国特色社会主义财税发展的动态认识过程，故也置于本书之中。

目　录

第一章

中国特色社会主义财税
"五大特征"基本框架

　　中国共产党第十八次全国代表大会开辟了中国特色社会主义发展的新时代。 以习近平同志为总书记的党中央提出了"两个一百年"的奋斗目标，也就是到 2021 年中国共产党成立 100 周年的"第一个一百年"时，全面建成小康社会；到 2049 年中华人民共和国成立 100 周年的"第二个一百年"时，建成一个富强、民主、文明、和谐的社会主义现代化强国，最终实现中华民族的伟大复兴。 这一伟大进程的具体表现是国家富强、民族振兴、人民幸福，实现途径是走中国特色的社会主义道路、坚持中国特色社会主义理论体系、弘扬民族精神、凝聚中国力量，实施手段是努力实现政治建设、经济建设、文化建设、社会建设与生态文明建设的"五位一体"总体布局。

　　中国特色社会主义财政税收，作为中国特色社会主义的重要组成部分，在这一特定的历史时期内，就是要紧扣时代脉搏，对接时代要求，始终不断地为实现"两个一百年"的奋斗目标而努力，同时又要全面加强中国特色财税的建设，实现自身发展的现代化。 党的十八大以来我国的财税实践正是这一进程的深刻体现。 党的十八届三中全会通过的《中共中央关于全面深化改革若干重大问题的决定》（以下简称为十八届三中全会的《决定》）将"深化财税体制改革，建立现代财政制度"作为"完善和发展中国特色社会主义制度，推进国家治理体系和治理能力现代化"的组成部分来考虑，将中国特色社会主义财税建设推向了一个全新的阶段。 党的十八届四中全会通过了《中共中央关于全面推进依法治国若干重大问题的决定》（以下简称为十八届四中全会的《决定》），提出了全面推进依法治国的要求，为中国特色社会主义财税的发展提出了法治建设方面的要求，建设法治财政与法治税收成为这一时期我国财税的又一鲜明标志。 在当前决胜全面建成小康社会的新时期，党中央又提出了协调推进全面建成小康社会、全面深化改革、全面依法治国、全面从严治党的"四个全面"战略布局，提出认识、适应与引领我国经济社会发展的新常态，在新的历史条件下持续地推动指引着我国财税的新发展。党的十八届五中全会通过的《中共中央关于制定国民经济和社会发展第十三个五年规划的建议》（以下简称为十八届五中全会的《建议》）又进一步提出，必须牢固树立并切实贯彻"创新、协调、绿色、开放、共享"的五大发展理念，在新发展理念的引领下，加快中国特色社会主义财税的发展，加快建立健全现代财税制度，为实现"十三五"时期全面建成小康社会的伟大目标做出应有的贡献。因此，党的十八大以来的进程，是中国特色社会主义发展进程中极其重要的阶段，同样也是我国财税在新时期不断发展的过程，为我们研究中国特色社会主义财税发展的理论体系提供了坚实的实践基础。

在过去三年多的时间里，笔者始终努力把握党的十八大、十八届三中全会、十八届四中全会、十八届五中全会的精神，学习领会习近平总书记的系列重要讲话精神，全面理解党中央对我国财税发展的新要求，着重关注中国特色社会主义财税在新形势下的发展特点，持续地根据变化的情况研究"中国独特财税路"发展的一般规律与时代特点，从而较系统地形成了自己对中国特色社会主义财税发展"五大特征"分析体系的基本判断与时代表述。

第一节 对中国特色社会主义财税的理解

中国特色社会主义财政税收，就是要体现中国特色社会主义道路、制度、理论对财税发展的基本要求，体现在党的领导下，全国人民努力实现全面建成小康社会和实现中华民族伟大复兴"中国梦"宏伟目标的基本要求。当我们对中国特色社会主义充满道路自信、理论自信和制度自信时，同样应对中国特色社会主义财税的发展充满道路自信、理论自信与制度自信。

回顾改革开放以来我国财税的发展历程，可以判定，中国特色社会主义财税是一个伴随着中国特色社会主义发展实践而与时俱进、丰富完善的动态体系，是中国特色社会主义事业的重要组成部分。我们从事的事业是中国特色社会主义，所对应的财税就必然是中国特色社会主义的财税。因此，用"中国特色社会主义财税"来描述我国财税的本质特征，或者说来归纳对我国财税发展的基本要求，应该说是历史的期盼与时代的必然，是一种正确的选择。

改革开放以来，笔者和国内财税理论界同人一道，一直坚持对中国特色社会主义财税分析框架与主要特征的探索。1996年回国后，笔者认定的研究方向就是努力从"共性"与"个性"、"一般"与"特殊"相结合的角度来认识中国财税的发展进程与基本特征。所谓"共性"或"一般"，强调的就是我国财政与税收，应该和世界上其他国家的财政税收一样，体现着现代国家对财政税收的一般要求，体现着现代国家对财政税收职能发挥的主要期待，而当我们采用市场经济作为主要资源配置方式后，也必须体现着现代市场经济资源配置方式对财税发展形式的基本要求。而所谓"个性"或"特殊"，强调的就是对于任何特定国家，一定还要考虑该国特定的国情、国体政体、发展阶段、对所选择资源配置方式的把握与运用、对外开放的程度等独特因素，来理解特定国家财税的发展进程，来揭示特定国家财税的主要特征。笔者始终认为，在我国社会主义制度不断自我调整、自我完善的整个改革开放进程中，当我们把马克思列宁主义基本原理的共性要求与中国具体国情、特定要求、特定阶段特征等相结合时，当我们将坚持社会主义方向与采用现代市场经济配置方式相结合时，产生的就是伟大的中国特色社会主义的理论与实践。而当我们用中国特色社会主义旗帜来指导我国的财税发展，以共性与特殊相结合的研究思路来看待我国财税之发展时，必然也会逐步形成中国特色社会主义的财税，必然也会产生无愧于时代的我国财税理论体系与实践运作。

坚定并始终沿着这样一种基本思路，笔者首先从对我国财政发展基本特征的把握入手来探讨当今中国财税发展的独特之路。笔者（2000）明确指出，无论采用什么样的资源配置方式，财政都首先应具有国家财政的属性，社会主义中国的财政应该首先是社会主义的国家财政；同时，在坚持社会主义方向下推进市场经济改革，就必须把握国家财政在市场机制条件下的表现形式。换言之，我们应该采纳市场经济所要求的公共财政作为我国财政发展与改革的方向，但是我们提出的公共财政，应该是"社会主义公共财政"。这一提法的基本启示是，中国特色社会主义财政首先应该是"国家财政与公共财政的统一"。即使我们在特定的发展阶段中，在"财政"一词前面特定地加上了"公共"二字，形成了"公共财政"的特殊提法并赋予其特定的改革含义,我们也始终不能忘记,财政在任何时候首先都是国家的财政,在任何条件下,国家财政都是前提与基础,社会主义的国家财政永远是我国财政的首要特征,而当时笔者关于"社会主义公共财政"的提法,强调的就是社会主义条件下国家财政与公共财政的结合,而不是公共财政对国家财政的替代,是在坚持社会主义国体政体与逐步完善市场经济体系的结合中,国家财政与公共财政的统一。 而将这一认识延伸到税收领域时,笔者相对应的观点就是,必须始终坚持我国税收的国家性,始终坚持我国税收所体现的社会主义国家特征,始终在坚持社会主义道路与探索国家税收职能的前提下认识我国税收所具有的强制性、无偿性与固定性的基本特征,并在我们采用市场经济作为主要资源配置方式的条件下,在我国提出要构建与公共财政相适应的税收制度的进程中,始终坚持国家税收与公共税收的结合,并据此提出了正确认识现代市场经济及其对应的公共财政表现形式下税收基本特征的观点。

笔者(2010)又提出,在充分考虑我国依然并将长期处在社会主义初级阶段的现实条件下,我们不但要考虑体现市场经济要求的公共财政属性,还要考虑与经济发展水平和经济发展需要相关的"发展财政"问题。 简言之,笔者特别倡导的发展财政理念,强调的就是在我国仍然处在社会主义初级阶段但又面临经济社会快速发展的条件下,我国财政既要发挥促进国家经济社会发展的"独特作用",又要充分考虑发展中大国之国情对我国财政发挥作用的"国情制约"。 笔者强调的是,在中国特色社会主义发展的现阶段,一方面,当我们选择了市场经济作为主要的资源配置方式与基本的运行机制,我们就必须充分考虑公共财政的要求;而另一方面,当发展仍然是我国经济社会前进所必须完成的第一要务时,我们就必须充分认识发展财政存在的必然性。 因此,提出发展财政的理念,就是要强调在坚持国家财政的前提下,正确地认识与把握公共财政与发展财政的关系,这是在相当长一个历史阶段中我国财政要着重处理的最重要的关系。 正是基于这一认识,笔者提出了理解中国特色社会主义财政的内涵可以从三个角度入手的观点,即我国财政应该是"国家财政、公共财政与发展财政"的统一。 依据同样的判断,笔者也坚持必须认真研究社会主义初级阶段基本国情对我国税收发展、税制设置、税制改革、税收政策与税收征管等的影响与制约,明确地提出了在初级阶段条件下我国税收在使用上依然可以用于发展的判断。 这里强调的基本观点是,税收在"主要"用于公共产品与服务的提供,即首先应具有公共性的前提下，还应该适当地用于促进经济社会发展，即税收应该具有发展性。据此，笔者也初步形成了现阶段我国税收应该同时是"国家税收、公共税收与发展税收"结合的基本观点。

笔者(2011a)在坚持我国财政首先是社会主义国家财政的前提下，系统梳理了自己对公共财政与发展财政两者辩证关系的基本观点，并将对外开放条件下我国财政所具有的"统筹财政(涉外财政)"运行特征纳入考虑。笔者提出，在经济全球化与世界多极化的条件下，我们还应该在服务于国内外两个大局的视野中来看待我国财政的发展问题，提出了要构建能使国家利益最大化并能逐步更加关注国际问题的主权国家财政的基本判断。在此基础上，笔者首次尝试提出了中国特色社会主义财政"四位一体"的分析框架，即认为应该从"基本制度、运行机制、所处阶段、涉外程度"这四个方面来把握我国当代财政的特征。对于"坚持了社会主义、拿来了市场经济、仍处在初级阶段、参与了全球进程"的中国来说，中国特色社会主义财政应是国家财政、公共财政、发展财政与统筹财政(涉外财政)的结合。基于同样的分析思路，结合自己多年来对国家"涉外税收"("国际税收")的理解与研究，特别是分析了在提升我国开放型经济发展水平、参与经济全球化进程、统筹国内外两个大局等新要求下的税收作用后，笔者同样强调要从影响我国税收发展的四个重要特征来把握税收发展，提出中国特色社会主义税收应该是国家税收、公共税收、发展税收与统筹税收(涉外税收)的统一。

党的十八大以后，通过认真学习十八大与十八届三中全会精神，认真领会习近平总书记系列重要讲话精神，系统回顾改革开放以来我国财政税收的发展轨迹，同时展望全面深化改革目标对财税发展之"深化财税体制改革、建立现代财政制度"的新要求，笔者进一步认为，有必要将推动我国经济社会不断前行之"发展动力"的改革特性纳入我们对"中国独特财政路"、"中国独特税收路"的分析之中。所谓"发展动力"，主要强调的是推动国家财税体制完善、成熟与成型的内在力量。改革开放是党在新的时代条件下带领人民进行的新的伟大革命。习近平总书记明确指出，"改革开放是决定当代中国命运的关键一招，也是决定实现'两个一百年'奋斗目标、实现中华民族伟大复兴的关键一招"。我国过去30多年经济社会快速发展所取得的成就靠的是改革开放提供的强大动力，我国社会主义财税在这一进程中发挥作用靠的也是不断深化财税体制改革提供的强大动力；同样，我国未来发展也必须坚定不移地依靠改革开放，我国财税事业的继续前行也一样需要靠全面深化财税体制改革持续提供前进动能。从这一基点出发，笔者认为，在当前以及可以预见的一段时期中，我们必须充分认识我国财税所应具有的改革性这一重要特质，或者说我们应该认识到现阶段我国财税应该是一种改革财政、一种改革税收。简言之，我们应该把我国财税在当前发展中呈现出的改革因素列为当代中国特色社会主义财税的重要基本特征之一。

党的十八届四中全会召开后，笔者进一步学习体会了党的十八届四中全会提出的全面推进依法治国的新要求，同样也认识到在中国特色社会主义法治建设进程中，我们同样应该加强和重视法治财政、法治税收的建设问题，这也是当前我国财税的重要特征。从广义上说，努力建设法治财政与法治税收，是深化财税体制改革、建立现代财政制度的内在必然要求与重要组成部分，因此，我国财税所具有的改革性特征，同样也包含着对现代财税法治性的要求。

综上，笔者（2014a）尝试提出，对于中国特色社会主义财税的内涵，可以从影响我国财税发展的"基本制度、运行机制、所处阶段、发展动力、涉外程度"这五个方面或五大因素来把握。换言之，中国特色社会主义道路至少具有五个重要特征，即"坚持了社会主义、用好了市场经济、仍处在初级阶段、持续着改革能量、参与了全球进程"，与此相对应，中国特色社会主义财政就应该具有国家性、公共性、发展性、改革性与统筹性"五大特征"，用我们大家都比较熟悉的术语来表达，就是国家财政、公共财政、发展财政、改革财政与统筹财政的统一。同理，中国特色社会主义税收就具有国家性、公共性、发展性、改革性与统筹性"五大特征"，就是国家税收、公共税收、发展税收、改革税收与统筹税收的统一。简言之，这就是理解中国特色社会主义财税的"五大特征"理论框架或逻辑体系。

站在 2016 年年初的时点上，笔者在认真学习领会党的十八届五中全会精神和"创新、协调、绿色、开放、共享"的新发展理念后，结合近年来我国财税部门在落实中央精神、努力开创财税发展新局面方面所做的新举措与体现的新特点，再次对笔者提出的中国特色社会主义财税"五大特征"体系进行了思考与总结。笔者的总体判断是，自己对中国特色社会主义财税"五大特征"体系的归纳是符合我国财税发展实际的，我们既要坚持对中国特色财税发展一般规律的认识，又要在新的历史条件下不断创新地朝前发展，顺应时代的要求，特别是顺应新发展理念的要求，研究在新常态下我国财税发展的新规律，用新发展理念来引领财税工作，推进财税建设；既要在全面建成小康社会决胜阶段中发挥财税应有的作用，又要和全国其他战线一道，努力同步实现我国财税现代化发展全面决胜阶段的胜利。

第二节 "坚持方向、把握本质"：中国财税的国家性

中国特色社会主义财税的国家性，是与我国社会主义的国体政体、基本制度相联系的。笔者始终认为，说我国财政与税收是社会主义的国家财政与国家税收，主要强调的就是前后递进、相互联系的两句话。第一句话是，我们要始终坚持我国财税的社会主义性质；第二句话是，我们要始终发挥国家财政与国家税收的基本职能，并努力探寻这些重要职能在特定阶段与特定时期的表现形式。

一、坚持我国财税的社会主义性质

坚持我国财税的社会主义性质，就是要坚持我国社会主义国家的国体政体与基本制度对财税发展的基本要求，就是要坚持中国特色社会主义道路、理论与制度对我国财税发展的决定性与引领性作用。

党的十八大报告中提出："道路关乎党的命脉，关乎国家前途、民族命运、人民幸福。在中国这样一个经济文化十分落后的国家探索民族复兴道路，是极为艰巨的任务。九十多年来，我们党紧紧依靠人民，把马克思主义基本原理同中国实际和时代特征结合起来，独立自主走自己的路，历经千辛万苦，付出各种代价，取得革命建设改革伟大胜利，开创和发展了中国特色社会主义，从根本上改变了中国人民和中华民族的前途命运。"十八届三中全会的《决定》明确指出："坚持党的领导，贯彻党的基本路线，不走封闭僵化的老路，不走改旗易帜的邪路，坚定走中国特色社会主义道路。"从这个基本判断出发，我们讲的坚持我国财税的社会主义性质，就是要体现我国财税与社会主义国家基本制度的本质联系，就是要体现我国财税与国家国体政体的本质联系，就是要体现我国财税与符合国情的我国基本公共选择制度的本质联系，就是要始终把握中国特色社会主义道路与制度对我国财税发展改革的基本要求。多年来，笔者始终坚持并大声疾呼，对中国财税的研究，不论在何种条件下，不论从何种角度入手，不论客观条件发生了何种变

化，坚持我国财税社会主义性质这一点始终不能变。在当前面临错综复杂的国内外形势下，我们对于这一点必须给予特别的重视，来不得半点含糊与动摇。在多年来撰写的论文与专著中，笔者都旗帜鲜明地表达了这一基本立场。这里结合对习近平总书记系列重要讲话精神的学习再谈一些体会。

党的十八大以来，以习近平同志为总书记的党中央更加突出强调了对中国特色社会主义的坚持与发展。在《习近平谈治国理政》一书中，在所涉及的18个重要方面中，摆在首位的就是"坚持和发展中国特色社会主义"。2013年1月5日，习近平总书记在中央党校对新进中央委员会的委员、候补委员学习贯彻党的十八大精神研讨班上重点讲了"毫不动摇坚持和发展中国特色社会主义"，当时笔者正在中央党校省部级领导干部研讨班学习，有幸在现场聆听习近平总书记的重要讲话，更加坚定了自己对我国财税发展重要方向与道路问题的理解与判断。

其一，我们要认真学习与领会习近平总书记在系列重要讲话中对"中国特色社会主义道路"的归纳。习近平总书记2012年11月7日在十八届中央政治局第一次集体学习时就明确指出："中国特色社会主义道路，是实现我国社会主义现代化的必由之路，是创造人民美好生活的必由之路。"习近平总书记2013年1月5日在中央党校所做的报告中进一步指出："道路问题是关系党的事业兴衰成败第一位的问题，道路就是党的生命。中国特色社会主义，是科学社会主义理论逻辑和中国社会发展历史逻辑的辩证统一，是根植于中国大地、反映中国人民意愿、适应中国和时代发展进步要求的科学社会主义，是全面建成小康社会、加快推进社会主义现代化、实现中华民族伟大复兴的必由之路。"通过认真学习这些重要论述，笔者认为，中国特色社会主义道路对国家财税的要求，就是坚持党对国家财税工作的领导，就是坚持基本国情对国家财税的要求，就是坚持国家财税要为经济建设中心服务，就是坚持社会主义制度和"两个一百年"奋斗目标对国家财税的基本要求。必须指出，这些理解与要求都不是空洞的，都有着实实在在的内涵，我们始终必须在我国财税的发展实践中深刻认识，内化于心、外化于行，落实到位。

其二，我们要认真学习与领会习近平总书记在系列重要讲话中对"中国特色社会主义理论体系"的归纳。习近平总书记2012年11月7日在十八届中央政治局第一次集体学习时就明确指出，"中国特色社会主义理论体系，是马克思主义中国化最新成果，包括邓小平理论、'三个代表'重要思想、科学发展观，同马克思列宁主义、毛泽东思想是坚持、发展和继承、创新的关系"，"在当代中国，坚持中国特色社会主义理论体系，就是真正坚持马克思主义"。 笔者认为，要认真理解中国特色社会主义理论体系对建设我国财税理论体系的指导意义，至少有两点是必须铭记的。 一是作为国家财税实践的指导依据，我们要努力构建中国特色社会主义财税的理论体系，而这一理论体系的发展方向必须符合中国特色社会主义基本理论的要求，在这方面，是不可以有其他什么主义的，是不可以被西方资本主义的基本经济理论与所谓"普世价值"所左右的。 从马克思主义开始的基本科学社会主义经济与财税理论不能丢，丢了我们就会偏离方向。 二是在我国财税理论体系的构建中，我们要始终把握"坚持与发展"、"继承与创新"的原则，既要坚持马克思主义基本原理等对构建新时期财税理论的方向指引，又要以我国改革开放和现代化建设中的财税发展为研究对象，着眼于基本理论的运用，着眼于新的实践与发展。 例如，我们既要坚持"经济财税观"是马克思主义再生产理论与我国社会主义制度性和体制性安排结合的产物，对此应该坚信不疑，同时又要根据不断变化的我国经济社会发展实践，根据经济发展新常态的要求，探索实现经济财税观的新表现形式。 笔者认为，坚持了上面这些基本观点，我们就能对中国特色社会主义财税理论体系的存在、发展与作用，始终同样充满真正的理论自信。

其三，我们要认真学习与领会习近平总书记在系列重要讲话中对"中国特色社会主义制度"的归纳。 习近平总书记2012年11月7日在十八届中央政治局第一次集体学习时是这样描述的："中国特色社会主义制度，坚持把根本政治制度、基本政治制度同基本经济制度以及各方面体制机制等具体制度有机结合起来，坚持把国家层面民主制度同基层民主制度有机结合起来，坚持把党的领导、人民当家做主、依法治国有机结合起来，符合我国国情，集中体现了中国特色社会主义的特点和优势，是中国发展进步的根本制度保障。"应该说，中国特色社会主义基本制度体系对国家财税活动的要求是明确的。 对于国家财税活动而言，首先要考虑的是对根本政治制度的服从（财税接受人大的法律监督），对基本政治制度的顺应（财税接受政协的民主监督），对基本经济制度的体现（公有制为主体，多种所有制经济共同发展体制下国家财税之职能的发挥），对具体体制要求的回应（在市场经济体制下努力体现公共财税的改革方向），等等。 再如，社会主义市场经济与民主政治的统一，要求我国财税在市场经济条件下推行公共财税改革方向时，必须同时探寻符合我国社会主义民主政治道路的、财税活动必须依托的公共选择制度，必须坚持中国特色社会主义政治发展道路，也就是"坚持党的领导、人民当家做主、依法治国"的有机统一，而绝不能是西方国家的政治发展道路和西方国家财税所依托的公共选择制度。

其四，我们要认真学习与领会习近平总书记关于坚持在中国特色社会主义制度的前提下推进国家治理体系与治理能力现代化的重要指示精神。习近平总书记2014年2月17日在省部级主要领导干部学习贯彻十八届三中全会精神全面深化改革专题研讨班上明确指出："推进国家治理体系和治理能力现代化，必须完整理解与把握全面深化改革的总目标，这是两句话组成的一个整体，即完善和发展中国特色社会主义制度、推进国家治理体系和治理能力现代化。我们的方向就是中国特色社会主义道路。"习近平总书记这里讲的上半句与下半句是一个有机整体，强调只有"完善和发展中国特色社会主义制度"，才能顺利推进"国家治理体系和治理能力现代化"，这对我们把握新中国成立以来的国家财税发展，把握在新时期推进中国特色现代财税制度的建立有着重要指导意义。习近平总书记在2013年1月5日的讲话中还明确指出，"我们党领导人民进行社会主义建设，有改革开放前和改革开放后两个历史时期，这是两个相互联系又有重大区别的时期，但本质上都是我们党领导人民进行社会主义建设的实践探索"，"不能用改革开放后的历史时期否定改革开放前的历史时期，也不能用改革开放前的历史时期否定改革开放后的历史时期"。习近平总书记讲的改革开放前后两个时期的"不能相互否定"，所强调的有些东西我们坚决要改，而有些东西我们一定不能改，这对我们认真看待我国社会主义建设的发展进程是有着重要指导意义的。运用这些观点来看待我国财税在改革开放前后两个阶段的发展历程，结论是很清楚的，对我们理解在继承和创新的统一中建设中国特色社会主义财税事业，其指导意义是巨大的。笔者认为，现代财政制度建设与科学财税制度的建立，都是在中国特色社会主义前提下，国家财税发展在新时代的表现形式。在这构建过程中，我们既要坚持那些改革开放前后都始终存在、体现财税国家性要求的内容，又要坚定不移地推进财税体制改革，这就是对我国财税发展社会主义方向的坚持。

二、坚持我国财政税收的国家职能要求

发挥国家财税的基本职能,就是要发挥财税为国家富强、民族振兴与人民幸福所必须起的重要作用。 十八届三中全会的《决定》明确指出:"财政是国家治理的基础和重要支柱,科学的财税体制是优化资源配置、维护市场统一、促进社会公平、实现国家长治久安的制度保障。"这是对国家财政税收职能的最高表述,是新时期国家对财政税收职能作用发挥的最新要求。在新历史起点上将财政同"推进国家治理体系和治理能力现代化"紧密联系起来,是在新历史条件下对我们多年坚持的国家财政与国家税收理论的最高肯定与褒奖。

多年来,笔者坚持这样的基本观点:国家财政从来都是国家为了满足国家(政府)职能的实现而参与社会产品或国民收入分配的政府活动;国家税收从来都是国家财政的重要组成部分,具有鲜明的国家主体行为特征。 笔者关于国家财政与国家税收的这些基本观点,并没有因为市场经济资源配置方式的引入而发生改变。 但笔者也从来坚持继承与创新的结合,即我们需要研究的是不变之本质与变动之现象的关系,需要研究的是国家财税在市场经济条件下与特定国情中的特定表现形式。 站在今天迈向"两个一百年"新时期的时点上来看问题,就是要研究国家财税在国家治理现代化与中华民族伟大复兴进程中更好地发挥职能作用的形式。

笔者倾向于从国家财政的基本职能("配置、分配、稳定")、国家财政的奋斗目标("稳固、平衡、强大")与国家财政的实现方法("生财、聚财、用财")这三个方面,去理解我国国家财政在当前国情阶段等条件下的基本特征。 对于国家税收,笔者长期坚持对其强制性、无偿性、固定性这"三性"在市场经济条件下新表现形式的把握。 而今,我们必须把对国家财税基本特征的这些认识放在全面深化改革与全面依法治国进程中来加以考察,要研究哪些形式必须坚持,哪些形式可以完善,哪些形式应该加以拓展。

其一,关于对"配置、分配、稳定"的国家财政职能的理解。 国家财政具有配置职能、分配职能与稳定职能,这是一般财政学界公认的观点,但我们必须将其放在特定国情、特定配置方式与特定发展阶段等具体背景下去考察。

国家财政的配置职能,强调的就是财政在资源配置机制中的地位与作

用。 对于市场经济条件下国家财政的配置职能，笔者将其归纳为比较通俗易懂的三句话：第一句话是"财政要支持市场为主去配置资源"，第二句话是"财政也有配置部分资源的资格"，第三句话是"财政在配置那部分资源的时候也要讲效率"。 这三句依次递进的话所表达的基本含义是，既然讲的是财政的"配置"职能，就必须与不同的资源配置方式相联系。 在市场经济条件下，财政配置职能的首要体现，就是要支持市场作为主要的资源配置方式，就是要体现以"供求决定、价格导向"为主要特征的市场机制对资源的配置作用。 与此同时，在我们承认市场经济是人类社会迄今为止最有效、最可行的资源配置方式时，也要看到市场将长期地存在各种失灵现象，看到政府发挥有效作用的必要性；说政府（财政）也有配置部分资源的资格，强调的主要就是对公共产品与服务的提供，这里的两个关键词是"资格"与"部分"。 进而，市场机制配置资源时考虑的主要是效率，而财政既然动用了部分资源，就必须同样按照市场经济要求来讲究配置效率，这就是"也"字的含义，其结论就是我们今天都熟悉的"绩效财政"理念。

国家财政的分配职能，强调的就是财政在维护社会公平公正方面的作用。 笔者始终认为，只要我们坚持社会主义方向，坚持将广大人民群众的共同富裕和根本利益作为执政为民的宗旨，在市场经济条件下，财政就必须发挥职能来促进社会公平公正的实现。 市场经济从本质上说强调的是效率，市场经济从来就不相信结果的公平。 但是，社会必须强调公正，政府（财政）必须发挥作用。 从这一意义上看，财政分配职能在市场经济条件下的发挥至少要注意三个方面：一是对公平的注重要适应市场经济机制运行规律，要处理好效率与公平的关系；二是始终不能忘记市场经济失灵会导致贫富悬殊，因此，财政必须通过分配与再分配形式来保障基本、注重公平，努力解决社会分配问题；三是这种促进公平公正的形式要注重同市场经济的要求相衔接，所提供的公共产品与服务要能具备维护基本、惠及大众、守住底线、保障民生的基本导向。

国家财政的稳定职能，讲的就是财政政策，就是宏观调控。 在不同的资源配置方式下，稳定职能的目标与实施手段都会有所不同。 在市场经济条件下，财政就是在坚持市场为主配置资源的前提下，根据变化的形势，通过扩张性或紧缩性相机财政政策的运用来熨平经济周期，促进经济发展，保持宏观稳定。 改革开放以来，我国在积极（扩张性）财政政策与稳健（中性）财政政策的相机运用中，已经摸索出与市场经济机制比较适应的政策组合，同时在比较频繁使用积极财政政策的过程中,努力注意对财政风险的防控,努力寻求各种可行的财政政策措施。

其二,关于对"稳固、平衡、强大"的国家财政目标的理解。 建立一个"稳固、平衡、强大"的国家财政,是几代中国财政人为之奋斗、不断追求的目标,并在不同阶段中根据变化的形势被赋予许多新的内涵。 在迈向市场经济的进程中,我们在把握"构建稳固、平衡、强大的国家财政"与"建设与市场经济相适应的公共财政框架"这两个目标的关系上,不断探索,收获了不少有益的经验。

纵观已有经验,对"稳固、平衡、强大"的国家财政目标的把握主要有四。 一是要在"经济蛋糕"不断做大的前提下做大"财政蛋糕",国家财政的"稳固、平衡、强大",就是要求财政要有足够的能力来完成国家赋予的各项任务,来履行财政的配置、分配与调控等基本职能,努力形成尽可能雄厚的财政实力,这是一个国家强大、稳定、安全的重要体现。 二是必须认识到"稳固、平衡、强大"是一个在发展进程中不断提炼与调整的目标。在我国财政发展过程中,我们首先始终强调的是财政的"稳固"与"平衡",进入新世纪后又提出了"强大"的要求,从而形成了今天的"稳固、平衡、强大"的奋斗目标。 三是要始终探索市场经济条件下"稳固、平衡、强大"财政目标所具有的新内涵,既要尊重与支持市场为主的资源配置方式,又要保持一个强大而有力的财政力量来履行财政的部分配置职能,提供公共产品,促进公平公正,实施有效调控。 四是要理解"稳固、平衡、强大"财政目标三个组成部分的内在联系。 稳固与强大主要强调的是财政与国家的密切联系;而平衡,在我们比较经常地使用积极财政政策的时候,必须特别关注。 笔者一贯坚持,在把握"稳固"与"强大"的重要性的同时,还要加深对"平衡"目标的理解,简言之,就是要把握"短期赤字财政政策运用"与"长期财政平衡地位"之间的辩证关系,要在正确的财政平衡观的指导下使用好赤字财政手段,使之有利于财政地位的持续稳固与财政实力的持续强大。

其三,关于对"生财、聚财、用财"国家财政实现方法的理解。 笔者多年来借用"三财之道"古训来说明国家财政的实现方法。 所谓"生财",讲的是在经济发展前提下做大收入蛋糕的问题,是从国民经济大蛋糕"切"出一定份额的问题;所谓"聚财",讲的是从经济蛋糕中"如何切"、如何实现财政收入的形成与规模的确定问题;而所谓"用财",讲的是通过财政支出来体现财政对经济的反作用问题。 这些对国民经济与国家财政、财政发展与财政运用等方面的通俗表述，对我们理解国家财政的实现方法以及相关方式都有深刻的启示意义。

从我国财政的实践看，对于"三财之道"应从四个方面加以把握。 一是要在特定条件与国情背景下来理解"三财之道"。 在任何条件下，财政蛋糕的做大、切分和共享，都需要从我国的制度性安排和初级阶段国情出发。二是从我们比较经常运用积极财政政策的现实出发，"三财之道"的重点首先是"用财"，要特别注重通过财政支出来体现财政的配置、分配与稳定职能，来把握好发展与民生、短期与长期等一系列重要关系。 三是在当前"用财"功能需要得到充分发挥的时候，要特别注重"用财"与"生财、聚财"的协调与并行。 四是在讲"三财之道"时，还要关注这一国家财政实现方法的前后关联性。 要讲"生财"与"养财"的结合，即做大财政蛋糕，首先要做大经济蛋糕，做大企业蛋糕，讲的是只有"养"好了财，才可能"生"出财来。 同理，也要关注"用财"与"管财"的关系，既要用好财，还要能通过依法有效监督、提高使用绩效等方法来最大限度地发挥国家财政的职能作用。

其四，关于在市场经济条件下对国家税收"三性"的认识。 市场经济条件下的税收，无疑同样具有税收"三性"，这是税收的本质与共性所决定的。 那种认为市场经济是交换经济，认为对税收应当基于契约关系、个人自由、产权至上等自由主义理念而展开，因此税收的强制性、无偿性和固定性就不应或不必强调的观点，是不可以接受的。 当然，我们也应考虑税收"三性"在市场经济条件下的特殊表现形式。

就税收的强制性而言，毫无疑问，只要我们坚持国家税收与公共税收（服务税收）的辩证关系，就应该承认，在市场经济条件下政府仍然首先是凭借政治权力依法征税，作为公民就是应该依法纳税。 不应简单地把主要基于税收强制性的所谓"管制性"税收视为市场经济条件下服务税收的对立面，甚至对其加以批判，从而引起思想混乱。

就税收的无偿性而言，税收无偿性的相对性特点在任何资源配置方式下都是成立的，市场经济条件下也不例外。 市场经济条件下特别强调的是政府获取税收后提供社会必需的公共产品与服务，最终是纳税人获得利益，纳税人先缴了税，最后获得的是公共产品提供的回报。 有些学者因此认为从政府提供公共产品的角度分析，税收就不再是无偿的了，这种观点是片面的。 在市场经济条件下，税收对于纳税个体来讲仍然不存在直接偿还性，即每个纳税个体缴纳税负的多少和其从政府提供的公共产品中获取收益的大小，不存在一一对应的补偿关系。 强调税收对单个纳税人的无偿性，对于强化纳税人依法纳税的意识十分重要；同理，强调税收对纳税人总体的有偿性（就提供公共产品与服务而言），有利于强化政府为纳税人提供优质服务的理念。 这就是我们倡导的国家税收与服务税收的辩证统一，其本质就是"个体无偿"与"整体有偿"的有机结合。

在法治经济下，税收是依据税收法规的形式征收的，只要严格依法行事，税收的固定性是有保障的。 有的学者认为，在市场经济条件下，随着社会经济状况的变化，税收的内容也不断发生变化，故不应过分强调税收的固定性。 这种观点也是片面的，这是因为因法律稳定性而体现出来的税收固定性和与时俱进地调整税收内容没有矛盾，市场经济条件下经济的持续发展，使得税收更加成为一种充满活力的主要财源。

三、在新时期中坚持社会主义的国家财税观

三年多来，笔者持续地思考中国特色社会主义财税国家性在新时期的表现形式。 通过认真学习党的十八大精神，结合对我国财税新实践的把握，笔者更加坚定了对社会主义国家财税观的认识，围绕"坚持方向、把握职能"这两个方面提出了一些新观点，这就是本书第二章与第三章要重点论述的内容，这里点个题。

其一，在认识与坚持我国财税的社会主义性质方面，笔者表达了三个基本观点。 一是在全国喜迎党的十八大召开前夕，笔者通过对国际政治形势的分析，提出了在错综复杂的国际形势条件下坚持我国财政发展方向的基本问题。 二是在党的十八大召开后，笔者围绕"同心共筑中国梦"的要求，撰写了《共筑"中国梦"的财税思考》一文，阐述了在新形势下对坚持我国财税社会主义性质的认识。 三是在党中央提出"四个全面"战略布局和适应与引领经济发展新常态要求后，笔者又在多个场合阐述了新形势下继续坚持我国社会主义财税发展方向的观点。

其二，在探索新时期下国家财税的职能作用方面，笔者也提出了三个新观点。 一是在全面推进国家治理体系与治理能力现代化的新时期中，要在国家治理的框架内来把握财税"国家分配论"、"国家本质论"的基本要求，要全面理解"财政是国家治理的基础与重要支柱"与"税收在国家治理中应

当发挥基础性、支柱性与保障性作用"的观点,从而为国家财税本质理论的现代表述注入新的活力。 二是阐述了在新时期中对国家财政职能,特别是对配置职能的进一步认识,重点就是在政府与市场关系新定位条件下对财政资源配置职能的全面理解。 三是根据改革后的新预算管理体制,围绕国家财政实现目标,特别是财政平衡职能的全面实现,提出了新财政平衡观的基本观点与表现形式。

第三节 "市场基础、准确定位":中国财税的公共性

中国特色社会主义财税的公共性,或者说我们通常说的公共财政与对应的公共税收概念,强调的是国家财税活动与特定运行机制的联系,强调的是特定资源配置方式对国家财税表现形式的要求。 当市场经济成为国家对资源配置的主要方式时,财政以及作为收入主要部分的税收就必然要适应市场经济对国家财税的要求,于是就有了公共财政和对应的公共税收的提法。

在我国逐步确立以市场经济作为主要资源配置方式的体制安排后,国内财税理论界对公共财政与公共税收(主要是前者)的内涵、范围与表现形式进行了持续的研讨,现在终于有了相对比较一致的看法。 笔者从2000年撰写关于公共财政的文章后,逐步形成了对中国特色社会主义公共财政的基本观点,即:在坚持公共财政是现代市场经济条件下财政活动的主要表现形式的前提下,应该基于国情来把握这种重要表现形式的内涵;而这种把握既取决于我们对市场经济与财政活动关系的理解,也取决于我们在市场机制与宏观调控统一中对财政基本特征的理解,还取决于我们对公共财政所依托的政治体制的理解。 基于这些判断,笔者逐步形成了"四层次公共财政"、"三个同心圆"与"交叉提供"等一些既反映公共财政一般又立足中国国情的独特观点。

一、中国特色"四层次公共财政"论

笔者多年的基本观点是,对于中国特色社会主义公共财政的核心内涵与表现形式,可以且在相当程度上必须从以下四个层面加以把握。

其一,市场经济呼唤着公共财政。 换句话说,就是市场经济所对应的

财政形式应该表现为公共财政。 对于这一判断，笔者的理解有三。 一是既然市场经济是人类社会迄今为止比较有效、比较可行的资源配置方式，那么在这种以"供求决定、价格导向"为特征的配置方式能够比较有效地配置资源(主要是提供私人产品)的条件下，我们要强调的就是"财政的钱(或一般而言，纳税人缴纳的税款)应该用于公共产品与服务的提供"。 这里强调的就是市场经济呼唤公共财政这一"共性"。 二是从国情出发，基于中国特色社会主义市场经济发展的要求，我们还必须坚持公共财政是财政"主要"而不是"唯一"表现形式的基本观点。 应该说，经过多年的实践，理论界都已经赞同这样一种关于"本质与形式"关系的判断，即赞同"只要国家存在，任何财政都是国家财政，而市场经济条件下的财政体现为公共财政这种表现形式"这样一种表述，公共财政也已经成为我国财政体制改革的方向。但实践同样启示我们，在现阶段的中国，公共财政应该是财政在市场经济条件下的"主要"但不是"唯一"的表现形式。 至少在中国这样的发展中国家搞市场经济，还必须考虑财政在发展中国家国情中、在经济起飞过程中的独特作用，这就是笔者始终要强调的公共财政与发展财政的关系。 将以上两点结合起来看，笔者特别强调，上述关于公共财政的一般定义在中国的特定发展阶段与国情条件下，就应该加上"主要"二字，即"财政的钱(纳税人缴纳的税款)应该主要用于公共产品与服务的提供"。 三是我们凭什么说市场经济条件下的财政可以"主要地"体现为公共财政的形式呢？ 显然，前面论述的现代市场经济中市场与政府的关系、政府职能的界定都应该是我们判定的重要标准，应该是一个基本的考察视角。 在特定的制度、所依托的政治体制与基本国情条件下，财政是为政府职能服务的，有什么样的政府职能，就有什么样的财政。 什么是公共财政？ 众多公共财政教科书列出了公共性、民主性、非营利性等特征，但在笔者看来，最主要的特征就是一个，那就是公共性。 在现阶段，关键就在于我们对财政"公共性"应有的表现形式的把握。 综上，笔者对于"市场经济呼唤着公共财政"这一命题的理解就是："财政的钱应该主要用于公共产品的提供。"这里的核心词有二：一是"公共"，二是"主要"。 这种基本的概括，应该是我们大家都能接受的表述，应该作为中国特色公共财政的基本定义。

其二，市场与政府的关系是我国公共财政运作的起点。 中国改革开放追求的市场经济资源配置方式，从来都必须是"看不见的手"与"看得见的手"的结合，财政就是"看得见的手"的主要内容。 回顾财政理论界关于公共财政表现形式的讨论过程，有些学者曾经认为强调公共财政就是要尽可能地压缩政府运作的范围，就是尽量压缩财政在资源配置中的施展空间。随着我们对市场有效性理解的加深，应该说我们对政府与市场相互关系的理解也在深化，现在共识已经形成，公共财政一定是市场为主配置资源与政府有效发挥作用的统一，公共财政运用的方式范围也要体现这种统一，市场与政府的关系就必然是公共财政运作的起点。而随着改革开放的深化，我们对市场与政府关系的认识也在不断深化，中国特色公共财政运作的起点也在不断地调整。在过去相当长的一段时期内，我们对市场与政府关系的基本判断是，应该"在宏观调控的前提下发挥市场经济配置资源的基础性作用"，正是在这种"基础性"作用的前提下，我们讨论了中国特色公共财政的运作方式，特别强调的是财政在中国现阶段民生等公共产品提供中的主导作用，特别关注的是财政在处理发展与民生关系中的作用。十八届三中全会的《决定》强调"市场在资源配置中起决定性作用和更好发挥政府作用"，我们对市场与政府关系的认识进入了一个新阶段，在市场"决定性"作用下的市场与政府的新结合，必将对我国公共财政的发展，或者说对财政公共性的展现提出新的要求。

其三，我国公共财政的运作始终体现着"决策高效、组织有力、集中力量办大事"等体制性特征，而这种体制性特征的具体表现是伴随着改革的深化与认识的提高处在不断的调整之中。在迈向市场经济的进程中，哪些体制性特征必须保留，哪些必须改革，始终是必须回答的关键问题，也是把握中国特色公共财政表现形式的关键问题。笔者坚持认为，"集中力量办大事"等做法始终是我国社会主义国家制度性安排与体制性特征的重要方面，也是中国人民努力实现伟大奋斗目标的政治性优势，具体形式可以与时俱进地加以探索，但"集中力量办大事"的基本精髓与主要内涵始终不能丢。在我国经济稳步起飞与快速发展的过程中，"集中力量办大事"的体制性优势更是得到了淋漓尽致的体现。特别是在2008年抗击国际金融危机的过程中，在保障与改善民生、提供必要基础设施等重要方面，就是靠"集中力量办大事"的机制来发挥财政的特殊作用的，为我国公共财政的表现形式烙上了深刻的中国印记，这必须给予肯定。因此我们必须珍惜固有的体制性优势，同时也要根据变化的环境继续探索，对于存在的问题也要努力地加以改进。

其四，我国公共财政的实现是与特定的公共选择制度相联系的，这种制度就是我国的根本政治制度，就是"党的领导、人民当家做主与依法治国"的有机统一。回顾我国财政理论界多年来对公共财政理论与实践的探索进程，应该说，现在大家对这一基本制度要求的认识是高度一致的，这是我们继续走中国特色公共财政发展道路的基本前提与政治保证。在早期对公共财政的探讨中，曾经有些学者强调公共产品的"公共"含义，似乎不仅是指公共产品提供的"公共性"，更是特别强调对应的"公共选择"，而且在对公共选择制度的讨论中，有时自觉或不自觉地将西方特定的公共选择制度作为一种参照系。笔者从来不赞同这种事实上存在的倾向，从来都不认为公共财政理论的内涵还要特别拓展为"公共选择"，财政的公共性从来指的就是对公共产品的提供，不要加以延伸。笔者同时更进一步认为，任何公共产品的提供都是与一定的公共选择制度相联系的，在中国制度与国情条件下，公共产品提供所对应的公共选择制度就是我国的国体政体，就是我国的基本政治制度，就是"党的领导、人民当家做主与依法治国"的统一。

应该说，上述四个层面的把握，同样适用于对作为财政收入重要组成部分的税收的理解，适用于对在我国市场经济条件下对税收表现形式的要求。笔者多年前还强调过一个观点，即公共财政之所以称为公共财政，首先是由于在市场经济条件下，纳税人的钱（财政的钱的主要组成部分）应该主要用于公共产品的提供，由此就有了"税收的公共性"的概念，再简单一点，就有了"公共税收"的概念；而在市场经济条件下，在税收是财政收入最主要的表现形式时，"公共税收"对应的财政就可以称为"公共财政"。这种从"公共税收"来引申"公共财政"的独特角度，实际上强调的就是"财政的公共性"作为"公共财政"核心的基本观点，有助于我们把握公共财政的一般形式，也有助于我们理解中国特色公共财政的起点。在今天这个时点上，笔者依然认为这种解读是合适的。而关于中国特色公共财政的后三个层面，反映的是我国改革导向、体制特征与制度安排等国情条件对公共财政的要求，也同样适用于对中国特色公共税收的理解。

二、中国特色公共财政的"三个同心圆"说

将"市场经济呼唤着公共财政"与中国国情相结合，笔者曾形象地提出过中国公共财政表现形式的"三个同心圆"说。简单地说，"三个同心圆"强调的就是中国特色公共财政的三句话：第一句是"纳税人的钱主要用于提供公共产品与服务"，第二句是"纳税人的钱同样可以用于提供市场经济运

作所必需的外部条件"，第三句是"尽量不要用纳税人的钱去投资于一般竞争性领域"。 这三句话可以形象地表述为"三个同心圆"，即如果把现代市场经济条件下政府应该履行的基本职能作为"圆心"的话，上述三句话就构成了从核心圆、居中圆到外层圆三个依次向外延伸的同心圆，其中的"核心圆"是最厚实的，它与政府履行职能的圆心离得最近，是公共财政的主要职能所在，"居中圆"则次之，而"外层圆"是最稀薄的。

其一，"核心圆"讲的是以税收为主的财政收入必须主要用于提供公共产品与服务。 这个最厚实的同心之内圆，可以用四个字表示，即"公共产品"。 当我们强调"纳税人的钱主要用于提供公共产品与服务"时，我们所讨论的财政就是指市场经济条件下的财政，即主要的经济活动应该由市场来提供，而政府应该是纠正市场失灵、提供公共产品与服务。 这就是公共财政最基本的内涵，也是大家都能接受的公共财政概念。

其二，"居中圆"讲的是"纳税人的钱同样可以用于提供市场经济运作所必需的外部条件"，这可称之为财政收入使用的"外部条件提供论"。 简言之，对于这个居中圆，我们可以用四个字来表示，即"外部条件"。 市场经济运作所必需的"外部条件"主要包括具有准公共产品性质的基础设施，具有公益性、正外溢性的公共平台，事业单位所履行的基本职能，以及市场经济运作所必需的法制等基础环境，等等。 有些学者可能会认为，这些外部条件都不应该纳入真正意义上的公共财政范畴，但笔者认为，就现阶段我国公共财政运用的范围而言，这些外部条件可以作为政府职能的一种体现或延伸，必须且可以在公共财政的范畴中加以考虑。

其三，"外层圆"讲的是"尽量不要用纳税人的钱去投资于一般竞争性领域"。 这是一个比较稀薄、距公共财政职能圆心最远的外层圆，这里讲的主要有三层含义。 一是对一般竞争性领域的理解。 所谓一般竞争性领域，主要指的就是生产与供应私人产品的那些领域。 二是在这些领域中，由于市场经济与私人部门可以做得比较好，经济效率比较高，所以，从原则上说，政府（财政）就可以不要涉足。 三是"尽量不要去"的理念，即虽然原则上不要去，但在特定国家的特定条件下或在一定的阶段中，政府（财政）参与对部分私人产品的提供也不是完全不行的。 显然，理论界对前两层含义应该都没有异议，但对于第三层含义，有些学者可能会有一些不同的看法。可以想象，有些学者强调的是政府（财政）"绝对"不能参与一般竞争性领域的活动，且如果已经涉足了，必须尽快"退足"，尽快"退光"。 但笔者却认为，对中国公共财政第三个同心圆的理解，恰恰是中国特色公共财政的特色所在，"尽量不要去"对应的就是在一定条件下的必要投入。应该说，这样一种理解是有基本理论依据与各国实践佐证的，其中主要的理论依据就是"交叉提供"的观点。

三、公共产品与私人产品"交叉提供"的思路

笔者在说明中国公共财政之第三个同心圆的过程中，特别尝试提出了关于公共产品与私人产品"交叉提供"的思路。这一思路强调的是两个"原则提供"与两个"交叉提供"。所谓两个"原则提供"，讲的是从原则上说，一方面，市场机制应该提供的是私人产品；而另一方面，公共部门（政府）应该提供的是公共产品。这是市场经济条件下两类不同产品提供的基本形态，是一种原则上的情形，是没有"交叉"时的情形。但是，我们还可以考虑下面两个"交叉提供"的情况。

其一，在一定条件下（即在不同发展阶段与不同国情中），私人部门也可以参与对部分公共产品的提供。我们讲"市场无法有效地提供公共产品"，并不是说市场就"不能"提供公共产品，而是说其提供公共产品时会因"搭便车"等现象的存在而导致效率损失，但在考虑了这些效率因素后，私人部门仍然可以参与对部分公共产品的提供。多年的实践表明，在我国当前仍处在初级阶段的条件下，政府在大力提供公共产品的同时，还要鼓励与支持私人部门参与对部分公共产品的提供，以作为必要的补充。而且，从现实来看，政府要不断探寻鼓励与支持私人部门参与对公共产品（包括许多具有准公共产品性质的基础设施与平台建设）提供的新模式，财政部门在这方面也应该主动参与、主动对接，提供促进私人部门参与对公共产品提供的各种条件。

其二，相对应的，我们也必须允许另一种交叉提供的存在，即公共部门在一定条件下对部分私人产品的提供。同样的道理，如果公共部门要参与对部分私人产品的提供，其关键是要研究应该如何减少效率损失。为什么私人部门可以参与对部分公共产品的提供，而公共部门就不能参与对部分私人产品的提供呢？必须看到，这种公共部门（财政）对部分私人产品的提供，在现代世界各国实践中都有着不同程度的存在，从公共部门涉及一般竞争性领域较多的北欧诸国到相对比例较少的北美，人们都可以看到这样一种客观现实，都可以从中领悟出不同国家国情与体制所导致的特殊的公共财政

范围延伸的必要性。我们必须从实际出发，看到"交叉提供"的理论依据与现实佐证，并在此背景下来全面理解中央提出的"国有资本要从一般竞争性领域中退出来"的改革方向的基本要求。中央提出的"退出来"针对的是我们从计划经济中走出来的历史现实，针对的是国有部门在一般竞争性领域中涉足过多的特定状况，并没有强调要"退足"，更没有强调要"退光"。多年来，笔者一直坚持认为，在我国特定的制度与体制条件下，必须允许一部分国有资本仍然涉足于一般竞争性领域中，这是对现实的一种把握。

当然，我们也必须看到，我们是在"集中力量办大事"的体制性特征下来研究我国国有经济发展的，必须对这种发展给予辩证的、全面的理解。一是要看到，我国国有部门在国家长期经济社会发展和前些年应对危机挑战等方面都做出了重要贡献，国有部门自身也得到了长足发展，必须予以肯定与坚持。二是要鼓励支持我国国有经济在遵循市场经济规律条件下的提升活力与健康成长，要始终通过改革来增进国有经济的活力，在这方面还有大量的工作要做。三是也要看到，在市场经济作为主要资源配置方式的条件下，在国家(财政)"尽量不"涉足一般竞争性领域的公共财政方向要求下，我们对国有部门在一般竞争性领域中的发展还是必须保持一种"适度"的态势，应该对涉足的范围与力度有清醒的认识，国有经济的发展要以不影响市场经济为主发挥作用为重要前提，要和鼓励与支持民营经济发挥作用一并加以考虑。只有这样，我们对中国特色社会主义公共财政的理解与实践才能经得起历史的考验，才能可持续且有效地发挥应有的作用。

四、对我国公共财政在新时期发展的理解

上述关于中国特色公共财政的基本思路，在当前时代条件下是否成立、是否还需要改进？三年多来，笔者持续地思考着这些问题。结合对党的十八大精神的学习，特别是对党的十八届三中全会关于"市场在资源配置中起决定性作用，政府更好地发挥作用"和"财政是国家治理的基础与重要支柱"重要观点的领会，笔者认为上述表述依然成立，基本体系必须坚持。与此同时，笔者也对其中一些观点做了补充，主要表现在两个方面，这也是第四章要重点展开阐述的。

其一，要认真理解从"公共财政"到"财政的公共性"这一表述变化所体现的深刻含义与我们对中国特色公共财政发展的高度自信。笔者注意到，十八届三中全会的《决定》之第五部分"深化财税体制改革"，在明确

提出"财政是国家治理的基础与重要支柱"之后，通篇没有再使用或再突出强调我们都已经比较熟悉的"公共财政"的提法。将这一表述上的变化与《决定》中强调的市场在资源配置中起"决定性"作用的重要判断一并考虑，笔者的观点是，当我们已经强调市场在资源配置中的决定性作用，也就是我们已经理清了市场与政府在资源配置中的界限后，财政在市场经济条件下的作用已经很清晰了，财政就是国家的财政，这种财政在市场经济条件下必须主要用于提供公共产品，具有财政的"公共性"。因此，我们既要在深化改革的进程中坚持与发挥财政的公共性，又没有必要再将"公共"二字冠于"财政"之前。从"公共财政"到"财政的公共性"这一表述上的变化，对于我们在中国具体国情与发展阶段上理解公共财政（及对应的公共税收）概念，坚持在市场经济起决定性作用的条件下把握财税的表现形式，有着重要的指导作用，表明的是我们对中国特色社会主义财政发展的强大自信。

其二，要努力探索中国特色"四层次公共财政"、"三个同心圆"、"交叉提供"观点在国家治理阶段、全面建成小康社会决胜阶段中的新表现方式。就"四层次公共财政"观点而言，我们在坚持"市场经济呼唤着公共财政"基本出发点的同时，必须将市场起"决定性"作用与政府"更好发挥"作用的统一作为我国公共产品提供的出发点；必须在坚持"集中力量办大事"体制性特征的前提下，在经济社会发展进入新常态的条件下，探寻这种体制性特征在展现财政公共性方面的表现形式；必须在坚持"党的领导、人民当家做主与依法治国"统一的前提下，在全面深化改革与全面依法治国的新时期中，探寻这一基本国体政体对财政公共性展现的引领与保证作用。就"三个同心圆"观点而言，我们要考虑在新时期新常态下"公共产品"、"外部条件"与"必要一般竞争性投入"这三个方面的内涵与外延，要研究这三个方面的提供形式与必要制约。而就"交叉提供"观点而言，我们要在经济发展新常态下，特别在结构性改革的要求下，在面对经济下行压力的新挑战中，一是鼓励支持私人部门参与对公共产品的提供，二是保留公共部门参与对部分私人产品提供的权利，持续地探索必要"交叉提供"的新表现形式。

第四节 "立足国情、促进发展"：中国财税的发展性

中国特色社会主义财税的发展性之所以必须存在，是与我国所处的特定阶段紧密相连的。我国依然处于并将长期处于社会主义初级阶段，发展仍是解决我国所有问题的关键，发展仍然是党执政兴国的第一要务，这种现实呼唤着处在这一特定阶段上的我国财税要充分考虑这一基本国情。本节重点归纳发展财政的主要观点。笔者是在 2006 年学习胡锦涛总书记在中央党校所做的重要讲话后，开始思考并提出发展财政理念的。简单地说，发展财政强调两点，一是必须要在促进国家经济社会发展中发挥财政的"独特作用"，既要强调财政服务于经济建设中心，推动经济社会持续健康发展，又要研究市场在资源配置中起决定性作用条件下发展财政的表现形式。二是我国现阶段所有财政活动与安排都必须充分考虑到我国依然处于初级阶段这一"国情制约"，要研究初级阶段基本国情对我国财政活动的可能制约因素。而就财政支出而言，要重点把握的是发展与民生的关系，要在促进发展的前提下改善民生与增加公共产品提供，始终要考虑"尽力而为"和"量力而行"的统一，就是要坚持中国特色的民生发展观。

一、发展财政理念的运用与实现形式

2006 年以来，笔者一直在思考发展财政的表现形式与运用实践，即财政在支持国家经济社会发展方面的"独特作用"问题。笔者认为，发展财政要把握的(或者说公共财政与发展财政关系要研究的)，在很大程度上就是市场机制与政府作用的关系，就是短期与长期的关系，就是发展与民生的关系，就是中央与地方的关系。在服务国家发展大局过程的不同阶段中，我们都要努力运用好发展财政理念，丰富好发展财政实践，同时在运用中尽量保持适度性与可持续性，避免对基本理念的偏差，不断调整发展财政的实现形式。笔者多年来的基本观点有五个方面。

其一，要坚持发展财政的平衡观，探寻实现发展财政的平衡方法。之所以提出这样一个理念，主要是因为从多年来各地运用发展财政的实践来看，的确出现了政绩工程、超速发展、风险积累、代际失衡等问题。而因

为这类问题的存在，人们对发展财政理念的运用产生了怀疑。笔者曾尝试将"发展财政平衡观"归纳为五个方面。一是"发展"是目标。发展财政的首要目标是发展，在发展前提下对各种促进发展方法的使用和在平衡上的追求，是一种动态的发展平衡观。二是"平衡"是关键。在运用发展财政理念时，都要讲求平衡，都要有对潜在财政风险的防范，都要有对政府干任何事都要力所能及的强调。作为国家财政的重要组成部分，发展财政同样要服从于"稳固、平衡、强大"的国家财政实现目标，特别把握好短期扩张性措施运用与长期财政平衡地位的关系。三是"约束"要考虑。在我国仍然长期处于初级阶段、财力还不丰裕的情况下，政府要做的事情很多。因此，我们在运用发展财政理念时，"约束"的思想要有，"精打细算"的精神不能丢。四是"协调"是基调。在发展财政理念运用中，既要努力寻求在发展财政中各种实现发展与保持平衡的方法，还要考虑在正确处理政府与市场关系下的综合平衡。五是"绩效"是标准。在市场经济条件下，绩效是财政发挥配置职能时要考虑的因素，同样也是发展财政平衡观应该考虑的。在运用发展财政手段来上项目、搞建设的过程中，既不能盲目建设，也不能重复建设，而是要与各地的经济发展水平和发展需要相协调，要从绩效的角度来杜绝资源的浪费。

其二，要把握发展财政使用的边界问题。在我国现阶段，发展财政的使用是一种历史的必然，但作为一种阶段性的政策措施，要注意对其使用的"边界"或者"度"的把握。一是要把握发展财政使用的范围。一方面，财政支出要严格用于基础设施等公共与准公共产品；另一方面，对于私人部门本来应该做但因种种原因（如风险过大或经济危机）而由财政资金先牵头的领域，财政资金要做到"牵头而不恋位、先行而不独行"，在完成好先行作用并形成"滚动发展"效应后应及时退出。二是要坚持发展财政运用的效率。这里讲的就是对财政支出"挤出效应"的关注，讲的是发展财政短期运用与市场经济长期作用的关系。发展财政讲的是政府将财政支出用于基础设施等社会先行成本上，强调的是既要减少政府投资对私人投资可能的"挤出"效应，又要力争带来更多的对私人投资的"挤进"或"引致"投资效应。为此，找准发展财政的边界、把握发展财政运用的度、最大限度地放大挤进效应而缩小挤出效应，应是发展财政运用中需要思考的重要问题，核心还是赤字政策运用的"长期副作用问题"，特别是要注意比"风险可控"更不易处理的"时间可控"问题。

其三，要学会在与市场经济的结合中用好发展财政的实现形式。笔者曾研究过地方政府的"土地财政"、"经营城市"等发展财政实现形式，认为这些具体形式的存在有其合理性，但要使其有效发挥作用，重要的就是要考虑市场经济对这些发展财政载体形式的要求与制约。以所谓"经营城市"为例，这种过去常见的做法至少有四个特征。一是国家公有制与国家权力是经营城市的重要前提。前者包括土地国有制度、国有经营制度等，后者则包括对土地经营的垄断权力以及征地拆迁等政府性权力行为。二是对市场经济机制的运用是经营城市的主要配置手段。各地政府都力图将市场经济手段与政府行为相结合，探索土地出让的市场经济运作模式，例如运用大家都耳熟能详的"招拍挂"等方式，来获取对城市资源配置的最大化与最优化。三是为财政谋取最大收益、为城市建设与发展寻求必要资金是经营城市的主要目的，并形成了城市快速发展的中国模式。四是经营土地是经营城市的重要手段，但并不是经营城市的所有内涵。经营城市既是以土地财政(土地出让收益)作为主要表现形式，又包含着其他市场化经营城市形式的收益，是一种综合的结果。应该说，多年来出现的"土地财政"、"经营城市"等做法，从某种意义上说是体制安排与市场经济运用结合的产物，是发展财政理念的实践，当然应该给予肯定，但我们还要防止实践中已经出现了的"短期行为、过度依赖、不可持续"等偏差，要认真总结经验教训。

其四，要处理好发展财政与发展金融的关系。地方财政与金融的结合，是多年来各地发展财政理念运用的鲜明特征，其中主要的代表就是地方融资性平台的出现。笔者在长期调研中形成的基本看法是，一方面要认识发展财政与发展金融结合的必要性；另一方面要对现实中出现的问题进行规范，要警惕可能带来的地方债务风险。基于对过去20余年经济快速发展时期的回顾，处理好发展财政与发展金融的关系，至少要注意三个方面。一是要研究地方政府与银行关系的新结合形式。在我国现行体制下，在地方政府干预银行业务的老问题基本上得到缓解的新形势下，要注意的是在服务大局与集中力量办大事体制下的银行财政关系问题。二是要重视地方政府融资平台的管理。随着地方政府融资平台数量和融资规模呈飞速发展趋势，在承认其已经发挥了重要作用的同时，还应该认识到一些"隐性债务"已经呈现出显性化趋势，给地方政府的财政造成压力，带来债务风险。三是要探讨管理与运用地方债务的新方式。多年来，我国地方债务问题始终是我国经济社会发展中值得关注的大事，也是我国发展财政理念运用过程中受到责难较多的领域,如何在促进发展与控制风险中把握一个平衡,是我国现阶段财政要探讨解决的问题。 要在继续防范财政风险的前提下,充分调动地方政府(财政)的积极性,充分运用市场机制来完善地方债务使用与管理体制,从而为发展财政与发展金融的结合再创新路,这需要我们不断地加以探讨。

其五,营造发展财政运用的良好社会环境。 实践证明,发展财政理念运用要取得成功,很重要的就是要营造有利于发展财政理念运用的社会环境。 这种社会环境建设包括很多方面。 一是要努力引导公众对公共产品的合理需求,正确把握民生与发展的关系,理解在更高程度上保障与改善民生的渐进性。 发展财政理念的提出与强调,有利于让社会公众认识到发展中国家的现实是我们研究当前一切问题的出发点。 二是要引导公众正确看待公共投资。 在坚持公共财政与发展财政统一的进程中,我们要努力消除一些不必要的误解。 发展财政理念强调的"利用财政投资来提供社会先行资本",是发展中国家财政为了弥补资本不足、促进资本形成、实现赶超与发展所应有的一项职能。 当前的首要任务,不是去质疑这种财政实现手段在市场经济条件下的合理性,而是应努力去探寻这种财政实现方式的有效性。 三是要正视发展财政实施过程中出现的一些社会问题。 由于发展财政主要是充当社会先行资本,因此就必然存在与各种"同行"资本的关系,包括与各种社会资本的关系。 一方面,发展财政运用要坚持对市场机制规律的认同与尊重,这是政府与市场结合的重要方面;另一方面,由于是在市场经济条件下运作发展财政理念,就应该特别强调财政干部等相关人员在实施发展财政过程中要经受得住市场经济的考验,要特别注意对各种寻租、扭曲、公私不分、暗箱操作乃至腐败问题的防范。 这在经济转型与经济起飞阶段尤为重要。

二、中国特色发展民生观的基本观点

中国特色的发展民生观,是中国特色发展财政的另一重要方面,是考虑初级阶段对我国财政活动"国情制约"的基本判定。 简单说来,发展民生观要讨论的就是对"促进发展"与"保障民生"关系的正确把握,主要体现在四个方面。

其一,要坚持"有发展才有民生"的理念。 强调先有发展再有民生,主要想表明的是,在一定发展水平上,给定经济水平与经济(财政)蛋糕,发展与民生这一对立统一体中可能存在的矛盾性。 总体上，发展与民生是辩证统一的，但一般还是存在短期（民生）与长期（发展）、现实与可能的矛盾。这里有两个层面：一是对于经济蛋糕，从基本国情出发，我们要坚持发展不动摇，坚持经济决定财政与财政反作用于经济不动摇。 将这一观点落实在财政支出上，就是在以市场机制为主配置资源的前提下，财政还得拿出一些钱来搞建设、谋发展，换言之，我们在构建公共财政框架的同时，还要努力践行中国特色发展财政的理念。 二是给定财政蛋糕，我们始终要看到，用于长远发展的支出份额大一些，用于短期民生的支出份额就必然会小一些。因此，对于处于初级阶段的我国来说，多年来我国财政支出中已经给予民生高度的重视，强调民生优先，这是完全正确的；但同时还必须考虑到必要的发展需求。 既要坚持积极而为、量力而行的改善民生思路，又要探寻财政服务发展之各种直接与间接形式，这既是党执政为民的重要体现，也是中国特色社会主义财政理念的基本要求。 在现阶段，财政要妥善处理的就是公共财政（民生）与发展财政（发展）的关系，在发展中大国采用市场经济手段配置资源的条件下，各种财政收入都不应仅具有公共性，还应同时具有发展性。

其二，要探寻能够同时兼顾民生与发展要求的财政活动形式，要努力丰富已在践行中的"民生就是发展"理念。 过去一段时期我国财政支出的实践启示我们，一些财政支出可以同时具有民生与发展这两重属性，我们应该探寻这类支出的表现形式与运行规律，并不断增加这类支出的比重。"民生就是发展"理念的内涵是，保障和改善民生本身就是发展，是转变经济发展方式的重要方面，不仅能够提高人民生活水平，而且会促进收入分配调整，构筑社会保障安全网，增强居民消费能力，直接拉动消费，促进相关投资扩大，带动经济发展。 这一理念丰富了我们对民生与发展、公共财政与发展财政关系的理解。 基于多年实践，笔者认为，"民生就是发展"讲的是，在一定条件下、一定阶段中，包括保障性安居工程、水利工程、城市公共工程等具有乘数效应、能够带来直接需求的民生工程，本身就是发展的重要组成部分，就是财政支出中的重要去向，就是同时体现财政民生支出与发展支出双重属性的有效载体，应该在新时期中不断探索，持续运用。

其三，要坚持保障和改善民生要从国情出发的基本观点，这对我们把握给定财政蛋糕下民生支出的规模大小与提供速度都具有重要意义。 国情与现实启示我们，保障和改善民生应该坚持"尽力而为、量力而行，循序渐进、持之以恒"的基本原则。"尽力而为"讲的是国家(财政)要尽最大努力去保障和改善民生,"量力而行"是对初级阶段国情的描述,而"循序渐进、持之以恒"强调的是不能做超出历史阶段与现实的事,办好事也不能操之过急,不能让群众产生一些不切实际的期望。 笔者认为,这一基本原则为我们在初级阶段中保障与改善民生指明了方向。 在社会主义初级阶段中,一边是国家(财政)要尽可能地改善民生与提供公共产品的历史责任,而另一边是发展中国家国情下民生改善与公共产品提供仍然会受到种种制约、公共产品提供还不可能极大丰富的现实。 我们要研究的是,在两者统一与结合中做到既能可持续地提供公共产品,同时又能实现财政自身的可持续发展。

其四,要在处理好政府与市场的关系中重视财政民生支出运用的制度化建设问题,努力践行这些年来强调的"花钱买机制"的重要理念。 该理念强调的是,财政用于改善民生的支出,不能满足于简单的一次性支出,而是要把民生支出与逐步建立民生提供的机制结合起来,努力形成可持续的民生提供机制。 具体说来,这一机制有四层含义。 一是要靠定位。 该机制的核心就是把握政府(财政)与市场机制在改善民生中的地位、比例与作用。在现阶段,首先应分清基础性民生与非基础性民生的关系,前者主要应该由政府(财政)来提供,而后者则主要应交给市场。 只有动态把握这些差异,财政才可能有效且可持续地做好保障和改善民生的工作。 这里讲的"保障",就是对基本公共产品与服务提供的保障;这里讲的"改善",就是"积极有为并量力而行"地去努力提升基本民生的提供能力,但对于非基础性民生,还是应该让市场部分乃至基本地加以提供。 二是要靠改革。 如此定位的"保障和改善民生"机制,要在把握政府提供与市场提供关系的基础上,在公共财政与发展财政结合的基础上,通过深化改革来建立与完善。 具体说来,就是要将教育、就业、住房、医疗、养老等多项当前民生要求予以分类梳理,找出政府提供与市场提供(或补充)的疆界,把这一"双元"民生提供机制建立起来。 三是要靠发展。 就是要继续坚持"有发展才有民生"与"民生工程就是发展的重要组成部分"的理念,通过发展来实现民生的最大改善。 在政府提供方面,这一发展体现为通过对市场机制的尊重来持续地做大"经济蛋糕";而在支持市场提供方面,要通过各种政策引导来支持民营经济参与对部分公共产品与服务的提供。 四是要靠持续。 就是要通过机制的建立使民生的改善可持续地进行下去,从根本上说就是要靠民生提供乃至整个经济发展方式的转变，即民生提供方式的转变要内在地成为经济发展方式转变的一个重要方面，将对民生与发展、短期与长期、市场与政府、阶段与持续等重大关系的把握内化于经济发展方式转变之中。

三、在新常态下坚持并创新发展财政的理论与实践

三年多来，国内外经济形势发生了很多重大变化，我国经济发展进入了新常态新阶段。在我国经济总量已经达到世界第二但依然是发展中国家的现实中，在经济结构调整与转型升级正处在新节点的关键时期里，笔者一直在思考，如何能既坚持与我国现阶段国情同在的发展财政理念，又能探索顺应新常态的新表现形式，还要能调整那些已经不适应新常态的传统做法，这是摆在我们面前的紧迫任务。本书第五章将围绕这些思考而展开，对下述两个基本方面进行必要的拓展：一是如何在引领经济发展新常态与加强结构性改革新要求下发挥财政促进发展的"独特作用"；二是如何在"人民为中心"、"共享发展"的新理念下处理好发展与民生的关系，特别是在提供"底线民生"与"补足短板"等方面发挥财政作用。

其一，要在经济社会发展新常态下探索发展财政的实现形式。这一基本思考包含三个层面：一是发展财政理念在经济发展新常态与经济发展新阶段中究竟还能不能成立、应该不应该成立。笔者的基本观点是，只要我国依然还处在社会主义初级阶段，只要发展依然是我们党执政兴国的第一要务，中国特色社会主义财政之发展性就会长期存在，财政就应该在我国经济社会发展的任何阶段中起着促进发展的重要作用。发展财政理论并没有过时，依然是中国特色社会主义财政的重要组成部分，对此我们不能有丝毫的动摇。二是我国经济社会发展是一个动态前行的过程，发展面临的形势与环境也是处在不断的变化之中。我们要随时研究总结财政在国家经济社会发展不同阶段发挥作用的形式，对于那些具有普遍共性、能够适应一般要求的方式方法必须加以坚持，而对于那些具有特定时期烙印或者已经不适应新情况的具体做法，则要给予必要调整，进行必要修正，有的则可能要暂时予以搁置。三是要特别根据决胜全面建成小康社会的新要求，根据党中央提出的新发展理念来对应地考虑发展财政发挥作用的问题。无论是"创新、协调、绿色、开放、共享"新发展理念的每一个侧面，还是五大发展理念的有机联系，都要求我们去探索发展财政在当前新常态与新发展过程中的新表现形式。

其二，要持续地坚持与落实新时期的发展民生观，形成与当前国家经济社会发展水平相适应的持续发展与保障民生之新平衡。党的十八大以来，以习近平同志为总书记的党中央坚持"以人民为中心"的发展理念，把最广大人民群众的根本利益放在首位，在如何处理发展与民生的关系问题上提出了一系列新理念，实施了一大批新举措。从"守住底线、突出重点、深化改革、引导舆论"的新时期财政工作方针，到"社会政策要托底"的工作思路，直至当前提出的"共享发展"新理念和"让人民群众有更多的获得感"的重要观点，这一切都极大地丰富了新时期的民生发展观，为我们继续探索在基本国情与新发展态势下处理好发展与民生关系提供了新指引，也鼓励包括笔者在内的理论工作者进一步加强思考，认真研究新常态下我国财政如何最大限度地同时做好促进发展与保障民生的工作，为决胜全面建成小康社会提供强大的正能量。

第五节 "持续改革、推进法治"：中国财税的改革性

中国特色社会主义财税的改革性是与我国改革开放的进程始终相互联系的，这是我国财税持续向前发展的强大动力。持续着改革能量，推进着改革进程，崇尚着法治精神，这是中国特色社会主义发展的鲜明特征，反映在财税上就是财税体制机制的不断改革、创新、发展与完善。因此，动态性、变动性和与时俱进的调整就是我国财税的重要时代特征。昨天还是合适的财税体制，昨天还发挥积极作用的财税模式，今天可能就显示出其不适应性或不可持续性，就需要新的改革与变动。财税体制改革在任何国家都是常态，但在体制转型国家中显得更为突出。改革财税的理念，强调的是我国财税发展的内在动力与重要保障，不仅包含市场经济建设的要求，也包含市场经济是法治经济的要求，因此，改革财税体现的是我国财税的改革性与法治性的统一。

一、改革始终是我们研究中国财税的重要前提

改革始终是中国特色社会主义前进的重要动力。换句话说，中国的改革始终是一个不断深化前进的过程。党的十一届三中全会掀开了我国改革

开放的序幕，中国的财税体制从此逐步从计划经济中走出，开始了持续不断的调整、改革与发展进程。 回顾历史，从"计划经济为主、商品经济为辅"，到"有计划的商品经济"，再到对市场经济改革方向的逐步确立，特别是1992年改革开放总设计师邓小平同志的南访谈话给市场经济"姓社姓资"的争论画上了句号，党的十四大确立了市场经济的改革方向，才有了中国特色社会主义市场经济的起步发展，也才有了在市场经济资源配置方式下发挥国家财政职能、建立现代财税制度的持续探索。

多年来，笔者和广大财税理论界同人一道，始终跟踪国家改革进程来研究财税体制改革，始终将改革作为研究中国财税的重要前提，始终将"拿来了市场经济"并"力图用好市场经济"作为研究我国财税改革的机制性背景，结合中国的国情特征与特定阶段的任务，借鉴各国财税体制发展的经验，来持续探索中国特色财税的发展之路。 这里仅简要提及三个方面。

其一，坚持"对我国财税体制改革的认识要从一般性与独特性统一入手"的观点。 对于任何财税制度而言，不断改革、变动与调整都是正常的，广义上的财税体制改革从来都是推动财税制度前行的重要动力，因为任何财税制度都是上连着国家利益、下牵着百姓需求，往往回应着各种诉求、顺应着各种变化、迎接着各种挑战，始终都处在变动之中。 但是，相对于那些已经比较成型、完善、完备、系统的发达市场经济国家的财税体制而言，作为一个刚刚从计划经济中走出来，还在持续地强化市场经济运行机制运用的转型中国家而言，我国现行财税体制还处在一个不断完善、调整、改革与逐步成型的过程，更是需要通过持续推进的改革创新，通过对现行财税体制的深化改革，逐步朝着现代财税制度的要求前进，逐步建立既符合现代财税一般要求又具有中国特色的现代财税制度。

其二，坚持"立足国情、合理借鉴、市场导向、渐进次优"的财税改革思路。 新中国成立以来，我们先后经历了从计划经济"统收统支"高度集中的财税体制，到改革开放初期"分灶吃饭"的包干体制，再到1994年的"分税制"财政体制的过程，每一个阶段都反映着特定时期国家经济社会发展的需要，反映着特定时期政府职能的调整，本身就是一个"立足国情、渐进次优"的发展进程。 离开了"立足国情"的根本要求，忘记了"渐进次优"的目标途径，一心想要实现超越阶段、偏离现实、理想优化、一步到位的财税体制设置与改革，往往欲速则不达。 而在我们"拿来了市场经济"并"力图用好市场经济"的改革大前提下，我们就必须坚持市场经济条件下财税体制设置与改革的基本要求，就必须在考虑国情的基础上借鉴成熟市场经济国家财税体制改革的经验。 令人欣慰的是，我国财税体制的改革之路正是深刻地反映了"立足国情、合理借鉴、市场导向、渐进次优"的改革思路，并取得了巨大的成就。 党的十四大确立了社会主义市场经济的改革方向，推动了"分税制"财税体制改革的实施。"分税制"的基础是合理划分中央和地方职权，突破了"放权让利"的传统改革思路，向构建现代市场经济条件下的财税运行机制迈出了关键的一步，在中国特色财税发展史上具有里程碑的意义。 分税制财政体制的建立以及其后的不断调整和稳健运行，为我国经济在过去 20 余年的快速发展提供了重要保障，也为建立中国特色现代财税制度奠定了基础。 笔者在过去 20 多年中对我国财税体制改革的研究就是基于对这一进程的把握与跟踪，基于对上述改革思路的认同与落实。早在 1997 年，笔者就明确地提出了"渐进次优"的财税体制改革思路，强调对"目标、原则、制约、迫近、优化"等财税体制改革重要因素的认识，强调要努力实现从"理想优化"到"现实优化"的改革路径与步骤，对我国财税体制改革理论的形成起到了一定的积极作用。 在此之后，笔者积极倡导市场经济对财税体制设置与改革的基本要求，就现代预算制度的建立、现代税制设置原则等提出了鲜明的观点。 例如，在社会主义市场经济逐步确立中，笔者较早引入并诠释了现代市场经济所对应税收制度的效率、公平与简便原则，同时对 20 世纪 80 年代发达国家税制改革中提出的"降低税率、拓宽税基、简化税制"的改革指导思想进行了评析与介绍，认为这些提法反映了市场经济条件下税制设置的原则与改革的方向，可以在与我国国情结合的基础上加以借鉴。 这些研究对后来我们提出的建立与市场经济及公共财政相适应的税制要求起到了一定的促进作用。 最后写入党中央文件的"简税制、低税率、宽税基、严征管"的税制改革方向就是这样一种理论表述，既符合现代税制效率、公平、简便的基本原则，又体现中国特色的税收征管要求。 而后随着我国税制改革与征管实践的发展，笔者又加强了对"税收征管"与"纳税服务"两者关系的研究，在对两者关系有了基于市场经济要求与中国国情要求的新理解后，笔者又进一步倡导用"简税制、低税率、宽税基、严征管、优服务"的 15 字原则来体现新时期的税制改革方向。

其三，坚持并阐述了"财税中性与非中性相结合"的财税理念，据此把握财税体制设置改革方向与对应的财税政策运用问题。 在税收方面，笔者明确提出了"收入不可避免、扭曲必然存在、损失尽量减少"的现代税收观，探讨了这种"必要收入与尽量降负"之现代税收观的实现形式，并以长期发挥重要作用的我国出口退税制度设置与改革为例，倡导构建"中性与非中性相结合"的出口退税制度，并从理论佐证与实践操作结合的角度进行了一定的研究。 在税收中性与非中性相结合原则的要求下，笔者还通过对相关税种的研究，不断丰富符合我国现行发展水平的"直接税与间接税双主体"税制结构理论，探索反映市场经济要求与国情制约条件下的税制结构实现形式。 笔者及其团队特别对增值税、"营改增"、消费税、个人所得税、企业所得税、环境保护税、房地产税等具体税种的改革进行了研究，从经济、政治、社会、环境、法制等不同角度，运用理论分析与实证研究、国内研究与国外借鉴方法，提出了一些理论观点与政策建议。 在财政支出方面，笔者明确提出，一方面，我们要运用财政政策来支持产业发展、运用财政手段来抵御危机；另一方面，要尽量减少这些政策运用可能带来的"排挤效应"，并相应提出了制度安排建议，要求把握财税政策的运用范围、运作力度与外溢效应。

二、法治不断成为中国特色财税发展的重要内容

在我国改革开放不断深化的过程中，依法治国与逐步建立社会主义法治已经逐步成为中国特色社会主义建设的内在要求。 总体上看，依法治国在中国是一个不断深化的过程；与此相适应，在我国财税发展的进程中加入法治要素，体现法治要求，也必然是一个内涵不断增加、理论不断完善、实践不断推进的过程。 研究我国财税法制建设，一定要和国家的法治建设进程联系起来考察。 新中国成立后，我们党在废除旧法统的同时，积极运用新民主主义革命时期根据地法制建设的成功经验，抓紧建设社会主义法治，初步奠定了社会主义法治的基础。 后来，由于众所周知的原因，我国社会主义法治建设走了一段弯路，付出了沉重的代价。 改革开放后，我国社会主义法治建设又进入了一个新阶段。 从党的十一届三中全会的拨乱反正到党的十五大明确将依法治国确定为党领导人民治理国家的基本方略，我们已经逐步把法制完善和法治建设放在党和国家工作大局中来谋划与推进。 我们必须在中国特色法治发展的进程中把握中国特色法治财税的发展之路。

就任何现代国家而言，法律都是治国之重器，法制都是行为的准则，法治都是国家治理的依托。 在国家发展与治理的其他方面是这样，在作为国家治理基础的财税方面当然也应是这样。 1994 年分税制财政体制改革以

来，伴随着我国立足国情、市场导向之财税体制的逐步建立，与此相适应的法治财税建设进程也在加快，特别是在党的十五大提出了"依法治国、建设社会主义法治国家"的要求和"依法治国"方略并被写入宪法后，在财政领域就反映为"依法理财"与"财政法治"，在税收战线就反映为"依法治税"与"税收法治"，我国财税法治伴随着财税改革的持续深化和依法治国进程的推进而深入发展，取得了许多成绩。在此进程中，笔者也加强了对财税法治建设的跟踪与研究，这里主要列举三个方面。

其一，作为财税理论工作者与连续四届的全国人大代表，笔者始终研究与参与我国财税法制建设与法治发展进程。多年来，伴随着财政体制改革的深化，国家层面的财税法制建设在加快，法治理念在增强。例如，《中华人民共和国预算法》的修订自九届全国人大起就列入了立法计划，税收基本法的立法也包括在多届全国人大的立法规划中，企业所得税两法的顺利合并，个人所得税法修订过程中体现的"科学立法、民主立法"程序，税收征管法的修订工作的持续进行，车船税法的通过，税收法定原则在立法法与税收征管法中得到的基本确认，这些都是财税法制建设在不断发展前行的重要标志，笔者始终在不同层面上或从不同角度参与了这一进程，并逐步形成了自己的基本观点。简言之，从根本上说，我们是在坚持中国特色社会主义前提下推进财税法制建设的。我们要在把握现代国家本质与市场经济对法治财税一般要求的同时，努力探寻符合我国国体政体、体制特征、发展阶段等的财税法治之路，要在坚持"党的领导、人民当家做主、依法治国"统一的中国特色公共选择制度的前提下推进财税法制建设与财税法治思维，要努力形成共性与特性结合的中国特色财税法治模式。与此同时，和同步前进的财税体制改革进程一样，我们也要坚持"立足国情、体现一般，逐步推进、逐步完善"的财税法治落实原则，不可以操之过急，更不可以简单地将发达国家的财税法治模式套用于我国实践，要特别警惕在财税法治建设中受到西方"普世价值"的影响。例如，笔者始终坚持，在我国财税法治的建设过程中，要对税收法定原则在中国的运用有辩证的认识。税收法定原则已经在我国税制改革与已有税收立法中得到体现，并在2000年颁布的《中华人民共和国立法法》与2001年颁布的《中华人民共和国税收征管法》中得到了确认。虽然在一段时期内，我国税收立法仍主要由授权立法与行政法规为主，但这符合我国改革开放的实际，符合发展中国家的基本国情，必须予以肯定。同时我们也应该加快税收法定原则的进一步落实进程，在条件成熟时构建更高水平的财税法治体系，而这一过程必须始终以坚持探寻中国特色财税法治体制作为根本出发点。

其二，在中国加入世界贸易组织（WTO）的前后，笔者研究了加入 WTO 对我国税收法制体系构建与税收法治思维形成的影响，提出了一些现在看来是符合市场经济与法治建设要求的观点。 2001 年，当时国内财税学者就加入 WTO 对我国税收法制建设的影响的争论尚多，主要在于现行税制是否符合市场经济和 WTO 所体现的法治原则的要求，税收法制中有哪些不符合 WTO 原则的必须纠正，或者说得更重一些，现行税制是否与 WTO 规则有所冲突而必须推倒重来，尤其是我国沿用多年的对外资税收优惠政策法规与 WTO 国民待遇等基本原则是否存在矛盾等等。 笔者当时针对 WTO、主权国家税制、主权国家税收法治等关系提出了一些观点，如 WTO 不是管理主权国家税收的国际组织，税收优惠与国民待遇原则没有矛盾，但 WTO 基本特征与主要原则会对主权国家税收发展产生影响，并要求对应调整相关税收法制等。 这些观点为我们参与国际经济贸易合作、坚持财税政策服务国家大局提供了理论依据，也为加快建立符合市场经济与法治原则要求的现代税制提供了政策建议，促进了包括企业所得税两法合并在内的我国税制的完善，从一个特定侧面加快了中国特色法治财税的建设进程。

其三，在多年推进的"依法治国"及对应的"依法治税"过程中，笔者坚持了对"依法治税与纳税服务"的辩证把握，并从税务实践的角度对财税法治建设提出了一些政策建议。 在 2010 年前后，笔者在系列文章中阐述了"依法治税与纳税服务的辩证观"。 这一观点由两个层面构成。 一是强调依法治税和纳税服务的统一性。 依法治税是国家税收强制性的体现，是法治国家对税收工作的要求，目的是服务国家职能的实现；纳税服务是市场经济条件下建设服务型政府、构建和谐征纳关系的举措，它以法律法规为依据、以纳税人合理需求为导向、以信息化为依托、以提高税法遵从度为目的，目标仍然是保障税收的足额征收和国家职能的正常实现。 从这个角度来理解，依法治税和纳税服务是辩证统一的。 二是强调依法治税和纳税服务的主从关系。 依法治税永远应该是第一性的，纳税服务是第二性的。 依法治税是由国家税收的本质特征所决定的，是法治国家税收工作的灵魂，是税收工作的基础；纳税服务虽然是市场经济条件对应税收理念的延伸，但它是伴随着市场经济条件下政府职能的转变而逐步实现的，也是以政府依法行政为前提的，因此依法治税与纳税服务是处于不同层次的。 基于此，笔者历来强调"坚持依法治税，倡导服务税收"，我们绝不能因为宣传纳税服务而冲击依法治税的根基，我们是在依法治税的前提下倡导服务税收的；同样，当我们强调依法治税时，我们仍然要从为市场经济服务、为广大纳税人服务的目标出发，搞好纳税服务工作，在纳税服务的范畴内倡导以纳税人为中心，并在实践中努力从"倡导"纳税服务发展为、充实为"优化"纳税服务。 笔者阐述的这一观点，对于我们在法治税收框架内理解税收征管与纳税服务有明确的针对性，在税务实践中产生了一定的影响，并应该在全面推进依法治国的新征程中继续给予持续的探索。

三、在"改革"与"法治"的旗帜下落实财税改革性的要求

党的十八大开启了全面深化改革的新时期。 党的十八大报告对深化改革进行了阐述，提出了经济体制、政治体制、文化体制、社会体制和生态文明体制这五个方面的改革。 党的十八届三中全会确定的主题就是全面深化改革，就是"坚持与发展中国特色社会主义制度，推进国家治理体系与治理能力的现代化"，并在此旗帜下确定了七个方面的改革，对改革做出了全面部署。 全面深化改革是关系党和人民事业的前途命运，关系党的执政基础和执政地位，关系党和国家事业发展全局的重大战略部署。 十八届三中全会的《决定》指出，"改革开放是决定当代中国命运的关键抉择，是党和人民事业大踏步赶上时代的重要法宝"，改革也应是我国财税持续发展、充满生机的动力来源。 深化财税体制改革的要求赋予我国财税新的发展，财税的改革性特征再次得到凸显。"深化财税体制改革，建立现代财政制度"的要求，明确了建立全面规范、公开透明的现代预算制度，建立有利于科学发展、社会公平、市场统一的税制体系，以及建立事权和支出责任相适应制度这三个改革任务。 在此基础上形成的并经中央政治局会议审议通过的《深化财税体制改革总体方案》已经出台，成为中央较早制订的具有重要意义的改革方案。 总体上看，深化财税体制改革是关系到国家治理现代化的深刻变革，建立现代财政制度是对财税体制的继承、发展、完善和重构，是分税制财政体制形成以来最大的一场变革，是"一场牵一发而动全身的硬仗"。

党的十八届四中全会确定的主题就是全面推进依法治国。 全面推进依法治国的总目标是"建设中国特色社会主义法治体系，建设社会主义法治国家"。 全面推进依法治国是为更好治国理政而提出的重大战略任务，既是立足于解决我国改革发展稳定中的矛盾和问题的现实考虑，也是着眼于实现中

华民族伟大复兴中国梦、实现党和国家长治久安的长远考虑。 从党的十五大提出依法治国到党的十八届四中全会专题研究依法治国问题，并做出了党的历史上第一个关于加强法治建设的专门决定，我们已经进入了中国特色社会主义法治的新时代。 因此，全面依法治国，这是党中央在深刻总结我国社会主义法治建设成功经验和深刻教训后做出的重大抉择，也是我们在新时期构建中国特色社会主义法治财税体系必须要依据的指导思想。 十八届四中全会明确要求的中国特色社会主义法治体系包括"完备的法律规范体系、高效的法治实施体系、严密的法治监督体系、有力的法治保障体系"，用这些要求来对照我国法治财税发展的现状、任务与目标，我们对在新时期推进中国特色法治财税的建设就有了更清醒的认识，我们要加快财税法律规范体系全面形成的进程，结合十八届三中全会提出的"落实税收法定原则"的要求，依据"深化财税体制改革、建立现代财政制度"的任务，将改革财税与法治财税结合起来。 我们还要努力在国家财税实践中依法理财、依法治税，实施高效成型的财税法治体系，财税部门对此要坚定不移、落实到位。我们还要形成对财税活动统一指挥又分工负责的法治监督体系和有力保障体系，特别是要理顺人民代表大会这一根本政治制度与财税部门运作之间的关系，促进法治财税的顺利推进。

综上，在全面深化改革与全面依法治国大道上前进的三年多来，我国财税发展已经很好地体现了"坚持党的领导，走中国道路，扬改革旗帜，崇法治精神，决胜全面建成小康社会"的全新风貌。"扬改革旗帜"就是落实十八届三中全会精神，推进中国特色改革财税的建设；"崇法治精神"就是落实十八届四中全会精神，推进中国特色法治财税的发展。 中国特色社会主义财税所具有的改革性，同时包含着对财税法治性的追求，"改革"和"法治"正成为当代中国财税发展的鲜明特色。 作为当代财税理论工作者，对于正在出现的改革财税与法治财税的新实践必须从理论的角度予以解读，努力提出一批适应改革与法治新发展的财税理论观点来。 基于此，笔者在过去三年多中对财税改革与法治建设的研究投入较多，体会心得也较集中，本书第七章将加以阐述，围绕对新预算法与现代财政制度的认识、税收现代化与税收新常态、税收理论现代化、依法治税与服务的辩证统一、实现税收法定原则的中国模式、预算确定的税收任务与科学任务观等展开。

第六节 "统筹内外、服务全局"：中国财税的统筹性

中国特色社会主义财税的统筹性（涉外性）是与我国经济社会的涉外程度相联系的。我们必须在国力不断强大、对经济全球化参与程度不断加深的条件下考虑我国财税的内涵，研究财税为统筹内外两个发展大局服务的问题，研究努力推进国家财税治理现代化与参与国际财税治理体系建设的关系。长期以来，特别是在中国特色财税"四位一体"、"五大特征"分析框架提出后，笔者一直在关注我国财税发展的涉外层面，关注我国财税服务国家内外两个大局、逐步走向世界的问题。归纳起来，笔者多年提出或坚持的基本观点有两个方面：一是要在中国特色社会主义财税发展的框架内研究涉外财税；二是要在"统筹内外两个大局"的时代背景下研究涉外财税，特别是要在"两个构建"的目标任务下研究涉外财税。站在今天这个时点上，我们对这两个方面的研究都需放在当前实现"两个一百年"奋斗目标和中华民族伟大复兴中国梦的新进程中来把握、来拓展。

一、在中国特色社会主义财税框架中研究涉外财税

笔者在关于中国特色涉外财税方面的基本观点主要包括五个方面。其一，必须坚持国家财税的本质观与主体观。我们始终是在主权国家财税的框架内讨论涉外财税问题的，财税体系构建、财税政策运用等国家的财税活动，都是国家财税的主权运用，我们始终应在坚持主权运用的前提下来研究涉外财税或国际财税，来探讨对全球问题的关注。财税是以国家为主体的分配关系，涉外财税或国际财税的提出虽然将国家财税的范畴从一国范围内扩展到一国范围外，但"财税是以国家为主体的分配关系"这一国家财税主体观并未发生改变，发生改变的只是开放经济所带来的政府职能的改变以及相应的财税范畴的改变，超国家的国际财税只能是一个理想目标。因此，在可以预见的将来，国家间财税关系的合作与协调始终是国际财税发展的主流，而伴随着我国实力的持续增强，我国应当逐步在国际财税协调发展的舞台上发挥更大的作用。其二，必须从财税国家性与公共性结合的角度来认

识涉外财税。 从一定意义上说，国际财税是现阶段财税两大表现特性——财税国家性和公共性在世界范围内的延伸。 在全球范围内，国际市场机制同国内市场机制一样，其运行也存在市场失灵的情况，对这些问题的解决就构成了国际公共产品的提供问题，就构成了对人类命运共同体及其不同侧面的持续关注。 其三，应该从财税发展性与国际性结合的角度研究涉外财税问题。 在国际经济领域，国与国之间发展的不平衡日趋严重，作为发达国家或作为在国际事务中有着重要影响的发展中国家，都应该为广大不发达国家提供帮助，这是财税发展性在世界范围的外延，突出表现就是对国际社会先行资本的提供。 而从我国已经不断强大但仍然是发展中国家的国情出发，我国参与国际财税活动必须坚持"尽力而为与量力而行"的统一。 其四，要从国际经济与政治结合的角度研究国际财税。 国际财税的另一重要表现是国与国之间分配关系的博弈：国家财税只需从国家利益出发，考虑财税利益在国内的分配，但国际财税不仅需要考虑国内各利益主体之间的分配关系，还要考虑国家间的分配，也就是我们通常所说的财税博弈与协调。其五，应该研究我国国内构建改革财税与法治财税的进程对国际财税发展的影响。 伴随着我国全面深化财税体制改革与全面构建法治财税，我们一方面对中国特色现代财税与法治财税的发展更加充满自信，期待能为主权国家财税发展提供新的模式；另一方面，愿意与其他国家共享财税改革发展与法治建设的成果，在国际财税合作进程中发挥作用，在国际财税新准则的制定中贡献发展中大国的力量。

二、站在"统筹内外两个大局"的高度去实现"两个构建"目标

笔者向来认为，"统筹内外两个大局，服务国家发展全局"始终应该是研究中国特色涉外财税的出发点。 例如，在我国经济与世界经济联系更加密切、"互动"与"依存"不断增强的条件下，考虑主权国家自身财税发展与对外财经交流合作的关系，必然会成为我国涉外财税的首要问题。 又如，我们要在"尊重相互关切、谋求合作共赢"的基础上，努力探讨我国财税政策运用对谋取国家涉外经济利益与考虑他国利益损失的平衡。 我们要在"树立世界眼光，加强战略思维"的方向下，参与对国际治理体系（涉财涉税国际治理体系）的建设。 在多年研究中，笔者始终认为，站在"统筹内外两个大局"的高度来认识涉外财税，关键就是要实现"两个构建"的目标任务，一是要努力构建"致力于国家利益最大化的主权国家财税"，二是要努

力构建"逐步更加关注国际问题的主权国家财税",这是研究我国涉外财税的两个基本方面。

其一,就构建"致力于国家利益最大化的主权国家财税"而言,讲的就是开放经济条件下的我国财税的作用,笔者的基本观点主要有四。一是要树立"内外兼顾、均衡发展"的"统筹财税"新理念。笔者始终认为,经济全球化等进程必然会对包括财税体制在内的主权国家体制安排产生影响,会对包括财税政策在内的主权国家政策运用形成制约。我们应该审视开放经济条件下财税政策运用的表现形式,探讨这种表现形式可能带来的影响。二是要探讨开放经济条件下,一国运用财税政策促进国家竞争力提高的有效途径。在经济全球化下,国际共同利益和主权国家利益的矛盾常常难以避免,国家间经济贸易摩擦的形成与激化就是这种矛盾的体现。这一矛盾的存在要求我们在建设开放经济条件下财税体系的过程中,要坚持市场导向与政策运用的结合。一方面,要加快财税体制按市场经济要求与国际惯例进行改革的步伐,这对应对经济贸易摩擦有根本性意义。另一方面,各国实践告诉我们,没有一个国家不运用财税政策来为本国经济利益服务的,关键在于相关做法要基本符合国际惯例,关键在于市场导向与政策运用要巧妙结合。我们应从这一基点出发来完善我国在开放经济条件下的财税政策体系建设。三是要考虑到国内公共产品提供与国内公共政策运用的外溢性。主权国家在国内提供公共产品的根本目的,是为该国人民群众的根本利益服务,是为国家利益服务。但必须看到,在一定条件下,这种提供与服务可能影响到他国的利益,这里既包括他国可能得到的收益,也包括对他国利益的可能损害,这就是公共产品的外溢性,从某种程度上说也就具有一定的国际公共产品性质。在开放经济条件下,在考虑国内发展与对外开放两者关系时,应当特别关注这种外溢性的存在,特别是当某些公共产品与服务(通常表现为财税政策的运用与财税体制的安排)可能损害他国利益时,应在统筹兼顾的前提下予以全面考虑,寻求一个平衡点。四是在经济全球化的今天,在关注多边经济贸易体系发展与改革的同时,也同样需要注重双边财经关系的发展,有效地开展财税对外交流与合作。长期以来,我国涉外财税正是这样运作与发展的,取得了许多成绩,维护了国家利益,创造了良好的国际环境,也为构建开放经济下的财税体系积累了经验。

其二,"逐步参与对国际公共产品的提供"是构建"逐步更加关注国际问题的主权国家财税"的第一个重要方面,讲的就是对"全球新问题"的持续关注。 笔者的基本观点是，应对气候极端变化、注重能源资源安全、确保粮食安全、保持国际经济可持续发展、联合反对国际恐怖活动等一系列"全球新问题"，在不同程度上都体现为一种在国际范围内具有消费非排他性、国际外溢性和代际外溢性的公共产品。 面对众多全球新问题，中国作为发展中国家，当然要搞好自身的发展，同时作为一个负责任的大国，也还应该逐步关注全球发展问题，关注国际公共产品的提供。 一是应该坚持对国际公共产品"要关注"、"要提供"的基本态度，这不仅体现了一种对世界负责的大国气概，也是本国发展的一种审慎选择，是顺应经济全球化要求的必然选择；二是必须坚持"适度提供"或"逐步参与"的基本方法，我国还处于社会主义初级阶段，发展仍然是第一要务，过多过早地参与对国际公共产品的提供，不仅会影响自身的发展，也是不现实的；三是要倡导"多层次提供"的方式，既然初级阶段决定了我们目前难以充分参加对国际公共产品的提供，那么动员各方参与就不失为一个好的选择，国家财力要予以一定考虑，同时还要借助市场主体和国际社会的力量。

其三，"对国际治理体系构建的更加关注"是构建"逐步更加关注国际问题的主权国家财税"的第二个重要方面。 笔者的基本观点是，国际治理体系是当今世界经济政治发展的重要组成部分，从一定意义上说，对这一体系的建设与改革就是对国际公共产品的提供。 一般说来，国际治理体系是各主权国家与地区基于"增进协调，缓解摩擦，更加开放，互利共赢"等目标而参与构建的规则、平台、组织、机构等体制性安排。 就与国际财税发展相关的国际治理体系而言，包括其"涉及财税"程度依次递进的三个方面，我们都必须有所表示、积极参与。 一是目前在国际经济事务中起重要作用的国际经济组织，特别是多边性国际经济组织，如 WTO、国际货币基金组织（IMF）、世界银行（WB）等国际治理体系框架。 虽然这些组织的宗旨不是管理国际财税关系，但只要经济全球化趋势不变，只要国家和地区的财税因素作用于全球化进程的趋势不变，这些组织的规则必然会制约着国家和地区间财税关系的发展。 对于这些多边性国际组织的改革，我们要持续关注和参与，注重其有关活动对国家和地区间财税关系的影响。 二是各种国家间的组织或搭建的平台，如由发达国家构成的八国集团（G8）、由发达国家与发展中国家共同组建并作用日益增强的二十国集团（G20），以及由新兴经济体国家组成的金砖国家（BRICS）。 近年来的事实表明，这些国家集团对作为国家经济主权重要方面的财税发展、对可能影响世界经济的各国财税政策运用会给予相当的关注，尤其是 G20 对各国财税体制安排和国家间财税合作的关注更引人注目。 对这些国家间的组织改革，我们要积极参与，同时力争在相关财税安排中产生重要的影响或发挥引领作用。 三是现有的各种国际财税组织或机构，特别是那些由国际经济组织倡导并有主权国家支持的国际税收组织，都在不同程度上与国际财税规范制定的努力相关，从动态的角度来看，这些组织可以被视为真正意义上的国际财税治理体系的萌芽。多年来，我国财税主管部门积极参与乃至主办了这些组织的相关活动，在这些领域中已经逐步发挥了重要作用，也向我国财税理论工作者提出了如何利用这些组织来提升我国涉外财税影响力的重要课题。

三、在中国特色大国战略的新形势下持续研究涉外财税

党的十八大以来，我国已经进入了推动构建以合作共赢为核心的新型国际关系的新时期。 十八届三中全会的《决定》提出了"构建开放型经济新体制"的战略目标，也对财税在"推动对内对外开放相互促进、引进来与走出去更好结合，促进国际国内要素有序自由流动、资源高效配置、市场深度融合"方面发挥作用提出了新要求，国家对外战略更加清晰，对财税发展的要求也越来越高。 党的十八届五中全会提出了"积极参与全球经济治理和公共产品供给，提高我国在全球经济治理中的制度性话语权，构建广泛的利益共同体"，再次点出了新时期中国特色社会主义财税统筹性的作用方向，值得我们进行深入研究。

三年多来，顺应国家总体战略布局的要求，跟踪国内外形势的变化，笔者始终坚持对中国特色统筹财税的研究与思考，始终围绕着服务国家"推动构建以合作共赢为核心的新型国际关系"的战略目标来发挥国家财税政策职能而展开研究，特别是认真考虑在"中国特色大国外交"实施背景下的我国涉外财税发展。 总体上看，结合财政部门提出的"大国财政"理念与国家税务部门提出的"大国税务"设想，笔者重点研究了迈向世界舞台中央的我国大国进程对涉外财税发展的要求。 本书第八章与第九章将分别阐述笔者对新时期中国特色大国财政与大国税务（税收）问题。 第八章讨论三个方面：一是就大国财政理念的时代要求、中国特色与理论依据做了初步探讨；二是结合大国财政理念提出以来的实践，讨论大国财政在实施过程中的基本做法、主要成绩，并进行阶段总结；三是对国内关于大国财政理论研究的比较分析与简要评析，就新时期我国大国财政的持续发展提出建设性的建议。

第九章讨论五个方面：一是阐述笔者提出的"内外统筹的税收观"；二是在笔者提出的"跟踪四大进程，构建统筹税收"框架内对新时期中国特色涉外税收的作用发挥进行分析；三是讨论在新常态下中国涉外税收从"现实版"到"升级版"的动态过程；四是讨论"大国税收"的理论与实践；五是围绕国家税务总局提出"大国税务"的要求，对中国税务走向世界所做的思考。

第二章

在新时期中坚持我国财税
发展的正确方向

多年来，笔者对于中国特色社会主义财税的国家性（国家财政与国家税收）的基本观点，始终用两句话来概括：一是必须坚持我国财税发展的社会主义性质，二是必须探寻国家财税的职能在不同阶段的表现形式。在当前新时期与经济发展新常态下，如何坚持与发展这一基本观点，如何探索新时期国家财税之职能作用的新表现形式，是三年多来笔者不断思考的问题。本章讨论国家财税的前一个方面，即坚持我国财税发展的社会主义方向，第二个方面将在第三章中展开。

2012年，在迎接党的十八大期间，笔者将坚持我国财税发展社会主义方向这一重要问题放在当时的国际背景下来考察，提出了基于国际政治视角来看待我国财政理论与财政热点问题的观点，旗帜鲜明地反对存在于西方一般公共财政理论与发达国家财税体系中的"普世价值"倾向，阐述了把握我国财税发展正确方向的重要性与迫切性，坚定了对我国财税发展社会主义方向的信心（本章第一节）。2013年，在党的十八大召开之后，笔者认真学习党的十八大提出的要求，领会实现中华民族伟大复兴中国梦的时代精神，撰写了《共筑"中国梦"的财税思考》的文章，阐述了对坚持我国财税发展社会主义性质的新认识（本章第二节）。2014年，在党中央提出"四个全面"战略布局、要求认识、适应与引领经济发展新常态后，笔者又在多个场合阐述了继续坚持社会主义财税发展方向的重大问题（本章第三节）。

第一节　坚持我国财政的社会主义方向：国际政治视角的分析

2012 年，在举国喜迎党的十八大召开前夕，笔者用对我国财税的社会主义性质研究的新成果来表明对坚持中国特色社会主义道路及其财政发展的鲜明态度，于 2012 年 11 月在《财政研究》上发表了《财政热点与财政理论：国际视角的分析》一文，提出应基于"世界多极化"这一当今世界重要特征来看待我国财政发展，要从国际政治视角来看待我国财政的热点问题，核心就是强调面对复杂的国际形势，我们应该坚持中国财政的社会主义方向。本节以笔者（2012c）的文章为蓝本来展开论述，以保持当年的时代感，以表明作者一以贯之的思想脉络。

一、在复杂的国际环境中坚持我国财政发展的社会主义方向

放眼世界，世界多极化与经济全球化是当前国际政治经济格局中相辅相成、互为影响的两个重要进程，是当前和平、发展、合作国际时代潮流中最重要的两个方面。就国际经济发展而言，除了少数"反全球化"的声音外，应该说，全世界绝大多数国家、地区与组织对经济全球化进程都是认同的，都认为这是一个不可逆转的趋势。但是，就国际政治发展而言，世界上不同力量之间从本质上说现在是针锋相对的，事实上存在着当前已经呈现的世界多极化格局与一些势力力图推行的世界单极化之争。世界多极化（或称政治多极化）强调的是应该允许各国选择符合自己国情的政治发展道路与相应政治制度，在事实上存在多元化、多样化的当今世界中，不应存在所谓"普世"的价值体系与相对应的制度安排。而世界单极化倾向则认为，西方的价值体系与对应的政治经济制度应是放诸四海都适用的，都应该被世界各国所普遍采纳。

显然，世界多极化是一种现实存在，也是我们当前所期待的国际政治格局。改革开放以来，我国国际地位不断提高，在党的十六大以后的 10 年内，从对内构建和谐社会、推进科学发展，到对外倡导和谐世界、实现和平崛起，我国新提出并陆续实行的这一完整思路已经得到了国际社会的广泛理

解和赞同。 但是，我们也要看到，我国成为世界上第二大经济体，经济实力在不断增强，国外一些势力不高兴。 我国是世界上人口最多的国家，随着迈向现代化进程的正常推进，我国的经济总量总有一天会是世界第一，这本来是正常的发展趋势。 但这一进程为什么会引起国际上一些势力的惊慌并意图阻挠呢？ 说到底，这是因为有些国际势力不愿看到我国经济社会在现行制度下还能这样顺利地发展，不愿看到中国特色社会主义政治发展道路还能这样顺利地前进，不愿看到中国特色政治制度能与现代市场经济制度这样共存并有效地发展经济。 因此，他们总想用种种手段来遏制中国的和平崛起，总想用西方的政治模式来改变中国，对此我们应该保持清醒的头脑。对应于经济全球化，有些势力期盼的就是必须主要以西方价值观为基础，以世界单极化为配套，而我们新要求的经济全球化则必须对应着一种多极化的世界政治格局。

面对着这样一种国际政治经济格局，我们就能领会到研究中国财政问题要有"国际视角"的深刻含义。 简单地说，我们就是要研究经济全球化进程和对应的政治"多极化"与"单极化"争论对现阶段我国财政发展的影响，就是要站在国际政治经济发展的高度上来看待我国的财政经济热点问题，就是要在错综复杂的国际形势下坚持我国财政的社会主义方向。 应该说，多年来，我国财政学界对经济全球化与我国财政发展的关系研究较多且收获颇大。 例如，我们较全面地分析了经济全球化进程与主权国家之财政发展的相互关系，较系统地把握了促进我国积极参与实体经济全球化（贸易自由化与投资全球化）与审慎参与虚拟经济全球化（金融国际化）的财政政策运用，较详细地研究了我国在国际经济治理体系下开展对外财经交流合作的务实做法。 相比较而言，对于世界多极化与国际政治格局对我国财政发展的影响，研究则显得略为不足。 换言之，研究国际经济因素对我国财政发展的影响较多，而对国际政治因素对我国财政发展所可能带来的影响关注不够。 因此，面对今天错综复杂的国际政治经济形势，我们应当加强对国际政治格局与我国财政发展关系的探讨，不但要坚持分析我国财政发展的"国际经济视角"，还要倡导"国际政治视角"，这是时代的要求。

笔者（2012c）认为，研究我国财政发展的"国际政治视角"，就是要从国际政治发展这一特定视角，从统筹内外两个大局这一特定视角，来深刻认识中国特色社会主义财政发展道路的正确性，坚持我国财政的社会主义性质，

"不管东西南北风,坚持中特不放松"。 具体说来,这一视角包含着三层含义。 一是在世界多极化与经济全球化的今天,当我们在研究国际形势变化对我国财政发展的影响时,必须始终将"国际经济"与"国际政治"两大因素结合起来,缺一不可。 二是我国财政要始终服务于对国内外两个大局的统筹,财政服务国家战略要有利于促进世界多极化格局的形成。 无论是我国财政政策促进国家对经济全球化进程的有效参与,还是我国财政对国际公共产品提供的更加关注;也无论是我国财政对节能减排等各类全球性新问题的应对,还是我国财政在政策运用国际协调方面的贡献,都要能努力体现我国财政的社会主义性质,体现我国财政服务国家战略发展大局的任务,体现国家的战略意图。 三是我国财政在国内改革发展的进程中,要始终提防西方势力对我国"西化"与"分化"的企图,始终提防基于所谓"普世价值"的单极化潮流对我国财政发展的可能影响,要始终坚持我国财政的社会主义发展方向不动摇。

运用国际政治视角来分析与研究我国财政,笔者(2012c)强调了两个方面,这两方面都紧紧地围绕着坚持我国财政的社会主义方向这一根本问题而展开。 一是对当前我国一些财政经济热点的把握,强调必须保持清醒的头脑,坚持我国财政的社会主义道路不动摇。 二是坚持在把握国内外大势的背景下看待探索中国特色社会主义财政理论体系的必要性,坚定走"独特中国财政路"的信心。

二、用清醒的政治头脑来看待我国财政热点问题

总体上看,在当前世界多极化与单极化之争中,国家财政竞争越来越成为国家间竞争、制度间竞争的重要方面,国家财政已经成为国家战略的组成部分与实施工具,财政服从并服务于国家利益的重要性在上升,发展趋势在强化。 我们要把握国际政治因素与国家财政作用的相互联系,理解国际政治发展态势对我国财政发展的深刻影响,特别是结合对当前财政热点的判断来解读这些影响。

笔者(2012c)指出,在过去一段时期中,国际某些势力抹黑我国经济社会发展的领域与内容的涉及面甚广,除了过去经常用、现在还在用的人权、知识产权、汇率决定等因素外,还加上了许多与我国财政体制、财政政策或广义财税高度相关的问题,这里试举三例。

其一,宏观税负问题,或者更广义地说,我国财政占有资源的比例问题。 这些年来，国际某些势力攻击我国经济社会发展的一个重要方面或突破口就是我国的宏观税负问题。 一些势力过去攻击我国的税负，主要讲的是我国外商外资的税负问题，或者是对外商的税收优惠力度不够，或者是已经给出的税收优惠现在又取消了。 但近年来，这种攻击的角度已经不同，转而强调政府对全体中国人的税负过重问题，突显我国财政占有资源过多的问题。 这些攻击是有其深刻的国际政治背景的，这种责难后面的司马昭之心路人皆知。 基于此，我们就要在特定国际政治背景下看待过去数年中境外媒体就所谓"税收痛苦指数"对我国的数次发难。 对于我国宏观税负是否过重之争，笔者向来坚持辩证的观点：一方面，看待国际税负竞争（包括以税制竞争力或税负排行榜等形式出现的国际税收舆论竞争）要有平常心，因为这也是经济全球化与要素流动国际化的产物；另一方面，对于国外势力就我国税负问题的有意责难，要放在世界政治多极化与单极化争论的背景下来思索。 这已经不是一般的理论之争，而是国际政治较量在财政税收问题上的一种反映，我们应该进行有效应对。 从这一认识出发，近年来，国家财税部门主要领导与理论学界对国外势力就税负问题发难的有效回击，是完全必要的。 我们要在这种应对中为中国特色财税体系的形成与制度化发展争取有利的外部条件，这方面的争论将会是长期的，形式也会不断变化，我们要有充分的准备。

其二，国有部门收益分红比例提高的问题。 国有资本经营预算，是中国特色预算体系中的重要部分，这是国家以所有者身份依法取得国有资本收益，并对所得收益进行分配而形成的预算收支关系。 从目前的运行情况看，国有部门收益主要用于国有经济的再发展，而用于一般公共支出的分红比例相对较低。 对此，国外一些势力经常将其作为责难我国财政经济体制的一个方面。 在近年进行的中美战略与经济对话中，美方曾将提高中国国有企业红利上缴比例列为重要的谈判要求。 虽然最后中方也赞同提高这一分红比例，但从本质上说，比例应该提高多少并不是真正的争议，真正的争议在于双方争论背后所持有的不同立场。 美国等西方势力要求我们提高国有部门的分红比例，其攻击的要害是我国国有企业享有相当的财政补贴与各种所谓"不公平"的政策倾斜，最终期待的是我国国有部门彻底退出所有竞争性和大部分的垄断性领域，因为在他们眼里，我国国有经济的存在与发展破坏了所谓民主的基础。 而我国承诺提高分红比例的前提是，既要逐步提高分红比例，让国有经济的收益更好地为全体人民服务，提供更多更好的公共产品；又要继续保持与壮大国有经济部门，因为它是我国社会主义基本政治经济制度的重要经济基础。

可以认为，国有部门分红比例之争，实质上是国有部门存废之争，体现在财政上就是国有资本经营预算的存废之争，这关系到重大的国家利益。笔者多年来强调要从我国国情与制度要求出发来看待国有部门存在的必要性，并尝试从国家财政与公共财政结合的角度论证，无论是垄断性企业还是一些必要的竞争性企业，国家继续拥有它们是必需的。因为这些企业是党长期执政的重要经济基础，是不可以民营化的。应该说，站在今天复杂的国际政治背景下来看待这些问题，我们的认识升华了。因为国有部门的存废之争、国有资本经营预算的存废之争，相当高程度上体现的就是国际政治多极化与单极化争论对我国财政经济发展的影响。我们应该坚持我国国有资本经营预算存在的制度要求与理论依据，应有效应对西方势力要求削弱乃至取消国有部门的挑战。在我国的国家预算体系中，国有资本经营预算不是过渡形式，而是中国特色社会主义预算体系的组成部分与常态化形式。我们不但要站在市场经济的角度看待这一体系建设，还应该从国际政治视角来认识与分析相关争论，始终旗帜鲜明，不能含糊。

其三，预算公开与预算透明度提高的问题。长期以来，我国预算管理与公开问题都是我国财政经济的热点之一，国内各方面关注，国外势力也始终盯着我国当前预算管理中存在的一些不足。应该说，近年来我国财政部门大力加强了预算管理与预算公开工作。加强预算管理，坚持所有收入都应纳入预算，实施全口径管理收到了很好的成效。财政部门同时逐步提高了预算管理的透明度，自觉接受社会监督，得到了各界好评。笔者这里强调的是，应该站在国际政治发展的背景下来看待我国预算管理与公开的深化问题。预算透明度的提高，不仅是一个市场经济条件下的经济问题，同时也是一个国内外背景下的政治问题。对于预算公开问题，笔者多年来的观点就是九个字——"是方向、有空间、有限度"。"是方向"强调的是加强预算公开透明的必要性，无论从权力在阳光下运行，还是从服务型政府的基本要求来看，提高预算透明度的必要性都不言而喻。"有空间"讲的是这项改革任重道远，无论从我国现有实践来看，还是从市场经济对预算管理的一般要求来看，我国预算公开透明都还有很长的路要走，都还有很多需进一步推进与完善的内容。这里特别要强调的是"有限度"。放眼今天世界，没有一个国家的预算是完全公开的，预算公开在任何条件下都有限度。究其主要原因无非两句话，一是任何支出过程都是政治决策的过程，二是任何支出过程都与一定的公共选择制度相联系。我国也不例外。笔者赞同财政部预算司(2012)在《关于预算公开的现状分析与思考》一文中对我国预算公开进程所做的总体判断。在该文中，预算司列举了我国预算不能完全公开的六大原因，其中第一点就是，与我国社会主义国体政体密切相关的一些预算不宜完全公开。笔者认为，正是预算完全公开"有风险"，所以预算公开进程必须"有限度"。在当前复杂的国际形势下，国外势力经常以预算公开来攻击我国的财政乃至国家体制，因此，我们在深化预算公开进程与改革的同时，要警惕某些别有用心的势力想利用此事在我们的政治体制上打开一个缺口，要警惕某些势力想将对预算透明度提高的要求演变为对我国公共选择制度的责难，对此一定要引起高度重视。

笔者列举上述问题，是想提醒广大财政理论工作者，不存在脱离世界政治格局影响的国家财政经济问题。当前我国财政发展过程中出现的一些热点问题，经常是一种复杂交错的综合体，其中既体现着国内正常的民生需求与呼声，有时又包含着国际某些势力的兴风作浪。对于正常的民生需求，我们应该积极回应，努力做好工作；但对于某些国际势力的责难，我们必须予以坚决回击，应该将财政热点放在国际政治发展的高度来认识，要有看待财政问题的国际政治视角，要有坚持我国财政社会主义性质正确方向的坚定信心。

三、发展与完善中国特色社会主义财政理论体系

在坚持用国际政治视角来分析我国财政发展的过程中，笔者始终认为，我国财政发展之所以无法用现在流行的一般公共财政理论来说明，是因为后者主要是基于西方发达国家实践的，一些重要部分或基础本质是与西方政治发展道路相联系的。而我们正在走的是前人所没有走过的中国特色社会主义道路，实施的是中国特色社会主义市场经济，因此，这一实践呼唤着中国特色社会主义的财政理论体系，而这一体系的首要前提就是坚持我国财政的社会主义方向。

在世界多极化格局中，在激烈的国际竞争中，我们就是要靠自己独特的文化、历史、价值、传统、政治与体制等关键因素来成为重要的一极。从国际政治视角来看，包括财政理论在内的经济理论建设也应该是中国特色社会主义建设的重要组成部分。西方强调的单极化，所对应的就是基于所谓

"普世价值"的西方经济理论体系，而我们必须有自己的经济理论体系。因此，对中国特色财政理论体系的探索，就是要放在世界多极化的背景下去掂量其重要性，就是要摆脱"普世价值"对我国财政理论发展的影响，特别是对公共财政理论体系构建的影响。我们也要让我国财政理论体系具有中国特色社会主义的实践特色、理论特色、民族特色、时代特色，这应该是我们这一代学者应尽的责任。

笔者始终认为，近年来不断引进的、主要源于西方发达国家实践的公共财政理论体系，有着三个组成部分：一是反映现代市场经济对财政一般要求的部分，这是共性，应该采纳；二是反映发达国家经济发展水平要求的部分，应加以修正补充，因为我国仍是发展中国家，发展作为第一要务还没有完成；三是反映西方国家公共选择制度等政治因素的部分，必须明确拒绝，不能有丝毫犹豫。简言之，对于西方公共财政理论体系，我们要取其市场经济之共性，补其忽略发展之不足，弃其政治体制之个性，而绝不能生搬硬套，更不能有意将与西方政治体制相关的部分强加到我们的理论体系之中。我们必须在国际复杂政治背景下看待与应对西方势力对我国财政理论体系可能造成的潜移默化的影响，加快构建中国特色社会主义财政理论体系。

从笔者 2011 年出版的《中国特色社会主义财政："四位一体"的分析》到本书，笔者多年来对中国特色社会主义财税理论的构建就是这样一种尝试，就是这样一种历史责任感，随着时间的推移，笔者越发感到这种构建的紧迫性与必要性，特别将这一任务放在当今日益复杂的国际背景下来看待就更加明显。为了更加突出笔者的认识，这里扼要阐明笔者（2012c）提出的四个鲜明观点。

其一，关于我国财政的社会主义性质，就是要体现我国财政与社会主义国家基本制度的本质联系，就是要体现我国财政与基本国体政体的本质联系，就是要体现我国财政与符合国情的公共选择制度的本质联系，这是我国财政，乃至整个政治发展道路与政治制度能够成为多极化中重要一极的基本特征。笔者建议大家重温时任全国人大常委会委员长的吴邦国同志 2011 年 3 月在十一届全国人大四次会议上所做的"五个不搞"的表述，因为这清楚地表达了我国国体政体的基本特征，即不搞多党轮流执政，不搞指导思想多元化，不搞"三权鼎立"和两院制，不搞联邦制与不搞私有化。这些基本判断对我国财政发展有着清晰的要求，应该体现在我国财政建设的各个方面，而放在当前错综复杂的国际政治背景下来看，就显得更为迫切。例如，既然我国不搞"三权鼎立"和两院制，我们讨论的国家财政制度建设，包括财权设立、预算制度改革等，就必须以我国基本的社会政治经济制度为准绳，对西方国家在"三权鼎立"和两院制条件下形成的财政体制，虽然可以了解其一些做法，但绝不能照搬照抄。再如，联邦制与中央集中制下的财权设置理念与重心是不同的。在联邦制国体中，联邦政府与地方政府在财权财力的分配上是有基本要求的，地方政府在首先满足自身要求、巩固自身财力的前提下来考虑联邦政府的要求。而在我国这种中央集中制的国体下，财权财力的安排就必须服务于"全国一盘棋、中央有权威"的大局，就要确保中央有足够的财权财力来实现国家重大战略意图与实现宏观调控，并在这一前提下充分调动地方的积极性。因此，当我们决定不搞联邦制时，就要对西方许多联邦制国家公共财政的做法有所警惕，对于联邦制下的财权税权设置、财力分配等问题的做法同样不能照搬照抄。多年来，我国财政理论工作者在这些大是大非面前，头脑是清醒的，立场是坚定的，必须继续坚持。

其二，关于我国国家财政的职能作用，笔者认为，过去我们主要从经济的角度去理解这些基本要求，特别是研究国家财政在市场经济条件下的具体表现形式，而当我们把这些要求放在国际政治视野中去重新审视时，又有了新的体会。例如，在当前复杂的国际形势下，所谓多极化与单极化之争，说到底还是主权国家的综合国力之争，没有强大的综合国力，要想成为重要的一极是没有可能的。国家财力始终是国家综合国力的重要方面，在多极化的今天，我们要更加注重对"稳固、平衡、强大"的国家财政建设重要性的认识，要将这些认识拓展到国际政治经济相结合的高度。一方面，面对激烈的国家间、制度间竞争，只有强大的国家财力，才能支撑与保证我们事业的长盛不衰；另一方面，随着我国国力的增强，财政也要在提供国际公共产品、应对全球新问题方面逐步发挥作用。同为地球人，贡献本应当，把握主导权，服务多极化。而这些都需要一个稳固、平衡、强大的国家财政作为坚强的后盾。强大的国家财力，既能体现我国对全球新问题挑战的关注，又能始终对发达国家可能引导的单极化政治倾向保持必要的警觉。

其三，必须始终坚持我国公共财政的国情与体制特色。放在国际政治视角下来看待这些特色，笔者又有了两点新的体会。一是在强调我国公共财政是市场经济与中国特色制度体制结合的同时，我们从来没有否认市场经济的改革方向，从来没有否认公共财政是市场经济条件下财政的主要表现形式。 正是基于对这种资源配置方式共性的认识，多年来我们选择了公共财政的国际比较借鉴，他山之石，可以攻玉，我们还将继续把市场经济要求的公共财政体系构建好。 世界多极化与单极化之争，并没有影响我们对市场经济资源配置基本方式的选择。 我们强调的只是基于国情加以借鉴，只是坚持"惯例参考、国情为主"的结合方式，只是在借鉴各国都有的市场机制与宏观调控结合的过程中，更加突出对两者结合之中国形式的探索。 我们对于国外经验的借鉴也要讲辩证法：一方面，要学习和吸收国外先进的理念和做法；另一方面，要总结国外在某些方面的教训，结合中国国情对一些问题进行研究和反思，不断完善我们自身的制度。 二是在今天错综复杂的国际政治形势下，应该更加注重对我国公共财政对应的体制性特征与公共选择制度的坚持。 市场经济作为一种资源配置方式，在世界各国中的表现形式是多种多样的，其所对应的公共财政表现形式就可以是多样的，并与一定的公共选择制度相联系。"党的领导，人民当家做主与依法治国"的统一，是我国公共财政活动必须遵循的基本制度。 有些学者在研究我国公共财政时，往往无意或有意地将其与西方国家以私有制为基础的公共选择制度联系在一起，这是一种危险的倾向。 从某种意义上说，这些学者眼中的公共财政，并不是(至少不仅仅是)与公共产品和服务提供的"公共性"相结合的公共财政，而是一种事实上(至少隐含着)与西方式"公共"选择制度相联系的公共财政。 因此，对于这样理解的公共财政，如果改动其中一个字，实际上是一种"公众财政"。 在这些学者的心目中，这里讲的"众"，也许并不是将其表达为"人民群众"这样一个整体，而是将其"一拆为三"，表述为每一个独立的个人。 这种理解与表述，至少在倾向上或有意无意之中，是将公共财政实现形式与西方公共选择制度相联系的，是以西方公共选择制度作为标准参照系的，我们对此必须保持警觉，在世界多极化与单极化尖锐相争的今天更加必须如此。

其四，必须始终坚持我国发展中国家的国情，把握好发展财政与公共财政的结合。 这里要强调的是，如何基于国际政治的视角来继续提炼发展财政的实践特色、理论特色、民族特色与时代特色。 应该说，当今在国际政治领域中出现的多极化与单极化之争，在很大程度上是对各国不同发展道路的选择与争论。 过去几年应对国际金融经济危机的进程表明，传统国家干预模式与崇尚自由市场经济的"华盛顿共识"之争，事实上都是从不同侧面体现出对不同发展道路的认知。 而面对我国经济社会的不断发展进步，在大多数国家与国际组织都看好我国发展，支持我国对发展模式的探索时，一些势力却用各种方法来试图"唱衰中国"，这种"唱响中国"与"唱衰中国"之争的背后，在很大程度上也体现着多极化与单极化之争的深刻背景。 我们同时发现，在一些势力攻击我国发展道路时，相当大部分和我国财政促进发展的具体做法与体制因素有关，例如税收财政与土地财政关系、政府性基金预算的常态化存在、发展财政与发展金融结合的作用、支持科技创新的财政补贴方式。 我们当然要走自己的道路，要对西方势力的攻击予以回击。 我们同时也应针对存在的不足不断加以完善，努力让各种发展财政的做法能符合现代世界市场经济与国际经济贸易惯例的要求。

笔者(2012c)最后强调，我们多年来在探索中国特色社会主义财政理论的构建时，考虑的影响因素主要是社会主义初级阶段的国情和以经济全球化为基本特征的世界形势，这里增加的是世界形势另一基本特征——世界多极化的影响。 面对当今错综复杂的国际经济政治形势，我们就是要更加坚定走中国特色社会主义道路，大胆实践，奋力推进中国特色社会主义财政理论体系的不断形成。

三年多过去了，站在 2016 年年初这个时点上，结合对党的十八大、十八届三中全会、十八届四中全会、十八届五中全会的学习，笔者再次坚信自己上面表述的基本观点是正确的，符合对我国基本制度与国体政体的坚持，是顺应时代要求的，是自己作为共和国培养的财税理论工作者应该表明的态度。 今天重温这些观点，笔者的体会有二：一是基本思路不变，就是要在国内外大背景下坚持我国财税发展的社会主义方向。 三年多来，国际形势复杂变化，中国国力持续增强，我们应该对中国特色社会主义财税道路方向的正确性更加充满自信。 二是一些具体提法、具体表述是在当时历史条件下形成的，我们在坚持基本方向不动摇的前提下，当然可以也必须对一些具体提法进行必要的调整(例如对我国预算公开的范围与推进速度的表述)，有些正常学术讨论也是必须倡导的。 笔者愿意同致力于我国财税事业发展的广大同行一起持续努力，在经济发展新常态的新时期中，在决胜全面建成小康社会的进程中，更加丰富与完善中国特色财税理论体系的构建，更加有效地服务我国财税实践的发展。

第二节 共筑"中国梦"的财税思考

2013 年 6 月，在举国上下认真学习贯彻党的十八大精神，以饱满的政治热情迈向新时期的进程中，笔者在《涉外税务》2013 年第 6 期发表了《共筑"中国梦"的财税思考》一文，这是笔者学习党的十八大精神、做好新时期财税工作的心得体会，也是笔者在新时期坚持我国财税社会主义性质与方向的判断性观点。三年过去了，重温这篇文章，笔者依然认为文中的观点是符合时代要求的，是对新时期中坚持我国财税发展社会主义方向的重要宣示。本节仅对个别字句有所调整，而将全文置于此，作为本书一个基本导向性的章节。

笔者（2013b）指出，在研究中国特色社会主义财税发展的过程中，要始终树立两个理念：一是要树立"大财税"的理念，即把我国财税的发展始终放在国内经济政治社会诸因素和国际形势的大背景下来看待，而不是就财政论财政，就税收论税收，这是一个重要的研究视角。二是要确立"与时俱进"的思路，即研究必须紧扣国家特定时期发展的主题主线，必须围绕特定时期国家大局及其对我国财税的要求来展开。基于这些体会，当我们今天在新时代条件下讨论财税发展问题时，就应该对当前国家发展的大局、对与时俱进的中国特色社会主义事业进程有全面的把握。当前的时代特征是什么？大局是什么？在党的十八大胜利召开后，答案是很明确的，就是我国亿万人民正在以习近平为总书记的党中央领导下，承前启后、继往开来地开启同心共筑"中国梦"的伟大进程，而我们要研究的就是该进程所对应的财税观。

什么是"中国梦"？就是党中央提出的"两个一百年"的宏伟目标：到中国共产党成立一百周年时全面建成小康社会，到中华人民共和国成立一百周年时全面建成富强、民主、文明、和谐的现代化国家，就是要实现中华民族的伟大复兴。习近平总书记关于共筑"中国梦"要"坚持中国道路、弘扬中国精神、凝聚中国力量"的重要阐述，对当前我国财税发展有着明确的要求，而将这些要求落实到财税体制改革与财税政策运用的实际上，就是具有时代特色的、共筑"中国梦"进程所要求的财税观。

一、"坚持中国道路"的财税思考

中国道路就是中国特色社会主义发展道路，就是中华民族走向伟大复兴的康庄大道。 在这条道路上，党的引领是根本保证，社会主义是制度保障，改革开放是前进动力。 这条道路是从 30 多年改革开放中走出来的，是从 60 多年新中国发展中走出来的，是从 170 多年来中国近现代史中走出来的，也是从中国 5000 年传统中走出来的。 对此，我们必须始终保持坚定不移的道路自信、理论自信和制度自信。 这些基本判断对我国财税发展有着很强的指导意义。 我们走的是中国特色社会主义道路，那么我们的财税始终应是中国特色社会主义财税，这种财税的发展既要体现改革开放 30 多年来引入市场机制、实现对外开放等时代特征，又要继承与发扬新中国成立 60 多年来一以贯之的国家财税本色。 我们既不能用改革开放后财税的迅速发展来否定改革开放前取得的成绩，也不能用改革开放前财税发展的一些历史特征来否定改革开放至今逐步形成的财税发展模式，这是一条重要的原则。 我们要始终警惕隐含在西方财税理论体系中的所谓"普世价值"对我国财税理论的冲击，要坚定社会主义财税发展的根本方向。 与此同时，还应在对中国传统的借鉴中来发展当代中国财税，既要学习发达国家财税运作的成熟经验，也应从我们老祖宗的理财思想中得到必要启迪。 基于此，我们也同样应该对中国特色社会主义财税充满道路自信、理论自信与制度自信。

如前所述，笔者长期坚持中国财税体系就是中国特色社会主义财税体系。 通过对共筑"中国梦"要坚持中国道路要求的学习领悟，笔者感到这种基于中国社会主义道路主要特征的归纳基本上是确切的，我们是在坚持社会主义方向的前提下去努力实现"两个一百年"的奋斗目标，是在依靠市场经济发挥主要资源配置作用并发挥政府调节职能的机制中去努力打造中国经济发展的"升级版"，是在长期初级阶段的基本国情中去追逐"中国梦"的理想，也是在参与经济全球化、世界多极化等的进程中去努力实现"与世界同发展共分享"的中国梦。 因此，作为中国特色的财税发展，就必须反映这些时代与体制的特征，必须综合考虑并充分体现这些特征对财税定位的要求。 虽然在如何归纳与表述我国现阶段财税体系及其职能方面还可以再探讨，虽然对笔者提出的中特财税体系内涵的挖掘还有待深化，但笔者要强调的是，中国财税理论工作者应该对自己的财税理论体系充满道路自信、理论自信与制度自信。

二、"弘扬中国精神"的财税思考

习近平总书记在 2013 年 3 月就任国家主席的演讲中强调了"中国精神"的两个方面，即以爱国主义为核心的民族精神和以改革创新为核心的时代精神。这些精神是凝心聚力的兴国之魂、强国之魂，全国各族人民只要弘扬了这些伟大的精神，就能朝气蓬勃地迈向未来。领悟这些宝贵精神财富对于我们当前财税发展也有着重要的指导意义。

就爱国主义的民族精神而言，爱国主义始终是把中华民族坚强团结在一起的精神力量，在看待国家财税之于国家民族发展的重要性方面，也应该是这样。国家财税从来都是国家经济的重要命脉，取之于民、用之于民从来都是社会主义国家财税的基本特征。强调爱国主义，强调的就是对国家财税的支持，强调的就是对稳固、平衡与强大的国家财税的支持，强调的就是国家运用必要的财税力量来实现国家发展的必要性、合理性与紧迫性。任何一个纳税人，都应该将国家财税利益放在重要位置。近年来，我们强调关心与爱护纳税人的利益，强调纳税人应该对税收的使用具有必要的知情权，这是对的，也是现代市场经济对财税定位的要求。但是，笔者始终认为，国家财税在任何时候都是财税工作的前提与基础，公共财税及其对应的理念与实践都只能是这一重要前提的延伸，税收的强制性、无偿性与固定性的基本原则从来没有过时，个体无偿与整体有偿的结合应该是我们把握纳税人义务与权利的基本出发点。简言之，每一个纳税人的利益，每一个中国人的利益首先都应是同国家的命运联系在一起的，今天我们强调以爱国主义为核心的民族精神，对我们重温这些浅显但重要的理念来说非常及时。近年来，我国财税理论界多少存在着一种将个人经济利益置于国家财税利益之上的倾向，对此我们必须提高警惕。

就改革创新时代精神对财税发展的影响而言，大家的共识应该较多，我们应该在"改革不停顿、开放不止步"的要求下不断改革与完善财税体制。新一届党中央强调要持续处理好政府与市场、政府与社会、中央与地方等重要关系，新一届政府上任后提出了"持续发展经济、不断改善民生、促进社会公正"的工作思路和不断构建"创新政府、廉洁政府、法治政府"等基本要求，都对财税体制的不断改革与完善提出了明确要求，需要我们在将要逐步系统铺开的财税体制改革中加以落实。我们要按照党中央的统一部署，拟订好改革时间表，分清轻重缓急，注意统筹兼顾，做好各项工作。就当前而言，特别是要打好"营改增"这一"牵一发而动全身"的税制改革攻坚战。应该说，这是一箭多雕、一石多鸟的政策选择，因为它既是促进现代服务业发展、有助于经济结构转型升级的重要政策手段，又是持续完善与优化税制改革的必要体制性安排。同时，"营改增"还是当前积极财政政策运用中结构性减税的重要方面，是我国刺激供给与管理需求相结合的宏观调控政策的强力之举。此外，我们还要做好资源税改革、房产税试点、地方税系构建、政府间财政分配关系调整等方面的工作。笔者（2013b）强调了两点。一是财税体制的深化改革，必须坚持既要有顶层设计又要鼓励探索创新的思路，借用一句简单的话，就是"天上有北斗，河里有石头"。有的人认为，作为深化改革的核心内容之一，税制改革已经到了触及既得利益与积累存量的深水区，已经难以摸到石头，应该改为顶层设计的路子，对继续"摸着石头过河"的成效有所怀疑。这种把顶层设计与"摸石过河"对立起来的观点是有失偏颇的。有了顶层设计，就是看到夜里天空指明方向的北斗，改革的方向就不会偏离；但仅有方向是不够的，不会迷失方向并不保证我们能够顺利过河，水再深，河床里仍有石头，潜下水去就能摸到。因此，摸着石头依然是我们渡过前方河流的有效且现实的方法。二是必须考虑特定时期社会对财税体制改革的接受程度。当前，我们已经比过去任何一个时候都更靠近"中国梦"了，这种判断给了全国人民极大的信心；同时我们也应看到，越接近梦想的实现，可能出现的困难与障碍就越多。因此，我们必须更加谨慎、更加注重缓解矛盾、更加注重瞻前顾后，稳中求进地向"中国梦"的目标迈进。未来十年是经济转型的十年，是发展速度可能放缓的十年，也是收入分配不公等社会矛盾比较尖锐的十年。因此，我们既要坚定不移地推进财税体制改革，又要充分考虑到财税体制改革面临的社会环境。在今天社会较为多元复杂、各种利益诉求极易表述、社会舆论引导较为重要的条件下，公平、慎重、稳妥地推进财税体制改革应是首选。财税体制改革一定要注重统筹兼顾、瞻前顾后，在财政能够承担、群众能够理解、社会可以接受的前提下稳步推进，而不要单兵突进。与此同时，我们还应看到，以往改革进程与国际经验都启示我们，任何一项财税体制改革，结果往往都是部分人群受益、部分人群可能受损。因此，正确的做法应该是通过必要的体制性安排，使受益人群能够补偿受损人群，这既是公平理念的体现，也是税制改革社会观的要求。

三、"凝聚中国力量"的财税思考

学习领会习近平总书记的重要讲话，可以看到"凝聚中国力量"这一要求至少涵盖着相互联系的两个方面，那就是民族梦与个人梦的关系。 一方面是人人都能享有人生出彩的机会，人人都有实现梦想的机会；另一方面是我们要把13亿多中国人的力量凝聚起来，汇集成不可战胜的磅礴力量，这是我们事业成功前进的保证。"中国梦"不是"美国梦"，我们追逐的是以人为本、强调集体主义与共同发展、建立在公有制基础上的"中国梦"，而不是那种强调个人至上、建立在私有制基础之上的"美国梦"。 从这个判断出发，我们必须坚持"国强才能民富"的基本原则，必须唱响"国家富强、民族振兴、人民幸福"的时代强音，必须重申"国家好，民族好，大家才能好"的重要理念。 只有强调实现民族梦与实现个人梦同步的观念，强调对中国力量的凝聚，才能为我国各种财政收入的合理收取和各项财政支出的必要安排提供制度环境与舆论空间。 正是在这个意义上，我们既要强调"中国梦"归根结底是人民的梦，财税部门的所有工作都必须以人为本，同时又要鼓励与强调每一个纳税人多为国尽力，应持续倡导国家集中必要财力与集中力量办大事的体制性优势，从财税的角度保证中国力量的持续凝聚。

笔者(2013b)重点表达了三个观点：一是要根据"凝聚中国力量"的要求，进一步处理好纳税人与征税人的关系。 简单地说，就是要在依法治税的前提下，继续努力构建和谐的税收征纳关系，就是要把握好"坚持依法治税"与"优化服务税收"的辩证统一。 税务部门要在继续执行"收好税、带好队"等许多行之有效的工作方针的同时，加上"定好位"的新要求。 定好位，就是税务部门在把握好政府与市场、政府与社会、个人与国家等重大关系的指导下发挥好作用，就是既为国家大局服务，又能很好地为纳税人服务。 国家税务总局主要领导近期强调要"提升站位、依法治税、深化改革、倾情带队"，其中"提升站位"应该也包含着这些基本要求。 二是要根据"凝聚中国力量"的要求，更好地把握纳税人与用税人的关系。 纳税人与用税人的关系是多方面的，当前的关键就是要使纳税人对用税人(政府)财政支出的去向达到必要的认同与共识。 简单地说，财政支出的最大分类就是发展支出与民生支出。 我们要从国家利益最大化、人民生活改善最大化的根本目标出发，从凝聚与发挥中国力量的共同愿望出发，在追逐"中国梦"的进程中妥善处理好发展与民生的关系。 这种关系就是两句话：一是

"用发展筑牢梦想的根基",二是"民生改善是梦想的最好诠释"。 也就是要处理好"持续发展"与"民生改善"的关系,最大限度地拓展两者之间的正向联系,妥善处理好特定阶段中可能出现的矛盾。 中国是个发展中国家,实现中华民族的伟大复兴是中国梦。 我们是在初级阶段的国情背景下追逐"中国梦"的,因此,现阶段财税的任务,就是要设置好财税制度,运用好财税政策,既要能够促发展、做大蛋糕,又要能保民生、分好蛋糕,从而稳中求进地推进"中国梦"的实现。 在这一方面,纳税人与用税人力量的凝聚与和谐是极其重要的。 三是在现阶段,要特别注重做好财税方面的宣传工作,认真回应当前社会对财税工作的关注,实事求是地宣讲财政收入来源的合理性,恰到好处地阐明财政支出的必要性。 在用好纳税人的钱来改善民生方面,本届政府明确提出"守住底线、突出重点、完善机制、引导舆论"的要求,就是一个明确的信号。 在守住财税可持续、经济发展可持续底线的前提下,在突出保障重点与完善提供机制的条件下,从初级阶段的基本国情出发,就是要不断地"引导舆论",让全社会明白"尽力而为、量力而行、循序渐进、持之以恒"的基本道理,让全体人民既感受到党和国家提供的公共财政阳光,又能体会到实事求是的初级阶段民生发展观。 而今天对"凝聚中国力量"的宣传,就是引导舆论的重要基础,是我们所有中国人应该具有的共识。

第三节 在"四个全面"战略布局下坚持 社会主义财税方向

在上述两节中,笔者主要以 2012 年、2013 年的两篇文章为基础,论述了在特定年份里对坚持我国财税社会主义方向的学习体会。 三年多来,形势发展很快,伴随着我国财税在新时期的发展,笔者一方面对自己已经提出的观点进行再思考,另一方面根据时代的新要求做进一步的拓展。 总体上看,上述两节中表述的观点基本成立,同时笔者的学习又有新体会,境界又有新提高,感悟又有新升华。

党的十八届三中全会明确提出,"完善和发展中国特色社会主义制度,推进国家治理体系与治理能力现代化",并赋予财政作为"国家治理的基础与重要支柱"的重要任务，提出"深化财税体制改革、建立现代财政制度"的要求。 党的十八届四中全会又提出全面推进依法治国的新要求。 在进入经济社会发展新常态后，习近平总书记又阐述了"全面建成小康社会、全面深化改革、全面依法治国、全面从严治党"的"四个全面"战略布局，这是全国人民在党的领导下推进各项事业的指南，也是我国财税新发展的指导思想。 笔者通过学习理解动态发展、不断完善的"四个全面"战略布局，对坚持我国财税发展的社会主义方向又有了新认识。 就我国财税发展而言，首要任务依然是要坚持发展的正确方向，从而为"两个一百年"奋斗目标的实现与中华民族的伟大复兴做出新贡献。

一、认真把握"四个全面"战略布局的深刻含义

"四个全面"是习近平总书记2014年12月13日至14日在江苏调研时首先提出来的。 自提出"四个全面"后，习近平总书记在多个场合强调了"四个全面"战略布局的深刻含义。 习近平总书记指出，"四个全面"战略布局，"确立了新形势下党和国家各项工作的战略目标和战略举措，为实现'两个一百年'奋斗目标、实现中华民族伟大复兴的中国梦提供了理论指导和实践指南"。 这就讲明了"四个全面"的理论地位和现实意义。"四个全面"是马克思主义与中国实际相结合的新飞跃，是马克思主义中国化的最新成果，是我们党治国理政方略与时俱进的新创造，是坚持和发展中国特色社会主义道路、理论、制度的战略抓手。 与此同时，我们应该看到"四个全面"作为战略布局，既有战略目标，也有战略举措，每一个"全面"都具有战略意图与指导意义。

全面建成小康社会，是一个既一以贯之又不断发展的战略目标，其实质就是发展。 党的十六大正式提出了全面建设小康社会的目标，到党的十七大时，全面建设小康社会的目标被进一步完善，党的十八大则将全面建设小康社会的奋斗目标改为全面建成小康社会，虽只有一字之差，内涵却已发生了深刻的变化。 全面建成小康社会的具体内容当时由五个方面组成：经济持续发展，人民民主不断扩大，文化软实力显著增强，人民生活水平全面提高，资源节约型、环境友好型社会建设取得重大进展。 党的十八届五中全会又将上述五方面深化为：经济保持中高速增长，人民生活水平和质量普遍提高，国民素质和社会文明程度显著提高，生态环境质量总体改善，各方面制度更加成熟更加定型。 这五个方面体现的正是中国特色社会主义事业的

"五位一体"总体布局：经济建设、政治建设、文化建设、社会建设与生态文明建设。

全面深化改革是一个始终在深化前进的过程，党的十八大报告就对深化改革进行了论述，提出了经济体制改革、政治体制改革、文化体制改革、社会体制改革、生态文明体制改革等五个方面的改革。而党的十八届三中全会确定的主题就是全面深化改革，并在此旗帜下确定了七个方面的改革，对改革做出了全面战略部署。全面深化改革关系党和人民事业的前途命运，关系党的执政基础和执政地位，关系党和国家事业发展全局的重大战略部署。改革是我们这个时代的旗帜。

全面依法治国也是一个不断深化的过程。党的十八大报告中提出了全面推进依法治国的理念，党的十八届四中全会确定的主题就是全面推进依法治国。全面推进依法治国的总目标是"建设中国特色社会主义法治体系，建设社会主义法治国家"。全面推进依法治国是为更好治国理政而提出的重大战略任务，既是立足于解决我国改革发展稳定中的矛盾和问题的现实考虑，也是着眼于实现中华民族伟大复兴中国梦、实现党和国家长治久安的长远考虑。法治是我们这个时代必须崇尚的精神。

全面从严治党，是习近平总书记在江苏调研时首先提出的。将全面从严治党与前三个"全面"进行有机结合，这是习近平总书记的重要战略考虑，"四个全面"从此有机地组合成了一个整体，成为新形势下党治国理政的方略和战略布局。实现"两个一百年"奋斗目标，实现中华民族伟大复兴的中国梦，必须把我们党建设好，确保党始终成为中国特色社会主义事业的坚强领导核心。

习近平总书记强调，要把"四个全面"看成一个整体，每一个"全面"都要放在整个战略布局中来理解和把握。每一个"全面"都有重大战略意义，其内涵都在不断丰富和深化，而将"四个全面"系统整合在一起，其理论价值和意义已经不仅仅在于它自身，而是上升到一个新的理论层面和高度，形成了具有特定功能的战略思想。"四个全面"战略布局的深远含义已经并将继续展现出来，就与本书写作相关的国家经济社会发展而言，笔者的理解就是，全面建成小康社会主要讲的就是"发展"，就是现阶段全体中国人民努力实现的经济社会发展目标；全面深化改革与全面依法治国是实现发展目标的两个重要保障，"改革"是"动力"，"法治"是"保障"，是"车之两轮、鸟之两翼"；全面从严治党提供的是对国家发展坚强有力的领导。用笔者近年来开各种讲座时的标题性语言来描述，就是"党领导人民，走中国道路，扬改革旗帜，崇法治精神，决胜全面建成小康社会"。这种理解有助于我们在"四个全面"战略布局下努力推进我国财税的持续发展。

二、深刻理解"四个全面"战略布局对财税发展的要求

"四个全面"战略布局对我国财税发展的指导意义是深远的。首先，"全面建成小康社会"强调的就是我国财税对国家发展总目标的贡献，就是如何坚持国家财税、公共财税与发展财税的结合，"围绕中心，促进发展"，全面实现建成小康社会的目标。"全面深化改革"与"全面依法治国"是"车之两轮、鸟之两翼"，就是我们要高扬财税"改革"与"法治"的旗帜。"全面从严治党"就是坚持党对财税发展的领导，坚持党对财税工作的领导和对财税总体发展方向的把握。

其一，全面建成小康社会，就是要讲财税服务发展。当前我国进入全面实施"十三五"规划的重要时期，这是经济社会发展的重要阶段。全面建成小康社会，实现第一个百年目标，并为第二个百年目标的实现奠定坚实基础，这是关系到我们社会主义国家健康顺利发展的头等大事。十八届五中全会的《建议》中，从强调"四个全面"战略布局到坚持我国经济社会发展的"六个坚持"，再到其中诠释"坚持科学发展"的"五大发展理念"，体现了一个完整的逻辑体系与理论脉络，这些都对我国财税服务国家大局、对财税自身发展提出了明确的要求。

如前所述，全面建成小康社会的目标包括五个方面：一是经济保持中高速增长，二是人民生活水平和质量普遍提高，三是国民素质和社会文明程度显著提高，四是生态环境质量总体改善，五是各方面制度更加成熟更加定型。这五个方面都需要财税的发展来带动，都需要我国财税对国家大局的贡献。以经济保持中高速发展为例，不论从当前强调的供给侧结构性改革入手，还是必须保持的需求侧调控与适度扩大总需求，财税政策都可以且必须大有可为。从需求侧方面，我们依然要通过短期财税政策的运用来稳定与调控经济波动，必须努力提供有效投资与其他政策支持，积极的财政政策要真正做到积极；而在更重要、更紧迫的供给侧结构性改革方面，我们应该加强研究如何通过财税政策的作用提升社会创新能力，从而提升我国经济的长期可持续发展能力。再以人民生活水平和质量普遍提高为例，财政的主要任务依然还是提供公共产品，保障人民生活水平，财税本身的发展必然会

提高民生等公共产品供给的增长，财税政策运用还可以通过一系列外溢性来间接提高人民收入和生活水平，等等。 总之，决胜全面建成小康社会，就需要在创新、协调、绿色、开放与共享的新发展理念下建设现代财税制度，发挥好财税职能，通过财税发展来实现全面建成小康社会的宏伟目标。 应该说，这绝不仅仅是一个经济任务，还是一个涉及党、国家和民族命运的政治任务，必须坚定不移地、全力以赴地为之奋斗。

其二，全面深化改革，坚持"中国特色社会主义国家治理"下的我国财税发展。 如前所述，"中国特色社会主义国家治理现代化"这个重要概念的前后两个方面缺一不可，只讲"中国特色社会主义"发展，而没有把国家治理体系与治理能力现代化作为一项重要任务抓紧抓好，我国社会主义发展就难有可持续的动力，国家与民族在日益激烈的国际竞争中的地位就难以得到保障；而只讲"国家治理现代化"，忘记了中国特色社会主义这一基本要求与方向把握，我国国家发展的前途与命运就难以保障，共和国发展进程就要受到严重破坏，一些西方势力期待的局面就会出现，这是绝对不可以答应的。 通过认真学习领会习近平总书记的重要讲话精神，笔者对此的态度是明确的、信念是坚定的。 而和这一基本判定相联系、相对应的就是我们对"中国特色社会主义国家财税现代化"这一理念的坚持。 就我国财税的发展而言，同样必须坚持"中国特色社会主义财税"与"现代化"（或建立"现代财政制度"、"现代税收制度"）两者之间密不可分的关系。 简言之，我们是在中国特色社会主义的前提下建立现代财税制度、实现我国财税发展的现代化的，我们必须坚持市场经济对财税发展的一般要求，必须在现代国家治理与现代市场经济条件下建立现代财税制度，但方向不能偏，性质不能改，在这大是大非问题面前必须旗帜鲜明、立场坚定。 与此相联系的，就是纵观共和国的财税发展进程，我们要坚持对我国财税发展的改革开放前后两个阶段不可相互否认，对应的就是对共和国财税发展的所有成果，有的坚决继承、永远不改，而有的必须改革，而且要毫不动摇地改，其目标都是在党的领导下做好财税工作，建立起中国特色现代财税体制，在社会主义发展的道路上服务好国家发展大局。

其三，全面依法治国，坚持"中国特色社会主义法治道路"下的我国财税发展。 我们首先要在全面依法治国的道路上加快法治财税建设的步伐。 党的十八大之后，我国财税法制的建设步伐明显加快。 2014年十二届全国人大常委会第十次会议通过了《全国人民代表大会常务委员会关于修改

〈中华人民共和国预算法〉的决定》，并重新颁布修订后的预算法。 我国财政又向实施全面规范、公开透明的预算制度迈进了一步。 而从税收法定来看，税收法定原则持续得到重视，其实现的中国模式正在努力实践中，建设法治税收的相关条件已经逐渐成熟，在 2020 年之前全面落实税收法定原则，实现"一税一法"存在现实可能性与时代紧迫性。 当然我们要注意在推进全面依法治国的进程中建立的是具有中国特色的法治财税，要在法治财税中坚持社会主义方向，要防止所谓"普世价值"的影响，要建立中国的法治财税，坚持我国法治财税的社会主义方向。

其四，全面从严治党，坚持党对国家财税发展的坚强领导。 党是建设中国特色社会主义的领导力量，全面从严治党，才能保证前进道路的正确性。 同样的，我们需要在财税体制发展中全面从严治党，坚持党对我国财税工作的绝对领导。 财政也要在全面从严治党进程中发挥重要的作用。 党的十八大以来，从八项规定的执行、"三公经费"的公开与大幅度下降，以及《党政机关厉行节约反对浪费条例》等的陆续出台，都体现着财政为全面从严治党所做的工作。"保持党的纯洁性是马克思主义政党的本质要求"，其中必然包含着对党领导下财税政策的要求。 在坚持全面从严治党的前提下，党对我国财税发展的领导就能得到更充分的保障，我们就能在"四个全面"战略布局下奋力推进中国特色财税的新发展，坚持与完善党领导的中国特色社会主义财税发展之路。

第三章

探寻财政国家性在新时期的表现形式

中国特色社会主义财税国家性研究的第二个方面是对国家财税之职能作用在新时期表现形式的探索。 在这一方面，笔者的新观点主要有三：一是按照党的十八届三中全会的要求，在迈向国家治理体系与治理能力现代化的进程中，深刻理解国家财政与现代财政制度的关系，全面把握"财政是国家治理的基础与重要支柱"的重要论断(第一节)。 二是在十八届三中全会的《决定》中明确提出"市场在资源配置中起决定性作用，政府更好发挥作用"新论断后，对国家财政配置职能作用的进一步把握(第二节)。 三是在党的十八届三中全会提出建立现代预算制度的条件下，努力探索国家财政平衡职能的新体现形式，认真研究新平衡机制的基本含义(第三节)。

第一节　对财政是国家治理的基础
　　　　　与重要支柱的认识

国家财政职能在现代国家运作与市场经济资源配置方式下应该如何体现，这是我国财政理论界多年讨论、持续探寻的问题。 应该说，随着我国改革开放进程的深化，随着市场经济作为主要资源配置方式在我国经济发展中的深入运用，经过多年的研究讨论，财政理论界对这一问题的观点在逐步统一，认识在逐步深化，当然在一些问题上也还存在着一定争议。 十八届三中全会的《决定》将对国家财政职能的理解提高到了国家治理及其现代化的层面，为多年财政理论界关于"国家本质论"的探讨、为多年国家财政与公共财政的争论提供了时代的答案。"财政是国家治理的基础与重要支柱，科学的财税体制是优化资源配置、维护市场统一、促进社会公平、实现国家长治久安的制度保障。必须完善立法、明确事权、改革税制、稳定税负、透明预算、提高效率，建立现代财政制度，发挥中央和地方两个积极性。"这是一个划时代的重要论述，笔者尝试称之为我国财政定位的"国家治理说"，这对我们全面理解新时期国家财政的职能具有重要的引领作用。简要地说，"国家治理说"这一重要论断由"一个基本定义、两个特征把握、一个特定要素"所构成，其内涵与外延是清晰的，提出的任务要求是明确的，其对现代国家财政职能的要求体现了一般特征、时代要求与国情特征的高度统一，必须加以全面理解。

经过认真学习研读，笔者的基本领悟有三：其一，财政从来都是国家的财政，财政的"国家治理说"是财政"国家本质论"在我国经济社会发展新阶段上的表现形式，"国家治理说"对我国财政的国家性之存在给予了明确的肯定。这是对中国财政主流理论界多年坚持的财政国家性或国家财政观点的最高褒奖。其二，财政"国家本质说"从来都需要根据变化了的环境与要求作对应的变化，都要寻求在不同发展阶段与不同环境下的特定表现形式。财政的"国家治理说"对于国家财政的职能体现在新阶段新形势下的表现形式给予了明确的界定，对财政在我国国家治理体系与治理能力现代化进程中的作用提出了全新要求。其三，中国财政理论工作者要持续努力，与时俱进，要在对国情把握和与世界趋势结合的前提下，根据国家的新任务与时代的新要求，把握国家财政职能的新表现形式，更好地发挥财政在促进国家治理体系与治理能力现代化、决胜全面建成小康社会中的积极作用。

一、对"财政是国家治理的基础与重要支柱"论断的认识

"财政是国家治理的基础与重要支柱"是新时期我国财政"国家治理说"的核心表述，是划时代的重要判断，对这一表述的全面理解对我们坚持中国特色社会主义财政的发展方向、"深化财税体制改革，建立现代财政制度"都有着极其重要的引领作用。笔者认为，这一重要论述至少强调了三个相互联系的方面。

其一，任何国家的财政，就其本质而言始终是国家的财政，始终具有鲜明的国家性，"国家本质论"（或者一般意义上的"国家分配论"）是一个正确的、永恒的命题。"财政是国家治理的基础与重要支柱"，首先强调的就是

"财政"与"国家治理"的关系。 前些年，当我们持续开展以市场为导向的改革进程时，为了展现我们在探寻市场经济条件下财政表现形式的决心，我们采用了"公共财政"的提法，这是完全正确的；但即使在那些年代中，财政是国家财政的本质依然不变，中华人民共和国财政部从来都是"国家财政部"，不是"公共财政部"。 今天，当市场经济改革的潮流已经不可阻挡，财政的公共性已经在全方位体现，而我们已经将国家发展与改革前行的重点转到国家治理现代化方面，财政发挥作用的重要侧面就必须回归到国家财政的本质要求上，就应该更全面地体现财政国家性的要求。 关于新时期财政公共性与国家性统一的表现形式，我们在本书第四章还要详细展开，这里只想强调，"财政是国家治理的基础与重要支柱"的重要论述，首先是重申财政的国家性，这在任何时候都是财政的本质要求，都应该排在其特征作用之首。

其二，财政的国家本质论从来都坚持两点论，即既要坚持国家性，又必须在一定发展阶段上与时俱进地具有新的表现形式。 当国家发展到需要将"国家治理体系与治理能力的现代化"提到重要的议事日程上，当国家的经济社会发展已经到了必须全方面建设、完善和提升现代国家治理体系与治理能力现代化水平的时候，新的国家任务呼唤国家财政在这一进程中发挥新的更大作用，"财政"就必须同"国家治理"密切相关，国家财政在具有经济发展等重要职能的同时，还必须具有在国家治理中发挥重要作用的职能。"国家治理中的财政"就是"国家财政"的重要组成部分，财政的"国家治理说"就是当代中国的财政"国家本质论"，是后者发展的最新成果。

其三，在财政的"国家治理说"中，对财政的具体要求是相辅相成的两个方面，既是国家治理的"基础"，又是国家治理的"重要支柱"。 就财政作用与国家治理现代化大业而言，"基础"与"重要支柱"既有共性也有区别。 就共性而言，两者所讲的都是国家治理中财政必须发挥的重要的、不可替代的作用，所选词语之重要，不言而喻。"基础不牢，地动山摇；支柱不撑，大厦难正。"而从两者的联系上看，可以继续用搭建大厦做个形象的比喻。 基础就是地基，就是存量，就是大厦赖以存在的重要地基，是每层楼房持续拔地而起的重要起点；而重要支柱，就是每层楼房建设所需的重要受力柱，就是增量，就是任何室内装修都不可以轻易破坏的"承重墙"。 正是有了地基，有了不断增高的承重墙，我们才有了不断向上的楼宇；也正是有了财政的存量与增量，我们才有了时刻都在添砖加瓦的共和国大厦。 简言之,"财政是国家治理的基础与重要作用",全面、准确、极有分量地诠释了财政国家性在现代国家发展,特别是在现代国家治理中的重要作用,是对我国主流财政理论工作者多年坚持从国体政体出发、坚持国家财政观的最高褒奖与重要表彰,是我们理解国家治理体系与治理能力现代化、全面建成小康社会决胜阶段、经济社会发展新常态等新形势下国家财政职能作用的重要前提,必须反复认真加以领会。

二、对"科学财税体制"特征描述的理解

全面深化改革在国家财税方面的基本要求就是十八届三中全会的《决定》中提出的"深化财税体制改革,建立现代财政制度"。 关于什么是"科学的财税体制",《决定》给出了特征解读,即"科学的财税体制是优化资源配置、维护市场统一、促进社会公平、实现国家长治久安的制度保障"。 如何准确地把握这一重要的特征描述,当然可以从很多角度来加以展开,但笔者认为最基本的依然是基于现代国家财政基本职能的解读,依然要从"国家财政基本职能"方面去把握,同时还要结合形势趋势、国情条件、改革要求等对国家财政职能的新要求来深化理解。 如前所述,财政的"配置职能、分配职能、稳定职能"这三大表述,是对国家财政发挥职能作用的一般要求,这些要求在"科学的财税体制"的特征描述中得到了确定与扩展,增加了我国国体政体、国情条件、发展阶段等决定或影响作用的要求。

其一,"优化资源配置、维护市场统一"。 这既体现了国家财政"配置"职能的一般要求,又带有鲜明的中国特色与阶段要求。 首先,"优化资源配置"就是对应国家财政配置职能作用的发挥。 讲国家财政的资源配置职能,从来都必须与已经选定的或努力追求中的资源配置方式联系起来,财政在"优化"资源配置方面发挥应有的作用,这当然是国家财政首要职能应该做的事,而在我国以市场经济为导向的改革进程已经到了持续推进与不断深化的阶段时,如何寻求"优化"配置的新形式,克服在"优化"配置资源过程中依然存在的一些不足,更是我们在新时期应该认真思考和持续探寻的重要内容。 因此,我们追求中的"科学财税体制"追求中的"制度保障",就是要有利于"优化资源配置"的要求。 关于这一点,我们在本章第二节中还要进一步展开。 其次,"维护市场统一",这主要是基于我国市场经济资源配置方式在现实中发挥作用的特定条件而提出的。 各种意义与层次上的市场统一,或者说完整意义上的市场之存在,从来都是市场经济发挥配置

资源作用的重要前提。 应该说，在发达市场经济的国家中，由于市场发展的时间与发育的程度，市场的统一性与完整性一般是相对有保证的，因此，在那些发达国家中，财政配置职能的发挥主要在于"优化资源配置"，而较少强调"维护市场统一"。 而我国是在发展中国家的起飞阶段中采用了市场经济这种资源配置方式，同时又是从长期的计划经济资源配置方式中走出来，还有长期存在的地方与地方政府关系对市场统一性的干预作用，因此，在一段时期内，"维护市场统一"是我国现阶段全面有效发挥市场作用的重要任务，也必然是我国财政配置职能发挥作用的重要方面，因为财政配置职能发挥的有效与否在很大程度上体现着政府与市场的关系。 特别是在我国这样集中统一的政府体制中，国家财政应该在中央与地方关系、地方与地方关系的形成中发挥独特作用，而这将全面影响市场统一性的形成与巩固。同理，我们追求的"科学财税体制"、期待的"制度保障"，就是要有利于"维护市场统一"的要求。 在这方面，我们必须按照十八届三中全会的《决定》要求的，"紧紧围绕使市场在资源配置中起决定性作用，深化经济体制改革"，"加快完善现代市场体系"，力图通过财税体制的设计与改革，来推动统一高效市场的形成与发展。

其二，"促进社会公平"。 这是国家财政"分配"职能的要求，就是公平公正的要求。 社会公平公正，是现代社会发展的基本要求，也是国家治理现代化赖以生存的重要基础与前提。 一般而言，现代国家财政都要以促进公平公正作为重要职责，更不用说在我们社会主义国家里，讨论的是社会主义的国家财政，也更不用说在社会主义条件下推进国家治理体系与能力的现代化。 因此，我国财政在新时期责无旁贷地发挥"分配"职能的作用，更应该将"促进社会公平"作为新时期财政发挥作用的重要方面。"科学财税体制"的制度保障，要能在"更好保障和改善民生，促进社会公平正义，深化社会体制改革，改革收入分配制度，促进共同富裕，推进社会领域制度创新，推进基本公共服务均等化，加快形成科学有效的社会治理体制，确保社会既充满活力又和谐有序"等方面发挥独特作用，能够有利于划清市场分配和财政分配的范围和界限，更好地发挥财政再分配的作用，特别是能通过改革与规范包括收入、工资、税收、转移性支出等制度性安排来实现对公平公正的追求，让人民群众在公平正义中有更多获得感。

其三，"实现国家长治久安"，这是在新历史条件下对"科学财税体制"的要求，也是赋予国家财政"稳定"职能中国特色与时代特征的新要求。

"国家的长治久安",既强调国家财政在一般宏观经济管理中作用的要求,在经济管理上的"长治久安",又有当前国家治理与社会稳定的要求,即国家社会总体层面上的"长治久安",因此可以认为是对国家财政"稳定"职能的要求及其拓展。 就国家财政"稳定"职能而言,在新时期中新常态下,任务更加艰巨,要求更加严格,方法更需讲究,因为这种调控不仅应能在经济上有所作为,必须有符合"现代宏观调控体系"构建的要求,还必须站在国家发展、社会稳定的大局来看待,站在有利于党长期"科学执政、民主执政、依法执政"的高度来认识。 财税体制之科学,必须同时符合这些要求,必须真正把国家长治久安的要求内在化地考虑在内。 例如,当我们在新时期运用财税政策来努力实现社会总供给和总需求的基本动态平衡,来考虑从不同侧面入手调控经济时,必须站在国家社会发展的全局来把握。 又如,当我们思考个人所得税制改革时,不仅要能注重其帮助社会稳定经济活动、协助烫平经济周期的"经济"的"内在稳定器"作用,还要能在引导社会预期、调节社会矛盾、促进社会和谐、促进公平体现等方面起到"社会"的"内在稳定器"作用。 再如,财政的稳定职能作用在经济层面上,当然可以通过财政投资或补贴等形式加快特定行业的发展、促进基础设施的形成来达到稳定经济的作用,但在经济社会矛盾较突出的条件下,这些工具的运用常常必须增加考虑区域平衡与行业平衡,要增加有利于社会和谐与长治久安的考虑因素。 最后,诸如治理污染、生态建设、环境保护,以及各种针对民生的财税安排,都不能仅仅从经济效应上考虑,还应从社会发展的层面上研究,目标就是实现长治久安和经济社会的可持续发展。

三、对"现代财政制度"特征描述的理解

十八届三中全会的《决定》同样对"现代财政制度"给出了明确的特征描述,即"必须完善立法、明确事权、改革税制、稳定税负、透明预算、提高效率,建立现代财政制度"。 这个特征描述是根据现代国家财政的一般要求,结合我国财政在新阶段的独特发展实际而明确提出的。 应该看到,这一表述包含三个层次,既是现代财政制度在当前国情条件下的发展要求,也是对应十八届三中全会的《决定》中提出的"完善税收制度"、"改进预算管理制度"和"建立事权和支出责任相应的制度"这三项重要改革任务。

其一,就"完善税收制度"而言,"改革税制、稳定税负"强调的是在持续前行的税制改革基础上对全面深化改革的要求,构成了现代财政制度之

"收"的主要制度性安排。 这里既强调对税制的持续性改革要求，又用"稳定税负"的提法对现代税制改革与现阶段要求做了准确定位。"税负"就是"税收负担"的简称，采纳"税负"的提法并赋予"稳定"之要求，把现代税收强制性、无偿性与稳定性的本质要求，税收中性与税收非中性统一等现代国家税收职能发挥的基本要求，根据需要把握增税或减税、体现收入中性的要求等都涵盖在内了。 而将这一要求同十八届三中全会的《决定》提出的"统一税制、公平税负、促进公平竞争"的原则一并加以考虑，则全面描述了现代税收制度的效率、公平与易管理等原则的要求。 简言之，就是体现了作为现代财政制度重要组成部分的现代税收制度的基本要求，鲜明地体现了我国财政与税收的国家性。

其二，就"改进预算管理制度"而言，十八届三中全会的《决定》提出了"透明预算、提高效率"的要求。 财政国家性在现代预算制度方面的体现是很清晰的。 预算（国家预算或政府预算）是国家财政的收支计划，是财政活动的重要表现形式与法定载体，体现着国家的方针政策，规定着政府活动的范围与方向。 因此，现代预算制度应该是现代财政制度中具有基础性意义的重要组成部分。 我们的财政是中国特色社会主义财政，对应的预算就是中国特色社会主义财政下的预算，因此，我们建立的现代预算制度必须考虑国体政体、配置方式、发展阶段等重要因素。 十八届三中全会的《决定》据此提出了一系列改革要求。"实施全面规范、公开透明的预算制度"强调的就是财政国家性与公共性的有机统一；而新预算体制的设立、审核预算重点的变化、预算新平衡机制的探索、中央地方债务管理机制的建立、转移支付机制的再造等，都体现着我国基本制度、配置方式、发展阶段等综合因素考虑下对"提高效率"的要求，体现着财政国家性中对于配置、公平、稳定职能和稳固、平衡、强大等目标的新要求。

其三，就"建立事权和支出责任相应的制度"而言，十八届三中全会的《决定》提出的是"完善立法、明确事权"的新要求，结合中国基本制度要求下的"发挥中央和地方两个积极性"，明确描述了中央和事权与支出责任、地方事权与支出责任、中央事权支出责任委托地方承担等体制性安排，事实上是根据中国国情来有效地划分中央和地方在财政配置、分配与稳定方面的基本职能。 与此同时，从国情出发，强调了保持现有中央和地方财力格局的总体稳定，要求结合税制改革，考虑税种属性，进一步理顺中央和地方的收入划分，坚持"两条腿走路"，共同为"做大蛋糕、促进发展、公平分配、有效配置"的双赢格局做贡献。

四、全面建成小康社会中的中国特色现代财政制度

在十八届三中全会的《决定》中对"深化财税体制改革"提出全面要求后，中共中央政治局会议又审议通过了《深化财税体制改革总体方案》。"深化财税体制改革不是政策上的修修补补，更不是扬汤止沸，而是一场关系国家治理现代化的深刻变革，是一次立足全局、着眼长远的制度创新和系统性重构。"党的十八届五中全会再次重申要"深化财税体制改革，建立现代财政制度、税收制度"。 全会通过的《中共中央关于制定国民经济和社会发展第十三个五年规划的建议》又进一步将财税体制改革方向表述为："建立健全有利于转变经济发展方式、形成全国统一市场、促进社会公平正义的现代财政制度，建立税种科学、结构优化、法律健全、规范公平、征管高效的税收制度；建立事权和支出责任相适应的制度，适度加强中央事权和支出责任；调动各方面积极性，考虑税种属性，进一步理顺中央和地方收入划分；建立全面规范、公开透明预算制度，完善政府预算体系，实施跨年度预算平衡机制和中期财政规划管理；建立规范的地方政府举债融资体制；健全优先使用创新产品、绿色产品的政府采购政策。"在全面决胜建成小康社会新时期中，我们还要继续坚持"中国特色社会主义国家治理"的基本理念，认真把握财政国家性在新历史条件下的表现形式，持续地为构建中国特色现代财税制度而努力。 近年来，伴随着"深化财税体制改革，建立现代财政制度"的进程，国内财政理论界同人也在认真学习与理解中央的要求与时代的期望，持续思考中国特色财政国家性的表现形式，提出了一些新的观点，特别是关于国家财政本质特性与现代财政制度的关系，值得重视，值得继续深化研究。 笔者在本节中提出的观点也是这些努力中的一部分，并愿意与理论界同人一起，继续在中国特色社会主义财政发展的轨道上，特别是在坚持中国特色财政国家性的基础上来探讨科学财税体制的建立，研究现代财政制度的中国化表现形式。

第二节　探寻新时期财政配置职能的表现形式

如前所述，谈到国家财政配置职能，我们必须将其与特定的资源配置方式结合起来研究。因此，在我们采用市场经济作为基本资源配置方式的条件下，当现代市场经济对应的财政表现形式是我们现在耳熟能详的公共财政时，国家财政的理念就必须与公共财政的要求一并加以考察，特别是对现代国家财政配置职能的表现形式，必须放在国家职能体现与市场经济要求统一的背景下加以考察。然而，比较遗憾的是，在过去相当长的一个阶段中，在我国财政理论界讨论国家财政与公共财政异同的时候，一部分学者倾向于将这两者对应起来看待，往往突出强调两者的差异，而不注重两者在特定资源配置条件下的共同之处。例如，多年来，学界之所以经常在国家财政与公共财政这些名词之间进行争论，之所以会讨论绩效财政究竟是国家财政职能在市场经济条件下的必然产物，还是只是公共财政的特定范畴，之所以有些学者坚持认为"国家分配论"一定是计划经济的财政的表现形式，说到底都是因为没有从根本上去把握财政配置职能的内在含义。笔者长期坚持，并在本书第一章第一节中表明了自己的观点，把握国家财政的职能作用，必须放在特定的资源配置形式下考察。在我们已经成功地从计划经济转向市场经济并将坚持这一改革方向时，我们就必须结合市场经济特征、结合这种资源配置条件下的"市场与政府关系"这一核心问题来研究，而研究的起点就是对财政配置职能在市场经济条件下表现形式的探讨。

笔者的这一观点是一以贯之的，同时也是伴随着对改革开放进程中市场与政府关系认识的变化而前行的。改革开放以来，我们经历了从"计划经济为主、商品经济为辅"到"有计划的商品经济"，再到"中国特色的社会主义市场经济"，经历了对资源配置方式地位确定这一重大问题上的认识调整，就是在市场经济对资源配置方式起"基础性"作用的认识上也是在持续实践中不断提高的。党的十四大提出了市场经济导向的改革目标，强调要使市场在国家宏观调控下对资源配置起基础性作用，这是一个重大的理论突破。党的十五大明确提出"使市场在国家宏观调控下对资源配置起基础性作用"，党的十六大提出"在更大程度上发挥市场在资源配置中的基础性作用"，党的十七大提出"从制度上更好发挥市场在资源配置中的基础性作用"，党的十八大又提出"更大程度更广范围发挥市场在资源配置中的基础性作用"，直到党的十八届三中全会提出的"市场在资源配置中起决定性作用和更好发挥政府作用"，一路走来，我们持续探索、不断实践，认识在不断深化。 因此，我们必须紧跟时代步伐，把握中国特色市场与政府关系表现形式的变化轨迹，坚持用"市场政府观"来审视国家财政的配置职能，持续提高对国家财政配置职能的内在含义与表现形式的认识。

如前所述，笔者长期将市场经济条件下的国家财政配置职能理解为："财政要支持以市场为主去配置资源，财政也有配置部分资源的资格，财政在配置那部分资源的时候也要讲效率。"在十八届三中全会的《决定》中提出"市场在资源配置中起决定性作用"的新条件下，我们对国家财政配置职能的这些理解，应该如何坚持与发展，或者说哪些要坚持、哪些又需要改进，都是需要认真研究的。

其一，财政要支持以市场为主去配置资源。 财政在不同资源配置方式下的配置职能应该有不同的实现方式。 在市场经济条件下，财政配置资源不是让政府（财政）把所有资源都握在手中，连一般竞争性领域的产品都要自己去组织生产是计划经济条件下财政配置职能的体现，政府（财政）的首要任务，就是要支持市场作为最主要的资源配置方式，要体现以"供求决定、价格导向"为主要特征的市场经济机制对资源的有效配置作用。 这些年来，我们在改革开放中不断体会与实践着这样一种理念，其中最集中的体现就是对财政"做大蛋糕、促进发展"理财思想的把握。 多年来，中国财政人坚持的"做大蛋糕"，主要强调的是做大财政收入的"中蛋糕"和国民经济发展的"大蛋糕"。 从我们多年坚持的经济财政观看问题，要做大财政收入的"中蛋糕"，首先要做大国民经济的"大蛋糕"，而要做大国民经济的"大蛋糕"，就要做大无数企业的"小蛋糕"。 而从财政配置职能的角度看，所谓首先要做大无数企业的"小蛋糕"，就是要求"财政要支持以市场为主去配置资源"。 这种从"小蛋糕"到"中蛋糕"，再到"大蛋糕"的形象描述，是我国多年实践的总结，也是对市场经济条件下财政配置职能的最基本表述。

应该看到，我们对国家财政配置职能的理解，是伴随着我国对市场与政府关系变动的理解在不断前行的。 当市场在资源配置中起"基础性"作用时，我们就已经这样做了。 而今天，当市场在资源配置中要起的是"决定性"作用时，是否还是提"财政要支持以市场为主去配置资源"呢？ 经过认真学习思考，笔者的基本观点是"更加支持、重申为主"。 这里的关键问题有二：一是"支持"对吗？ 二是"为主"还可行吗？ 回答都是肯定的。对于第一个方面，不需要展开多说，只要市场经济还是基本的资源配置方式，则社会资源的最主要部分依然是由市场经济来配置。 正如十八届三中全会的《决定》中阐述的，"市场决定资源配置是市场经济的一般规律，健全社会主义市场经济体制必须遵循这条规律，着力解决市场体系不完善、政府干预过多和监管不到位问题"。 从这个基点出发，基本资源配置依然要掌握在市场手中，发挥财政配置职能的首要任务依然是"支持"市场去配置资源，而且随着改革的深化，市场作用从"基础性"转向"决定性"，财政应该持续加大支持的力度，这就是"更加支持"的含义。 对于第二个方面，学界的观点可能会有所区别。 在过去市场在资源配置中起"基础性"作用时，有的学者可能赞同"以市场为主配置资源"的提法，但认为在市场已经要起"决定性"作用的今天，市场就是配置资源的绝对力量。 在这些学者看来，最好的提法应该是"财政要支持市场去配置资源"，而对应地删去"为主"二字。 笔者的观点则有所不同，即使是在市场在资源配置中起"决定性"作用的今天，也正如世界上绝大多数国家市场经济实践所体现的，在现实中，也依然只能是以市场"为主"去配置资源，资源配置从来都是市场与政府的各种结合，只是政府越来越认识到市场经济规律的表现并尊重乃至敬畏之。 因此，作为财政配置职能的首要之意，我们还是应该坚持提"财政要支持市场为主去配置资源"的基本判断，这种认识在坚持"经济财政观"的中国尤为重要，是新时期我国财政发挥积极作用、探索中国特色市场与政府结合之路的重要认识起点，这就是"重申为主"提法的含义。

其二，财政也有配置部分资源的资格。 这句话强调的是，市场经济是人类社会迄今为止比较有效、比较可行的资源配置方式，但是市场的作用不能被无限地夸大，因为市场将长期存在各种失灵现象；而政府虽然不是万能的，但还要在一定条件下起辅助与调节作用。 具体说来，这句话有两层重要的含义。 一是对"资格"问题的强调，即财政可以在一定条件下具有配置资源的资格，这主要源于我们从效率与公平两个方面进行的基本判断。从效率的角度讲，市场无法有效地配置所有资源，特别是不能有效地提供公共产品；而从公平的角度讲，市场从来就不相信结果的公平，但社会需要公正。 换言之，政府（财政）必须占有与配置一定的资源来提供公共产品与促进社会公平公正。 二是对"部分"的强调，即政府（财政）在市场经济条件下主要还是对市场失灵起纠正作用，因此，财政只能具有对"部分"资源的配置职能，主要还是要让市场为主去配置资源，绝不能本末倒置。

在市场在资源配置中起"决定性"作用的今天，笔者的观点是，上述基本判断依然成立，但必须充分考虑市场经济要起"决定性"作用条件下的两个重要区别。 一是对"资格"问题的全面辩证认识。 我们要从内心里认同"理论和实践都证明，市场配置资源是最有效率的形式。 市场决定资源配置是市场经济的一般规律，市场经济本质上就是市场决定资源配置的经济"这一重要论断。 的确，从理论上说，我们可以说市场经济是人类社会迄今为止比较有效、比较可行的资源配置方式，但这种说法必须服从于"市场配置资源是最有效率的形式"这一事实，有效率不等于没有市场失灵，但对比其他配置方式，市场依然是最有效率的。 基于这样一种认识的提高，我们一方面要继续坚持财政在"一定条件下"或者根据"一定的要求"而具有配置资源"资格"的观点；另一方面，我们一定要随时"慎用"这种资格，或者说在运用这种资格的时候一定要充分考虑已经以市场为主配置资源的现实环境，对于这一点，我们必须予以充分重视。 二是对"部分"资源的配置职能的动态把握。 和"慎用"或"用好"资格相联系，我们就自然有了对"部分"资源加以配置职能的新的理解。 我们要随时把握"全体"与"部分"的关系，要把握与动态调整"部分"的边界。 经过多年的改革开放，现在已经不是本末倒置地与市场经济去抢资源配置的时候了，我们虽然已经认同并坚守"部分"配置的底线，但仍然应该经常审视、随时调整，该是市场办的事就让市场来办。 笔者过去经常强调，"不是所有好事都要由财政来负责"，其蕴含的就是应该不断审视我们在新条件下对"部分"资源配置资格的认识。 应该说，这种认识上的升华是建立在"市场在资源配置中起决定性作用和更好发挥政府作用"有机统一的基础上的。 就财政在新时期发挥作用而言，最重要的是要做到"更好发挥政府作用"。 而要做到这一点，就是要全面地看待"资格"的问题，辩证地把握"部分"的边界。

其三，财政在配置那部分资源的时候也要讲效率。 这是在市场经济条件下对财政配置职能运用的基本要求。 在市场经济条件下，以"供求决定、价格导向"为基本特征的市场机制在配置资源时考虑的最基本要求就是效率，而财政既然动用了一部分资源，就必须同样按照市场经济的要求来讲究配置效率。 显而易见，这层含义强调的就是我们今天都已经很熟悉的绩效财政的理念。

笔者的基本观点是，我们要更加坚持对绩效财政的这种见解，同时还要认清两个重要的现实。一是要认识到坚持绩效财政就是坚持国家财政与公共财政统一。回顾当年在理论讨论中，有的学者坚持认为，绩效财政是公共财政的范畴，与国家财政无关，这显然是不合适的。绩效财政是国家财政配置职能在市场经济条件下的必然表现，或者更准确地说，是我们倡导的国家财政与公共财政结合的产物。这样理解，国家财政就有了鲜明的时代特征，有了强大的生命力与说服力。为什么会这样呢？简单地说，因为这样一种理解实际上就是坚持国家财政与公共财政的结合，使得"财政与国家具有本质联系"这一命题有了坚实的体制运行基础。站在今天这个时点上，我们对此将更加坚定不移。二是我们要不断在理论与实践结合的层面上推动绩效财政的发展，并在必要时将已经成熟的绩效财政做法上升为法律。我国实行市场经济资源配置方式已经20多年了，或者说从要求市场在资源配置中起"基础性"作用到现在的"决定性"作用已经20多年了，绩效财政的实践呼唤着理论升华，呼唤着法制的保障。多年来，财政理论界与财税法学界在这方面已经做了大量的工作。在1994年制定《中华人民共和国预算法》时，我们对绩效财政的认识才刚刚起步，还不可能将这一原则写入编制预算的原则中去。而在2014年修订预算法时，我们终于将"讲求绩效"作为编制预算的重要原则之一写入法律，二十年磨一剑，从实践到理论，再从理论到法律，这真是具有划时代意义的时代进程，是中国特色国家财政观之运用的巨大成就。

第三节　对新财政平衡观的正确理解与全面把握

对国家新财政平衡观的学习理解是笔者三年多来关注的又一个重要问题。笔者多年来强调，对于国家财政"稳固、平衡、强大"的目标要求，我们既要始终坚持，又要与时俱进地不断完善。稳固与强大不言而喻，无须展开，最重要与最紧迫的是对"财政收支平衡"这一基本问题的把握。对于财政平衡，笔者一贯坚持的基本观点是，我们要在中国特色财政政策运用的实践中不断加深对"平衡"目标的理解。简言之，就是要把握"短期赤字财政政策运用"与"长期财政平衡地位"之间的辩证关系，要在正确的财政平衡观的指导下使用好赤字财政措施，使之有利于国家财政地位的持续稳固与财政实力的持续强大。 从 1998 年应对亚洲金融危机以来，我国开始事实上使用了赤字财政的政策措施，而后更是比较频繁地使用积极（扩张性）的财政政策，并在 2008 年应对国际金融危机中达到了顶峰。 应该说，近 20 年的财政政策运用实践形成了许多积极效应，给了我们很多启示，既积累了不少经验，也有一些值得总结的教训。 笔者认为，其中重要的方面就是应该探讨如何在新时期全面把握国家财政的新平衡观。

对于把握"短期赤字财政政策运用"与"长期财政平衡地位"辩证关系这一基本命题，核心问题有二：一是是否应该坚持这样一种辩证关系，二是在实践中应该如何坚持。 更具体地说，"短期运用"的"短期"应如何把握，"长期平衡"的"长期"又应该如何界定，这两者把握的重点又在哪里。十八届三中全会的《决定》在这方面提出了明确的要求，在第十七条"改进预算管理制度"中重点提了这样两句话：一是"审核预算的重点由平衡状态、赤字规模向支出预算和政策拓展"；二是"建立跨年度预算平衡机制"。通过学习这些重要判断，结合对我国多年来积极财政政策的运用，笔者对新财政平衡观有了新的认识。

一、积极财政政策运用的实践和对新财政平衡观的呼唤

多年来，就把握"短期赤字财政政策运用"与"长期财政平衡地位"之间的辩证关系，或者说对在发展中国家采用市场经济条件下的财政平衡观，结合对近 20 年我国积极财政政策实践的跟踪，笔者曾经提出以下四个基本观点。

其一，要充分认识发展中国家比较频繁地使用扩张性财政政策是一种常态。 在我国，从 20 世纪 90 年代末期应对亚洲金融危机而实施积极财政政策，到 2005 年宏观经济形势逐步平稳后积极财政政策淡出与转行稳健财政政策，再到 2008 年应对国际金融危机而再次启用积极财政政策，其中以四万亿元投资作为显著标志的扩张性财政政策的运用达到了高峰。 就是站在今天这个时点上看，虽然大规模扩张性的财政投资做法事实上已经淡出，但积极财政政策在注入新的动能与调整后依然沿用。 长期关注这一事实，并结合对世界上不少发展中国家财政政策运用的现实，结合对比发展中国家与发达国家财政政策运用的异同，笔者主要基于公共财政与发展财政结合的研究角度，提出了这样一个基本判断，即发展中国家较频繁地使用扩张性财政政策是一种常态。 就发达国家而言，对于扩张性财政政策的运用，简单地说，就是四个字"相机抉择"，即所谓反周期运用；而在发展中国家，一般来说，对扩张性财政政策的运用都是"一箭双雕"、"一石二鸟"，都力图实现事半功倍的效用。 一方面这些政策当然也是一种"相机抉择"的运用；另一方面，发展中国家往往还要利用这些政策将发展所需要的基础设施搞上去，都要把握这个机会提高发展的速度，获取发展的收益。 因此，对于发展中国家使用扩张性财政政策，首先必须承认这种政策的运用有其长期性，必须认识到在发展中国家的特定阶段（如经济起飞的初期和一定时期的维持）中较长期地运用这种政策措施有其必然性与普遍性。 而频繁使用这种政策必然会增加财政赤字，以及提高维系财政平衡地位的难度。 我们要在承认必要性、长期性的同时，努力根据变化了的内外部环境来加强对政策运用持续性、有效性和协调性的关注。

其二，要在实践中不断修正我们对运用短期赤字财政政策措施的认识，要敢于运用、善于运用。 应该说，从当年的计划经济走到今天的市场经济，我们对财政平衡观的理解也是与时俱进的。 在逐步推进以市场经济为导向的改革开放初期，财政界的主流观点强调的是对"财政赤字"与"赤字财政"的严格划分："财政赤字"打的是平衡预算，在执行过程中或者有盈余，或者有赤字，财政赤字只是一个结果；而"赤字财政"打的就是不平衡的预算，设定的财政赤字已经成为一种运用的工具。 据此，在相当一段时期内，突出的主流观点依然是"财政赤字不可怕，赤字财政要不得"。 进而，随着改革开放的深化，当我们逐步认识与把握市场经济资源配置方式运行规律，特别是当我们分析与总结发达国家实施赤字财政措施的经验教训后，我们开始逐步接受赤字财政措施的运用，同时也在努力探索市场经济条件下的财政平衡观，主流观点逐步演变为"我们不应绝对地反对赤字财政做法，也不应寻求绝对的短期财政收支平衡，不应绝对地反对把赤字财政作为政策工具来加以运用"，最终形成我们今天都熟悉的观点，即要把握好"短期赤字财政措施运用"和"长期财政平衡地位"的关系。

其三，要把握好运用短期赤字财政政策措施的基本原则，就是在短期赤字财政手段运用时，努力做到"风险可控、时间可控"。 所谓"风险可控"，主要指的是要将赤字财政所可能带来的风险控制到最低。 在相当长一段时期内，衡量财政风险的指标就是欧盟当年提出的，而后在国际上通用的两个主要指标。 一是赤字率指标，即作为流量的当年财政赤字相当于同期

GDP(国内生产总值)的比重必须低于3%；二是债务率指标，即作为存量的累计债务总额相当于特定年份GDP的比重必须把握在20%左右。 近年来，各国在实践中又不断采用了其他一些指标，其目的都是一样的。 而所谓"时间可控"，主要就是强调对扩张性财政政策的运用要有一个时间上的控制，一般说来时间不能太长，要尽可能地控制在短期内，并使社会对这种政策运用的时间范围有一个明确的预期。 然而，无论是从各国的扩张性财政政策的做法，还是从我国积极财政政策的具体实践来看，应该说，"时间可控"往往会成为比"风险可控"更难把握的指标，而且一旦扩张性政策在时间可控上难以做到，则风险可控的要求也就更难做到，从而易形成一种恶性循环，步入一种政策上的"路径依赖"，极易放大短期扩张性政策的负面效应。

其四，要始终坚持对长期财政平衡状态的追求，任何时候都不能忘记平衡是国家财政在任何条件下的长远目标。 在这方面，笔者强调要坚持两点论。 一方面，在没有实施积极(扩张性)财政政策的时候，当财政收支状态较好时，要努力夯实财政基础，为日后需要实施这种政策预留必要的"财政空间"；另一方面，在积极财政政策使用中要留有余地，努力减少财政刺激政策对长期财政平衡地位的副作用，并在条件许可时逐步调整积极财政政策的结构与调低政策的力度，最后实现积极财政政策的成功淡出。

二、把握新财政平衡观的基本内涵

站在2016年年初的时点上，回顾我国近20年来宏观财政政策运用的实践，特别是三年多来宏观政策运用把控和积极财政政策的显著变化，笔者思考了新时期对应的新财政平衡观问题。 总体上看，笔者认为上述财政平衡观的四个方面基本上还是成立的，但其中有些内容必须根据新要求、新变化做出必要的调整。

其一，我们既要认识到在发展中国家较频繁使用扩张性(积极)财政政策是一种"常态"，必须承认这种政策的运用有其长期性，又要结合我国的国情条件、发展阶段、发展理念、国际环境等因素加以全面把握，特别是要结合对经济发展新常态的要求来把握积极财政政策使用的新内容，考虑为政策运用增加新动能、添加新方法，简言之，就是要去寻求在我国发展特定阶段，特别是决胜全面建成小康社会新阶段中积极财政政策运用的"新常态"。 例如，在当前处在速度变换、动能转换、结构升级的新常态下，要研究积极财政政策的新着力点，要在政策继续适度作用于扩大总需求的同时，特别研究从供给侧入手推进结构性改革的政策运用，同时对财政赤字扩大所带来的维系财政平衡难度的增加要有足够的认识，并持续关注该政策运用的持续性与有效性。

其二，我们要持续提高对"短期赤字财政措施运用"的理论认识与实践把握。在市场经济条件下，特别是在期待市场在资源配置中起决定性作用的今天，理论界对于运用短期赤字财政手段来实现特定发展目标已经形成初步的共识，不久前新修订的《中华人民共和国预算法》中关于中央赤字与地方债务的新表述就充分说明了这一点，对此将在本书第五章第二节中详细展开。当前运用"短期赤字财政措施"的关键在于，赤字财政措施的运用要能够从长远看有利于市场在资源配置中起决定性作用，要能有利于经济行为主体未来作用的发挥，有利于结构性改革与调整升级。因此，就当前适应与引领新常态而言，同样是积极财政政策，同样是财政赤字措施的运用，就应该从前些年的以直接投资为主转向重点从供给侧发力与实施结构性减税降费。

其三，我们要在新时期中更有效地把握"风险可控、时间可控"的短期财政赤字措施运用原则。鉴于前些年我们在刺激政策执行过程中事实上已经出现的"时间可控"比"风险可控"更难把握的现实，一定要充分认识到一旦扩张性政策在时间可控上难以做到，则风险可控要求就更难做到的危险性，一定要改变政策上的负"路径依赖"现状。我们已经欣慰地看到，党的十八大以来，党中央站在全局的高度审视了国内外的新变化新情况，在继续全面控制因赤字运用所带来的财政风险的同时，紧紧抓住了时间必须可控这一关键点，我国宏观调控模式已经发生了极大的变化，我们创新性地开启了"区间调控"的宏观调控新模式。从三年来的实践来看，这一模式的最初也是基本内涵是，调控的上限为物价上涨率（通货膨胀率），通常为3％以内，下限为经济增长率，近年为7％左右；只要经济没有滑出这一区间，我们就要保持宏观政策的基本稳定，就不采取大规模的经济刺激措施，就不大量增加财政赤字，就不大量增发货币。经过不断地实践，我们又在这一模式的实际运用中有所创新，先是强调"区间调控与定向调控的结合"，而后又增加"在区间调控基础上把握定向调控与相机调控结合"的提法。在这样的宏观调控新模式的框架内，应该说，我们原来理解的积极财政政策的内涵事实上已经发生了变化。我们面对错综复杂的经济形势变化，把握战略定力，不慌不择路，不轻易回归原有模式，又能有效地提高积极财政政策的针对性、灵活性与措施力度，取得了很好的效果。

其四，我们要坚持对"短期赤字财政措施运用"和"长期财政平衡地位"关系的认识与把握，一方面，要继续充分认识在一定阶段与一定条件下对短期赤字财政政策措施运用的必要性，在关注财政风险的前提下，有效地用好积极的财政政策；另一方面，我们又要始终坚持对"长期财政平衡地位"的追求，始终坚持平衡是任何财政政策运用最终都必须考虑的重要目标的理念。党的十八大以来，我们对这一关系的把握越发明确与准确，使用更加熟练。特别是十八届三中全会的《决定》，对我们在新时期下把握这一辩证关系提出了重要的、可行的指导意见，科学地界定了何谓"短期"运用、何谓"长期"平衡地位。应该说，当我们将"审核预算的重点由平衡状态、赤字规模向支出预算和政策拓展"与"建立跨年度预算平衡机制"这两句话有机地结合起来考虑，当我们进一步将中期财政规划的逐步建立与中期财政预算的最终形成作为新预算管理的重要目标时，我们看到的就是这样一种新财政平衡观的理论与实践，就是这样一种可以运作的短期赤字措施运用与长期财政平衡地位追求有机结合的中国模式。

三、深刻认识十八届三中全会的《决定》对新财政平衡观实现的要求

关于新财政平衡观在 2015 年 1 月 1 日开始实施的新预算法中的具体体现，我们将在本书第五章第二节中详细论述。这里主要结合对十八届三中全会的《决定》的学习，就短期赤字财政措施运用与长期财政平衡地位的关系谈一些体会。总体上看，十八届三中全会的《决定》对于新财政平衡观的内涵予以了明确，对财政平衡原则的要求予以了时代解读，对财政平衡的内涵给予了新的延伸，体现为以下四个方面。

其一，财政平衡是国家财政的重要原则，始终不能放弃。新财政平衡观是国家财政预算执行的重要依据。如第七章第一节还要详细论述的，新预算法的编制原则包含三个方面。首先是中国特色与时代特征的预算原则，有反映国家治理现代化要求与中国体制性特征的"统筹兼顾"原则，有反映所处发展阶段与我国财政传统的"勤俭节约"与"量力而行"原则。其次是反映市场经济对应财政形式要求的原则，就是源于财政配置职能在市场经济条件下表现形式的绩效财政要求，也就是"讲求绩效"原则。最后是国家财政必须坚持的"收支平衡"原则。任何财政都是一收一支，收支就要讲平衡，不讲平衡就不是财政。因此，在五个编制预算的基本原则

中，收支平衡原则虽然不是唯一原则，但仍然是必须遵循的重要原则。

其二，在年度平衡方面，年度预算的重点由平衡状态、赤字规模向支出预算和政策拓展。这一财政平衡内涵新拓展传达的信息是明确的：一方面，年度预算的重点已经是支出预算，不再拘泥于年度收支平衡，因此，政府编制年度预算、人大审查与监督年度预算的重点都不再是收支平衡，而应是体现政策运用的支出预算。另一方面，收支平衡依然必须关注，但是应在动态的、拓展的时空中来把握平衡。就年度预算而言，强调的是由支出状态、赤字规模向支出预算和政策的"拓展"，而不是一种"彻底的转向"。年度收支平衡虽然不是重点，但依然是"规范政府收支"之新预算法必须整体考虑的重要因素。

其三，为适应经济形势发展变化与财政宏观调控的需要，跨时空的平衡观依然要讲平衡，各级政府应当建立跨年度预算平衡机制。各级政府还要研究编制三年滚动财政规划，迈向中期财政规划管理，最终尝试编制中期财政预算。就跨年度预算平衡机制而言，其落脚点依然是"平衡"。而迈向中期财政规划管理，其核心依然是以此来对年度预算实行更长时间、更大空间的约束，为财政长期平衡有序发展与政策短期有效运用留出必要的空间。

其四，我们还要特别重视处理支出管理与完成预算收入任务的关系。国家新财政平衡观的另一重要启示，就是如何在新预算体制下把握强调支出管理与完成收入任务的关系，根据"规范政府收支行为"的要求做好收支工作。在新财政平衡观的指导下，当年度预算编制由平衡状态、赤字规模向支出预算和政策拓展时，支出就成为刚性，收入则由原来的约束性转向预期性、预测性。财政部门应该实事求是地编制预算，并做好支出工作，预算收入征收部门则应努力完成法定的收入任务。这是新预算体制下应该处理好的重要关系，财政部门和包括税务、海关等的收入征收部门各自提出的工作要求，是为实现同一个目标而从不同角度提出的实现方法，不存在矛盾，但是可以在理论上加以佐证，可以在新预算平衡观下达到统一，都可以在实践中加以协调。对于财政部门，首先必须明确，虽然预算的重点已经转向支出管理，但收支预算依然是一个整体。其次在编制收入预算时，应当与经济和社会发展水平相适应，与财政政策相衔接。而在执行支出职能时，预算安排应该符合国民经济和社会发展的方针政策，应该把握财政民生性与发展性的结合，应该合理、规范地安排重点支出和重大投资项目，应该依法规范地完成对下级政府的转移性支出。而对于税务等预算收入征收部门与单位，则应当全力以赴地去完成经预算确定的收入任务。 预测性任务也是任务，人大通过后就是法定任务，必须完成，"应收尽收"。 同时在预算收入的征收过程中，应该避免各种执行中出现的倾向性问题，影响财政政策的实施效应。 关于新预算体制下依法征管与税收任务的关系，将在本书第七章第四节中论述。

第四章

市场在资源配置中起决定性
作用下的财政公共性

　　长期以来，笔者一直在研究现代市场经济一般特征与中国"拿来了并力图用好市场经济"全新实践的关系，一直在琢磨中国基本政治经济制度、主要体制机制特征、当前所处发展阶段等重要因素对我国公共财政实践的制约要求，并在此基础上逐步形成了关于中国特色"四层次公共财政"论、"三个同心圆"说、"交叉提供"思路等主要观点。应该说，对于这种"基于国情、源于实践、熟知一般、把握特色"的初步见解，现在看来是经得起实践考验的，是符合我国改革开放发展方向与财政发展实际的。与此同时，笔者也坚信，既然这些观点来源于伟大的中国财政实践，也必然会随着实践的发展而持续地加以调整充实。在我们当前全面推进国家治理体系与治理能力现代化、决胜全面建成小康社会的新阶段中，在我们适应经济发展新常态并持续推进现代财政制度建立的进程中，笔者提出的这些观点应该如何根据变化中的新实践做出必要的思考，哪一些内容需要坚持，哪一些方面需要做必要的调整，还有哪一些提法需要有更多的新实践来加以佐证，所有这一切都鞭策着笔者进行更加深入细致的思考与研究。

　　三年多来，特别是学习了党的十八届三中全会精神，学习了新时期我们对市场与政府关系的新定位，学习了中共中央政治局 2014 年 6 月 30 日审议通过的《深化财税体制改革总体方案》，笔者又有了新的学习体会，主要表现在两个方面。一是应该在国家治理现代化与市场经济起决定性作用的新阶段中坚持我国财政的发展方向，深刻认识十八届三中全会的《决定》在"财政是国家治理的基础与重要支柱"判定下对"公共财政"提法有所变化的理论创新与实践需要，深刻认识"从公共财政到财政的公共性"这一转变的内涵，努力在新时期中发挥财政公共性的作用(本章第一节)；二是在经济发展新常态下，在全面建成小康社会的决胜时期，要认真探索现阶段财政公共性的新表现形式，并对自己多年来提出的关于中国特色公共财政的主要模式与基本判断，与时俱进地做出必要的调整、充实与提高(本章第二节)。

第一节 从公共财政到财政的公共性

在党的十四大召开以来的 20 多年里，我们始终在探索中国国情条件下的政府与市场关系，逐步确立了市场经济作为主要资源配置方式的新运行机制，持续地推进了市场经济为导向的改革进程。相对应的，我们逐步明确了市场经济所要求的现代财政表现形式，在一段时期内，这一表现形式的标准提法是"努力建立与市场经济体制相适应的公共财政框架"。换言之，当我们在探寻市场经济对应的财政形式时，就逐步在"财政"这一约定俗成的一般概念前面加上了"公共"二字，强调了其在现代市场经济条件下所应具有的"公共"特征，在中国特定的语言语境下，这就形成了独特的"公共财政"词语，形成了一种基本理念，并始终结合中国国情等重要因素，不断探索并丰富中国特色的公共财政实践。

一、全面把握"公共财政"提法的阶段性特征

回顾走过的中国特色公共财政发展之路，毫无疑问，我们应当基于历史发展，以持续探索的角度来看待这一进程，来研究在特定历史阶段下形成的我国"公共财政"的提法。应该说，在一段时间内，对于在财政一词的前面是否应该加上"公共"二字，还有对于加上"公共"二字的含义究竟是什么，我国财政理论界从来都是有争论的，而且这些争论有时还比较激烈。不少学者，特别是长期以来坚持财政"国家本质论"的学者认为，国家的财政从来就是公共部门(政府部门)的财务(public finance)，是相对应于私人部门的财务(private finance)而存在的，"财政"这一术语由于本身表达的就是公共部门的财务，因此本身就具有公共性。换言之，这一名词本身就是已经内在地嵌入了公共性质或公共性的。正是基于这样一种理解，在改革开放初期，当主要在发达国家使用的公共部门经济学(public sector economics)财政体系逐步被引入我国时，当一些学者强调要用公共财政的提法来取代原

有财政(和对应国家财政)的概念时,这就引起了国内众多财政学者的异议。仔细琢磨一下,争论的关键或要点有二:一是公共财政提法对于财政的概念来说,是不是一种同义反复;二是如果这是一种同义反复,这种同义反复在当时特定的情况下是否有必要。 对此,笔者的观点从来都是鲜明的,回答从来都是简单明了的。 首先,"公共财政"这一提法对于"财政"是不是一种同义反复? 笔者的回答是肯定的"是"。 其次,在中国特定的语境环境下,在中国当时的发展阶段上,这样的同义反复有必要吗? 笔者的回答也是肯定的"有"。 笔者当时在众多场合中强调了这种辩证的认识,认为我们之所以要在特定的历史条件下采用"公共财政"这种具有同义反复性质的关键术语,是因为要突出强调,在当时逐步确定采用市场经济这种资源配置方式的特定改革开放初期,当我们逐步从计划经济这种资源配置方式中走出来,力图尽快确立以市场经济为导向的改革方向,并对应地将我国财政在计划经济条件下的表现形式调整为市场经济条件下的表现形式,为了突出这种"转向",为了突出这种转向的"内容",为了表明我们实施这种转向的"态度",为了向世人昭示我们实施这种转向的"决心",进行这种同义反复的"宣示"有其深刻的时代意义,对此,笔者从来都是坚决拥护的。 在那样一个改革开放的关键时刻,我们的确应该强调不同资源配置方式下财政实现方式的差异,要强调今天我们搞市场经济了,财政支出就应该主要用于公共产品与服务的提供,这就是我们要建立"与市场经济体制相适应的公共财政框架"的重要目的;相对应的,我们也在始终倡导主要由税收构成的财政收入之获取也应顺应市场经济的要求,税收的征收也要以尊重市场经济运行为重要前提,这就是我们要建立"与公共财政框架相对应的税收制度"的基本含义。 在"公共财政"这一特定术语中,"公共"二字的含义,从本质上说就在于强调以税收为主的财政收入主要用于公共产品与服务的提供,就是强调纳税人的钱主要用于提供公共产品与服务。 从这个意义上说,用"公共财政"这一提法来特别强调市场经济条件下的财政、强调这种财政的特征,在那个时期是完全必要的,这样的同义反复有其特定的意义,嵌印着鲜明的时代特征。 与此同时,我们始终紧紧地将公共财政在中国的使用与特定国情相联系,公共财政在中国的实践始终是在社会主义方向的引领下前进的,这就是我们说的中国特色公共财政,关于这后一点,不仅就特定形式而言嵌印着特定时期的鲜明特征,而且就本质而言,在中国公共财政发展的任何时段上都是始终必须坚持、始终必须存在的。

站在今天这个时点上，笔者依然认为上面这些基本判断是正确的。 同时，笔者这里还要表明这样一个基本观点，那就是"坚持方向不动摇，根据形势调表述"。"坚持方向不动摇"讲的是，只要我们坚持市场经济的改革方向，只要我们坚持以市场经济作为主要资源配置方式，我国改革开放初期启用的"公共财政"提法所代表的我国财政发展方向就应当始终坚持，而且随着我们对市场经济规律认识的提高还要不断强化这种意识。 而"根据形势调表述"讲的是，我们毕竟要看到"公共财政"的提法相对应于"财政"而言是一种同义反复，当年我们做这样的同义反复有其必要，因为有这样做的"阶段因素"，有这样做的"特定要求"，但这同时就蕴含着这样一种判断或预期，如果有一天这样的"阶段因素"或"特定要求"已经不复存在，如果有一天这样做的目标已经实现或者基本实现，是不是可以考虑不必再做这样的同义反复，再做这样的强调呢？ 换句话说，如果有一天，我们当年启动进行的财政发展之"转向"已经基本完成，这种转向的"内容"已经丰富充实，实施这种转向的"态度"与"决心"已经路人皆知，这种转向的"趋势"已经不可逆转，则这种同义反复是不是就可以不用了呢？"公共财政"的术语是不是也就可以不必再提了呢？ 笔者的回答是肯定的。 对于"公共财政"这种提法，我们应该实事求是坚持的观点有三：一是就本质而言这种提法是否是一种"同义反复"，回答是"是"；二是在当年特定的发展阶段中，这样做是否有必要呢，回答是"有"；三是如果有一天各方面的条件都已具备，可以不必再做这样的同义反复了，则不再采用"公共财政"的提法行不行呢，笔者的回答同样也是一个字，"行"。

二、"财政的公共性"更适合表明当今市场经济发展对财政的要求

伴随着我国改革开放进程的深化，笔者上面讨论中所期待的这一天已经来到了，而且比笔者预期的来得更早。 如前所述，在党的十八届三中全会通过的相关文件中，有两个分量极重的提法，一是习近平总书记所做的《关于"中共中央关于全面深化改革若干重大问题的决定"的说明》明确强调："理论与实践都证明，市场经济是最有效率的配置方式。 市场决定资源配置是市场经济的一般规律，市场经济本质上就是市场决定资源配置的经济。"二是在这一基本认识的前提下，十八届三中全会的《决定》明确指出，"市场在资源配置中起决定性作用和更好发挥政府作用"。 这些重要论述具有划时代的意义，这是在我国社会主义市场经济体制已经初步建立，市场化程

度已经大幅度提高，我们对市场经济规律的认识与驾驭能力不断提高，宏观调控能力持续提高等条件下，党中央做出"我们应该在完善社会主义市场经济体制上迈出新的步伐"重大决策后形成的重要结论，我们必须认真加以学习与不断领会。 正是在这个大背景下，笔者特别注意到在十八届三中全会的《决定》中（主要是在以"深化财税体制改革"为标题的第五部分中）对我国财政的新提法，即在"完善和发展中国特色社会主义制度、推进国家治理体系和治理能力现代化"的伟大进程中，财政被赋予了重要的历史使命，强调"财政是国家治理的基础与重要支柱"。 与此同时，十八届三中全会的《决定》通篇都没有再使用或特别强调"公共财政"的提法，而是回归"财政"的一般表述，是在新的时代条件下赋予了我国财政新的发展任务，即强调"财政"在国家治理现代化中的重要作用，强调"现代财政制度"的基本含义，突出"科学财税体制"所应该具备的体制性要求等。 通过学习，笔者发自内心地赞同在我国经济社会发展的新阶段中回归对"财政"一般表述的使用，赞同从此不必特别在"财政"前面再加上"公共"二字。 这一深刻的变化对于我们理解在中国经济社会发展新阶段中财政的表现形式有着重要的指导作用。 对此，笔者有下面四点基本体会。

其一，原来"公共财政"提法所蕴含的我国财政在市场经济条件下的发展方向依然没有变。 没有采用"公共财政"的提法，原来"公共财政"术语所体现的财政在市场经济条件下的表现形式依然没有变。 我国财政还是要承担支持以市场为主去配置资源的任务，财政还是要履行有效地提供公共产品、努力促进公平公正等重要职能。 因此，财政在市场经济条件下要表现出强烈的"公共性"这一点照样是，也一定是我国财政改革发展的方向，而且伴随着我们对市场经济规律认识的深化和驾驭能力的提高还在不断强化中。 这一判断所依据的道理很简单，那就是只要市场经济依然是我国资源配置方式中的决定性方式，"市场经济呼唤着公共财政"这种通俗易懂的基本判断就没有变，也不可以变。 对于这一点，笔者相信财政理论界的同人都会有共识的，含义清晰，道理已明，不需要再用过多的笔墨来描述。

其二，当我们对市场经济资源配置方式的认识已经达到今天这样的高度，的确可以不必再做那种同义反复了，的确可以将"公共"二字从"财政"前面拿起来了。 原因同样是显而易见的，因为形势与环境都已经发生了重大的变化，即党的十八届三中全会已经做出了重大战略决策，我们对市场经济资源配置方式的认识已经迈出了"新步伐"。 当我们将市场经济视为

"最有效率的资源配置方式"，强调其要在资源配置中起"决定性"作用时，在中国的语言环境中，这已经是最高级、最全面、最深刻的表述了。在这种条件下，当我们全面建设与市场经济体制相适应的现代财政模式的决心已定、内容已有、方向已明、态度已知时，当然可以且也应该不再做"公共财政"这样同义反复的表述了。

其三，我们要在国家治理现代化与全面形成市场经济体制的结合中探寻财政"公共性"的表现形式。十八届三中全会的《决定》提出财政的"国家治理说"，并提出建设"现代财政制度"后，一些学者开始讨论"国家财政与现代财政"、"公共财政与现代财政"的关系，这些努力都是值得肯定的，提出的许多见解也都很有见地。笔者的基本观点是，现代财政就是国家财政在现代的表现形式，这种财政必须具有现代财政一般，又必须受制于不同国家的国情要求与阶段特征。在当今中国，建立现代财政制度，就是要求财政在推进国家治理现代化中发挥作用，就是要让财政与在资源配置中起决定性作用的市场机制相适应。财政从来都是国家的财政，中国今天的现代财政既要体现"国家治理"的要求，又要同时继续体现或者更全面地体现"公共财政"的要求，因此，我国财政的"国家治理说"与"公共财政论"两者没有矛盾，共同体现着中国特色社会主义道路对"现代财政制度"建设的要求，都是体现为中国特色"财政"的不同侧面。因此，今天不再使用或特别强调用"公共财政"来定位我国财政，不再以此来事实上"唯一"地涵盖中国特色财政的所有方面，是完全正确的。

其四，要树立对中国特色社会主义财政发展的理论自信，持续地探索中国特色财政发展的规律性内容，持续地把握这种财政在不同发展阶段上的表现形式。回顾过去，我们首先应该充分肯定当年敢于引入、借鉴、使用"公共财政"概念的历史作用。我们在对西方公共财政理论后面可能蕴含的"普世价值"理念保持必要警惕性的同时，还要充分认识到这一理论所反映的市场经济对财政发展的一般要求。因此，在一段时期中，我国财政理论界有一批学者在借鉴与引进发达国家公共财政理论时，经历了艰苦的努力，付出了辛勤的劳动，有时甚至是在较不公平的学术氛围中进行执着的探讨。应该说，这些学者的努力为我国推进市场经济体制建设、推进现代市场经济条件下财政模式的转换，做出了重要贡献。今天，当时代已经发展到不必在"财政"概念前再标上"公共"印记的时候，我们并没有，也不应该否定这些学者在当时特定条件下对"公共财政"概念的坚持，正是他们的执着与探索，公共财政理念才逐步成为国家政策制定的重要依据之一。就笔者而言，自己对市场经济的认识也在不断提高。长期以来，笔者都倾向于用这样的定义来描述市场经济，即"市场经济是人类社会迄今为止比较有效、比较可行的资源配置方式"，这种"比较有效、比较可行"的表述对市场经济的配置职能作用多少还是有一些保留的。也正是在这样的基本思路导向下，长期以来，笔者对于公共财政概念所反映的市场经济条件下财政之一般的认识还有不够到位的地方，相对而言，更多地强调了财政的国家性，对财政的公共性还存在重视不够的问题。随着时代的发展，今天在我们已经达到了"市场经济是最有效的资源配置方式"这种认识境界的时候，笔者现在倾向于用这样的定义来描述市场经济，即"市场经济是人类社会迄今为止最有效、最可行的资源配置方式"，同时在这一"最有效、最可行"的基础上更深刻地认识市场经济对财政表现形式的要求。从这一基点出发，笔者认为，对于过去相关学者的贡献，我们都是要承认的；对于过去在学术交流中曾经有过的观点交锋、必要争论乃至激烈碰撞，我们都必须承认其必要性。因为这一历史进程体现的是大家为了探索中国特色社会主义财政发展之路所做的努力，都是理论界为了创建属于中国自己的财政理论体系、为了拥有中国特色财政自己的话语权所付出的心血。今天，理论界需要再次统一思想，需要深刻认识在"财政"之前不再提"公共"之必要性与现实性，共同再为中国特色财政的理论与实践发展做出新贡献，笔者愿意和同人一道继续努力。

三、充分认识财政公共性表述变化的深刻意义

一般而言，理论表述的变化，往往都是反映着时代的前进，反映着认识的升华。写到这里，笔者不禁联想到在2011年出版的专著中谈到"公共财政与发展财政"的关系以及两种提法是否都是特定历史范畴内的提法。笔者当时认为，"综之，处于发展中国家经济起飞这一特定阶段中的财政，就一般性地有了公共财政与发展财政并存之必要，就有了正确处理好公共财政与发展财政两者关系的重要任务。有的学者之所以不赞成笔者提出与坚持的发展财政理念，主要是因为发展财政理念与公共财政理念相对立，对前者的强调会与后者背道而驰，担忧我们对发展财政的强调会干扰公共财政作为市场经济条件下发展中国家财政改革的一般方向。笔者认为，这种观点是不对的，这种担心也是多余的，大可不必。就发展中国家经济起飞阶段而

言，公共财政与发展财政的作用是相辅相成的，一些必然出现的矛盾是不可回避并需要正确解决的。 而当我们站在更长远的历史发展进程来看时，可以认为，在发展中国家中，当发展任务已基本完成，当市场经济机制已经相当完善，则发展财政的历史使命也将逐步完成，财政的发展性职能也将逐步淡化，发展财政与公共财政的趋同与融合就成为必然，发展财政理念将最终逐步退出历史舞台。 笔者同样认为，基于同样的道理，到那个时候，当市场经济条件下财政的主要职能已经是提供公共产品与纠正一般的市场失灵时，当人们对财政的这种公共性职能已经全面把握了解时，我们今天为了强调财政收入主要用于公共产品与服务提供的公共财政之'公共'形容词也可略去，也可不必专门再提公共财政之范畴，最终展现在我们面前的就是简单的'财政'二字，就是回归'国家财政'，就是回归在市场作为主要资源配置方式条件下的'国家财政'的运作，这就是我们对财政理念范畴发展的辩证把握与动态认识"。 笔者重提这段表述，是为了表明我们对中国特色财政发展之路内在规律的持续理解与前进信心，我们从来都是在实践中不断探索、不断前进的。 对于在特定历史阶段上提出的观点，我们当然必须基于当时的客观条件来考虑与评价，不能苛求在某个时点上就能穷尽所有规律。但与此同时，我们依然要坚持基本的立场与辩证的思路，更重要的是，要对我们从事的中国特色社会主义财政发展之路充满信心、充满希望。 过去是这样，现在是这样，将来也还应该是这样。

综上所述，通过认真学习十八届三中全会的《决定》，理解把握党中央提出的全面深化改革的思路，笔者现在倾向于用"财政的公共性"的提法代替"公共财政"的概念，中国的国家财政作为"国家治理的基础与重要支柱"，有着各种基本的"特征"，或者说有着各个不同的"侧面"。 其中，与市场经济资源配置方式相适应的特征或侧面可以称为"财政的公共性"。 财政的公共性反映的就是原来我们所说的公共财政的概念，但这种提法显然比原来公共财政的概念更确切，因为中国特色社会主义财政是由基本制度、配置方式、所处阶段、前进动力与涉外程度等因素所共同决定的，具有相当的"全面性"或"综合性"。"财政的公共性"只是反映这种财政的"某一侧面"或者"某一重要的侧面"，但没有穷尽中国财政的全部内涵，我们始终必须将我国财政所反映的所有"侧面"或"特征"统一起来考察，才能得到一个完整全面的概念。 显然，过去用"公共财政"这种同义反复来代替"财政的公共性"，是起不到这种作用的。 与此相适应，笔者也建议，我们熟悉的"国家财政"概念现在也可以表述为"财政的国家性";笔者曾经倡导使用的"发展财政"概念也应该表述为"财政的发展性";"改革财政"的提法也就对应着表述为"财政的改革性";而"统筹(涉外)财政"就可以表述为"财政的统筹(涉外)性"。据此,中国特色社会主义财政"五大特征"的框架就可以表述为中国特色社会主义财政所具有的"国家性、公共性、发展性、改革性与统筹性"这五大"特征"或"侧面"的有机统一。笔者认为,这样一种表述上的调整,实际上是中国特色社会主义财政体系发展到今天的阶段性产物和重要体现,这种归纳是中国特色社会主义财政实践与理论发展的重要结果。而作为这种体系性表述提出的重要导源,即"从公共财政到财政的公共性"的提法,绝不仅仅是一般的理解表述上的变化,而是一种认识上的飞跃,表明我们对中国特色社会主义财政理论发展的高度自信,对中国特色社会主义市场经济所对应的财政表现形式的高度自信。

第二节　中国特色财政公共性的时代特征

对于中国特色公共财政,或者前述调整表述的中国特色社会主义财政的公共性,笔者多年来先后提出了"四层次公共财政"论、"三个同心圆"说与"交叉提供"思路等一些观点。在当前进入国家治理现代化与全面建成小康社会的新阶段中,在市场经济将在资源配置中起决定性作用的新时期里,笔者提出的这些观点有没有应该调整、充实或修正的内容,这是必须明确回答的问题。

一、"四层次公共财政"论的新发展

显然,在我们用"财政的公共性"取代"公共财政"的提法后,中国特色的"四层次公共财政"论就可以对应地调整为对中国特色"财政公共性的四层次"论。而就其所涉及的依次递进的四个层次而言,笔者的观点是,每个层次的基本立场与主要内容都依然成立,但都应该在不同程度上有所充实或调整。

其一,如前所述,多年来我们使用的是"市场经济呼唤着公共财政"这一提法,强调的是市场经济所对应的财政形式应该表现为公共财政。在新时期中，当我们在市场经济导向改革已经取得丰硕成果的今天采用"财政的公共性"提法时，则应该用"市场经济呼唤着财政公共性的全面体现"作为我们研究的基本出发点，这应该是一个水到渠成的表述变化。进而，就这一重要判断而言，在坚持笔者一贯观点的基础上，笔者今天进一步认为，我们还必须更加注重以下三个方面。一是在党的十八届三中全会已经提出"市场配置资源是最有效率的形式"重要论述的今天，一方面，我们应该更加坚定这样的信念，财政在市场经济条件下发挥作用的前提是必须有利于以"供求决定、价格导向"为基本特征的市场机制运作；另一方面，我们应该从我国国情与发展新阶段的现实出发，持续探讨市场经济条件下财政公共性的表现形式，这里既应该有符合我国社会主义市场经济发展的长期表现形式，也应该有在现阶段（适应经济发展新常态与面对较长时期经济下行压力）所应具有的新特征。二是经过多年的财政改革与发展实践，我们更应该坚持将财政国家性与公共性的结合作为财政活动的重要基石，两者不是对立的，而是相辅相成、相得益彰的。在"财政是国家治理的基础与重要支柱"的前提下，财政的国家性与公共性应该协同发挥作用。在给定市场经济作为基本资源配置方式的前提下，要坚持财政国家性的发挥，特别是在实现国家治理现代化方面的作用；同时还要充分考虑、积极顺应与有效发挥财政公共性的作用，国家财政的配置、分配与稳定基本职能当然且必须在市场机制运行的大背景下加以体现。三是从我国国情出发，基于中国特色社会主义市场经济发展的要求，从前述对中国财政发展不仅仅只有"公共性"这一"侧面"，更有全面综合之特征的观点出发，我们将比过去任何时候都更加坚持这一基本观点，即财政的公共性只应是我国财政"主要"而不是"唯一"的表现形式，要坚持中国特色财政之国家性、公共性、发展性、改革性与统筹性的结合。在当代中国，"市场经济呼唤着财政公共性的全面体现"，并不等于"市场经济呼唤着财政'全面'体现为公共性"。对于贯穿于本书的这一基本观点，这里就不再展开了。

行文至此，笔者还想就一个相关的重要命题表达自己的观点。在我们多年讨论公共财政理论在中国运用的过程中，"市场经济呼唤着公共财政"始终是大家都能接受的底线，虽然具体理解各有差异，但是曾经有的学者将这一表述进一步扩展为"市场经济呼唤着公共财政，真正的公共财政呼唤着真正的市场经济"这一貌似前后呼应的表述，对于这添加的后半句，笔者多年来都是不赞同的，其原因就是笔者所提的"四层次公共财政"论理解公共财政的第四个层面。 经过多年中国特色公共财政的实践发展，特别是当学者们普遍赞同既要认识公共财政提供公共产品的"公共性"，又要坚持我国的"公共选择制度"时，上述这种合并提法的不合时宜、在中国的水土不服已经是越发明显的了。 站在今天这一时点上，笔者认为，上述提到的这种并列提法固然不妥，但如何在新时期中就"财政的公共性"与"市场经济"再做一种并列式的表述还是有必要的。 笔者这里尝试将其表述为，"市场经济呼唤着财政公共性的全面体现，而财政公共性的全面体现将有助于市场经济的全面发展"，结合笔者在全书中表述的写作逻辑与基本观点，这一并列式提法的内涵不言而喻。

其二，我们要将市场经济对资源配置的"决定性"作用与政府"更好发挥"作用的统一作为我国财政展现其公共性的出发点，并相对应地研究这种结合的实现形式。 多年来，笔者坚持"市场与政府的关系是我国公共财政运作的起点"的基本观点，我国财政活动的生动实践充分证明了这一点，而且伴随着我们对市场机制在资源配置中作用的理解而不断调整。 在党的十四大以来，我们对市场与政府关系的把握都是围绕"在宏观调控前提下发挥市场经济配置资源的基础性作用"这一基本判断而展开的，正是在这种"基础性"作用的前提下，我们讨论了中国特色公共财政的运作方式，特别强调财政在现阶段提供公共产品中的主导作用，特别关注财政在处理发展与民生关系中的作用。 党的十八届三中全会以来，当我们强调了"市场在资源配置中起决定性作用和更好发挥政府作用"后，我们对市场与政府关系的认识就进入了一个新阶段。 笔者认为，起"决定性"作用的市场与期待着发挥"更好作用"的政府的新结合，必将对我国财政公共性的展现提出新的要求，这里至少有两个相互联系的方面应该考虑。 一是我们要认识财政公共性已经在发挥作用的延续性。 实践表明，在从提出市场的"基础性"作用到今天步入"决定性"作用之前的那个历史阶段，正是我国财政不断适应市场经济要求而发挥作用的重要时期，我们已经摸索出了适应我国市场经济发展的财政运行模式，开展了财政有效提供公共产品、改革预算制度、设置国库制度、实施绩效财政等实践探索，收益是巨大的。 但应该看到，正是由于我们在对市场在资源配置下作用的疆界、范围、力度等重要方面的认识还略有不足，政府发挥作用的方式还有待提高，财政公共性的发挥也同样受到一定影响。 但总体上看，20 多年来的中国公共财政实践已经取得相当成效，当前正在运行中的财政机制或财税体制基本上符合国情与阶段的要求，因此延续性必须予以肯定，方向性必须始终坚持。 二是在市场起"决定性"作用的新时期，重要的就是"深化财税体制改革，建立现代财政制度"，就是要把财政公共性的发挥放在国家治理体系与治理能力现代化的大局中来考虑，要通过持续的改革与对应的法治建设开辟我国财政公共性发挥作用的新空间。 关于这一点，我们将在本书第七章中结合实例展开论述。

其三，我们要在坚持"集中力量办大事"等体制性特征与政治性优势的前提下，继续探寻这些特征优势在展现财政公共性方面的表现形式和应该注意的方面。 笔者的判断是，一方面，我国市场经济条件下财政公共性的体现必须和"集中力量办大事"等体制性特征相结合，这是我们的优势，必须毫不动摇；那种认为现代财政制度建立与"集中力量办大事"特征是格格不入的观点是不足取的。 另一方面，伴随着全面深化改革与全面依法治国进程的深化，这种体制性特征的表现形式也必然处在调整中。 能够与时俱进地坚持与完善这种体制性特征，恰恰是为了更好地发挥我们的优势。 在过去20多年我国财政服务大局发挥作用的过程中，财政运作始终与"集中力量办大事"的体制性优势联系在一起。 无论是在平常的保障与改善民生、提供必要基础设施、构建公益性公共平台等重要方面，还是在2008年抗击国际金融危机的特定阶段中，财政所取得的成就都是有目共睹的。 但也要看到所存在的一些需要改进的地方，归结起来，主要还是表现在两大方面：一是强调"集中力量办大事"时往往可能会放松了对市场经济发挥作用的关注，特别是在应对紧急状态时尤为明显，在各级地方政府具体执行上级部署时也往往体现得比较突出。 二是这种结合使用往往具有较强的"路径依赖"。 如果体制性特征与市场经济结合得较好，这种路径依赖就是一种经验；但如果这种结合还存在一些问题，而且这种结合又是过于频繁地经常性使用，就可能给市场经济机制的作用发挥带来冲击，对此必须加以正视。

其四，我们在坚持"党的领导、人民当家做主与依法治国"统一的前提下，必须在全面深化改革与全面依法治国的新时期中，坚持基本制度，不断总结经验，探寻基本国体政体对财政公共性展现的基础作用、保障作用和引领作用。 通过认真学习党的十八大、十八届三中与四中全会精神，结合三年多来中国特色公共选择制度在完善方面所取得的成就，特别是回顾我国国体政体在保障我国财政改革发展方面所推出的许多新举措，笔者的体会是深刻的。 我们要坚持中国特色财政公共性的发挥必须对应着中国特色的公共选择制度，这就是中国特色社会主义的政治发展道路。 在选择财政公共性对应的公共选择制度方面，不存在"普世价值"，也没有各国都适用的模式。 在当代中国，我们要选择的就是符合最广大人民群众根本利益的基本制度，这就是"党的领导、人民当家做主与依法治国"的统一。 三年多来，我们始终坚持党的领导，以保证人民当家做主为根本，以增强党和国家活力、调动人民积极性为目标，扩大社会主义民主，发展社会主义政治文明。 在全面依法治国的背景下，我们全面加快了与市场经济发展相适应的财税立法进程、执法检查与行政监督等，特别是通过了《中华人民共和国预算法》的修订，启动了《税收征管法》等的修订，这些就为在我国公共选择制度下更好发挥财政公共性的作用提供了法制平台与法治环境。 笔者三年多来亲身参加了全国人大常委会的立法工作与相关活动，深刻体验了这一过程。 依法治国是党领导人民治理国家的基本方略，法治是治国理政的基本方式。 只要我们坚持党的领导，坚持人民当家做主与依法治国的结合，中国财政公共性的发挥就有一个坚实的公共选择制度作为依托，我们对此同样应持有足够的自信。

二、对"三个同心圆"说内涵的充实

就"三个同心圆"说的基本观点而言，三年多来，笔者也在琢磨如何在新时期与新常态下把握好"公共产品"、"外部条件"与"必要的一般竞争性投入"这三个同心圆的内涵与外延，同时考虑在实现这些方面时应该注意哪些制约因素。

其一，如第一章第三节所述，第一个"同心圆"（核心圆）强调的是"纳税人的钱主要用于公共产品的提供"。 应该说，这是我国财政公共性发挥作用的首要任务，也是大家都能接受的一般概念。 根据对我国新时期财政发挥公共性作用实践的再审视，笔者现在倾向于在坚持基本定义不变的前提下，将这一表述做必要的调整，即更改为"财政的钱（主要是纳税人的钱）主要用于公共产品的提供"。 这样调整后，"公共产品"这个最大同心圆的特色就在于一个"提供"和两个"主要"。 一个"提供"，强调了市场经济条件下财政发挥作用的共性或一般，强调的是中国财政之公共性与其他一般市场经济国家一样，主要就是要提供公共产品与服务，就是要完成这个基本任务。 而两个"主要"，则突出了财政公共性体现的个性或中国特色。 增加了第一个"主要"，"财政的钱（主要是纳税人的钱）"表明在今天的中国，财政的钱"主要"来源于纳税人缴纳的税收，这里也表明中国财政收入还有其他来源，其中有些来源还是比较显著且将会长期存在的（如土地出让收益）。

与此同时，笔者从来都坚持这样一种观点，不是所有税收都只能用于公共产品的提供，而土地出让收益等非税收入都只能用于发展。税收在主要用于提供公共产品的同时，也可以具有一定的发展用途；而其他非税收入或政府性基金在主要定向使用的同时，也可以参与对公共产品的提供。因此，在第一个同心圆的表述中现在加上这一"主要"的表述，有其实际意义，这一判断主要源于我国实践，同时也是有理论依据的。而原来的第二个"主要"，"'主要'用于提供公共产品"则继续强调在中国国情条件下，财政的钱除了"主要"用于公共产品提供外，还要"次要"地用于符合我国现阶段国家经济社会发展的其他领域，这里当然重点讲的就是财政用于促进与支持发展的部分。

其二，我们还要研究第二个"同心圆"（居中圆）中关于"外部条件"的提供问题。和第一个同心圆用"财政的钱"替代"纳税人的钱"相对应，这第二个"同心圆"的定义现在为，"财政的钱同样可以用来提供市场经济运作所必需的外部条件"。如前所述，我们用"外部条件"来表示这个居中圆。外部条件在这里主要指那些具有准公共产品性质的基础设施，那些具有公益性、正外溢性的公共平台，也包括事业单位所履行的基本职能，以及市场经济运作所必需的法制等基础环境等等。在当前新发展阶段中，我们要结合对过去财政运作经验的把握来探寻财政公共性的表现形式，既要看到财政提供这些外部条件的必要性，又要研究在提供中应该注意的一些问题，笔者这里用三个实例加以说明。

第一个例子是财政通过对各种具有公益性与正外溢性公共平台的建设，来对企业等经济行为主体的活动提供必要的支持。长期以来，在我国各地经济发展的实践中，大家都熟悉的"政府搭台、企业唱戏"做法，实际上就是这种关系的一种形象表述，就是提供一种特殊的市场经济运作所需的"外部条件"。与此同时，我国"集中力量办大事"的政治体制优势往往能够有效地、迅速地提供这些外部条件，这就形成了我国财政公共性在实践中发挥作用的一个重要特征。笔者始终认为，在我国作为发展中国家正处在经济快速发展、全面奔小康的重要阶段，我们又采用了市场经济这种资源配置模式，我们同时还有坚实的基本制度保障与特殊的体制性优势，我们就是应该探寻具有中国特色的市场与政府的关系，探寻财政之国家性、公共性、发展性的有机统一。在提供"政府搭台"这种市场经济运作所需的外部条件方面，政府有目地发挥了独特作用，这应该予以充分肯定。从理论上说，几个企业自己"搭台唱戏"，这可以吗？ 当然可以，这就是我们通常说的"私人部门参与建设准公共平台"的做法。 但在实践中，这种企业自己搭台、自拉自唱的效果可能没有那么好，看戏的人也没有那么多。 因此，企业往往期待政府(财政)为经济行为主体的才华施展提供必要的平台。 在我国特定的经济发展阶段中，财政对这种外部条件的提供是对一种"多赢"状态的追求。 对在我国现阶段中财政涵盖范围的这种拓展，事实上就是财政公共性与财政发展性的结合。 当然，多年实践也提醒我们，在这种提供外部条件的过程中，有时公共部门与私人部门划分的界限不是那么清晰，政府参与"搭台"的具体做法中也还有一些方面需要审慎处理。 但必须看到的是，现阶段我国财政对具有公益性、正外溢性的准公共产品提供的必要涵盖是有其理论依据的，实践中是产生有益效果的，当前面对经济发展新常态，特别是强调"政府更好发挥作用"，我们就要特别研究财政提供外部条件的具体做法与实现形式。 笔者的基本观点是，只要政府"搭台"的做法有利于经济行为主体更好地施展才华，也就是让市场经济更好地发挥"决定性"作用，这种对外部条件的提供就必须坚持。 但政府发挥作用的方法是必须研究的，政府主要是"搭台"，而不是过多地参与"唱戏"，不能过多地影响经济行为主体的决策。 简言之，"政府更好发挥作用"不是"政府更多地发挥作用"，这里隐含的意思值得我们去深思，需要我们去领会。

第二个例子是财政公共性发挥作用与事业单位改革发展的关系。 在我国采纳市场经济作为主要资源配置方式的今天，我国现有的事业单位之职能应该如何定位呢？ 这些由国家财政采用各种不同形式的财政拨款或补助形式的事业单位，在全面深化改革、让市场在资源配置中起决定性作用的今天，应该如何发展呢？ 这些问题都是必须回答的。 在正在推进中的事业单位改革进程中，对现有事业单位要进行必要的鉴别调整，对于那些有必要保留的事业单位，是继续让其作为市场经济运作所必需的"外部条件"加以定位，从而给予不同程度的财政支持，还是像有些学者长期认为的那样，公共财政原则上都不应该涵盖对事业单位的支持，这是必须在认识上加以统一的。 对于那种财政公共性与事业单位一律无关的观点，笔者从来都是不敢苟同的，将必要的事业单位继续纳入财政公共性发挥作用的范畴体现了对现阶段中国特色财政的正确把握。 回顾近年来我们正在推行的事业单位改革，始终是体现了以下四个基本精神：一是政府应该做的，须交还政府；二是市场可以做的，请交给市场；三是中介组织可以干的，应该鼓励与支持中介组织发展；四是对于那些具有"公益性"的事业单位，必须深化改革与加强管理。 显然，这里强调的就是对必要"外部条件"的认同，强调的就是将公益性事业单位列入公共财政加以考虑的合理性与合意性。 在我们今天强调市场"决定性"作用、政府"更好发挥"作用的条件下，认真总结近年来我国事业单位改革的实践，笔者依然认为上面这四个基本精神符合发展趋势。 我们要在把握市场与政府新关系的新形势下继续实事求是地推进事业单位改革，该交还给政府的，应该与推进简政放权、放管结合、优化服务改革等结合起来；该交给市场的，就要彻底地交，发挥市场的主体作用；对于中介组织的发展，则要全力推动，形成政府、市场、社会三方的合力；但最终确定为公益性事业单位的，无论是公益一类，还是公益二类，都要放在财政支持"外部条件"构建的层面上来看待，都要分类施策，精准支持，让财政公共性在新形势下真正发挥作用。

第三个例子是国家会计学院等具有公益性的中国特色市场经济发展所需之公共平台的建设。 2000年前后，为了适应我国转向采用市场经济作为资源配置方式的需要，为了促进市场经济运行所需要的财经规则的实施、人才队伍的培养与诚信环境的打造，国家从国情出发，并借鉴必要的国际惯例，先后在北京、上海和厦门建立了三所国家会计学院。 这三所学院都是由中央财政全额投资建设的，日常运作也主要由财政拨款，性质上都是国务院批准建立的财政部直属（或托管的）事业单位，主要任务是培训各类符合国家需要的、市场经济运作所必需的高端财经会计人才，促进国家经济诚信体系的建设，逐步成为国家级的财经发展智库，同时兼顾专业硕士研究生的培养。笔者有幸从2002年年初到2015年年中在厦门国家会计学院负责全面工作，亲身参与了学院的建设、初创、起步、发展全过程。 在长达13年的实践中，笔者深切地体会到，国家会计学院事业是中国特色社会主义事业的重要组成部分，是中国基本制度、发展阶段、市场与政府关系等国情条件下对市场经济运用的一个创新型体现，也是中国特色财政国家性与公共性结合的一个重要范例。 国家会计学院提供的不是"公共产品"，而是打造一个具有强烈正外溢性、公益性的社会平台，是典型的市场经济运作所必需的"外部条件"。 从美国等发达国家的情况看，类似于会计学院这种社会培训类的平台基本由私人部门来提供，因为在那些国家，财政国家性与公共性的结合是另外一种模式，那些国家的基本制度与体制特征与我国不同，国家会计制度建立、会计准则制定、会计人员管理等都主要由特定私人部门实际负责，政府予以支持与背书。 而我国则不同，基于我国的基本制度、体制性特征、改革初期政府导向下对市场经济的建设、发展中国家特定阶段等重要因素，我国依然必须对会计制度建立、会计准则制定、会计人员管理等负责，依然必须从构建市场经济运作所必需之外部平台的特定角度出发，由国家财政拨款来建设这种具有正外溢性的社会平台。 在国家会计学院的发展过程中，国家一方面在平台的建设运行中强调"市场化建设、市场化定位、市场化运作"，另一方面还要求不断提高这种平台使用的社会效益与经济效益，努力使财政的钱更好地为全社会服务，为整个市场经济乃至社会诚信环境的建设贡献力量。 因此，由国家财政出钱建设，遵循市场经济规律，全力打造"外部条件"，这就是国家会计学院事业出现并发展带来的启示。 笔者坚定地认为，在可以预见的一段时期里，国家会计学院还要继续向前发展，还要为中国特色市场经济建设、为全面建成小康社会做出自己应有的更大贡献。国家会计学院的存在与发展，是由中国特色社会主义财政的本质决定的，体现的就是中国特色财政国家性与公共性的有机统一，有着很强的理论依据与强大的实践佐证，历史已经证明并将继续证明，这一决策是完全正确的。

其三，在新形势新常态下，我们要重点研究第三个"同心圆"（外层圆）存在的合理性问题。 如前所述，第三个同心圆讲的是"尽量不要用财政的钱去投资于一般竞争性领域"。 长期以来，笔者对于第一个同心圆，明确用了"公共产品"四个字来表示，对于第二个同心圆，也明确用了"外部条件"四个字来描述，但对于第三个同心圆，始终没有找到合适的四字缩写语来表述，用的是"必要的一般竞争性投入"这一表述，应该说这并不全是词语的选择问题，更重要的仍然是一个认识的角度与程度问题。 从理论与实践上看，无论是第三个同心圆观点还是"交叉提供"思路（实际上就是对第三个同心圆的细化），都是必须坚持的，因为这是中国特色财政公共性发挥作用的需要，对此没有任何疑问。 但是，长期以来，当笔者强调"尽量不"或"原则不"的时候，虽然已经是对"绝对不允许"的一个重大突破，但立足点依然在"能不尽量不"、"能少尽量少"这样一种认识基点上。 这样一种倾向性表述有着特定时期的客观因素，有在过去一段时间内对国有经济部门发展地位的认识问题。 党的十八大以来，特别是党的十八届三中全会以来，通过认真学习领会党中央关于"两个毫不动摇"的重要论断，即"必须毫不动摇巩固和发展公有制经济，必须毫不动摇鼓励、支持、引导非公有制经济发展"，结合对新形势下我国财政与国有资本发挥作用新形式的探索，笔者对第三个同心圆存在的信心更足了，认识的角度更准确了，把握的准确性也提高了。现在，对于这个比较稀薄、距公共财政职能圆心最远的外层圆而言，在必须承认其存在必要性的前提下，在把握市场与政府关系的前提下，笔者倾向于用"必要投入"这四个字来加以描述。对于一般竞争性领域，在主要让市场经济与私人部门高效涉足的同时，还要坚持在特定条件下或一定的阶段中，政府（财政）参与对部分私人产品的提供也是可以的。对于中国公共财政第三个同心圆中的含义的理解，恰恰是中国特色公共财政的特色所在，"尽量不要去"对应的就是在一定条件下的"必要投入"，表述的就是财政的钱在一般竞争性领域中的"必要投入"。这种"必要投入"在一定条件下，侧重点已经不仅仅是"不"，而是一种"必要"，一种"要"。经过这样的调整，三个同心圆就可以依次表述为"公共产品"、"外部条件"与"必要投入"，构成一个完整的整体，一个依次递进的同心圆体系。而对于这种"必要投入"观点的再认识，我们可以从下面对"交叉提供"观点的新阐述得到更进一步的证实。

三、"交叉提供"思路在新时期的运用

就"交叉提供"思路而言，我们当前要特别研究的是，如何在经济发展新常态下，特别是在结构性改革新要求下，在面对相对较长时期经济下行压力的新挑战时，一方面，应如何保留公共部门参与对部分私人产品提供的权利；另一方面，又应如何探寻鼓励支持私人部门参与对公共产品提供的方式，同时又要能准确把握两者的界限，探索实行必要"交叉提供"的新表现形式。三年多来，笔者持续着对这些问题的思考。在学习了十八届三中全会的《决定》，领会了习近平总书记系列重要讲话精神，特别是其中关于坚持"两个毫不动摇"的重要观点，并结合当前国家财政与国资系统所进行的改革实践探索，笔者对此又有了新体会。简言之，就是坚持"交叉提供"的信心更加坚定，自信持续增强，方式继续探索。

其一，关于"公共部门在一定条件下对部分私人产品的提供"。公共部门（政府及财政）在一定条件下"交叉提供"部分私人产品，这就是上述第三个同心圆说的"政府（财政）的钱适当投资于一般竞争性领域中"。这一"交叉"的关键有二：一是在我国特定的制度与体制条件下，必须允许一部分国有资本仍然涉足于一般竞争性领域，这是对现实的一种把握，要探讨的是在新条件下，这种涉足究竟是要立足于"少"，还是要立足于"必要投入"。

二是如果公共部门要继续参与对部分私人产品的提供，而且这一参与的必要性是存在并有所增强的，则重点就是要研究这种参与形式应该如何在市场经济中提高必要的竞争力，特别是要如何尽量减少有时难以避免的效率损失。

关于"必要投入"的理论依据，笔者在上面的阐述中已经表明了立场。十八届三中全会的《决定》明确指出，"必须毫不动摇巩固和发展公有制经济，坚持公有制主体地位，发挥国有经济主导作用，不断增强国有经济活力、控制力、影响力"，"国有企业属于全民所有，是推进国家现代化、保障人民共同利益的重要力量"。应该看到，这里讲的国有企业，特别是国家国有资产监督管理委员会管理的大型中央企业，既包括处在自然垄断行业中的国有企业，也包括一些存在广义一般竞争性行业的企业。我们必须看到所有国有企业在保证党长期执政中的重要作用。笔者长期坚持的这种"交叉提供"的观点，对于认识国有企业的作用是相当有帮助的。应该说，在这些中央所属的大型企业中，固然有一些是自然垄断，国家对其的拥有是天经地义的，但我们还必须看到，还有许多大型国有企业生产的主要都是私人产品，都是那些具备消费排他性的私人产品，因此所涉及的领域都属于一般竞争性领域。如果按照某些公共财政学者的观点，国有资本必须，而且是尽快地从这些领域中完全退出来，都必须实施所谓"民营化"。然而，从我国国有经济发展的制度性要求与体制性背景来看，这些企业继续掌握在国家手中是完全必需的。我们必须理直气壮地说，这些企业是我们党长期执政的重要经济基础，是发挥国有经济"控制力、影响力"的重要方面，是不可以实施民营化的。"交叉提供"观点是对这种我国国情决定的财政公共性范围延伸的重要理论支持，这一观点与财政国家性的理念一道，就主要地构成了我国国有资本经营预算存在的理论依据。而从另一个角度讲，也是对中国特色财政公共性理论与实践的重要探索。

关于"必要投入"的时代意义，随着新阶段新时期的发展，大家应该可以看得更加清楚了。就党的长期执政基础而言、就国家前进发展新战略而言、就党领导人民决胜全面建成小康社会而言，国家在一般竞争性领域中拥有部分大型国有企业不仅是完全必要，而且是更有必要。关于我国国有企业所处行业的性质，笔者多年来都举这样的例子。在这些中央所属的大型企业中，除了如中国移动、中国电信、国家电网、南方电力、中国石油、中国石化等大型企业属于自然垄断外，还有生产小轿车的"一汽"、"二汽"、"上汽"，以及生产钢铁产品的"鞍钢"、"武钢"、"宝钢"，总体上看，这些企业生产的主要都是私人产品，都是那些具备消费排他性的私人产品，因此所涉及的领域都属于一般竞争性领域。 从我国国有经济发展的制度性要求与体制性背景来看，这些企业继续掌握在国家手中是完全必需的，但在新时期实现统筹内外两个大局的国家重大战略和服务中国特色大国外交新要求下，这些企业肩负的重任加强了，存在的意义更加明显了。 例如，我国经过多年发展而形成的"中国南车"、"中国北车"，主要生产的都是"和谐号"动车的相关设备，应该说，就私人产品与公共产品的分类来说，这些企业的产品与前述的小轿车、钢铁产品一样，都是具有消费排他性的私人产品。 但是我们必须看到，这些企业之存在对于我国提升国家整体制造能力、服务国家发展大局已经起到了重要作用，必须长期保留、不断提升。而在今天服务"一带一路走出去"和"高端装备走出去"等国家战略的重要时刻，国家为了更有效地提升中国高铁高端设备的竞争力，发挥"集中力量办大事"的体制性优势，为了能和德国、日本等发达国家的同类企业竞争，国家决定将"中国南车"与"中国北车"合并为强大的"中国中车"，继续更有效地服务国家发展大局，成为一个在新时期基于国家利益继续保留并扩大国有企业在一般竞争性领域中存在的新样板。

关于"提高效率"，这是实现我国公共部门可持续地参与部分一般竞争性领域运作的重要前提，也是十八届三中全会的《决定》中要求推进的国有资本与国有企业改革的重要方面。 我们首先应该明确，正如十八届三中全会的《决定》中已经指出的，"国有企业总体上已经同市场经济相融合"，这是一个重要判断。 作为平等市场经济主体，作为在国民经济发展中起主导作用的公有制之主要形式，国有企业，包括有必要留在某些一般竞争性领域中的国有企业，为什么就不能平等地参与市场竞争呢？ 为什么有些人就要无视这种存在的可行性呢？ 对于国有企业如何才能继续同市场经济相融合，十八届三中全会的《决定》也明确要求，国有企业"必须适应市场化、国际化新形势，以规范经营决策、资产保值增值、公平参与竞争、提高企业效率、增强企业活力、承担社会责任为重点，进一步深化国有企业改革"。因此这里的核心就是要深刻理解当前国家对国企改革的新要求，把握党中央国务院关于全面深化国企改革的文件精神。 当前国企改革顶层设计方案已经进入出台前的倒计时，这一轮国企改革的重点就是以功能界定分类改革为基本前提，将国企按照公益性和竞争性进行分类，然后按照分类进行监管。其中，对于当前有必要仍处在一般竞争性领域的国企而言，国家将既遵循市场化运行的原则，又在确保国家经济安全和产业安全的重要前提下，探寻这些企业的发展之路。一是要求这些竞争性国有企业加大改革力度，成为更加有力的竞争主体。这里包括构建更加完善的现代管理制度、增强企业活力等基本要求，同时也继续探寻扩大员工持股、推进企业整体上市、提高国有资产证券化率等一系列改革措施做法。二是同时根据情况探寻这些竞争性企业深化混合所有制的改革，进一步向民企等多种所有制资本敞开大门，这也是"交叉提供"的新表现形式。三是对包括竞争性国企在内的国企的并购重组也会进入加快发展的新阶段，就在国内市场上的兼并重组而言，主要应结合供给侧结构性改革的要求，重点进行"淘汰过剩产能"和"提高行业集中度"两类重组；而在就循序渐进地推进中国国有资本的海外布局而言，或者说是在外向型国企重组上，应该是围绕国家对外新战略发展，重点肯定是根据"一带一路走出去"和"高端装备走出去"这两个重点来实施大型国企的兼并重组。这些措施在 2016 年下半年应该会全面铺开，在 2016 年的《政府工作报告》中也布置了 2016 年与 2017 年国有企业改革的任务，要求以改革促发展，坚决打好国有企业提质增效攻坚战，推动国有企业特别是中央企业结构调整，创新发展一批，重组整合一批，清理退出一批。

其二，关于"私人部门在一定条件下参与对部分公共产品的提供"。私人部门（市场）在一定条件下"交叉提供"部分公共产品，这是对应于上述"公共部门交叉提供部分私人产品"而并列存在的另一"交叉"。归纳前面的论述并结合对新时期要求的理解，笔者现在认为这一观点主要应该强调三层意思：一是在考虑了效率等因素后，一般而言私人部门仍然可以参与对部分公共产品的提供；二是在我国当前仍处在社会主义初级阶段的条件下，政府在大力提供公共产品的同时，还要鼓励与支持私人部门参与对部分公共产品的提供，作为必要的补充；三是从当前特定的发展阶段来看，政府还要持续探寻鼓励与支持私人部门参与对部分公共产品，包括许多具有准公共产品性质的基础设施与平台建设的新模式，财政部门在这方面应该主动参与，主动对接，必须提供促进私人部门参与提供公共产品的各种条件，实践表明这方面还存在相当空间，还有很大潜力可挖。

近三年来财政部大力推广并已成为国家行为的"政府和社会资本合作"模式（public and private partnership，PPP）就是在新时期中鼓励与支持"私人部门参与对部分公共产品提供"的新范例，值得深入进行研究。根据一般的定义，PPP 模式是指政府与私人部门（或私人组织）之间，为了提供某种公共产品或服务，以特许权协议为基础，彼此之间形成的一种"伙伴式"合作关系，并通过签署合同来明确双方的权利与义务，以确保合作的顺利完成，最终使合作各方的收获比各自单独行动的收获更大。 在我国现行实践中，我们将这种模式称为"政府和社会资本合作"。 就本质而言，"政府和社会资本合作"对应所指的仍然是"公共部门"（public）和"私人部门"（private）之间的"合作"（partnership），合作的方式是双方共同提供公共产品或具有准公共产品性质的平台。 这种做法在发达国家已有先例，而我们当前从国情与需要出发，在这里做了必要的改进与调整。"公共部门"就是政府，就是财政，这一点是一样的。 而我们将"私人部门"（或"私人组织"）译为（实际上是有目的地表述为）"社会资本"，这是结合我国实际做的重要变动，即既包括民营经济，也在一定意义上包括国有企业乃至大型中央企业。 因此，用"社会资本"来表述"私人部门"，既不会引起混乱，又实事求是地表达了政府要用财政以外的社会资金来参与提供公共产品的目的。

经过近年来的努力，国家财政部门已经逐步探寻出一套鼓励社会资本参与对公共产品提供的方式方法了，从各地的实践看，社会资本的参与热情很高，形式多样，势头很猛，探索有力。 越来越多的省份举办了各种形式的"政府和社会资本合作（PPP）"论坛暨项目推介会，所涉及的项目或项目包所涵盖的领域很广，不仅包括高速公路、港口码头、轨道交通、城市管廊等在内的传统基础设施、交通运输、市政工程、水利设施等公共产品或正外溢性平台的建设，也包括科技、医疗卫生、养老、教育和文化等社会领域，涉及相当部分具有民生提供性质的公共或准公共产品或平台。 从各地目前的做法看，持续推行中的我国现阶段 PPP 模式有这样四个特点：一是认识到位。 从中央到地方，从财政到相关部门，都已经认识到在处于社会主义初级阶段的我国，在财政资金依然有限而社会对公共产品需求又始终高涨的条件下，政府财政必须鼓励与支持社会资本来共同参与提供公共产品和公益平台，乃至参与对社会领域和民生方面的提供，财政应该在其中起到牵头、支持、促进与鼓励作用。 二是格局已成。 各地都是党政高度重视，领导协调有力，形成的运行模式普遍是"党委高度重视、政府统一领导、财政综合协调、部门积极参与"这一工作格局。 三是市场运作。 在政府导向与财政枢纽的前提下严格按照市场化规律办事，这是当前各地 PPP 模式运作的重要特征。 国务院和财政部按照市场与政府结合的原则提出了严格的政策要求，各地制定了推广 PPP 的系列制度性文件，地方财政部门制定了相关配套文件或推广的实施意见，基本上构建起了市场基础、政府背书、有章可循、有据可依的 PPP 政策制度体系。四是方法多样。各地从当前现实出发，探寻了不少财政支持或财政金融配合的促进 PPP 实现的办法。例如，财政资金发挥"四两拨千斤"的优势，成立各种产业引导股权投资基金、PPP 协同促进发展基金等，以诚意、胸怀及实际收益来促进 PPP 合作。而国有银行也纷纷同各地政府签署了支持 PPP 项目的战略合作协议，努力推动"政融结合"、"产融结合"等各种促进方式的实现。

对于当前各地 PPP 模式推广的实践，应该予以充分肯定与高度评价，笔者在这里提出三点建议。一是 PPP 模式就本质而言，重点是要在政府与财政资金之外，鼓励与支持"私人部门"参与对部分公共产品与公益平台的提供，这一基本点是不能忘记的。笔者提供的"交叉提供"理论就是为这种模式提供理论佐证。当然，我们也必须在这种前提下鼓励更多的实践探索。就目前各地的情况来看，在社会资本这一大范畴内，既有民营经济表达意愿或事实参与了 PPP 的实践，也有各种国有企业对 PPP 项目的参与。从各地目前的情况看，国有资本参与的程度与热情显然事实上高于民营经济，各地在实践中往往也是先以国有企业参与来带动民营经济的参与，这是一种务实的做法。但笔者建议，我们还是要坚持多鼓励民营经济在我国现阶段参与对部分公共产品的提供，不能忘记 PPP 模式的首要之义。二是要认真研究当前民营经济参与 PPP 模式的积极性还有待提高的问题。这里当然有 PPP 项目本身应该按市场经济规律运作，应该有必要的营利性。但更重要的是，国家不仅要对 PPP 提供必要的政策制度体系，在当前全面推进依法治国的进程中，还要加快对 PPP 运作提供必要的法律保障，尽快开展对 PPP 模式运行的立法工作。应该说，这既是市场经济法治化程度的要求，也是法治财政建设的一个重要侧面。三是对国有企业作为广义"社会资本"的一部分参与公共产品提供的研究。笔者认为，一方面，这是探寻我国国情条件下国有部门运作的方法之一，也是一种对"交叉提供"的探索，道理已如前述，国有企业可以成为市场竞争主体的一部分，当然也可以同民营等其他社会资本一起在 PPP 模式中发挥作用；另一方面，我们始终要记住，PPP 模式的最基本含义是要鼓励、引导和支持民营经济来参与对部分公共产品的提供，国有部门在一定条件下可以带头、可以树立样板，但最终目标还是要争取更多的民营经济参与到这一模式之中。在这方面，笔者建议国家有关部门与各地政府都要有所考虑。

第五章

全面建成小康社会决胜阶段中的
财政发展性

在本书第一章第四节中，笔者回顾了从 2006 年提出尝试中国特色发展财政思路到 2011 年撰写《中国特色社会主义财政："四位一体"的分析》专著时对发展财政基本观点的归纳，总体上看，笔者在那个时期主要是以我国经济社会发展速度较快为背景来探讨发展财政表现形式。应该说，回顾改革开放以来我国财政服务国家经济社会发展的进程，笔者的判断是，我国的发展财政，是在中国特色社会主义的伟大实践中逐步形成理论，又持续地根据不同发展阶段的新变化来充实理论，来实践乃至调整在不同发展阶段的表现形式，从而始终如一地实现我国财政"围绕中心、服务大局、促进发展、实现目标"的使命。

党的十八大以来，我国进入了实现"两个一百年"伟大目标中的"第一个百年"的重要发展时期，这就是全面建成小康社会的决胜阶段；与此同时，我国经济社会发展也进入了新常态，党中央就新时期中我国经济社会的进一步发展提出了一系列新理念，实施了许多新举措。毫无疑问，其中最重要的就是要认识、适应与引领经济发展新常态，就是要贯彻实施"创新、协调、绿色、开放、共享"的五大新发展理念，就是要始终抓住"结构性改革"这一关键，特别是强力推进"供给侧结构性改革"，从而实现"更高质量、更有效率、更加公平、更加持续的发展"。认真学习领会党中央的决策部署与时代要求，始终可以看到的是"发展"这一关键词与主旋律，看到的是一以贯之又与时俱进的国家发展理念与实践。全面建成小康社会首先讲的就是发展，只有继续坚持发展，才能为小康社会的全面建成提供最重要的条件，提出经济发展新常态的概念是对新时期发展规律的认识，是要运用新发展理念来引领新常态下我国经济社会的全面发展，是要运用结构性改革，特别是供给侧结构性改革的相关政策措施来实现新常态下的发展。 因此，笔者坚定地认为，发展财政的理念在经济发展新常态与我国经济发展新阶段中还是成立的，只要我国依然处在社会主义初级阶段，只要我国依然还是一个发展中国家，只要我们继续始终"聚精会神抓好发展这个党执政兴国的第一要务"，我们就必须坚持财政服务发展这一目标与大局不动摇，发展财政理念就必须长期存在，中国特色社会主义财政之发展性就会长期存在，财政就应该在经济社会发展中继续履行促进发展的职能。 发展财政理论没有过时，依然是中国特色社会主义财政的组成部分，对发展财政新形式的探索是理论工作者义不容辞的责任。

从这一基点出发，三年多来，特别是伴随着对党中央一系列战略部署的持续学习理解，笔者一直在思考，在新的历史阶段中，过去一段时期内主要基于经济快速发展、宏观政策主要从需求角度发力而形成的发展财政实践形式，在经济发展的速度、动能、结构与机制都在不断转化的今天，在已经进入"适度扩大总需求的同时，突出抓好供给侧结构性改革"的今天，发展财政的主要实践形式必须进行必要的调整。 这一思考的基本依据是，当发展的环境与条件发生变化，当发展的各个要素都在发生变化，当现在追求的新发展是以"创新、协调、绿色、开放、共享"新发展理念来引领，发展财政的表现形式必须随之发生变化，该坚持的要继续坚持，该调整的要做出必要的调整，该暂时搁置的就应该搁置。 只有这样，我国财政才能在新常态下更好地"围绕中心、服务大局"，发展财政的理论与实践才有生命力，财政的发展性才能具有服务时代、紧贴实践的强大活力。

本章中的内容就是基于上述认识而写作的。 必须看到，笔者的认识是随着对党中央决策部署的理解与对实践的探索而逐步形成的，在特定年份中提出的有些观点多少有着那些年份的印记，因此在下面相关内容的表述上，一方面将适当地反映笔者近年来的认识提高过程，另一方面又与时俱进地根据当前新形势要求做了必要调整。 第一节主要阐述在经济发展新常态与新发展理念要求下对发展财政新形式的探讨。 第二节主要探讨对积极财政政策在新形势下发挥作用的认识，在简要论述中央赤字财政政策运用的合法性后，重点讨论作为当前发展财政主要表现形式的地方债务管理问题。 第三节则讨论决胜全面建成小康社会时期的新发展民生观，讨论在"共享发展"新理念指引下财政如何把握发展与民生的关系。

第一节 探索发展财政在新常态中的表现形式

在本书第一章第四节的最后部分，笔者表达了新时期中继续思考发展财政问题的第一个基本观点，就是必须在经济社会发展新常态下探索发展财政的可持续实现形式。鉴于我国经济社会发展是一个动态前行并且不断调整的过程，发展面临的形势与环境也是处在不断的变化之中。因此，我们要随时总结财政在国家经济社会发展不同阶段发挥作用的形式，对于那些具有共性、能够适应一般性要求的方式方法必须加以坚持，而对于那些具有特定时期明显烙印或者已经明显不适应新情况的具体做法，则要进行必要的调整。当前的任务是，根据决胜全面建成小康社会的要求，根据党中央提出的新发展理念来对应地考虑发展财政问题。无论是"创新、协调、绿色、开放、共享"这五大发展理念的每一个侧面，还是新发展理念的有机联系，都要求我们去探索发展财政在当前新形势下的表现形式。

一、对新发展理念的把握：寻求发展财政新形式的前提

党的十八大以来，以习近平为总书记的党中央全面把握国内外大局，按照"四个全面"的战略布局，提出了许多指导我国经济发展继续健康发展的新思路，从认识、适应与引领经济发展新常态到提出"五大发展理念"，体现了党中央对我国经济发展规律性的科学思考与对发展新问题的正确应对。全面理解新发展理念的重要内涵，是我们在新时期把握财政定位、发挥财政作用的前提与基础。

其一，认真把握新发展理念提出的时代背景。总体上看，笔者认为，应该从党中央提出的"四个全面"战略布局等一系列新战略、新理念的大逻辑来把握新发展理念的深刻含义。如前所述，"四个全面"战略布局是指引我国经济社会在新时期前进的重要指南，其含义之深刻、立意之高远已经并将继续呈现。从新形势下我国经济社会发展新思路形成的特定角度上看，"四个全面"中的全面建成小康社会主要讲的就是"发展"，提出的就是全体中国人民要通过发展来努力实现"两个一百年"奋斗目标的第一个百年目标，强调的就是在"十三五"全面决胜阶段的发展大逻辑；全面深化改革与

全面依法治国作为"车之两轮、鸟之两翼",为新时期的发展提供了发展动力与法治保障;而全面从严治党则提供了引领我们继续向前发展的坚强有力的领导力量。党的十八届五中全会在"四个全面"战略布局下又对发展原则进行了细化,明确提出,要如期实现全面建成小康社会的奋斗目标,推动经济社会持续健康发展,就必须做到"六个坚持",即"坚持人民主体地位,坚持科学发展,坚持深化改革,坚持依法治国,坚持统筹国内国际两个大局,坚持党的领导"。这"六个坚持"都是围绕发展(特别是"十三五"时期的经济社会发展)而提出的重要原则,分别从发展目标、发展方式、发展动力、发展保障、发展环境与对发展的领导阐释了全面决胜新时期发展要注重的六个重要方面。而就发展方式而言,究竟如何在实践中真正做到"坚持科学发展",就是要全面落实"创新、协调、绿色、开放、共享"这五大新发展理念。认真学习领会党中央对新时期发展提出的新要求,就能使我们对全面决胜阶段的发展大逻辑与发展新方式有更清晰的了解,理解新发展理念对各行各业工作的要求,从而对我们在经济发展新常态下找准财政定位、做好财政工作提供指导。

其二,必须把握实现更高水平发展是时代前进的重要前提这一客观现实。习近平总书记在中央政治局第三十次学习会议上明确指出:"中国特色社会主义是全面发展的社会主义。我国发展虽然取得了巨大成效,但我国仍处于并将长期处于社会主义初级阶段的基本国情没有变,人民日益增长的物质文化需要同落后的社会生产之间的矛盾这一社会主要矛盾没有变。这就决定了我们必须坚持以经济建设为中心,坚持以人民为中心的发展思想,聚精会神抓好发展这个党执政兴国的第一要务,实现更高质量、更有效率、更加公平、更可持续的发展。"这就告诉我们,五大发展理念,无论是作为一个整体,还是作为五个具体发展要求,首先强调的依然是发展。这里强调的发展,当然不是改革开放初期阶段的起步发展,也不是过去那种传统与粗放模式下的发展,而是具有创新、协调、绿色、开放与共享五大特征的新发展,是具有"更高质量、更有效率、更加公平、更可持续的发展"。坚持这一认识对于我们把握新时期发展财政的理念与实践有着重要的指导意义。一方面,发展财政理念在新时期依然可以存在,也必须存在,发展财政的基本定位并没有变,依然是"财政服务发展"。只要中国仍然处在社会主义初级阶段,仍然是一个发展中国家,发展财政作为一个特定范畴就还有存在的必要。另一方面,财政在新时期的发展已经不是过去那种粗放型、要素简单投入型、资源耗费型的传统发展，而是"更高质量、更有效率、更加公平、更可持续"的新发展。 发展的目标、形式、动力、保障、环境等新要求都赋予了发展财政更高、更新、更重的任务。

其三，必须认识党中央当前及时提出新发展理念的重要意义。 在2016年春节前夕赴江西看望慰问干部群众时，习近平总书记明确指出："发展理念是发展行动的先导。 发展理念不是固定不变的，发展环境和条件变了，发展理念就自然要随之而变。 如果刻舟求剑、守株待兔，发展理念就会失去引领性，甚至会对发展行动产生不利影响。"习近平总书记在中央政治局第三十次学习会议上还特别强调："全党要把思想和行动统一到新发展理念上来，努力提高统筹贯彻新发展理念的能力和水平，对不适应、不适合甚至违背新发展理念的认识要立即调整，对不适应、不适合甚至违背新发展理念的行为要坚决纠正，对不适应、不适合甚至违背新发展理念的做法要彻底摒弃。"这些重要讲话对当前国家各条战线按照新发展理念来梳理已有发展思路、指导当前工作都有重要意义。 这些重要精神同样要求我们要根据新发展理念来对已有的发展财政思路与做法进行充实与调整。 有些在过去可以用的发展财政做法，在新常态下可能就不能用或必须进行调整，对此我们必须予以充分重视。

二、把握新发展理念对发展财政理论与实践的指导意义

就如何在新发展理念下来重新审视发展财政的思路与实践形式而言，笔者的学习体会主要有三。

其一，"坚持新理念、服务新发展"是时代赋予我国财政的重要责任。在决胜全面建成小康社会的新阶段中，财政理论与实际工作者都要认识到，"贯彻新发展理念、服务更高水平发展"一定是我国财政的时代责任与历史担当。 在未来五年中，我们一定要继续牢牢抓住发展是第一要务不放松。发展是硬道理，更高水平的科学发展更是硬道理，因为这既是解决我国所有问题的关键，是实现全面建成小康社会的基本性、基础性工作，也是应对未来五年各种复杂问题挑战的唯一出路。 未来五年，我国面临的国内外形势将更加错综复杂，任务将更加繁重艰巨。 用当前常用的经济学术语来描述，未来五年是我们必须跨过"中等收入陷阱"、实现经济中高速发展、结构达到中高端水平的重要阶段，各种矛盾和风险明显增多，不确定性明显加强，前些年积累下来的矛盾明显突出。 因此，我国发展如逆水行舟，不进则退；我国发展的方式不做根本性的调整提高，则逆水行舟的难度将更加明显。 因此，必须毫不动摇地坚持以经济建设为中心，推动科学发展，坚持五大发展理念，妥善应对挑战，使中国经济社会继续健康发展。 认清这样的发展形势、发展环境与发展任务，我们就要坚持服务更高水平新发展是我国财政紧迫任务的观点。 与此相联系，就是我们应当坚持发展财政思路不动摇。 只要发展仍然是党执政兴国的第一要务，财政服务这一发展的任务就没有变，发展财政的基本定位就没有变，发展财政是财政在发展中国家经济起飞过程中发挥独特作用的理论与实践的表述就可以存在，中国特色发展财政"集中力量办大事"、"经济财政观"等独特体制性安排就可以在这一大前提下继续坚持。 同时，我们必须贯彻新发展理念，用"更高本领"，花"更多气力"，来服务"更高水平"的新发展。

其二，客观评价与认真梳理发展财政现有形式是当前的重要课题。 站在今天这个时点上，我们对长期使用且比较熟悉的发展财政实现形式必须给予客观评价，并进行认真梳理。 笔者认为，历史与辩证的观点与方法论必须坚持，鉴别与调整的紧迫感与客观性必须存在。 首先，必须看到，摆在我们面前的、在相当长一段时期内持续使用的一些发展财政实现方式，是在当时特定的"发展环境与条件下"运用的，那个阶段的显著特征有二：一是国家经济正在快速发展，就是进入了我们通常说的"经济起飞阶段"；二是为了应对迄今为止仍有影响的外部冲击，从防范1998年的亚洲金融危机到应对2008年的国际金融海啸。 在那个特定阶段中，为了促进与支持中国经济的快速起飞，包括土地财政、地方债务、融资性平台、经营城市方式、大规模开发建设等成了发展财政思路的常见形式；而在面对外部冲击方面，比较常用的大规模刺激计划及其联动效应成了发展财政应对危机的相对标配。而当我们将促进经济快速起飞与应对外部挑战两大目标事实上叠加的时候，发展财政的实现形式实际上就是相互贯通、合并使用，使得在我国特定发展阶段与内外条件下比较频繁地使用积极（扩张性）财政政策成为常态。 应该说，在这一特定阶段与历史时期中，作为每一位亲身经历者，我们都应该看到发展财政的很多形式已经起到了积极作用，积极财政政策在过去10多年快速发展中的作用必须得到肯定，已经取得的成就是中国特色社会主义及其财政在其发展进程中的重要组成部分，是当代中国发展的重要一页。 笔者多届连任全国人大代表，多次聆听各个时期的政府工作报告，有着很多深切的体会。 较为深刻的记忆之一就是在2013年政府工作报告中的一段话，讲的是我国采用的包括积极财政政策在内的促进发展措施，"对我们有效应对国际金融危机严重冲击发挥了至关重要的作用，为经济社会长远发展打下了坚实基础，已经并将继续造福亿万人民"。 因此，我们对多年积极财政政策措施在特定历史条件下取得的成就必须予以客观的肯定。 其次，我们也应该看到，任何政策运用或发展行动，都必须放在特定历史阶段与发展环境下考察，在特定时期被证明是正确的也难以保证在未来发展中依然是正确的。 一旦发展环境、所处阶段与内外形势都发生变化，我们就必须看到原来实践方式存在的问题，就必须及时地做出调整。

其三，要按照新发展理念，对新常态下发展财政实现形式做动态调整。就当前而言，之所以说对现有发展财政的一些做法要予以调整，是因为我们已经清醒地看到了现实中一些做法长期使用带来的问题。 例如，面对当前"三期叠加"的经济态势，我们多年形成的粗放发展模式已经不能一直持续；基础设施建设总有一个规模与效益问题，基础设施的使用效率有着递减的现实，因此继续依靠大规模政府投资基础设施来拉动需求的方式必然应该有所调整。 多年来我们对土地财政的运用固然在推进城市建设与经济增长方面起到了积极作用，但这一做法的确存在"过度依赖、不可持续"的问题，必须努力向"适度依赖、尽量持续"的良性循环方向发展。 各种形式的地方债务在应对各种冲击挑战、促进地方经济发展等方面已经发挥了作用，但所带来的财政风险如果处置不当，就可能存在失控的危险。 同理，发展财政与发展金融的结合曾经创造出地方投融资平台等各种发展财政形式，但如果没有在宏观上进行把握，如果没有适度把握政府介入投融资平台的程度，如果没有真正尊重投融资平台的市场化的运行规律，就存在引发区域性金融风险的可能，等等。 对于这些问题，关键在于辩证看待，在于总体把握，在于"保持战略定力与适度继续使用"的有机结合，同时，对于有关发展财政的实现方法，必须客观分析，强调具体对待，有的是管理方式必须改变（如地方债务的管理与使用），有的是必须有所控制（如土地财政的依赖程度与运用范围），有的则可能应该是暂时搁置（如地方投融资平台的运用）。

因此，在经济发展新常态下，在决胜全面建成小康社会的新阶段中，我们要深刻领会新发展理念对发展财政发挥作用的要求，努力探寻发展财政新的实现形式。 就基本原则而言，应该关注以下五个方面：一是要将发展财政形式的运用与新时期积极财政政策的重要特征结合起来，要在新宏观调控模式下使积极财政政策真正积极起来。 二是要化解多年积累的发展财政相关风险，必须厘清政府与市场在经济社会发展中的疆界，也必须将财政发展性与国家财政新平衡观结合起来考虑。 三是要用改革的思路来调整发展财政的表现形式，并在条件成熟时将成功的做法提升到法律层面，将发展财政作用的发挥纳入法治化轨道。 四是寻求发展财政在国家战略调整下的新切入点与表现形式，当前就是在结构性改革，特别是供给侧结构性改革下寻求发展财政的新着力点。 五是发展财政还要继续适度，注重总需求。 一方面，大规模靠财政拿钱"搞建设、谋发展"的力度必须有所下降，对边际效用可能递减或是主要面对未来需求的基础设施投资必须减少；另一方面，我们还要实施必要的、有效的政府投资，用新思路、新举措来深挖内需潜力。对于必要的城市建设与基础设施，如城镇化建设、城市地下管网建设、智慧城市、海绵城市等新增长点，要进行有效投资。 可以认为，在我国仍处在初级阶段的条件下，必要的需求管理仍然会长期存在，适度扩大总需求是发展的需要，当前还要特别为供给侧结构性改革创造更好的条件。 在解决当前同时存在的"总需求低迷"与"供给侧不足"方面，发展财政政策措施的运用还是大有可为的。

第二节 新常态下的积极财政政策运用：中央赤字与地方债务

发展财政的一个重要特征就是运用财政手段，通常来说就是实施积极的财政政策来支持与促进发展。 党的十八大以来，面对错综复杂的国际形势与繁重艰巨的国内改革发展稳定任务，在以习近平同志为总书记的党中央坚强领导下，全国各族人民攻坚克难、开拓进取，经济社会发展稳中有进、稳中向好，改革开放与社会主义现代化建设持续取得新的重大成就。 在这一过程中，国家一方面始终实施积极财政政策，努力发挥国家财政促进经济发展的重要职能；另一方面在全面深化改革与全面依法治国两大进程的推动下创新积极财政政策的实施方法，对中央赤字财政措施运用与地方债务管理都进行了重要的创新拓展，在我国财政支持促进经济发展的能力与水平又上了一个新台阶。

一、中央赤字财政措施运用有了更明确的法律地位

在本书第三章第三节谈及新财政平衡观的理论与实践时，笔者已经简要描述了党的十八大以来国家积极财政政策运用的新特征与新方式，在适应与引领经济发展新常态的条件下，积极财政政策继续发挥着重要作用，中央赤字财政措施的使用更加运用自如，首先是在"区间调控与定向调控相结合"的宏观调控新模式下，努力探索赤字财政政策措施实施的新表现形式，既不慌不择路、坚持战略定力，逐步缓解前些年大规模政府投资带来的后续副作用，同时也实施有效政府支出与结构性减税的结合，取得了显著效果，化解了财政风险，抵御了经济下行压力。从 2016 年开始，当我们从长期的需求管理转向"供给侧结构性改革"的新形势下，又探索了对积极财政政策运用的新突破。一方面，"积极的财政政策要加大力度"，通过有效的投资，继续适度扩大总需求，为供给侧结构性改革创造条件；另一方面，对积极财政政策的运用重点进行了调整，"从主要扩大投资转向供给侧发力"，在适度提高中央财政赤字率的空间内，主动减税降费，为供给侧结构性改革提供动力，运用财税手段去除无效供给，加大有效供给。在这里，笔者还想从发展财政运用的角度，强调近年来我们在法治框架内运用积极财政政策取得的新突破，特别是在 2014 年修订的《中华人民共和国预算法》（简称新预算法）中对于中央赤字财政措施的运用给予了更加明确的定位，为我们在法治轨道上继续有效运用积极财政政策措施来支持经济发展提供了保障。

其一，新预算法在从"立法宗旨"到"一般公共预算"等重要条款中都明确赋予了国家运用积极财政政策保障经济社会"发展"的合法地位，为我国发展财政的作用发挥、为中国特色社会主义财政特定职能的发挥提供了法治保证，这是具有划时代意义的重要成就。一是在新预算法第一章第一条的"立法宗旨"中，继续将"保障经济社会的健康发展"作为立法宗旨的重要组成部分，这就赋予我们运用包括收支手段在内的财政政策措施来支持国家经济社会发展的法律定位，极其重要。二是在新预算法第六条"一般公共预算"的定义中也将"推动经济社会发展"作为"以税收为主的财政收入"使用的重要方向之一，同样为我们运用发展财政理念、使用必要的财政收入来支持经济社会发展提供了法律依据。

其二，新预算法明确了中央实施积极财政政策，在必要时期实施赤字财政措施的合法性。在 1994 年通过的《中华人民共和国预算法》（简称原预

算法)关于中央赤字与对应的债务规定体现在第二十七条中,共分为三款。第一款表述为:"中央政府公共预算不列赤字。"第二款表述为:"中央预算中必需的建设投资的部分资金,可以通过举借国内和国外债务等方式筹措,但是借债应当有合理的规模和结构。"第三款表述为:"中央预算中对已经举借的债务还本付息所需的资金,依照前款规定办理。"自1998年应对亚洲金融危机开始,我国开始实行积极的财政政策,进入比较常态化地使用赤字财政措施的阶段,并在2008年应对国际金融危机中将这一使用提到了前所未有的强度,取得了积极效果,但也有值得总结的地方。就原预算法的规定而言,多年来实施的赤字财政做法当然是合法的,因为该条第二款中明确表述:"中央预算中必需的建设投资的部分资金,可以通过举借国内和国外债务等方式筹措,但是借债应当有合理的规模和结构。"但从字面上理解,这句话与第一款"中央政府公共预算不列赤字"的原则表述多少仍然是有冲突的。因此,从政策实践来看,从对财政年度平衡不断深化的理解来看,都需要在法律上对中央财政赤字的使用给予更加明确的表述。基于此,新预算法在第三十四条中做了这样的表述,同样分为三款。第一款为:"中央一般公共预算中必需的部分资金,可以通过举借国内和国外债务等方式筹措,举借债务应当控制适当的规模,保持合理的结构。"第二款明确强调了对债务实现全国人大批准的余额管理方式,"对中央一般公共预算中举借的债务实行余额管理,余额的规模不得超过全国人民代表大会批准的限额"。第三款改动为"国务院财政部门具体负责对中央政府债务的统一管理"。

将新预算法与原预算法加以比较,可以看出国家财政新平衡观的体现,可以看出在特定经济社会发展阶段中财政国家性与发展性的统一,主要体现在以下五个方面:一是新预算法删去了"中央政府公共预算不列赤字"的规定,直接写明"中央一般公共预算中必需的部分资金"可以举借债务,这就为在"风险可控、时间可控"前提下实施赤字财政措施提供了法律依据。二是对于原预算法表述的"必需的建设投资中的部分资金"可以举债,新预算法删去了其中的"建设投资",直接表述为"必需的部分资金"可以举债,这一规定符合新预算法中一般公共预算定义,同时内含财政民生性与发展性的要求(详见本书第七章第一节)。在我国现阶段,赤字及所产生的债务主要用于发展,较频繁地使用扩张性财政政策是发展中国家财政政策运用的常态,但必须妥善处理好民生与发展的关系并注重可持续。这一法律规定也为中央政府使用中央债务提供了更加灵活的空间。三是新预算法强调了举借债务使用与管理的要求，从原法规定的举债"应当有合理的规模和结构"调整为举债"应当控制适当的规模，保持合理的结构"，在保持原来"合理"债务结构表述的同时，突出对债务规模进行"控制"，并只能是"适当"规模的新要求。 四是突出对债务实行全国人大批准的余额管理方式的地位，中央一般公共预算中举借的债务余额规模，不得超过全国人民代表大会批准的限额，这就为作为国家根本政治制度的全国人大依法对中央债务规模进行审查、批准与管理奠定了坚实的法治基础，强化了对债务余额管理的刚性要求。 五是明确了由国务院财政部门具体负责对中央政府债务统一管理，赋予财政部门管理中央政府债务的合法地位。 可以看出，新预算法的这些改动，很好地体现了"正确把握短期赤字财政措施与长期财政平衡地位关系"这一国家财政平衡观的基本要求，既是对多年来有效实施积极财政政策经验的总结，也是对在实施中出现一些问题应予以防范的法律要求，值得我们很好地去理解、体会和贯彻。

二、在改革与法治轨道上使用与管理好地方债务

改革开放以来，特别是在经济发展进入快速发展的阶段中，我国已经事实上形成了规模比较可观的地方政府债务，成为这一阶段中的重要经济现象。 从财政服务经济社会发展的角度看，地方债务及其产生过程体现的就是发展财政之存在，是财政的发展性在特定阶段中的体现。 放在中国特色社会主义财政发展进程中来看待，笔者认为，我们必须客观总结与辩证看待地方债务的过去特定发展阶段上的积极作用，同时也应正视在地方债务形成与运用中存在的问题。 而在适应新常态、迎接新挑战的新阶段中，我们必须与时俱进地研究地方债务的管理与使用问题，努力使地方债务所体现的财政作用适应新常态、符合新理念，更好地发挥财政在全面建成小康社会决胜阶段中促进国家经济社会发展的重要作用。

其一，客观评价地方债务作为发展财政实现形式的作用与不足。 认真加以考察，在我国经济社会发展一定阶段中形成的地方债务至少有以下四个特点。 一是地方政府运用各种形式来促进地方经济社会发展所形成的债务，从本质上说是在我国经济社会发展的特定阶段中、在各级政府都要"谋发展、求跨越"目标的驱动下、在我国实行分税制财政体制等制度性与体制性背景下逐步形成的；而从财政涉足其中的作用来说，地方债务所体现的各种形式事实上成为我国发展财政的实现方式。 这既是一种客观事实，在一定意义上说也是现行体制发展的必然结果。 二是地方债务在我国经济发展特定阶段中已经起到了相当重要的作用。 应该说，各级地方政府通过各种举借债务方式筹集到的资金，对于促进我国经济快速发展，加快城乡基础设施建设，应对数次外部危机的冲击，抗击各种自然灾害，提供持续改善民生的条件，促进生态环境保护，努力发展社会事业等重要方面发挥了积极作用，从一个侧面体现了中国特色社会主义财政之发展性的重要作用，说明了发展财政思路与实践的正确性，必须予以肯定。 三是多年的实践表明我国地方债务在发挥作用的同时，也还存在一些问题，主要包括：地方政府举债缺乏必要的制度规范，政府举债形式过于多样从而加大了管理难度，举债程序不透明，违法担保和资金使用脱离预算管理等问题也较突出。 这些问题的存在极易导致举债规模过快增长，从而使不少地区债务负担沉重，债务偿还的难度不断加大，债务所反映或蕴含的财政金融风险持续积累。 从特定的角度上看，这些问题反映的就是相当一个阶段中我国发展财政形式使用所带来的副作用，值得注意。 四是从全面推进依法治国的视野来审视，地方债务在现行法律框架中存在的合法性是不足的。 在原预算法中，对于各级地方政府发行债务是有严格规定的，或者说，原则上是不允许各级地方政府发行债券与形成债务的。 在该预算法中的第二十八条中，对地方各级预算编制做了刚性规定。 该条共有两款。 第一款表述为："地方各级预算按照量入为出、收支平衡的原则编制，不列赤字。"第二款表述为："除法律和国务院另有规定外，地方政府不得发行地方政府债券。"因此，当地方债务通过各种方式逐步出现并形成规模，这显然同该预算法的规定产生了矛盾。地方债务在相当长一个时期中缺乏必要的法律依据，这从一个角度也说明了我国发展财政的实现形式是需要改进的，财政发展性作用的发挥必须在法制框架下和法治轨道中进行。

其二，在新时期中赋予地方债务使用与管理法律地位。 在全面推进依法治国的大背景下，我们要承认地方债务所反映的财政作用是必需的，要承认并充分发挥发展财政在新时期的积极作用，要努力加强对地方债务的管理并尽力将可能的副作用降到最小，首先要做的就是从法律上给予地方发行债券必要的合法地位。 从动态发展的改革角度看，事实上存在并始终在发挥作用的地方债务活动与现行财政法律不相符，一方面表明我们过去运用发展财政形式措施时的法治观念有待加强，另一方面也体现现行财政法律已经落后于改革开放的实践。 从"改革过程中形成的有效做法都要及时上升为法律"的要求，根据"筑高墙、堵后门、开前门"的改革思路，迫切需要通过对预算法等财政法律进行必要的修订，从而能对地方债务进行规范，使符合我国国情与发展阶段的发展财政实现形式有坚实的法律依据。经过多方努力，新预算法在第三十五条中对地方债务做了明确规定，共分为五款。其中第一款是基本要求，即"地方各级预算按照量入为出、收支平衡的原则编制，除本法另有规定外，不列赤字"。何谓"本法另有规定"，第三十五条第二到第五款做了详尽的说明。第二款为："经国务院批准的省、自治区、直辖市的预算中必需的建设投资的部分资金，可以在国务院确定的限额内，通过发行地方政府债券举借债务的方式筹措。举借债务的规模，由国务院报全国人民代表大会或者全国人民代表大会常务委员会批准。省、自治区、直辖市依照国务院下达的限额举借的债务，列入本级预算调整方案，报本级人民代表大会常务委员会批准。举借的债务应当有偿还计划和稳定的偿还资金来源，只能用于公益性资本支出，不得用于经常性支出。"第三款为："除前款规定外，地方政府及其所属部门不得以任何方式举借债务"。第四款为："除法律另有规定外，地方政府及其所属部门不得为任何单位和个人的债务以任何方式提供担保。"第五款为："国务院建立地方政府债务风险评估和预警机制、应急处置机制以及责任追究制度。国务院财政部门对地方政府债务实施监督"。这一条款的出台，就为新时期我国地方政府发行债券、发挥我国财政发展性在地方经济社会发展中的独特作用提供了法律依据。

认真研究这些法律规定，其中依次递进的三个层面是清晰的，体现着中国特色社会主义财政之国家性与发展性结合的鲜明特征。一是地方预算编制依然是"收支平衡、不列赤字"，地方举借债务的规模，是国务院报全国人大常委会批准后于年中下达，通过地方调整预算的方式进行使用与接受监督。换言之，地方"年初不列赤字、年中增列赤字"，既体现了中央宏观调控，又满足了地方现实需要，这既是全国一盘棋下国家财政新平衡观的体现，又是对财政在促进经济社会发展中积极作用的肯定。二是给予地方为了发展需要而发行的地方政府债券合法地位。新预算法明确，"经国务院批准的省、自治区、直辖市的预算中必需的建设投资的部分资金，可以在国务院确定的限额内，通过发行地方政府债券的方式筹措"。这与对中央赤字和债务的表述有所不同，这里讲的是"预算"，不是"一般公共预算"，同时这里强调的是"建设投资"，这就为目前中央下达的地方债券规模的预算管理提供了法律依据:一般债券进入地方一般公共预算管理,专项债券进入地方政府性基金预算管理,同时明确了所有地方债券都是满足部分投资需求,指向都是"公益性资本支出",用途都体现着财政的发展性。 三是为了发挥作用、防范风险,新预算法就发债主体、发债目的、发债程序、发债形式、发债管理、审查监督等方面做出了明确、详细与可行的规定。 例如,发债的主体明确规定是省、自治区、直辖市政府,即省级政府,省以下政府所需的债券要求都必须由省级政府负责,逐级下达。 虽然从地方发展的角度看,政府级次确定地越往下,可能对地方经济社会发展的需求把握得越准确,但从宏观管理的角度看,管理调控的难度就越大,可能的风险也许就越大。 因此,从现阶段我国的国情与体制性安排来看,综合考虑权衡利弊,由省级政府作为地方债券发放的主体是符合实际的,也是可行的。 再如,明确强调除地方政府债券这一种法律许可的形式外,"地方政府及其所属部门不得以任何方式举借债务"和"地方政府及其所属部门不得为任何单位和个人的债务以任何方式提供担保",这些规定就为规范地方举债形式、防止各种违规担保划出了明确的法律界限,提高了地方发展财政形式使用的规范性与有效性,从法律上为降低财政风险提供了保障。

三、"地方债务余额限额管理":发展财政运用的新形式

党的十八届三中全会明确提出了建立规范合理的中央与地方债务管理及风险预警机制。 2014 年 8 月 31 日全国人大常委会通过的新预算法为地方债务管理与使用提供了法律依据。 在此基础上,国务院 2014 年 9 月进一步提出了《国务院关于加强地方政府性债务管理的意见》,从而完整地构建了全面规范地方政府债务管理的总体制度安排。 2015 年 7 月 29 日,根据中共中央政治局会议通过的《深化财税体制改革总体方案》和新预算法,李克强总理代表国务院,向第十二届全国人大常委会提出了《国务院关于提请审议批准 2015 年地方政府债务限额的议案》。 作为全国人大常委会组成人员,笔者参与了这一议案的审议过程,结合自己对发展财政实现形式的考察,有了很多体会。 2015 年 8 月 29 日,第十二届全国人大常委会第十六次会议通过了该议案,标志着我国在法治轨道上处理地方债务问题,合法有效利用地方债务以促进经济社会发展进入了一个新阶段。

其一,把握"地方债务余额限额管理"的基本内涵。 从发展财政的思路与当前财政改革的实践来看,被称为"地方债务余额限额管理"的这一改

革方案，主要有三个关键点。 一是对"地方债务余额"的确认。 按照党中央、全国人大、国务院关于规范地方政府债务管理的要求，财政部会同发展改革委、人民银行、银监会等单位共同制定了对地方现有债务的清理鉴别方法，组织全国各地对至2014年年末的地方存量债务进行清理鉴别和核查。 经清理核实，2014年年末的地方政府债务15.4万亿元。 这些债务余额（存量）加上2015年3月全国人民代表大会批准的2015年地方债务新增限额0.6万亿元，合计2015年地方政府债务余额16万亿元。 二是对"地方债务余额"的"认账"。 15.4万亿元的地方债务余额都是在新预算法实施前举借的，对于这些事实上地方运用发展财政理念、采用各种发展财政方式而形成的债务资金，对其历史作用必须辩证地看。 正如国务院给全国人大常委会的报告中所指出的，"这部分债务资金在弥补地方财力不足、应对国际金融危机、抗击自然灾害、改善民生、保护生态环境、推动地方举借社会持续发展等方面发挥了积极作用"。 财政部的报告中比较详尽地列出了其中的重要内容，第一类是"为应对国际金融危机和抗击自然灾害提供资金支持"。在应对1998年亚洲金融危机和2008年国际金融危机中，中央分别通过发行国债并转贷地方政府、代地方发行政府债券，地方政府通过融资平台公司等多方筹集资金，为我国经济发展提供了资金支持；汶川特大地震发生后，四川省各级政府筹措政府债务资金用于灾后重建，推动灾后恢复重建的顺利实施。 第二类是"为推动民生改善和生态环境保护提供重要支撑"。 截至2014年年末，地方各级政府投入教育、医疗、科学文化、保障性住房、农林水利建设等民生方面的债务余额达2.9万亿元，投入节能减排、生态建设等领域的债务余额达0.4万亿元，有力地促进了社会事业发展，推动了生态环境改善和经济发展方式转变。 第三类是"为保障经济社会持续发展奠定基础"。 截至2014年年末，在地方各级政府债务余额中，用于交通运输、市政等基础设施和能源建设6.6万亿元，占43%；用于土地收储1.7万亿元，占11%。 这些债务资金的投入，加快了地方公路、铁路、机场等基础设施建设及轨道交通、道路桥梁等市政项目建设，促进了各地经济社会发展和民生改善，有利于增强今后一段时期经济社会发展的后劲。 当然，我们也要看到，如前所述，这些债务在总体上与原预算法中不允许地方列赤字、不允许地方发债的法律规定不吻合，"其中一些举借方式不尽规范"，且在不同程度上存在财政风险问题。 因此，对于这些债务，要承认其过去有、现在有、在可以预见的将来也还要有其对经济社会发展的重要作用，就是承认发展财政在现阶段的重要作用。我们要在法律的框架内对其规范、控其风险、扬其作用。因此，在新预算法对地方债务有了新的明确规范、在法律上赋予地方债务合法地位的前提下，"这些账必须认"，通过"认账"的方法将现有债务余额"合法化"，以继续发挥好地方债务的积极作用。认账就是对发展财政形式的肯定，也是负责任政府与财政必须采取的做法。同时，全面摸清风险情况，根据财政部的报告，2015年地方政府的债务率（债务余额/地方综合财力）为89.2%，低于国际上通用的地方政府债务率控制水平（100%），债务风险总体可控。三是对"地方债务余额"实行"限额管理"。根据新预算法，国务院提出并经全国人大常委会批准，对地方政府债务余额实行限额管理，今后各年度的地方政府债务余额的限额，等于上年地方政府债务余额的限额加上当年新增债务余额的限额。2015年地方债务余额的限额即为当年地方政府债务余额16万亿元。

其二，把握"地方债务余额限额管理"的具体要求。根据国务院、财政部向全国人大常委会的报告内容，我们可以将"地方债务余额限额管理"的具体做法归纳为依次递进的六个步骤。第一步是由国务院根据宏观经济形势等因素来确定全国地方政府债务限额。从总体原则上看，这种确定就是根据形势变化在两个基本方向中进行选择，即当经济下行压力大，需要实施积极财政政策时，则适当扩大当年新增债务限额；而当经济形势好转，需要实施稳健财政政策或适度从紧财政政策时，则适当消减当年新增债务限额或减少债务总限额。第二步是每年全国地方政府债务新增限额和总限额，由国务院报全国人民代表大会或全国人大常委会审批。在年度预算执行中，如果因特殊情况需要增加新增限额的，还需国务院提交全国人大常委会审批。第三步是对于每年分地区地方债务新增限额和总限额，由财政部在全国人大或其常委会批准的限额内提出方案，报国务院批准下达各级人民政府，并向社会公开。第四步是省级人民政府依照国务院（财政部）下达的限额编制预算调整方案，报同级人大常委会批准。市县级政府确需举借债务的，依照省级人民政府下达的限额编制预算调整方案，报同级人大常委会批转，由省级人民政府代为举借。地方政府要在每年预算调整方案中如实反映债务余额变化情况，向同级人大常委会报告。第五步是发挥省级财政部门在管理地方债务方面的作用。地方财政部门要在批准的政府债务余额内，合理搭配债券期限，安排债券发行与兑付。中央和省级财政部门每半年向同级人大有关专门委员会书面报告地方政府债券发行和兑付等情况。

第六步是为加快预算执行进度和提高资金使用效率，便于地方及早做好发债准备工作，以后年度拟参照提前下达转移支付的做法，在上一年度提前下达部分新增债务限额。 纵观这六大步骤，可以看出主要体现三大特点。 一是必须严格依法管理地方债务，尽量安全有效地发挥发展财政在新时期的作用。 在国家层面，国务院将限额报全国人大或其常委会批准，有新增的还要报人大常委会批准。 在省级层面，强化中央行政管理与地方依法管理的结合，既在上级行政部门下达的额度内，还需要报同级人大常委会批准。二是政府在依法行政的前提下，在制定地方债务总额度方面起决定性作用。在国家层面，体现着总体控制与灵活调控的结合，体现着"全国一盘棋"的总体要求，又与财政宏观调控作用结合起来。 在地方层面，省级人民政府是承上启下、依法举债的责任主体，也是发挥债务作用的关键力量。 三是发挥财政部门在把控地方债务方面的作用，从中央到地方都是这样。 这就是突出了财政部门在运用债务工具、防范财政风险方面的重要作用，凸显了地方债务发行及其涉及的政府行为事实上是作为发展财政实现形式存在的鲜明特征。

四、地方债务管理中的新问题：发展财政理念运用的新挑战

经第十二届全国人大常委会第十六次会议批准，至2015年，我国地方政府历年债务余额共为15.4万亿元，加上2015年3月全国人民代表大会批准的2015年地方债务新增限额0.6万亿元，2015年地方政府余额16万亿元。"认账"既是必需的，则"认账"后就要"善处"，这是新时期地方债务管理的关键。 对于应该如何"善处"，这里结合笔者参加全国人大常委会审议和对国务院有关文件的领会，谈下面五点认识。

其一，人大和政府必须齐心协力地在法治框架内做好地方债务管理工作。 无论是作为国家根本政治制度的人民代表大会及其常委会，还是由人大选举并对人大负责的政府，无论在国家的哪一个层面，都必须按照中央的部署，按照新预算法和相关法律的规定，将历史形成的、现在还期待持续发挥重要作用的地方债纳入法治的轨道中来。 根据现行法规，就2015年而言，在全国人民代表大会闭会的年中，该年地方政府债务限额首先需要提请全国人大常委会批准，待全国人大常委会批准2015年地方政府债务限额后，国务院将在批准的限额内，核定各地债务限额并在政府序列中下达债务指标。 地方政府在国务院批准的限额内提出本地区债务限额，报同级人大

常委会批准，并在批准的限额内举借和偿还债务。 而对债务余额中通过银行贷款等非政府债券方式举借的存量债务，通过三年左右的过渡期，由地方在限额内安排发行地方政府债券置换。 为避免地方竞相发债对市场产生冲击，财政部已经根据全年置换总额、债务到期、债务风险等情况予以组织协调，会同中国人民银行、银监会等有关部门做好定向承销发行置换债券等有关工作。 从2015年这项工作的进展来看，从中央到地方，从政府到人大常委会，我们执行的就是这样一套严格的法定程序，收到了较好的实效，掀开了中国在法治框架内有效管理地方债务的新一页。

其二，各级人民代表大会及其常委会必须按照中央的决定、维护法治的尊严，认真履行好人大对政府运作的监督职能，要在地方债务法治管理模式中起到独特作用。 各级人大及其常委会必须建立健全对地方政府债务的审批制度。 按照正常程序，在国家层面上，国务院应当在每年例行预算报告中专门报告地方政府债务情况。 国务院财政部门还要规范地方政府债务表的编报，要报告年度债务新增限额和总限额。 地方债务的内容还应该在全国人民代表大会批准预算的决议中尽可能地加以明确。 而在省、直辖市、自治区的层面上，省级人大要加强对省本级和各市县政府举债规模、结构、用途等的审查监督，严格将举债规模控制在上级下达的限额范围内。 在新预算法规定的范围内，省级人大及其常委会的作用是相当重要的，既要在法治的框架内把握和理解中央与地方省委的发展战略意图，还要严格依法办事，对上严格执行限额，守土有责，对下依法下达，关好闸门。 而对于事实上有举债需求的市县层面来说，其人大及其常委会在审查本级政府举债时，要着重审查各项债务风险指标，认真评价举债可能带来的风险。 若有专项债务时，则要对项目的用途、可行性、收益、期限等进行详细审查。地方各级人大在审查决算草案时，也要重点审查本级政府债务的规模、结构、使用、偿还等情况。 地方各级政府财政部门应当每半年向本级人大有关专门委员会和常委会有关工作委员会书面报告地方政府债务的管理情况。结合笔者2015年在所在省人大常委会审查省级地方债务使用、向相关设区市下达地方债务指标等相关工作的实践，总的感受是，地方人大及其常委会在履行地方权力机关职责、严格依法审查与监督、贯彻中央改革与法治精神、服务地方发展需要等方面，已经较好地发挥了作用，摸索了一些可行的运作经验。

其三，作为直接管理或使用地方债务的政府，从中央到地方，都必须坚持做好债务管理工作。 要发挥地方政府债务对稳增长的促进作用，还要有效防范化解相关风险，关键就是要探寻全面规范地方政府债务管理的方法。从对财政部相关举措与各地实施的情况看，归纳起来主要有以下六个方面的做法。 一是坚持将地方政府债务分类纳入预算管理。 地方政府债务分为一般债务和专项债务，这是这次在法治轨道上管理的一个创举，也是体现发展财政的重要形式载体。 一般债务针对没有收益的公益性事业发展举借，统一发行一般债券，筹集资金安排的支出纳入一般公共预算管理。 对一般债券中到期需偿还的部分，主要以一般公共预算收入偿还，当赤字不能减少时可采取借新还旧的办法。 专项债务针对土地储备、收费公路等有一定收益的公益性事业发展举借，按照对应的政府性基金项目发行专项债券，筹集资金安排的支出纳入政府性基金预算管理。 对专项债券中到期需偿还的部分，应通过对应的政府性基金或专项收入偿还；政府性基金或专项收入暂时难以实现，如收储土地未能按计划出让的，可先通过借新还旧周转，政府性基金或专项收入实现后立即归还。 不管是哪一类地方债务，都要依法管理。 地方政府在批准的限额内举借债务，必须报同级人大或其常委会批准，不得在预算之外举借任何债务，也不得安排财政资金偿还不应由政府偿还的债务。 地方政府要将经批准举借债务的规模、结构、使用、偿还等情况编入决算草案，报同级人大常委会批准。 二是国家财政部门要指导并积极督促地方积极偿还债务。 对公益性项目债务，由地方政府统筹安排包括债券资金在内的预算资金偿还，必要时可以处置政府资产。 对非公益性项目债务，由其通过压减自身支出等措施偿还，自身暂时难以偿还的可由财政资金先行垫付，在今后年度预算扣回，同时对相关责任人进行追责，严肃处理。 另外，推动有经营收益且现金流相对充分的融资平台公司市场化转型改制，将一部分符合条件的政府债务转化为企业债务，政府通过政府和社会资本合作(PPP)、购买服务等措施予以支持。 三是必须严格地方政府债务风险管理机制。 在确定我国地方政府债务的整体风险警戒线的基础上，要合理确定各地区的债务风险水平，并通过新增债务率、偿债率、逾期债务率、或有债务代偿率等指标进行综合评价。 建立权责发生制政府综合财务报告制度后，还将补充资产负债率等指标。 风险指标及预警结果依法稳步公开，对局部风险较高的地区，一方面，督促其制定中长期债务风险化解规划，在三到五年的时间内，通过控制项目规模、压缩公用经费、处置存量资产、引入社会资本等方式，多渠道筹集资金，消化存量债务，逐步将债务风险指标调整到警戒线以内。 另一方面，与当前实现经济稳增长的目标相结合，给高风险地区一个缓冲期。 通过控制债务增长速度低于财力增长速度，实现风险逐步缓释。 同时，要求省级人民政府比照这一做法督促相对高风险的市县防范和化解风险。 四是切实加强地方政府或有债务管理。 必须指出的是，清理甄别中得到的另一个存量数字是地方政府或有债务（包括审计口径中政府负有担保责任的债务、政府可能承担一定救助责任的债务），总数为 8.6 万亿元，但这次余额管理暂时没有这一部分。 在全国人大常委会的讨论中，这也是委员们最关注的问题之一。 经审计确认，地方政府有一部分负有担保责任的债务和可能承担一定救助责任的债务，这部分债务属政府或有债务。 对政府或有债务，已经发生的或有债务，外债转贷合法担保的依然有效，违法违规担保的由政府、债务人与债权人共同协商，重新修订合同，明确责任，依法解除担保关系。 今后明确地方政府严格按担保法规定，除对外债转贷进行担保外，其他担保一律无效。 此外，或有债务确需政府依法承担偿债责任时，政府承担的部分要按程序转化为政府债务，由地方政府在已经批准的限额内调整结构解决，偿债资金纳入相应预算管理。 特别是要加强对或有债务的风险监控。 中央对地方政府的债务风险预警指标中，相应设置或有债务风险监测指标，地方也要加强统计分析和风险防控，做好相关监管工作。 五是全面构建地方政府债务监管体系。 按照新预算法、《国务院关于加强地方政府性债务管理的意见》要求，全面构建地方政府债务监管体系，将人大监督、上级监管、社会监督、市场监督、监督检查、责任追究等方式方法有效地结合起来，还要探索建立地方政府债务考核评价制度。 要建立健全公开透明的风险防控指标体系和考核问责机制。 六是将发展财政的运用和加快财政体制改革结合起来。 中国特色财政的重要特征就是多重特性的统一。 就地方债务使用与管理而言，核心首先当然是财政国家性与发展性的关系，其次就是财政发展性与改革性的关系；就加快相对应的财政体制改革而言，我们要加快推进政府间事权划分改革，加快推进事权和支出责任相适应的财政体制改革，为建立科学规范的地方政府债务管理制度奠定坚实的体制制度基础；积极推进地方政府和部门编制三年中期财政规划；加强政府会计体系建设，推进编制以权责发生制为基础的政府资产负债表；严格政府债务资金的财务管理，做到账实相符，并报上级政府备案。

第三节　对新时期发展民生观的再认识

党的十八大以来，以习近平同志为总书记的党中央始终坚持"以人民为中心"的发展理念，始终把最广大人民群众的根本利益放在首位，在如何处理发展与民生的关系问题上提出了一系列新理念，实施了一大批新举措。习近平总书记就新时期发展与民生的关系发表了系列重要讲话，是我们做好新时期发展与民生工作的指导思想。 2013 年中央经济工作会议提出"守住底线、突出重点、深化改革、引导舆论"的新时期财政工作方针，党的十八届五中全会将这一方针进一步调整为"坚守底线、突出重点、完善制度、引导预期"，其中都体现了在新时期如何做好民生保障工作的重要精神。 近年来党中央先后提出的三大基本工作思路(宏观政策要稳、微观政策要活、社会政策要托底)和五大基本工作思路(宏观政策要稳、产业政策要准、微观政策要活、改革措施要准、社会政策要托底)。 在这些思路体系中，"社会政策要托底"始终占据着重要位置，为我们加强底线民生保障引领了方向。 党的十八届五中全会又提出了"共享发展"新理念和"让人民群众有更多的获得感"等重要观点，将新时期处理好发展与民生的关系提到了新的高度。 这一切极大地丰富了新民生发展观，为我们在基本国情与新发展态势下把握发展与民生平衡提供了指引，也鼓励理论工作者加强思考，为同时做好促进发展与保障民生工作提供了理论依据，实现发展财政实现形式的新突破。

一、在新时期中丰富与完善中国特色发展民生观

党的十八大召开后，笔者于 2013 年在《中国财政》上发表文章就新时期财政发展支出与民生支出的关系谈了学习体会，该文的理论基础就是笔者多年坚持的中国特色发展民生观。 笔者(2013a)认为，我们要在党的十八大精神的指引下，处理好促进发展与保障民生的关系，在财政支出中就是要体现为对发展支出与民生支出关系的正确把握，具体包括以下六个基本观点。

其一，把握全面建成小康社会目标对财政提出的新要求，更有效地完成财政支出"服务发展"与"改善民生"的双重任务。 党的十八大报告将科学发展观列为党的指导思想，提出了必须更加自觉地把发展作为第一要义，

把以人为本作为核心立场,把全面协调可持续作为基本要求,以及把统筹兼顾作为根本方法的"四个更加自觉"。我们要据此来进一步把握发展与民生的基本内涵。就发展而言,我们要始终坚持"以经济建设为中心是兴国之要,发展仍是解决我国所有问题的关键",同时明确发展必须是科学的发展,是不断转变其实现方式的发展。社会主义初级阶段仍是当代中国的最大国情、最大实际,我们在任何情况下都要牢牢把握这个最大国情。因此,在任何条件下,财政都要紧紧围绕发展第一要务与转变发展方式来开展工作,这也应该是财政安排支出时必须始终关注的。而就民生而言,要继续坚持民生是我们一切工作的出发点与落脚点的基本观点。党的十八大报告在多个场合强调民生优先理念并做出了具体部署,特别是在过去五年"改善民生力度不断加大"的基础上,提出"要把保障和改善民生放在更加突出的位置",强调"加强社会建设,必须以保障和改善民生为重点"。总之,根据党的十八大的要求,我们必须将服务发展与改善民生这两个治国安邦的大事作为战略机遇期中财政支出的首要任务来完成好。

简单地说,财政工作就是在"做大蛋糕"(做大经济蛋糕与收入蛋糕)的前提下,有效公平地"分好蛋糕",为国家发展大局服务,为坚持与发展中国特色社会主义服务。而为中国特色社会主义服务的财政就是中国特色社会主义财政。这种财政的重要特征就是要体现社会主义性质,要在坚持市场经济为主配置资源与对外开放的前提下,依据初级阶段的基本国情,做政府(财政)该做之事,努力同时实现"服务科学发展"与"保障改善民生"的双重任务。相对应的,作为最能体现财政职能的财政支出,就可以分为发展支出与民生支出两大范畴。就发展支出而言,从广义上说,应包括国家正常运行与国防安全提供等发展需要的支出;而从狭义上说,还包括直接用于经济发展的支出,特别是支持经济发展方式转变与经济结构优化的支出。而就民生支出而言,主要指的是提高基本公共服务保障水平的相关支出,就是将"改善民生作为财政工作的出发点与落脚点"的具体体现。因此,研究财政支出中的发展支出与民生支出关系,就是从财政角度来理解如何在科学发展观指导下把握好发展与民生的关系。

其二,在财政支出的安排中要继续坚持"有发展才有民生"的理念。强调先发展再有民生,就是坚持从初级阶段国情出发,坚持发展不动摇,坚持经济决定财政与财政反作用于经济不动摇。将这一观点落实在财政支出上,基本判断就是,在尊重市场机制为主配置资源的前提下,财政还得拿出一些钱来搞建设、谋发展，换言之，只要我国还处在社会主义初级阶段，在我们努力保障与改善民生的同时，就还要努力践行财政继续促进发展的基本理念。 与此同时，在一定时期内，给定财政支出总量，用于发展与民生的平衡安排是始终要考虑的。 对于处于初级阶段的我国来说，过去数年在财政支出中已经高度重视民生，强调民生优先，这是完全正确的；但同时还必须考虑必要的发展需求，既要坚持积极而为、量力而行的改善民生思路，又要探寻财政服务发展的各种直接与间接形式，这既是党执政为民的重要体现，也是中国特色社会主义财政理念的基本要求。 现阶段，财政要妥善处理的就是公共财政（民生）与发展财政（发展）的关系，在发展中大国采用市场经济手段配置资源的条件下，各种财政收入都不仅应具有公共性，还应同时具有发展性。 在多年来我国公共财政收入中已经有2/3用于保障和改善民生的时候，我们要特别注意宣传发展支出与民生支出的统一，宣传今天的发展就是为了更好地实现明天的民生，努力提升群众对财政支出去向的正确认识。

其三，在财政支出安排上，还要继续探寻能够同时兼顾民生与发展要求的新形式，继续寻求"民生就是发展"理念的落实。 党的十八大报告在用改善民生和创新管理来加强社会建设的总体要求下，对努力办好人民满意的教育、推动实行更高质量的就业、统筹推进城乡社会保障体系建设、提高人民健康水平、加强和创新社会管理等又提出了新的明确要求，还在扎实推进社会主义文化强国建设的总要求下，对推动文化事业全面繁荣与文化产业快速发展等方面做出了新安排。 应该说，这些同时兼顾民生与发展的方向性安排，对我国财政支出结构优化有着重要的指导意义。 我们要在实践中继续把握好"民生就是发展"的理念，在全面建成小康社会的征程中，努力使尽量多的财政支出能同时兼顾改善民生与促进发展的双重任务实现，也探寻在当前形势下积极财政政策可能较频繁使用的内生动力与运作空间。

其四，要始终坚持"保障和改善民生要从国情出发"的基本观点。 党的十八大报告明确指出，中国特色社会主义的总依据是社会主义初级阶段，因此保障和改善民生始终不能忘记这个最基本的国情。 在社会主义初级阶段，一边是新历史条件下国家（财政）要尽可能地改善民生与提供公共产品的历史责任，另一边是发展中国家国情下民生改善与公共产品提供仍然会受到种种制约、公共产品提供还不可能极大丰富的现实。 我们要研究的是，在两者统一与结合中做到既能可持续地提供公共产品，又同时实现财政自身的可持续发展。

其五，要继续加强财政民生支出的"制度化建设"问题。 党的十八大报告强调"经济体制改革的核心问题是处理好政府与市场的关系，必须更加尊重市场规律，更好发挥政府作用"，这些重要观点对财政民生支出的使用过程如何发挥政府(财政)与市场的关系也有指导意义。 前几年倡导的"花钱买机制"理念，核心就是，财政用于改善民生的支出，不能满足于简单的一次性支出，而是要把民生支出与逐步建立民生提供的机制结合起来，要在市场与政府结合的前提下，努力形成可持续的民生提供机制。

将上述第四点(改善民生要从国情出发)与第五点(民生支出要尽量制度化)结合起来，笔者(2013a)特别谈了一点学习体会。 党的十八大报告在谈到统筹推进城乡社会保障体系建设时，将我们多年使用的"广覆盖、保基本、多层次、可持续"方针调整为"全覆盖、保基本、多层次、可持续"。从"广"到"全"这一字之改，对应着的是我国从"全面建设"到"全面建成"小康社会进程的动态发展，对此，我们应该做全面辩证的理解，至少表现为四个方面。 一是我们要看到党和国家对保障和改善民生的决心与能力，看到这一动态过程对奋斗方向的描述，并对此充满信心与憧憬。 二是我们始终必须基于初级阶段国情来看待这一全覆盖过程，要保持清醒头脑，要看到全覆盖应该是一个由广到全、由低到高、由"范围先覆盖"到"水平再提高"的逐步渐进过程。 三是这一全覆盖过程必须是政府职能与市场取能共同作用的产物，在初级阶段，社会保障体系的建立当然主要是政府(财政)的职能，但至少在一定程度上也应该是政府与市场有效结合的产物。 高水平的全覆盖不应全部由财政负担，还要考虑政府与市场的有效分工，要建立合理并可持续的、符合国情的社会保障体系。 四是这一辩证理解不仅对社会保障是这样，对政府逐步更多更好地提供其他公共产品与服务也适用。我们应该基于过去多年"改善民生力度不断加大"的基础，在学有所教、劳有所得、病有所医、老有所养、住有所居等基础民生上"持续取得新进展"。 这里讲的"不断加大"与"持续进展"体现的就是这样一种客观、动态、努力提高与实事求是相结合的思路，值得我们去思考与实践。

其六，要在"民族复兴"的旗帜下把握财政支出"服务发展"与"改善民生"双重任务的历史作用，在全面建成小康社会进程中更好地发挥财政职能。 党的十八大报告指出："在中国特色社会主义道路上实现中华民族伟大复兴。""民族复兴"的这一时代强音，再次给了全体中国人民极大的鼓舞。

作为财政理论工作者，笔者想到的是新时期财政应该如何持续地为民族复兴做出贡献。 在笔者(2013a)探讨的优化财政支出结构、把握发展支出与民生支出关系范围内，笔者认为应该研究的是，如何在"民族复兴"的征程中更好地把握"发展为重"与"民生优先"的关系，努力把握"民族复兴"与"民生优先"的有机统一，把握"国强"与"民富"的辩证关系。"民族复兴"与"发展为重"的关系显而易见，而"民族复兴"与"民生优先"也是紧密相连的，同样有个"民"字，"民族"与"民生"从来就是一个有机的整体。 国强才能民富，国强才有真正的民富，尤其在当前错综复杂的国际形势下，只有中国的国强才能保证我们每一个中国人有真正的民富。 我们每一个人在得到国家(财政)提供的民生实惠时，都要始终把个人的现实收益与国家的持续强大结合起来，都要看到这样一个严峻的事实，即西方势力对我"西化"、"分化"的目标从来没有变，遏制中华民族强大的图谋从来没有消失，力图扰乱我国对战略机遇期利用的目的从来没有消失。 因此，我们必须保持清醒的头脑，居安思危，增强忧患意识、风险意识、责任意识，始终把这种强烈的民族发展、民族复兴理念根植心中。 当我们把对"民族复兴"的这些理解落实到对财政支出的相关宣传中，落实到我们对发展支出与民生支出关系的把握上，我们的认识就会得到提高与升华。 国家(财政)在尽可能地提高人民生活水平、持续不断地保障和改善民生的同时，还要始终"坚持发展是硬道理的战略思想，绝不能有丝毫动摇"；在始终"以保障和改善民生为重点"，"多谋民生之利，多解民生之忧"，最大限度地提高民生支出比例的同时，还要始终在市场与政府结合的前提下，使用必要的发展支出来促进国家经济的平稳健康发展，持续地做大蛋糕，特别是还要发挥"集中力量办大事"的体制性优势，集中必要财力来发展战略性新兴产业，实施创新驱动发展，进行经济结构战略性调整，培育国家核心竞争力，加强国防力量，以确保我们的国家能够立足于世界民族之林。 总之，我们应在"民族复兴"的旗帜下，将"发展为重"与"民生优先"有机地统一起来，在战略机遇期，通过对财政发展支出与民生支出关系的清晰把握，加快经济发展方式转变，为全面建成小康社会、实现中华民族伟大复兴宏伟目标而奋斗。当我们每个人把这些重要关系搞明白了，理解了，落实了，就能有助于财政更好地发挥作用，财政支出结构就能更优化，财政服务国家发展大局的作用就会体现得更加充分。

二、新常态与共享发展理念下的新发展民生观

回顾本书第一章第四节中阐明的新发展民生观的基本观点，结合上一节描述的笔者在 2013 年关于财政发展支出与民生支出关系的观点，站在 2016 年年初的这个时点上，笔者认为自己多年来坚持的中国特色发展民生观的基本观点是正确的，但随着时代的发展，有些内容还需进一步完善，有些思路还需进一步扩展。

从根本上说，我们要认真学习领会习近平总书记关于发展与民生的系列重要讲话精神，这是中国特色发展民生观的核心所在。 多年一路走来，笔者在探索中国特色发展与民生关系的路程中，深刻地感到自己是在不同时期中学习领会习近平总书记的多次重要讲话后更加坚定信念，加深对中国特色民生发展观的理解，始终在不断提高自己的认识水平。 笔者多次提过，这里还需再次提及的，就是 2011 年 3 月时任中共中央政治局常委、国家副主席的习近平同志在看望全国人大福建代表团代表时，就初级阶段改善与保障民生时所做的重要讲话，这一讲话多年来始终激励着笔者对中国特色发展民生观的持续探索。 习近平同志当时明确指出，虽然现在我国已经是世界第二大经济体，但人均国内生产总值同第一和第三大经济体的美国、日本相比还有十几倍的差距，所以改善民生也不能脱离初级阶段的实际。 习近平同志据此提出了改善民生应该注意"尽力而为、量力而行、循序渐进、持之以恒"的原则，为我们讨论我国社会主义初级阶段改善民生与提供公共产品问题指出了方向。① 当笔者在现场听到这些重要讲话精神时，深受教育，深受鼓舞，很有感触。 习近平同志当年所做的这些重要指示，既表明了对社会主义初级阶段改善民生问题的高度关切与方向把握，也是对我们多年来所坚持的关于初级阶段公共产品提供问题基本观点的事实肯定，有助于我们进一步深刻领会习近平总书记关于发展与民生一以贯之的基本思想，对我们把握我国现阶段民生发展关系具有重要的指导意义。

党的十八大以来，习近平总书记又在系列重要讲话中多次论述了关于初级阶段民生与发展的关系，笔者认真学习后，对新时期发展与民生关系有了更加清晰的认识。 最基本的内涵就是"坚持实现经济发展和民生改善的良

---

① 习近平同志 2011 年 3 月 8 日在看望十一届全国人大四次会议福建代表团代表时的讲话，根据记录整理。

性循环"。 从我国仍处在并将长期处在社会主义初级阶段的基本国情出发，从坚持党"以民为本、以人为本"的执政理念和"以人民为中心"的发展理念出发，一方面，我们要继续始终坚持发展是第一要务，以提高发展质量和效益为中心，加快形成引领经济发展新常态的体制机制和发展方式，保持战略定力，坚持稳中求进，用更好、更全面、更协调的发展来确保如期全面建成小康社会；另一方面，我们要始终把民生工作作为社会建设的根本任务，高度重视、大力推进，让改革发展成果更多更公平地惠及全体人民。 习近平总书记明确指出："让老百姓过上好日子是我们一切工作的出发点和落脚点。"在我们持续地认识"经济发展"和"民生改善"的各自重要性后，关键就是要在新时期中实现发展与民生的"良性循环"。 在我们长期以来认识发展与民生对立统一体的基本判断下，强调"良性循环"就是要更加重视与把握两者存在的"一致性"，强调两者之间的"互通性"，强调通过对两者有机结合的把握来更好地同时做好"经济发展"与"民生改善"两件大事，实现好最广大人民群众的根本利益，激励全国人民更好地为全面建成小康社会奋斗。 笔者认为，理解这样的"良性循环"，至少有以下五个方面的内容需要把握。

其一，在我们多年宣传"有发展才有民生"的基础上，现在要大力宣传"改善民生是推动发展的根本目的"的理念。 我们强调的发展是以人民为中心的发展，发展的目的就是通过社会生产力的提高来满足人民日益增长的物质文化需要，促进人的全面发展。 习近平总书记 2012 年 11 月 15 日在十八届中央政治局常委同中外记者见面时说了一段朴实真诚的话语，为新一届领导集体带领全国人民谋发展奠定了基调，给全国人民留下了深刻的印象。这段话是："我们的人民热爱生活，期盼有更好的教育、更稳定的工作、更满意的收入、更可靠的社会保障、更高水平的医疗卫生服务、更舒适的居住条件、更优美的环境，期盼孩子们能成长得更好、工作得更好。 人民对美好生活的向往，就是我们的奋斗目标。"笔者当年听了这段话，就在思考新时期我们对发展与民生的关系应该具有新认识。 这里讲的生活条件、教育、就业、社会保障、医疗服务、居住、环境等，就是我们强调的民生的最主要内容；而且不仅有当代的民生，还有代际间的民生问题。"人民对美好生活的向往，就是我们奋斗的目标"，这就是对发展与民生关系的首要判断。 多年的事实表明，如果发展不能回应人民的期待，不能让群众得到实际利益，这样的发展就失去了意义，也失去了老百姓投身发展的动力，必然难以持续。 三年多来，我们正是努力通过让人民群众将自己的切身利益与中华民族的中国梦实现结合起来，调动人民群众参与经济社会健康发展的积极性，鼓励人民群众投身发展，用各种体制性安排让人民群众分享发展成果。 将这种新时期发展民生观体现在国家财政的职能作用上，我们就应该将必需的民生支出放在更有利于调动积极性、更有利于促进经济社会健康发展上看待，在新的高度上重新认识民生支出与发展支出的关系，这一点有着重要的时代意义与现实需要。

其二，要特别大力宣传"抓民生也是抓发展"的理念，在这一理念中，核心字就是"抓"。 如本书第一章第四节所述，我们过去说的发展民生观的第二个含义是"在一定条件下，民生也是发展"，而"抓民生也是抓发展"的提法是在原有观点上的进一步升华，是对民生与发展关系的更高水平的理解，是实现两者"良性循环"理念的重要组成部分。 习近平总书记2015年7月17日在吉林调研时就"抓民生也是抓发展"做了重要讲话，明确指出："抓民生也是抓发展。 要在保障基本公共服务有效供给的基础上，积极引导群众对居家服务、养老服务、健康服务、文体服务、休闲服务等方面的社会需求。 支持相关服务行业加快发展，培育形成新的经济增长点，使民生改善与经济发展有效对接、相得益彰。 要着力保障民生建设资金投入，全力解决好人民群众关心的教育、就业、收入、社保、医疗卫生、食品安全等问题，保障民生链正常运转。"认真领会这段讲话，看到的是将民生改善有机地融合到经济发展中来的全新思路。 在任何时候，发展都是前提，离开发展来谈民生改善只能是空话；但同时我们在坚持"改善民生是推动发展的根本目的"时，还要善于发挥民生是做好经济社会发展工作重要"导向"的作用，既要通过发展经济、持续提高公共服务有效供给的方式来为改善民生奠定坚实的物质基础，又要通过持续不断、有针对性地改善民生，为经济发展创造出更多的有效需求，实现两者的良性循环，实现"民生改善与经济发展有效对接、相得益彰"。 而要做到这一点，关键就是在"抓"，既要抓有利于民生改革的公共服务有效供给，投入必要建设资金，又要抓对各种与民生相关的有效需求的涌现。 应该说，从坚持"有发展才有民生"，到"发展是为了更多更好的民生"，再到"在一定条件下，民生也是发展"，直至习近平总书记这次提出的"抓民生也是抓发展"，体现的是我们认识的不断升华，是在更高的层面上把经济发展与民生改善结合起来，通过"服务业有效供给"、"民生保障资金"与"有效民生需求"的有机对应，通过供给侧与需求侧的有效对应，来实现两者的良性循环，这就将新时期发展民生观的运用提高到了一个全新的高度。将这种观点融合到新时期的财政工作中，就可以看到财政支出、必要投入、政策导向等的出发点与落脚点，看到必要公共服务供给、必要财政建设资金、必要财政引导资金使用的合理性，看到财政政策同时作用于供给与需求两侧的重要性，值得很好研究。

其三，要继续坚持"改善民生要做到尽力而为、量力而行"的基本观点。习近平总书记在吉林调研时还指出："民生工作直接同老百姓见面、对账，来不得半点虚假，既要积极而为，又要量力而行，承诺了的就要兑现。"将习近平总书记这段重要讲话和2011年在全国人大福建团的重要讲话一起学习，看到的是总书记对人民群众的真实感情，看到的是总书记一以贯之的务实思路。笔者学习的体会是，从我国仍然处在社会主义初级阶段的基本国情出发，必须始终强调"正确引导与必须兑现"的结合。一是"正确引导"，就是要始终认识到，群众对生活的期待是在不断提升的，需求是多样化的、多层次的，而我国依然是一个发展中国家的国情使得我们只能做到，也必须做到"尽力而为与量力而行"的统一，改善民生不能脱离初级阶段这个最大的实际，不能实现过高的目标。从这个意义上讲，我们始终要坚持只能根据经济发展和财力状况逐步提高人民生活水平，只能做那些现实条件下可以做到的事情，而绝不能开空头支票，不能把群众的胃口调得过高。我们既要"引导"人民群众提出实事求是的、比较可行的要求，也要"引导"各级干部开出条件许可、可以兑现的支票。二是"必须兑现"，强调的是在"引导"所形成的共识条件下，我们既不随意开空头支票，但已经开出的支票、已经承诺了的事情，就一定要兑现，要做到件件有着落、事事有回音，让群众看到变化，得到实惠。三年多的实践表明，我们正是在这种"引导与承诺"结合的思路的引领下努力前行，为实现经济发展和民生改善的良性循环创造了很好的氛围。对照我们原来对发展民生观的理解，我们当时强调的主要是"引导"，对"承诺"的关注相对不够；而在"引导"中，相对重视的是对群众需求的引导，而对各级干部做出实事求是承诺的引导不够。新发展民生观倡导的这种"引导与承诺"结合的思路，对我国财政在新时期的工作思路有重要的指导意义。我们要全心全意地"兑现承诺"，要根据国情来实现"尽力而为和量力而行"的结合。这是各级负责任领导者实事求是的态度，也是我国发展财政在新时期要着力解决的新问题，值得我们认真品味与研究。

其四，民生保障要从抓住人民最关心、最直接、最现实的利益问题入手。当前，实现民生保障，兑现民生承诺，就是要按照新发展理念的要求，按照十八届五中全会的《建议》与刚刚闭幕的十二届全国人民代表大会四次会议通过的《中华人民共和国国民经济和社会发展第十三个五年规划》的要求，将人民最直接、最现实的利益问题落到实处。一是坚持"社会政策要托底"的基本工作思路，织牢民生安全网的"网底"；二是要办好人民满意的教育；三是要精准发力抓好就业工作；四是要促进收入分配更加合理有序；五是要健全更加公平、更可持续的社会保障制度；六是要努力提高人民健康水平；七是要"坚决打赢扶贫攻坚战"。笔者这里不展开论述，但强调的是按照"人民中心"发展论与"共享发展"理念来赋予中国特色发展民生观新的内涵，要在全面建成小康社会的"十三五"时期逐项扎实地落实好民生保障工作。笔者始终认为，民生与发展，犹如鸟之两翼，向来是党和政府高度重视的两项重要工作，向来是处在发展初级阶段的我国财政要重点解决的首要关系。社会越发展，水平越提高，民生问题就越向纵深发展，人民群众对民生的要求既要尽力予以满足，又要正确加以引导，最后的关键就是落实到具体，使人民群众得到真正的实惠。

其五，持续提高认识，探索经验，落实好中国特色发展民生观。在全面决胜建成小康社会的今天，在改革进入"深水区"的今天，认真学习新发展理念，认真把握中国特色发展民生观，对于我们做好财政"服务发展、保障民生"工作有着重要的启示。我们既要促进发展保民生，还必须围绕民生促发展，突出供给迎需求。要深刻认识与全面把握发展和民生相互促进、互为条件的关系，通过持续发展强化保障和改善民生的物质基础，通过有效的财政投资或支持来形成有效的"民生链"，通过不断保障和改善民生创造更多的有效需求。我们还要特别关注"底线民生"，始终注意补足"民生短板"，当前要努力打好扶贫攻坚战，要特别关注和关心困难群众，坚持精准扶贫，广泛动员社会力量扶危济困，切实做到将有限的财政资金投到老百姓最需要的地方去，从而真正使人民群众感受到"共享发展"理念的落实，真正让老百姓有获得感，使改革发展红利惠及最广大的人民群众。

笔者三年多来在省级人大常委会从事财政预算审查等工作，同时带队到兄弟省份调研财政支持民生改善的经验，体会是深刻的，也对中国特色的"经济发展与民生改善良性循环"之路更加充满自信。这里试举南方某省对"底线民生"的财政投入、人大支持、群众拥护实例来说明中国特色发展民生观的强大生命力。 2013 年,南方某省人大常委会选择底线民生保障问题,开展提前介入专项预算编制监督工作。 当年 6 月至 7 月,由常委会领导带队,组织人大代表到有关市县进行调研,提出预算编制意见报省委并送省政府研究;省人大财经委组织人民代表于 9 月至 11 月分三批到省财政厅对 2014 年预算编制情况开展视察,提出底线民生保障问题和财政支出的具体要求。 省政府及财政厅重视并采纳了省人大常委会提出的意见建议,在编制 2014 年预算时,安排用于底线民生保障的支出比上年增长 45.3%,其中省级财政安排支出增长 66%。 省政府还制订出台了实施方案,确立了未来五年底线民生保障的机制。 2014 年与 2015 年,该省人大常委会继续以农村低收入住房困难户住房改造省级补助资金、"四河"整治省级补助资金、省级推进教育现代化建设资金和卫生强基创优资金等为切入点,开展提前介入预算编制监督工作,取得明显实效,得到了人民群众的深度信赖与高度评价。

第六章

全面建成小康社会大逻辑下的
税收定位

税收作为财政的重要组成部分，同样要在全面建成小康社会中发挥"围绕中心、服务大局"的作用，同样要在经济社会发展新常态下，在新发展理念指引下做好服务发展工作，要为全面建成小康社会服务，同时还要在新阶段中实现税收自身发展。这就是税收在全面建成小康社会中的定位问题，同样也是发展税收要解决的问题。三年多来，笔者结合国家税务战线贯彻党中央新战略决策所提出的新举措，既一以贯之地重申税收服务发展大局的理念，又根据变化的形势，来探讨新时期新常态下的税收定位问题，做了一些研究，有了新的体会。

本章的内容就是对这一进程中笔者相关观点的归纳、整理与再提高。关于对新时期、新常态、新发展理念、新政策选择的理解，本书第五章已有学习体会，就适应这些新变化、贯彻这些新要求而言，税收与财政有其共性，这里就不再展开了。但税收在"围绕中心、服务大局、促进发展"等方面又有自己的特点，发展税收与发展财政的一些把握定位也有所不同。本章结合我国税务战线在把握定位服务大局方面的工作，描述与提炼新时期税收定位的动态进程，并就一些重大税收思路、税收理念、税收理论的更新与调整，从理论与实际结合的角度予以研究。第一节主要讲新形势下中国特色的"经济税收观"及在新条件下的表现。第二节重点谈"税收现代化"与"税收新常态"问题，这是新时期中国税收定位的重要表现形式。第三节谈新发展理念与供给侧结构性改革下的税收定位问题。从时间顺序上看，这三节也体现了笔者三年来的认识发展与调整过程，是对发展税收观念在新时期中既坚持肯定又调整的动态总结。

第一节 "立足税收，走出税收"：
服务大局的中国税收定位

笔者（2012a）在《涉外税务》2012 年第 2 期上发表了《立足税收，走出税收：兼谈三个层面的"税收观"》的文章，将自己在几次会议上就中国特色经济税收观的一些看法予以系统化，明确提出了"立足税收，走出税收"的鲜明观点。 三四年过去了，实践证明这种"立足税收，走出税收"的观点符合中国国情与体制性安排，是从税收促进发展这一"发展税收"特定侧面对税收本质的理解把握。 这一观点有助于我们在新的时代条件下，立足体制，立足阶段，拓宽视野，既深刻理解当前经济社会政治发展对税收发展的制约因素，又找准税收在中国特色社会主义事业中的定位。 为了反映当时的情况，本节基本按原来写法加以论述，只在最后结合"十三五"时期的新特征，简要讨论如何做好税收服务社会发展新常态问题。

一、"立足税收，走出税收"的基本思路

笔者（2012a）的基本观点是，我们应在把握"立足税收，走出税收"的辩证关系中研究税制改革，应从经济财政、社会环境与内外统筹三个方面来理解影响税制改革的因素。 倡导"不就税收论税收，走出税收看税收"的思路，通过对影响制约因素的分析来推进税制改革，把握税收服务国家经济社会发展的定位。

笔者首先就"立足税收，走出税收"提出了自己的观点。 当时的时代背景是，我国税制改革已经取得了令人鼓舞的进展，"十二五"规划对于新时期税制改革的内容表述得很清楚，在"加快财税体制改革"的总体要求下，明确提出了"优化税制结构，公平税收负担，规范分配关系，完善税权配置"的原则。 税务战线正是努力按照这一要求，根据不断变化的形势和任务，与时俱进地向前推进。 2012 年是实现"十二五"规划承上启下的关键一年。 在新的国内外形势下，税制改革还要如何进一步深化，值得我们认真思考。 经过改革开放进程已经基本建立并不断完善的我国税制，在新的历史条件下要考虑的主要改革目标与内容是什么？ 税制改革新进程还需

要注意什么制约因素？ 对此，当时许多学者都已提出了很好的观点，很有启发意义。

笔者提出，可以换一个角度来看问题，即倡导在把握"立足税收，走出税收"的辩证关系中研究下一步的税制改革，找准税收在国家发展大局中的定位。 所谓"立足税收"，就是坚持税制改革的基本方向，坚持中国特色社会主义市场经济对税收发展的基本要求，强调税收围绕中心、服务大局的基本职能。 一句话，就是要立足税收发展与税制改革本身来考虑问题，来谋划改革。 而所谓"走出税收"，就是要考虑可能影响制约税制改革的主要因素，研究新形势下推进税制改革时应特别注意的问题。 简言之，就是要拓宽视野、综合考虑，通过对各种影响制约因素的分析来促进对税制改革目标与内容的把握。"立足"与"走出"，前者是目标，后者是方法，共同提倡的是"不就税收论税收，走出税收看税收"的思维方法。 应该说，这是一个基于更广的角度、立于更高的层面上来看待税制改革的思路，来把握税收定位的思路，既始终强调把握税制改革方向，又不忘分析影响制约因素。

围绕这一基本观点，笔者提出了与"立足税收，走出税收"理念相关的三个层面的"税收观"：一是结合我国经济财政特定状况来看待税制改革，研究其对税制改革的影响，可称之为"经济财政的税收观"；二是考虑税制改革面临的当前社会环境，可称之为"社会环境的税收观"；三是在统筹国内外两个大局的背景下来看待税制改革，可称之为"内外统筹的税收观"。这里重点围绕"经济财政的税收观"展开，兼顾"社会环境的税收观"，而关于"内外统筹的税收观"，将在本书第九章第一节加以论述。

二、"经济财政的税收观"的政策启示

站在经济的角度看待税收，学过财税的人都知道，有一个最基本的"经济财税观"，即经济决定财税，财税反作用于经济。 根据"经济财税观"，税收作为国家财政的重要组成部分，其发展既在国家经济发展背景下进行，又与整个财政收支运行状况密切相关。 研究税制的深化改革，既要把财税作为一个整体来研究其对经济发展的作用，同时还要特别注重从财政的角度来把握税制改革。

其一，从经济财政角度看待税收问题的必要性。 就财税整体与经济发展的关系而言，回顾我国改革开放以来的经验，回顾财税部门已经做出的贡献，可以用"做大蛋糕，促进发展，注重分配，改善民生"这 16 个字来概

括。"做大蛋糕，促进发展"讲的就是"做蛋糕"，既强调经济"大蛋糕"对财税收入"中蛋糕"的决定作用，又强调财税对经济发展的促进作用；"注重分配，改善民生"讲的则是"分蛋糕"，一方面强调应在"蛋糕"做大的前提下理顺分配关系(既有中央、地方间的分配关系，又有政府、市场间的分配关系)，另一方面强调蛋糕的用途主要是"改善民生"，后者始终是财税工作的出发点和落脚点。 这16个字是我们多年实践的启悟，但同时也要看到，长期以来，"做大蛋糕，促进发展"我们做得相对更好一些，而在未来的战略机遇期里，我们还要更加关注"注重分配，改善民生"。 在对经济与财税整体关系的这种把握中看待新形势下的税制改革，结论应该是很清晰的，即税制的深化改革要能够符合经济发展要求，要能够可持续地促进经济发展，要能够有利于调整各种分配比例关系，还要能够通过税制改革或政策调整来体现对民生的关注与重视。

其二，在财政收入的框架内看待税收与税制改革问题。 研究财政收入，无非三个方面：收入的规模、增速与结构。 一是收入的规模，大家都看到近年来收入的"蛋糕"已经越做越大了。 先看最小口径的公共财政收入"蛋糕"，2011年已突破10万亿元。 二是收入的增速，通俗地说，就是收入"蛋糕"的制作速度，即以税收为主的财政收入的增速。 近年来，财政收入的增长速度为20%多、将近30%，而同期GDP的增长速度只接近10%。 正是在财政收入规模大、增速快的背景下，关于税收的议论越来越多，人们开始更加关注结构性减税乃至更大规模减税的可行性，讨论在这种减税基调前提下的税制改革问题，讨论在给定支出条件下的财政收入规模问题，讨论税收增长如何才能回归常态的问题。 与此同时，税收正在日益成为社会的重要敏感话题，包括网络与纸质媒体在内的各个方面都在讨论税收问题，对税负的关心超过了过去任何时候。 不管是讨论宏观税负的概念，还是某些人热炒的《福布斯》杂志的"税负痛苦指数"，都涉及在当前财政收入"蛋糕"不断做大的前提下，税制是否已经产生出超出经济发展水平的税收，涉及税制的未来改革方向。 三是收入的结构问题。 按照现行预算体制，在我国财政收入总体规模中，从狭义到广义，有这样几块收入"蛋糕"：税收"蛋糕"、以税收为主的一般公共预算"蛋糕"、政府性基金的"蛋糕"、国有资本经营收益的"蛋糕"、社会保险基金的"蛋糕"。 对于这样一种收入结构，特别是对于税收在整个财政收入中的地位(包括对应的税制改革方向)，同样也有不同的议论。 例如，不少学者与媒体都认为，要尽早地迈向真正的"税收财政"，要脱离对"土地财政"与各种经营城市收益等非税收入的依赖，因为后者不是市场经济条件下财政收入的规范与持久形式。显然，这些观点涉及税制设置的定位与改革方向，必须加以澄清。

就从财政收入规模、增速与结构的角度来看待其对税制改革的可能影响，笔者（2012a）表达了五个基本观点：一是对我国以税收为主的财政收入的增加，必须予以正面肯定。应该看到，当前财力足、收入多是国家国力强、财力旺的重要标志，是构建"稳固、平衡、强大的国家财政"的重要结果。世界上所有国家或地区都会对其财力的增加给予正面肯定，因为这是国家运行、百姓受益的重要前提。如果财政收入增长了，国力强了，却不敢正面肯定，这显然是不应该的。二是要特别防止当时在一定程度上出现的"妖魔化"税收的倾向，要看到在税负问题讨论后面可能被掩盖的复杂背景。2009年《福布斯》杂志说我国是世界上第二税负痛苦的国家，时任国家税务总局肖捷局长亲自撰写文章予以回击，这是完全必要的。现在世界上有些势力对中国在现行体制下国家经济总量成为世界第二，对中国道路、中国模式越来越看不惯，想尽办法来攻击中国，过去用人权、知识产权、汇率等攻击手段，现在又加上了税负（财政负担）问题。对于这样一种倾向，我们要特别警惕。所以，对于收入增加，一方面要理直气壮正面肯定，另一方面要坚决回击某些势力。财税部门，特别是财税理论工作者对此应该有鲜明的态度。三是要对"税收财政"与"土地财政"的关系有一个正确的认识，这是中国特色社会主义财政在现阶段的重要表现形式与要处理好的重要关系。市场经济呼唤着税收成为财政收入的主要形式，而我国发展中国家的国情与特定体制决定了土地出让金等形式在现阶段的出现是不可避免的，两者的共存是一种长期现象。对于"土地财政"，要规范，要倡导可持续，但不能简单批判。把握这点有利于我们实事求是地看待税收在财政收入中的地位，从而对税收职能的发挥（对应的税制改革方向）有更清楚的判断。四是用"平常心"来看待当前讨论的宏观税负问题。即便是上述《福布斯》杂志指数，也要看到其计算的一定依据，在揭露其可能背景的同时，还应该看到，这是国际税收竞争的一种表现形式，或者说是"国际税收舆论竞争"的重要表现。例如，我国有些税种的最高边际税率是不是真的过高了，既然所受制的纳税人群体不多，所获得的税收绝对量也不大，是不是可以考虑适当加以降低呢？用这种理念来看待税制改革，来看待我们的税收是不是真的收多了，来看待我们的财税收入增速是不是真的过快了，来讨论是否应进行具有重大实质性减税的税制改革，据此所得出的结论可能就会更贴近实际，纳税人也可能更易接受。 五是坚持经济财税观。 尽力避免在税收等财政收入形成过程中出现的各种不平衡、不协调、不可持续的状况，慎重对待税收或财政收入快速增长带来的一些值得注意的苗头。 总体上看，要始终把握好"应收尽收"和"放水养鱼"的关系，要把握好"依法治税"和"涵养税源"的关系。

其三，在财政支出的背景下研究税收与税制改革问题。 财政就是一收一支。 从财政的角度看待税制改革的另一重要方面就是支出问题。 如果仅就税制改革谈税制改革，不考虑财政支出，不考虑当前整个经济体制下的财政支出体系，也不考虑现行预算体制改革的可行性，则相对应的税制改革就难以全面地推进。 无论是从国内外税制改革的经验看，还是从改革顶层设计角度讲，将支出与收入联系起来考虑税制改革问题是必要的。 近来一些媒体对财政支出的讨论相当多，归纳起来，有些人无非想表达四层意思：一是说"你收得太多了"，二是说"你用在我身上的太少了"，三是告诉你"用得还不够透明"，四是强调你在"支出上还存在着浪费以及各种公款不当消费的问题"。 应该说，对于有些媒体过于偏激的观点，笔者是不赞成的，但这代表的思潮反过来提醒我们，在考虑税制改革时，也要考虑相联系的支出体系完善，考虑配套推进支出改革。 换言之，要通过支出制度的改革来给税制改革提供一个宽松合意的环境。

就支出而言，就是研究以税收为主的财政收入用到哪里去的问题，主要涉及三个方面：支出的范围、原则与管理。 笔者(2012a)分别做了分析与探讨。 一是在支出范围的背景下讨论税收问题。 我国财政收入从来是"取之于民、用之于民"，"用到哪里去"的问题从最大的层面讲，就是两个方面：一是用于民生，二是用于发展。 这就是当前强调的民生与发展、短期与长期的关系。 保障与改善民生是我们工作的出发点与落脚点，而发展是硬道理，从长远讲，发展是为了今后提供更多的民生。 民生与发展的关系是辩证统一的，当前支出中以民生为主，强调民生优先，同时兼顾必要的发展需求，这既是党执政为民的重要体现，也是中国特色社会主义财政理念的基本要求。 关于这一点，本书第五章第三节已经表达很清楚了，这里不再重复。 同样的辩证关系，对于包括土地出让金在内的非税收入也是适用的，非税收入也同样应该是公共性与发展性的结合，当然在现阶段非税收入中用于发展的比例会更大一些。 从这个角度看问题，对前述"税收财政"与

"土地财政"并存的必要性就会认识得更清楚。 历史将会证明，"土地财政"在共和国特定历史阶段中对加快发展发挥了重要作用，当我们用 30 多年的时间走完人家近 200 年走完的建设路程时，我们不能忘记"土地财政"在我国"集中力量办大事"体制下做出的贡献，我们所需关注的只是它的持续性与规范性。 明确了这一点，我们对相应的税制改革方向也就有了进一步的认识。 二是在支出原则的背景下研究税收问题。 无论是用于民生支出还是用于发展支出的原则，关键都是应该从我国国情出发，从在发展中国家搞市场经济的特定条件出发，始终按照"尽力而为，量力而行，循序渐进，持之以恒"的基本要求来执行。 当前要特别关注的是对民生支出"度"的把握。 我国仍然处在并将长期处在社会主义初级阶段，发展仍然是解决当前所有问题的关键。 一方面，我们要积极努力地去保障与改善民生，近年来我国财政已经这样做了，财政用于这方面的支出逐年都有大幅度的增加，得到了广大群众的赞扬；另一方面，我们一定要从国情出发，虽然国家经济总量已居世界第二，财政收支的绝对规模也较大，但提供的公共产品与人民群众的期望还会有一定的差距，同时不同群体对民生改善的感受也不尽相同。 要努力防止可能出现的民生福利"大跃进"的倾向，近来欧盟出现的过度公共福利等现象值得我们吸取教训。 笔者认为，只要把这些基本原则讲清楚，广大群众就能理解与支持，群众因税收增长较快而可能出现的"税感"就能与因享受公共产品得到的"满足感"有较好的呼应，而不是与对公共产品获取的过度"期望感"相联系。 做到了这点，可以预计，广大群众对我国税收规模增大与税制改革推进的理解将会大不一样。 三是在支出管理的背景下研究税收问题。 我们要关注的是包括预算制度的完善与预算管理的科学化精细化，也包括预算透明公开、"三公"经费公布等正在推行的改革措施。 预算管理的深化，用好纳税人的每一分钱，这是税制改革进一步推进需要配套的重要方面，其重要性不言而喻。 这里以正确看待预算公开改革措施为例加以说明。 我们首先要坚持预算公开的正确方向，无论从执政为民、服务型政府、公共财政、透明财政等方面来看，预算公开、接受群众(纳税人)的监督都是正确的，必须坚持。 进而强调，要让广大群众(纳税人)知晓，尽管这么多年来我国预算公开等改革进展顺利，大家有目共睹，但应该说预算公开等道路还很漫长，任重道远；同时，也正是还存在这些空间，才始终强调要深化预算体制改革，强调加强预算公开，这一深化进程将能使广大纳税人进一步明了自己所缴纳税款的去向，更能理解与支持可能的税制改革。 最后，我们也要让群众(纳税人)明白，或者说一定同时要记住，放眼世界上所有国家，没有一个国家的预算是完全透明与绝对公开的。 当前在努力推进必要预算公开的同时，还要注意国内外有些势力可能想利用这一过程在我们的体制上打开一个缺口，对此我们必须保持清醒的认识。

三、"社会环境的税收观"的基本内涵

笔者(2012a)特别强调指出，在当前复杂的国内外形势下，税收问题变得比以往任何一个时期都更加敏感。 因此，当前要特别研究一定社会环境制约下的税制改革问题。 税制改革从来都是一个涉及千家万户与方方面面的事情，由于税收与国家和老百姓都是息息相关的，税制改革在任何时候都是永恒的主题，同时又从来都需要一个比较和谐、相对宽松、各个方面都能接受的社会环境。 当前，如何改进这一点，如何提高广大群众对税收的理解、宽容乃至支持的程度，需要下大气力研究。 对于这样一个系统工程，有些方面不是税务部门单独可以完成的，但就税务部门自身而言，应该研究自己能做什么。 笔者认为，重点是要把握市场经济条件下依法治税与服务税收、和谐税收这些基本理念的关系，要在依法治税的前提下，通过对服务税收、和谐税收等一系列新理念的倡导、坚持与实践，来共同构建一个"服务科学发展、共建和谐税收"的良好征纳环境，从而更好地促进税制改革的深化与完善，这就是社会环境的税收观的主要内涵。

对于如何营造一个有利于税收发展与税制改革的社会环境，如何理解国家税务部门近年来倡导的一些新观点与新理念，笔者在此前已经做过论述。 作为一个范例，这里简要讨论依法治税与纳税服务(服务税收)的关系，讨论对和谐的税收征纳关系的把握，并讨论对税制改革所要求的和谐社会环境的探寻。 关于纳税服务，笔者一向的观点就是 12 个字："坚持依法治税，倡导(优化)服务税收。"一方面，自有国家以来，依法纳税都是必需的，尽管对于经济行为主体而言，税收从来都是一种负担，是一种必须承担的"牺牲"；另一方面，从服务型政府构建的角度出发，从市场经济条件下税收的"个体无偿、整体有偿"特性角度出发，纳税服务的倡导与优化是完全正确的。 对于这两者的关系，必须强调，依法治税从来都是第一性的，纳税服务从来都是第二性的；依法治税从来都是前提和基础，纳税服务从来都是手段和工具；依法治税从来都是目标，纳税服务永远都是手段。 国家税务部

门在当时提出的"三于的纳税服务体系"的构建,强调的就是这个道理。所谓"三于"就是"始于纳税人需求,基于纳税人满意,终于纳税人遵从"。显然,倡导纳税服务的目标就是遵从。而什么是遵从呢?遵从就是缴税。所以遵从是第一位的,服务是第二位的。与此同时,国家税务总局还进一步阐述,这里的"需求"也不是个别纳税人的需求,而是总体的需求;不是个别纳税人特殊的需求,而是普通的需求。因此,笔者赞同对依法治税与纳税服务关系的这种解读。与此同时,笔者还建议,在未来一段时期里,当依法治税理念更加深入人心、纳税服务手段更趋完善时,可以考虑在过去多年倡导的12字税制改革指导思想"简税制、宽税基、低税率、严征管"中,再加上3个字,即"优服务"。在这15字原则中,前面9个字"简税制、宽税基、低税率"代表的是税制设置与改革的效率、公平、简便三原则,后面的"严征管、优服务"6个字合起来则代表依法治税与纳税服务的统一。在这方面,还有很多事情要做,从和谐征纳关系的构建到税收征管方法的改进,从正确持续地宣传依法治税到纳税服务手段的创新,必须持之以恒地加以推进。目标就是一个,努力构建有利于税制改革所需要的和谐的社会环境,共同服务于国家发展、人民幸福的总体目标。

四、"立足税收,走出税收":"十三五"时期的税收定位

从笔者(2012a)提出上述观点以来,三年多过去了,我们已经进入"十三五"时期,经济发展也应进入新常态,在这种条件下,笔者倡导的"立足税收,走出税收"观点、"经济税收观"及其拓展应该如何运用体现呢?无论是经济对财政,经济财政对税收,还是财税反作用于经济,都值得我们去研究。三年多来的实践表明,"立足税收,走出税收"理念,中国特色的经济、社会与政治税收观,或者换个角度讲,中国特色发展税收的理论观点,正在新一届国家税务总局党组的税收实践中得到了不同程度的体现。面对经济下行压力,税务部门既通过税收作用于经济发展,又努力通过税收任务的完成来服务大局。在全面深化改革与全面依法治国的进程中,税务部门努力地找准自己的定位,通过深化税制改革与征管改革,在改革的推动与法治的轨道上,不断推进税收"围绕中心、服务大局"的工作。在社会层面上,税务部门通过自己的工作,努力通过调整优化征纳双方的关系,打造一个适应当前新常态的税收环境。而在继续推进全方位对外开放的进程中,税收也不断找到自己展示才华的新空间。对于这些方面的具体内容,笔者

将在本书第七章与第九章中详细地展开阐述，而在下面这节中，笔者拟重点谈一下在新时期中国税务各项工作中起到纲举目张作用的"税收现代化"与"税收新常态"的理论与实践。

第二节 "适应新常态，迈向现代化"的中国税收

2014年，本届国家税务总局领导顺应时代要求，在改革开放以来历届国家税务总局领导工作思路与全国各级税务干部持续努力的基础上，旗帜鲜明地提出"解放思想，改革创新，全面推进税收现代化"的目标设想，要求到2020年基本实现以六大目标体系构成的"税收现代化"体系，即：完备规范的税法体系、成熟定型的税制体系、优质便捷的服务体系、科学严密的征管体系、稳固强大的信息体系、高效清廉的组织体系，从而将税收现代化同国家治理体系和治理能力现代化的战略目标有机地结合起来，将我国国家税收在国家经济社会发展中的重要性提升到了新的高度。可以认为，正在推进的税收现代化进程，是在坚持中国特色社会主义制度的前提下，在服务"两个一百年"宏伟目标与"四个全面"战略布局进程中的税收现代化，是中国特色社会主义税收发展道路的持续推进。通过对我国税收符合时代要求的系统构建，我们将要继续形成符合我国国体政体、运行机制、所处阶段、前进动力与内外统筹要求的现代税收制度与征管体制，并在"全面建成小康社会"第一个一百年目标实现前夕实现我国税收的现代化。简言之，税收现代化是中国特色社会主义税收的现代化，是在全面深化改革与全面依法治国进程中的现代化，即中国税收现代化。

一、中国特色社会主义税收发展中的"税收现代化"与"税收新常态"

长期以来，笔者在对中国特色社会主义税收发展的研究探索中，坚持把握不同阶段税收面临的任务与挑战，今天对于税收现代化与税收新常态的理解也不例外。纵观改革开放以来的税收发展之路，我们是在中国特色社会主义道路上，把握着对国体政体与基本国情的坚持，顺应着不同阶段任务目标的要求而前行的。我们初步建立了坚持社会主义性质、符合初级阶段基本国情、坚持市场经济改革方向、全面参与全球化等重要特征的税收发展体

系。 这些成绩的取得，凝聚着历届总局领导在特定条件下的工作思路，体现着各级税务干部在不同时期的持续努力。 笔者不禁联想到在中国特色税收发展道路上持续形成并各具特色的各种提法。 一是"收好税、带好队"的口号，确切而又朴实地表达了中国特色税收发展的主要任务与永恒主题；二是"三个体系、一支队伍"的提法，为中国现代税收的起步发展奠定了坚实基础，体现了对中国特色税收理论体系的探索，对中国特色税收基本制度与税收征管制度的追求；三是"简税制、宽税基、低税率、严征管"的要求，这与以市场为主配置资源的运行机制和迈向公共财政的改革方向相适应，使中国特色税收具有鲜明的改革特色；四是"依法治税、从严带队"的提法，体现了中国特色税收在现代法治条件下前行的时代要求；五是"税收科学化、管理精细化"的任务，从特定的角度诠释了中国特色税收在做大蛋糕与精细管理方面互为促进的重要特征；六是"服务科学发展，构建和谐税收"的定位，突出了中国特色税收在"科学发展、和谐社会"时代背景下围绕中心、服务大局的独特作用。 党的十八大之后，国家税务总局领导提出的"提升站位、依法治税、深化改革、倾情带队"的要求，更是给中国特色税收"收税带队、服务大局"的永恒主题注入了新的动力，体现了走好中国特色税收道路的坚强自信。 回顾这些，笔者想要说的是，我们是在对中国特色税收持续探索的进程中、在已有成就的前提下迈向现代化的，也是在中国特色税收体系基本成型的条件下进入新常态的。 因此，我们必须沿着中国特色税收之路前进，既要坚持，又要发展，使税收能为国家经济社会发展持续做出新贡献。 特别是在当前，党中央提出了"四个全面"战略布局，标志着我们党治国理政水平与能力在新历史条件下的又一次飞跃，这必然对中国特色税收的发展实现新引领，提出新要求。 我们要始终围绕服务大局的高度来看待税收发展，坚持税收服务全面建成小康社会的总体目标，高扬"改革"与"法治"旗帜，在党的领导下，走好中国特色税收建设之路。 这是笔者理解税收现代化与税收新常态的基本思路。

自"税收现代化"与"税收新常态"这两个重要概念提出以来，作为税收理论工作者，笔者始终关注我国税收发展的现实进展，既关注我国各级税收部门对这些基本精神的领会与落实，又考虑如何从理论与现实、继承与创新、发展与改革、国内与国际等结合的角度，对这两者的内涵及其相互关系提出进一步的思考。 从 2014 年到 2015 年，笔者在北京、青岛、西安、广州等地与许多一线税务干部进行了交流沟通，得到了许多启示。 在这些调研的基础上，笔者认真拜读了国家税务总局主要领导的有关讲话，对"税收现代化"与"税收新常态"等税收新提法与对应的新做法有了新的认识与领会，结合自己多年来形成的或坚持的税收理论观点，初步形成了一些基本判断。

二、在把握大局中实现"适应新常态，迈向现代化"

党的十八大、十八届三中全会、十八届四中全会以来，以习近平同志为总书记的党中央带领我们进入了改革开放发展的新阶段。面对复杂多变的国际形势与艰巨繁重的国内任务，党中央提出了"四个全面"战略布局，标志着我们党治国理政水平与能力在新历史条件下的又一次飞跃，必然对我国税收的持续发展实现新引领，提出新要求。党中央对当前经济发展形势做出的新常态判定，更是做好各项工作的重要指导思想。当经济发展进入新常态后，不论我们是否使用税收新常态的提法，税收都已进入了新的常态化发展时期。我们要把握经济发展新常态对税收发展的影响，要去研究税收职能作用的新发挥，持续推进并最终实现税收现代化目标。

笔者认为，站在服务当前国家战略大局的高度来看问题，对于税收战线而言，至少要努力做到三个方面：一是要继续在国家治理体系与治理能力现代化进程中推进税收现代化，二是要在把握经济发展新常态的前提下认识税收新常态，三是当前要在"改革"与"法治"的旗帜下做好税收"适应新常态，迈向现代化"的工作。

其一，要始终把税收现代化放在国家治理体系与治理能力现代化的大局中去把握。总体上看，国家税务总局按照中央"完善和发展中国特色社会主义制度，推进国家治理体系和治理能力现代化"的总目标提出的税收现代化，是将税收发展放在国家治理现代化进程中加以考虑，是在新形势下持续推进中国特色社会主义税收建设的重要举措。税收现代化由六个目标体系所构成，即：完备规范的税法体系、成熟定型的税制体系、优质便捷的服务体系、科学严密的征管体系、稳固强大的信息体系、高效清廉的组织体系，这是一个符合现代税收发展规律、适应国家治理现代化建设、发挥税收职能作用的发展目标与实践要求。应该说，税收现代化在2014年已经迈出了坚实的步伐，有高度、有方向，有抓手、有落实，令人耳目一新，催人持续奋进。之所以说是有高度、有方向，是因为税收现代化的提法连接着国家最高战略层面的要求，百年复兴中国梦，全面建成小康社会，推进国家治理现代化，税收在其中既要发挥作用，又要自我完善直至走向现代化。而有抓手、有落实，就是要始终紧紧围绕经济发展新常态的要求来推进税收现代化，而不是只有口号，没有结果。因此，在今后一段时期内，我们还应继续坚持这样一种战略高度与基本现实的结合。涉及税收现代化的所有工作与步骤，都要紧跟国家治理现代化要求，都要服从特定时期的中心工作与具体部署，都要在服务大局中探寻实现税收现代化的形式与载体。

其二，要在对经济发展新常态的深刻认识中把握税收新常态。用我们常年坚持的"经济税收观"看问题，经济发展新常态与税收新常态的关系，就是经济税收观在新条件下的体现。税收新常态反映的就是经济新常态中经济与税收的辩证关系，一是经济发展新常态会给税收发展带来的影响与制约，这里强调的是经济对税收"有影响"；二是税收发展要服务于国家经济发展的新常态，这里强调的是税收对经济"可作为"。税收新常态就是"经济发展新常态决定税收发展，而税收发展又要反作用于经济发展新常态"，前半句强调的是经济发展对税收发展的影响，后半句强调的是对税收服务经济发展的要求。

我们对税收新常态的把握，无论从对税收"有影响"还是税收在其中"有作用"来看，都有很多内容需要研究。国家税务总局领导在谈到经济发展新常态与税收新常态关系时，首先是站在全局的高度来认识经济发展新常态对税收发展的影响，既要"深刻认识、主动适应、积极引领税收新常态"，又要"有效服务经济发展新常态"，这种辩证的提法就是这种站位的体现。"深刻认识"就是要准确把握税收现代化发展进程中的新阶段性特征，"主动适应"就是要又快又好又稳地推进税收现代化，"积极引领"就是要不断开辟与持续推进税收现代化新前景；而"有效服务经济发展新常态"，就是要在服务国家发展大局的同时，"励精图治，改革创新，持续推进税收现代化"。进而，总局领导还对税收职能作用、税收组织、税务干部队伍等面临的机遇与挑战加以论述，提出要求，体现了新常态下对"服好务、收好税、带好队"理念的新理解。对此，笔者表示赞同。

笔者进一步认为，从经济税收观的角度看问题，我们还要从经济发展新常态之主要形态，特别是速度变化、结构变化、动力转换三大特点，消费需求、投资需求等九个趋势性变化等重要标志来认识税收新常态。其中有些问题需要我们特别关注。一是经济发展速度带来的税收增长速度新常态。伴随着我国经济从高速转变为中高速发展，由经济发展速度所决定的税收发展速度也将发生变化。连续多年的税收高速增长也将转入中速增长，连续多年的税收超 GDP 增长应该逐步成为过去。 我们要探讨旧新转变期的税收增长新规律，把握影响这一转型的各种因素，力求一种与经济发展新态势相对应的税收增长模式。 二是经济结构变化带来的税收结构变化新常态。 经济结构调整在需要税收政策支撑的同时，首先体现的是经济新结构对税收结构变动的决定。 这里不但有传统意义上三大产业之变动对税制变动的要求，更有网络新时代经济结构变化对税制结构的必然影响。 因此，我们要从经济与产业结构变化调整上来重新看待直接税与间接税的比重比例，看待相关税种的比例调整。 三是发展动力转换带来的税收发展新常态。 经济新常态从传统的要素驱动、投资驱动转为创新驱动，期待中的"大众创业、万众创新"渴望带来经济发展新的驱动力。 这些变化既在一方面期盼着税收政策的支撑，在另一方面，也决定了组织收入工作压力与难度更大，同样需要征管方式的创新驱动。 四是消费需求变动带来的税收新变化。 就消费需求而言，我们要研究新常态下的消费需求变化和资源环境约束的相匹配问题，将消费税等税种调整与适应新常态的消费需求结合起来。 五是投资需求变动带来的税收新变化。 通过对税制改革的推进来实施创新的税收政策。 如何与新常态下投资需求变化、生产能力和产业组织方式、生产要素相对优势、市场竞争特点等相适应。 应探讨鼓励新技术、新产品、新业态、新兴产业等创新型的税收优惠政策，促进相关支撑产业的发展。 六是对外经济税收关系发生的新变化给涉外税收发展带来新变化。 当前，世界经济仍处在艰难调整的过程中，各国经济都以不同形式进入了各自的新常态，国际经济及由此决定的税收关系也呈现出新特点。 而从我国看，统筹内外两个大局的新税收作用正在持续体现。 我们必须在国家税收主权维护与国际税收的协调中，积极发挥大国税收的作用，既保障我国税收的应有权益，又提升我国税收支持开放型经济发展的能力，并持续参与和逐步推动国际税收合作迈向新阶段。

其三，当前特别要在"改革"与"法治"的旗帜下做好税收"适应新常态，迈向现代化"的工作。 在"四个全面"战略布局中，在全面从严治党的引领下，全面深化改革与全面依法治国，正如"车之两轮，鸟之两翼"，持续地给全面建成小康社会目标提供新动力。"党领导人民，扬改革旗帜，崇法治精神，走中国道路"，已经成为鲜明的时代特征。 在当前税收战线"适应新常态，迈向现代化"的进程中，我们要高扬"改革"与"法治"的旗帜，针对当前税收职能发挥、税收组织、税收队伍提升等重要课题，围绕适应新常态对税收提出的新要求，通过深化税制改革与建立法治税收之结合，寻求既立足于中国国情又符合改革与法治精神的收税方式方法，坚定不移且又实事求是地迈向税收现代化。

改革与法治要求应如何作为"车之两轮，鸟之两翼"来体现在税收"适应新常态，迈向现代化"的道路上呢，这需要我们持续地去探索。笔者的基本观点是，税制改革的核心就是持续地处理好市场与政府的关系，而这一关系的处理必须在法治框架中进行，必须将改革与法治要求紧密结合起来，这是我们这个时代的鲜明特色，是将税收适应新常态与迈向现代化结合起来的关键。笔者一贯认为，现代税收关系从来都是在处理好市场与政府关系的发展中前进的，回顾过去，中国特色税收发展之路就是在探寻对市场与政府关系的把握中实现的。长期以来，在我们坚持市场经济导向的税收改革发展进程中，事实上始终坚持税收中性（市场经济对税收基本要求）与税收非中性（税收体现的政府作用）的辩证统一。在十八届三中全会提出"市场在资源配置中起决定性作用和更好发挥政府作用"后，我们探讨的是在新要求下对税收中性和税收非中性的再平衡，探讨的是通过持续税制改革来促进现代税收制度的建立。而在十八届四中全会提出"全面推进依法治国"新要求后，税收中性与税收非中性的结合、市场决定性作用与政府更好发挥作用的统一、税制新一轮改革的持续推进，都在法治的框架下被赋予更为全面丰富的内涵。因此，今天在"适应新常态，迈向现代化"的过程中，就是要在改革与法治的旗帜下继续把握好市场与政府的关系，并不断赋予新的要求。

遵循这一思路，笔者下面将讨论"适应新常态，迈向现代化"下税收发展的三个问题，或者说新时期税收发展的三种常态化形式。一是在当前宏观调控新思路中发挥税收作用，通过政策运用、税制改革与法治税收的结合来增强动力与释放红利。二是探索新常态下税收组织的新形式，研究依法治税与税收任务并存的可能新形式。三是探索新常态下的税收征管与纳税服务并存的可能新形式。

三、在把握政策运用、税制改革与法治税收统一中认识新常态

无论在任何经济发展形态中，税收都具有收入与调控两大职能，其中对调控职能的运用体现着决策者对市场与政府关系的判断。党的十八大以后，根据变化了的宏观形势，本届政府在宏观调控方面有了新的思路，运用了宏观调控的新模式，并在经济发展进入新常态后继续成功加以运用，而税

收在这一宏观调控新模式中发挥了有效作用，并在实践中不断体现出税制改革与法治税收的精神。

2013 年本届政府提出了"定力把握、区间调控"的宏观调控新模式，只要经济不滑出以防通胀为上限，以稳增长、保就业为下限的区间，就不要过分干预。 在区间内，则放开"看不见的手"，让市场发挥作用，并用好"看得见的手"，包括税收政策在内的政策导向以"增信心、稳预期"为目标，包括营改增与减税在内的各项税制改革措施也是为了激活微观主体。 因此，把税收政策运用与税制改革放在新调控模式运用下审视，税收职能的作用就凸显出来了。 2014 年政府又实行了"在区间调控基础上实施定向调控"的模式，在这"区间基础、定向调控"的改进型调控思路中，税收在中央《深化财税体制改革总体方案》的统领下，平稳有序地推进税制改革，持续释放税收改革红利，积极提出和认真落实税收优惠政策，较好地发挥了税收对转方式、调结构、惠民生的促进作用，在诸如扶持小微企业发展、鼓励创新创业等"定向"支持调控方面展示了税收的新作为。 与此同时，税务部门在发挥职能与推进改革时，更加注重对税收法律制度建设的推进（如加快税收征管法修订稿起草工作）和在税收征收管理等方面的依法力度。 实践证明，新时期税收在改革与法治旗帜下发挥其职能作用的特色已经越来越显现。

在我国经济发展进入新常态后，2015 年国家确定的宏观调控模式是"继续实施在区间调控基础上更加注重定向调控"。 在这一模式中，从目前已经布置的包括税收政策运用与税制改革在内的各项措施来看，我们期待的必然是税制改革与税收法治时代特征在新条件下的进一步展现，从总体上看，税收正在继续适应宏观调控的新思路，正在顺应新常态下市场与政府作用重新定位的要求，成为释放改革红利的积极参与者。 有以下五个方面是必须注意或强调的。 一是在"区间中把握定向、定向中不忘区间"的统一部署下加大税收政策的作用范围与力度。 例如适当调高频率、加大力度地释放针对小微企业的税收优惠政策，再如持续加大对新兴业态与创新战略等的税收扶持。 二是持续加快税制改革的步伐，按照总体方案的要求逐步推进，首先是不断深化与扩围的营改增进程，还有消费税、资源税改革的实施，房地产税与环境保护税等立法与改革进程的协调，逐项都在扎实推进。三是税收政策在参与宏观定向调控时，既努力提高精准性、指向性和实效性，又注重与其他政策的配合，注重政策合力协调性、外溢性、持续性的发挥。 四是在国家自由贸易试验区战略中发挥税收作用。 我们要深刻理解中央建立自贸试验区的构想，是为了在新常态中更好地理顺市场与政府的关系，通过试点寻求可复制可推广的政策做法，为经济发展提供新动力。 在这样的构思下，自贸试验区当然不是"税收洼地"，而是"改革高地"、"压力测试场"，但这绝不是说税收就不能发挥作用。 税收要努力在自贸试验区这一改革新平台上发挥作用，要研究并试点可复制、可推广的税收新做法。国家税务总局 2014 年为支持上海自贸试验区发展出台的十项创新税收服务，各地当前为走出去企业制定专门的税收服务指南，各地税务与工商等部门推出的"三证合一"、"一证三号"，乃至"一证一号"便民措施等，都是典型事例。 目前广东、天津、福建自贸试验区已设立，上海自贸试验区也扩围，我们应该结合各自片区的独特优势与办区要求，加强税收政策探索，结合税制改革和简政放权，不断释放改革红利。 五是要全面认识与贯彻税收法定原则，稳步推进税收法制化与税收法治化进程。 税收法制化是指用立法形式推进的税收制度建设，我们要遵循先立后改、改革与立法同步、成熟改革经验要上升为法律等原则，稳步地推进税收法制化进程，并将该进程与用现代法治税收理念来发挥税收职能的税收法治化进程结合起来。 当然，和税制改革的渐进性相对应，法治税收构建也必然是渐进过程。 要用这样的理念来看待立法层次的提升，比如只有通过营改增进程的加快，只有扩围到一定程度，增值税条例才能上升为立法。 只要抱着这样实事求是的态度，就能力争在 2020 年完成税收立法层次的提升。 而在当前过渡期，政府与财税部门在调整税种要素与运用税收政策方面，都要在法治的框架内展开，熟悉法治要求，小心谨慎地运作，更好地发挥税收职能作用。

总之，回顾三年多来已经进行并在不断完善的宏观调控实践，我们欣喜地看到，在经济发展新常态中，我国税收在参与宏观调控、释放改革红利方面已经初步具备了新的常态化特征，笔者将其归纳为始终注重"税制持续改革、税收职能发挥和法治税收要求"三个方面的结合与统一，这既是税收适应新常态与迈向现代化的本质要求，也必然成为新时期发挥税收职能作用的重要载体与前提条件。

四、结合税务战线实际来认识新常态、迈向现代化

首先，我们要结合税务部门工作实践来认识新常态。 2014 年我国税收战线在党中央国务院的领导下，改革创新，强力推进，所取得的许多新成绩

让人感到振奋，广大税务干部为准确把握"税收现代化"要求而创新的许多工作新举措让人认同，他们迎难而上付出的辛勤劳动也让人由衷敬佩。 简言之，2014 年税务部门在全面推进税收现代化进程中取得了重要成绩，也为 2015 年适应"税收新常态"、持续推进税收现代化做好了坚实的思想、理论与现实准备。

国家税务总局王军局长在总结 2014 年税务部门推进税收现代化进程中所取得的成绩时，将所有工作都定位为"紧紧围绕到 2020 年基本实现税收现代化的目标"，都体现为"变而有策、忙而有序、难而有进"，应该说，这一归纳既有一以贯之的目标要求，又有体现特定年度的形势特征，这是实事求是的，令人信服的。 所谓"变"，所谓"忙"，所谓"难"，强调的是一种客观事实，包括税收运行内外部条件的变化，包括前所未有的严峻的经济形势，包括经济下行压力所带来的税收下行趋势，也包括税制改革攻坚所带来的新挑战新任务。 而所谓"策"，所谓"序"，所谓"进"，强调的是一种主观努力，是一种积极应对的态势，是一套主动有为的策略，是一种忙而不乱的次序，是一种动态向上的趋势。 具体而言，主要体现在王军局长报告所论述的六个方面工作新成绩上。

工作报告所提到的六个新成绩是，组织税收在克难奋进中迈上新台阶，税收改革在主动攻坚中实现新突破，纳服征管在规范发展中开创新局面，教育实践活动在前后接续中扩大新成果，干部队伍在严管善待中迸发新活力，党风廉政建设在紧抓不放中彰显新风气。 看到这样的归纳，笔者脑海里首先浮现的是我国税收战线长盛不衰、耳熟能详的"收好税、带好队"口号。税务局是干什么的，归根结底就是干好"收税、带队"这两件事，就是在不同的历史时期、在不同的时代要求下创造条件办好这两件事。 本届国家税务总局党组上任伊始所提出的口号也是"提升站位、依法治税、深化改革、倾情带队"，强调的也是在新历史条件下的收税带队。 因此，认真盘点 2014 年所做的六件大事，还是围绕"收好税、带好队"而展开的：前三件事是组织收入、税制改革、纳服征管，讲的就是新形势新要求下的"收好税"；后三件事是教育实践、干部队伍、党风廉政，讲的就是新时代新规范下的"带好队"。 与此同时，笔者更深刻的体会是，老三篇天天读，读出新体会；常工作年年做，做出新花样。 本届国家税务总局党组带领全国近 80 万税收干部紧扣时代主旋律，紧跟时代新要求，讲好中国税收故事，做好中国税收事情，走好中国税收道路，既承前启后，又富有新意，是将"收好税、带好队"放在全面推进税收现代化、放在国家治理体系与治理能力现代化的伟大进程中加以体现的,有很多做法值得我们去总结、去思考,这里只举两例。

其一,"组织税收在克难奋进中迈上新台阶",讲的是面对经济下行压力,克服了前所未有的收税难度,努力完成"预算确定的税收任务",税收首次突破 10 万亿大关。 这里的关键仍然是在中国国情条件下、在税收现代化进程中依法治税与税收任务的关系。 税收再现代化,税都是要收的,收不上税的税收现代化只能是一句空话。 在我国特有的"经济决定税收、税收反作用于经济"之"经济税收观"与"集中力量办大事"等体制特征下,笔者从来都认为,税收任务不是可有可无的,无论采取何种形式,无论是预期的还是强制的,税收任务的存在都是必然的、长期的。 税收任务与依法治税可以并存,税收任务必须在依法治国、依法治税的前提下加以完成。就这点而言,笔者认为,"预算确定的税收任务"的新提法,现实中对税收任务的确定与分解的做法等,有新意,有理论依据,也有现实需要,当然也有一些值得注意和值得研究的地方,在本书第七章第四节中,笔者将做进一步论述。

其二,"纳服征管在规范发展中开创新局面",这里讲的是坚持纳税服务与税收征管统筹推、交错抓,互为支撑,相互促进,既提高了税法遵从度,又提升了税收形象,开启了税收征管改革的新征程。 笔者认同国家税务总局领导对这一进程的把握与工作的推进,的确做到了"纳税人叫好、学者们称赞、国际上好评",许多经验做法值得研究推广。 这里的核心依然是依法治税(税收征管)与纳税服务的关系,纳服与征管是两个体系还是依法治税下的不可分割的有机组成部分,这是一个重大的理论与实践问题。 工作可以分开来做,本质却需梳理清楚。 2014 年,税务部门有效地进行"便民办税春风行动",全面试行《全国县级税务机关纳税服务规范》,这些都很好。在税收征管体系建设上,已经全面实施税收风险管理,还要拟定《全国税收征管规范》,这也很重要。 笔者多年倡导"坚持依法治税,倡导(优化)服务税收",很高兴看到在税收现代化的开局之年取得这么多可喜的进展。 但值得进一步研究的是,两个规范如何在事实上衔接、在理论上说透。 笔者在前阶段的基层调研中听到一些反映,如前台与后台的关系如何处理、服务与征管的连接如何把握。 此外,笔者在与国际税收同行的交流中,也了解到为何国外不少税务部门没有搞懂服务与征管的区别,因为在他们看来,服务与征管只是相互依存的两个方面。对此，笔者认为有必要提出"具有服务保障的税收征管"的理念，这与上述"预算确定的税收任务"的提法相类似，希望此类既有理论依据又有现实需要的新提法，能成为中国特色税收现代化的标志性提法而形成一种新常态，始终有所侧重，始终有机统一。本书第七章第五节将详细展开论述。

总之，自 2014 年提出"税收现代化"与 2015 年提出"税收新常态"后，我国税收工作取得了许多新成绩，也持续提出了许多新课题，同时为继续认识、适应与引领税收新常态，持续推进税收现代化奠定了基础。两年多来的事实证明，总局提出的全面推进税收现代化，六个体系的定位与持续的努力，有高度、有方向，有抓手、有落实，令人耳目一新，催人持续奋进。之所以说是有高度、有方向，是因为税收现代化的提法连接着国家最高战略层面的要求，百年中国梦，全面建设小康社会，是贯彻中央"四个全面"部署在税收战线的体现；而有抓手、有落实，就是始终紧紧围绕时代的要求与特点来推进税收现代化，而不是只有口号，没有结果。因此，在未来的日子里，我们还应继续坚持这样一种战略高度与基本现实的结合，涉及全面推进税收现代化的所有工作与步骤，都要紧紧围绕经济发展新常态的要求，都要服从适应与引领新常态的工作部署，换言之，就是在适应与引领经济发展新常态中把握"税收新常态"。税收新常态不仅是一种提法，更是经济发展新常态下实现税收现代化的必经之路，是一个重要的新阶段。既然经济发展新常态不是一个很短的时期，税收新常态就不是一个很短的时期，税收发展新常态是我国在 2020 年基本实现税收现代化的重要形式与主要载体。

第三节 新发展理念与供给侧结构性改革下的税收定位

当前，"十三五"时期国家经济社会发展新征程已经开启，全面建成小康社会决胜阶段的战斗已经打响。在这继往开来的新时点上，党中央提出了"创新、协调、绿色、开放与共享"的新发展理念，这是指引新时期新常态下新发展的全新思路；党中央还做出了全面推进结构性改革，特别是供给侧结构性改革的重要战略抉择。作为国家治理体系重要方面的税收，在当前经济社会发展新时期中应该如何准确定位，如何准确有效地服务新发展，这是当前的理论与现实问题，也是发展税收理念在新时期必须回答的问题。

经过多年的研究思考，结合当前的形势与要求，笔者认为，所谓税收定位，指的就是国家税务部门能够正确理解、全面把握、积极贯彻党中央在新时期提出的重要发展理念、重大战略部署、重要政策判断，自觉地将自己摆进去，努力在当前全面决胜大逻辑中找到中国税收服务大局、支持全局的切入点，特别是通过税收制度改革、税收征管改革、税收政策运用等方面的新举措来为全面建成小康社会战略目标的实现做出贡献。回顾中国特色社会主义建设与改革开放的进程，在每一个关键阶段与特定时点上，中国税收都是这样努力找准定位并积极发挥作用的。笔者从来认为，这一过程既体现了我国税收在现代市场经济框架形成与国家治理体系构建中不断提升的能力与水平，更体现了税收在中国国情条件下独有的"围绕中心、服务大局"的体制性安排与政策优势，对此我们必须充满自信、必须始终坚持。正是基于这样的认识，笔者在这里就新发展理念与供给侧结构性改革下的税收定位谈以下四点看法。

一、把握新发展理念的内涵是税收正确定位的前提

党的十八大以来，以习近平为总书记的党中央全面把握国内外大局，按照"四个全面"的战略布局，提出了许多指导我国经济发展继续持续健康发展的新思路，从认识、适应与引领经济发展新常态到提出"五大发展理念"，体现了党中央对我国经济发展规律性的科学思考与对发展新问题的正确应对。全面理解这些新发展理念的重要内涵，是我们在新时期把握税收定位、发挥税收作用的前提与基础。

党的十八大以来的三年多里，国家税务总局始终围绕党中央的决策部署，努力找准税收定位，依据"四个全面"战略布局与中央提出的发展新思路新理念，结合我国税收工作的实际，主动、动态、经常且创造性地提出了许多新的税收工作思路，赋予我国税收实践极强的时代气息。2014年，国家税务总局提出了"解放思想，改革创新，全面推进税收现代化"的目标设想，提出了税收现代化的总目标与六大体系，要求到2020年基本实现"税收现代化"，从而将税收发展与国家治理体系和能力现代化的战略目标有机地结合起来。2015年年初，国家税务总局又在我国经济进入经济发展新常态的新时期，使用了"税收新常态"的提法，强调既要深刻认识、主动适应、积极引领税收新常态，又要有效服务经济发展新常态。 在这些重要税收治理思路之下，国家税务总局还提出了不少新举措，做了不少有特色、有亮点的工作，包括连续三年完成预算确定的税收任务，努力创新依法治税与纳税服务更有机地结合，税收在服务国内外两个大局、参与国际税收治理方面迈开坚实的步伐，扎实地做好以绩效指标考核为标志的征税人管理工作等。 应该说，三年多来我国税收工作的这些实践举措，生动地体现了税务部门"围绕中心、服务大局"的定位意识，得到了各方面的充分肯定，书写了我国税收发展新的一页。

在 2016 年全国税务工作会议上，国家税务总局又提出了"砥砺奋进，改革创新，深入推进税收现代化"的新目标，根据党的十八届三中全会、十八届四中全会、十八届五中全会和《深化财税体制改革总体方案》(简称 2014 年《方案》)、《深化国税、地税征管体制改革方案》(简称 2015 年《方案》) 的要求，明确了税收在全面建成小康社会决胜阶段的定位、方向与任务，并对"在新的历史起点上开启税收现代化新航程"、"大步挺进税收现代化建设决胜阶段"进行了全面部署。 研读会议有关文件后，笔者的深刻感受是，国家税务总局提出的奋斗目标，既气势磅礴催人奋进，又脚踏实地可以落实，再次体现了中国税务在新历史条件下强烈的责任感与准确的定位意识，展现了中国特色社会主义税收强大的生命力。 国家税务总局的工作思路，是贯彻党中央战略部署与结合国家税收实际而形成的，是在新发展理念指引下提出的。 税收现代化决胜阶段与全面建成小康社会决胜阶段同步，而要实现这一目标，就是要按照新发展理念的要求来做好工作，来同步实现税收现代化。 国家税务总局在对 2016 年税收工作的总体要求中强调要"牢固树立和贯彻落实创新、协调、绿色、开放与共享的发展理念"，并将这些新发展理念贯穿于年度重点工作中，贯穿于税收现代化的部署之中，这是今年乃至"十三五"时期税收发展的鲜明特色，是税收定位的重要前提。

二、服务新发展是实现税收现代化进程中的首要任务

在新时期新常态中，我国税收工作发展必须始终围绕服务新发展、全面建成小康社会这一大局来展开。 笔者认为，五大发展理念，无论作为一个整体，还是五个具体发展要求，首先强调的依然是发展。 这里强调的发展，当然不是改革开放初期阶段的起步发展，也不是过去那种传统与粗放模式下的发展，而是具有创新、协调、绿色、开放与共享五大特征的新发展。习近平总书记指出："中国特色社会主义是全面发展的社会主义。 我国发展虽然取得了巨大成效，但我国仍处于并将长期处于社会主义初级阶段的基本国情没有变，人民日益增长的物质文化需要同落后的社会生产之间的矛盾这一社会主要矛盾没有变。 这就决定了我们必须坚持以经济建设为中心，坚持以人民为中心的发展思想，聚精会神抓好发展这个党执政兴国的第一要务，实现更高质量、更有效率、更加公平、更可持续的发展。"从这个基点出发，只要发展依然是党执政兴国、国家长治久安的第一要务，无论税收现代化的目标如何定，中国税务战线的首要任务依然是服务发展，服务在新理念引领下的新发展，税收仍然应该是以服务发展为第一要务。 2016 年全国税务工作会议也强调，"未来五年是税务部门又一个难得的可以大有作为的重要战略机遇期"，并从"改革带来的机遇"、"发展带来的机遇"、"开放带来的机遇"进行了论证。 看到"机遇"就是为了更好定位，而定位首先就是服务大局，服务发展，服务全面建成小康社会的目标。

其一，服务新发展首先就是要"收好税"。 面对错综复杂的国内外形势，面对连续不断的经济下行压力，税务部门的首要任务依然是"切实抓好组织收入工作"。 国家要实现创新发展、协调发展、绿色发展、开放发展、共享发展，每一个方面都离不开坚强的国家财力保证，离不开作为财政收入最主要来源的现代税收。 无论税务部门自身如何实现现代化，税务局首先都是征税局，就是组织收入局，"收好税"是税务部门永恒的主题，当然应该符合时代的要求、体现时代的特征，但基本的收税职能始终不能忘记。笔者欣慰地看到，2015 年国家税务系统"迎难而上收好税、收入任务圆满完成"，态度明确，措施有力，"预算确定的税收任务必须完成"，既有理论依据，符合依法治税的要求，又是责无旁贷的政治任务。 而总局在 2016 年的工作布置中，继续站在全局的高度，全力完成预算确定的税收任务，依然列于各项工作之首，并且继续坚持"客观地定、科学地分、合理地调、准确地考"的工作要求，继续突出征税过程的"全局统筹性、征管精准性、考核严肃性"，继续坚持"依法治税、应收尽收"、反对收过头税与不依规依法减免税。 本书第七章第四节还要阐述"完成预算确定的税收任务"的合法性与合理性，在服务新发展的新征程中，笔者这里重点强调的是，把握"发展带来的机遇"，依法切实组织好税收工作，是契合新发展理念的，是贯彻新发展理念、实现新发展的重要保障，必须始终坚定不移地坚持。

其二，服务新发展要不断深化税收改革。 在服务新发展的前提下不断深化税收改革，这就是要把握"改革带来的机遇"的内涵所在。 2016 年是税收改革的关键一年，是同时同步推进税制改革和征管体制改革的开局之年。 因此，要用新发展理念来协调统领两方面的改革，积极主动、稳妥有序。

就税制改革而言，要按照中央的统一部署，围绕实施五大政策支柱、抓好五大任务的要求，与财政部门密切配合，积极稳妥地深化税制改革。 从理念引领的角度上，要按照新发展理念来审视现有税制改革的方向、内容、顺序与轻重缓急。 这里只举两例。 一是对与促进创新发展和供给侧结构性改革高度相关的营改增进程，必须持续推动，力争实现年内完成的既定任务，这里既需要高层的决心与顶层设计，也需要国税、地税的密切配合和协调执行，还需要在支撑体系、技术安排、重点环节等方面有切实可行的措施。 从理论研究的角度，笔者希望能继续为营改增可望取得的成效与可能出现的约束再做一些量化的研究，以支撑这一改革进程。 二是从有利于绿色发展理念贯彻的角度看，资源税、环境保护税等方面的改革或设置也要加快，这方面的任务也相当繁重。 虽然不能指望税收能全部解决资源保护与环境友好的问题，但税收促进绿色发展与生态文明的作用必须充分发挥，在一定程度上，企业在运行中的环境成本、有限资源的合理使用都可以通过税收调节来实现，理论工作者就此还要提出更有说服力的科学佐证。

就征管改革而言，2015 年《方案》的出台为进一步推进税收现代化提供了新动力，"合作不是合并"的提法，本身就是实事求是的创新，符合创新发展理念。 2015 年《方案》提出的"依法治税、便民办税、科学效能、协同共治、有序推进"20 字方针既包含指导当前国税、地税协调合作的原则，又提出了税收征管体制持续改革的要求。"依法治税、便民办税"讲的就是依法治税与纳税服务的关系，国家和地方税务部门都要执行。 笔者认为，"便民办税"是一种比"纳税服务"更符合税收本质要求的提法，也同样能反映纳税人的期盼，"便民办税春风行动"作为抓手，立意深远，效果很好。"科学效能、协同共治"强调的是当前国税、地税合作的基本格局与工作要求，"有序推进"既强调当前改革推进的有序性，又预示了未来税收征管体制的持续优化的动态性。 就当前而言，《国税、地税合作工作规范 2.0 版》作为具体落实方案，逐步实施后会形成符合当前现实与认知要求、具有阶段性特点的中国特色税收征管体制安排。 总局提出的"理顺征管职责划分、创新纳税服务机制、转变征收管理方式、深度参与国际合作、优化税务组织体系、构建税收共治格局"的六个任务，是从征管角度将改革措施对接税收现代化体系，将有助于税务机关更好地服务新发展，也能推进税务部门自身的发展。

其三，服务新发展就是税收要继续服务好内外两个大局。国家税务总局近年来工作的亮点之一，就是坚持税收服务于内外两个大局，就是始终把握"开放带来的机遇"，得益于我国实力的增强，得益于大国战略的实施，中国税务迎来了更加有效地服务内外两个大局，更加积极地参与乃至引领国际税收治理的春天，正在扎实地从中国税务走向大国税务。就 2015 年的工作而言，我国税务部门努力服务国家战略的实行。例如，服务"一带一路"重大战略，做到"谈签协定维权益、改善服务促发展、加强合作谋共赢"，实施了许多有力的举措。而就 2016 年的工作安排而言，在这次全国税务工作会议上，国家税务总局更是按照开放发展理念的要求，提出要牢牢抓住国家扩大开放、全面走向世界舞台中央的机遇，深度参与全球税收合作，提升国际税收治理水平，强调随着我国经济实力和国际影响力的大幅提升，我们参与国际税收治理的"底气更足、腰板更硬、话语权更强"，要努力形成"提升我国大国税务影响力的最好时期"。本书第九章第四节与第五节将详细阐述这方面的内容。

三、根据新发展理念来对现有税收思路进行调整、更新与完善

新发展理念的提出，是发展理念的重要突破，是一以贯之和与时俱进的统一，是高层高瞻远瞩与基层实际呼唤的统一。习近平总书记指出："全党要把思想和行动统一到新发展理念上来，努力提高统筹贯彻新发展理念的能力和水平，对不适应、不适合甚至违背新发展理念的认识要立即调整，对不适应、不适合甚至违背新发展理念的行为要坚决纠正，对不适应、不适合甚至违背新发展理念的做法要彻底摒弃。"根据这一要求，我们必须按照新发展理念来对现有税收理念、原有工作要求进行检查梳理，对符合新发展理念的、有利于中国特色社会主义税收发展的，要坚持、要继续，要加以发展；对由于环境与条件变化而不适应的，要调整、要改动；对在新时期出现的、符合新发展理念的，要逐步上升成新的税收理念。笔者欣慰地看到，在 2016 年全国税务工作会议上，国家税务总局就是按照这样的思路，在坚持中国特色税收发展与推进税收现代化的前提下，延续了一些提法，调整了一些提法，增加了一些提法，展现了砥砺奋进、改革创新的中国税务精神。

其一，如何与时俱进地对税收现代化体系加以丰富完善。国家税务总局的基本观点是明确的，税收现代化体系是一个动态体系，从总目标的内涵到六大体系的内容，都应该根据党中央的一系列部署，都要结合近年来各地实践中的创新成果来加以丰富完善，做出必要调整，使之更具有时代性、创造性、先进性、引领性。同时，今后还会根据形势发展和新要求，对税收现代化目标与各自体系的内涵不断进行拓展与完善。笔者认为这符合新发展理念的要求，符合习近平总书记关于"发展理念不是固定不变的，发展环境与条件变了，发展理念就自然要随之而变"这一重要原则的精神。笔者的总体判断是，税收现代化目标符合全面建成小康社会与新发展理念的要求，在这个总前提下，我们要不断地丰富、发展与充实税收现代化的总体要求与相关体系。既然税收现代化进程是个动态进程，体系是个动态体系，则其目标内涵可以不断充实调整，子体系的组成也可以继续探讨予以调整充实，其中各个子体系的顺序（相对应的工作重点）也可以继续探讨来调整充实。

国家税务总局这次重点对税收现代化总目标的内涵从社会、国家与国际层面分别做了必要调整。一是在社会层面上，将原来的表述调整为"推进税务行业成为形象良好、受人尊重、拥有更高社会美誉度的行业，增强纳税人获得感、满意度、遵从度"。这一表述强调的是通过"征税人的努力"来实现"纳税人的满意"，对此，笔者总体上表示赞赏。而对于如何在新条件下做到"征税人的努力"和"纳税人的满意"，如何把握这两项工作的度，笔者将在下面分别详述。二是在国家层面上，将原来的表述调整为"推进税务部门成为国家治理体系和治理能力现代化建设的主力军之一，进一步增强税收在国家治理中的基础性、支柱性、保障性作用"，这是完全正确的，国家税收在国家治理体系与治理能力现代化建设中的地位更加凸显，担当更加明确。"基础性、支柱性、保障性"的提法是从税收角度诠释了"财政是国家治理的基础与重要支柱"这一核心表述，使税收现代化与国家治理现代化更加有机地结合在一起。三是在国际层面上，将原来的表述调整为"推进我国成为在国际税收舞台上发挥强大影响力的重要成员，更好地发挥我国在全球税收治理中的引领作用"。这也是令人鼓舞与可望逐步实现的，"重要成员"与"引领作用"的提法都符合开放发展的新要求，是大国税务的题内之义。国家税务总局这次对六大体系的内涵也分别做了完善，笔者同样总体上表示赞同。

其二，如何根据新发展理念赋予"经济税收观"新的时代内涵。 笔者始终认为，"经济决定税收、税收反作用于经济"的经济税收观，既符合马克思主义基本原理，又在我国经济税收发展进程中得到充分证明，这是我国税收独有的原则与特性，当然必须坚持，但同时还应该在新发展时期与新发展理念下对这一重要理念予以时代的考虑与必要的补充。 例如，当前面对经济下行压力，我们要努力追求的应该是这样一种良性循环，即"投资有回报，产品有市场，企业有利润，员工有收入，环境有改善，政府有收入"。作为国家税务部门，要让政府有潜在税源，有现实收入，要让国家经济社会发展有足够的财力，就必须努力去寻求、去创造、去支持任何发展带来的机遇，去支持新发展理念引导下的发展，当税务部门主动参与对新发展动力的支持，培育新的发展动能，参与促进对传统比较优势的改造提升，支持产业结构的升级，努力提升经济发展的质量与效益，上述良性循环就会形成，税收就会稳定与可持续地增长。 从一定意义上说，这就是我们坚持的"经济税收观"在新发展理念下要做必要的调整，要坚持经济决定税收的观点，要在新经济新发展条件下研究经济决定税收的新表现形式，在新发展理念的指导下，形成新的经济动能，培育新的税收源泉，形成一个具有向上趋势的合理的国民经济循环。

其三，如何根据新发展理念使"征税人的努力"更符合时代的要求。国家税务总局三年多来的工作亮点之一就是努力探寻有中国特色的税收绩效管理方法，既体现了"征税人管理与纳税人服务"的统一，又力图为"创新我国行政管理体制"提供有益的探索，引起了税务系统内外的普遍关注。所谓绩效管理，主要讲的就是实施绩效指标考核为标志的征税人管理工作，突出的就是对新时期"收好税、带好队"之"带好队"的新探索，强调的是如何使税收工作与绩效管理融为一体，如何使"倾情带队"与"从严带队"有机结合、相辅相成、更具高度，从而达到努力实现征税人管理现代化的目标。 从笔者近来在基层税务机关的调研来看，虽然基层对绩效管理的一些具体实施方法的认识还有待统一与提高，但坚持绩效管理、科学带队的现代治理方向必须给予充分肯定。 笔者的建议是，要按照新发展理念的要求来进一步做好税务绩效工作，既要突出战略导向，围绕税收现代化体系建设来编制对应的绩效考核指标，又要根据变化的情况与认识的提高，适时对相关考核指标做出必要的调整。 我们既要站在国家治理体系与治理能力现代化的高度来认识打造税务铁军的必要性，为税收服务新发展提供队伍保障，又要从实际出发，注意不要增加基层税务机关的负担，努力提高考评绩效。

其四，如何全面理解使"纳税人的满意"，特别是"让纳税人有更多获得感"的新提法。 2016年，国家税务总局根据新发展理念的要求，特别是"共享发展"的要求，按照2015年《方案》提出的"让纳税人有更多获得感"的要求，在许多工作部署中都强调了"纳税人的获得感"，从而使长期使用的"纳税人满意度"更富有了时代的气息。 一是如前所述，国家税务总局从社会层面上对税收现代化体系总目标的内涵进行调整，提出要通过税务行业自身的完善与工作，"增强纳税人获得感、满意度、遵从度"。 二是在部署国税、地税征管体制改革时，特别提出要"集中推出几项影响较大、关联性较强、能使纳税人获得感增加较多的改革措施"。 对于嵌入在这些工作要求中的"纳税人获得感"的新提法，笔者总体表示认同，同时也认为我们应该对于这一新提法给予全面的解读。"使全体人民在共建共享中有更多的获得感"，这是共享发展的重要内涵，是党中央对全体人民的庄严承诺，是为了增强发展动力，增进人民团结，朝着共同富裕的方向稳步前进。 在这个前提下，要如何全面正确地理解"纳税人的获得感"呢？ 笔者的初步理解是：首先，纳税人的获得感应该主要从共享发展成果的角度上把握，是从国家各种民生支出上获得的满足感，从这个意义上说，税务部门收取必要的税收，形成共享支出，是让纳税人有获得感的重要保障；其次，从原理上说，税收本质是一种对纳税人形成的不可避免的负担，纳税人的获得感既应该体现在为国交税的光荣感上，也必然体现在依法降低税负、减轻负担的缓解感上；再次，税务部门不断提高便民办税、优化服务的水平，更加尊重纳税人，纳税人的获得感则自然会提高，这也就是狭义的纳税人获得感；最后，在我国国情条件、发展阶段与体制安排下，纳税人并不完全等同于全体人民，对纳税人权益如何体现才能更有利于党长期执政与依法治国，值得进一步研究，因此建议对纳税人获得感的宣传要保持适度性。 与此相联系，"增强纳税人获得感、满意度、遵从度"的提法顺序是否可以调整为"增强纳税人遵从度、满意度、获得感"。

四、对接供给侧结构性改革是当前税收工作的重点

党中央在提出新发展理念的同时，强调了结构性改革，特别是供给侧结构性改革，这是党中央把握当前经济形势与做好全面决胜阶段经济发展工作做出的战略抉择，也是全面落实新发展理念、实现全面决胜的政策抓手。

国家税务总局明确提出，要"认真落实推进供给侧结构性改革的各项举措"，就是要将"主动对接供给侧结构性改革"作为当前税收工作的重点。对于供给侧结构性改革下的税收定位，这里简要谈一些看法。

其一，讨论税收在供给侧结构性改革中的作用，首先应该明确供给侧结构性改革的含义。对于什么是供给侧结构性改革，习近平总书记明确指出："供给侧结构性改革，重点是解放和发展社会生产力，用改革的办法推进结构调整。"一句话就把供给侧结构性改革的切入要点、相互关系、施策重心、运作目标讲得很清楚。供给侧结构性改革的提出，是适应与引领经济发展新常态的重大创新，是综合国力竞争新形势的主动选择，是适应我国经济发展新常态的必然要求，是在发展新思路下，寻求发展新空间、新动能、新机遇的有效抓手。我们应该准确地把握供给侧入手、结构性调整与改革推动这三个方面，从整体的角度加以理解，这对我们理解税收对接供给侧结构性改革有着重要的意义。

笔者的主要理解有四。一是无论从理论还是实践上看，要认识到多年来以投资、消费、出口"三驾马车"从"需求侧"拉动经济发展的做法已经做出了贡献，为我们顺利来到全面建成小康社会决胜阶段起到了重要的作用，但主要以总量为主、对结构发力略显不足的需求端政策，在经济发展新常态下已经出现效应递减，甚至可能延缓结构调整的进程，因此，传统的以需求刺激为主的政策需要调整，从供给侧、生产端、要素端入手来促进经济发展的政策取向是一种必然。二是结构性矛盾是我国经济发展长期积累的重要问题，当前经济困难也主要源于结构性失衡，主要在于供给方面，而改革是中国经济在新常态下突破结构性矛盾的根本方法，两者结合起来，就是力图以结构性改革来创造有效的新供给，来适应需求结构的变化，以在更高层次上满足总需求、给经济增长恢复动力、保持经济的可持续发展。从一定意义上说，这也是采用"供给侧结构性改革"（supply-side structural reform），而不是采用一般意义上的"供给侧管理"（supply-side management）的重要原因。三是供给侧结构性改革的主要内容是"去产能、去库存、去杠杆、降成本、补短板"五大举措，对应的五大政策支柱是：宏观政策要稳、产业政策要准、微观政策要活、改革政策要实、社会政策要托底。我们要全面理解这些政策导向的内涵与运作目标。四是强调从供给侧入手并没有否认需求侧的作用，在新发展理念引领下的供求新平衡是我们追求的目标。我们要认真领会习近平总书记所强调的，"我们讲的供给侧结构性改革，既强调供给又关注需求"，要研究的是"在适度扩大总需求的同时，着力加强供给侧结构性改革"。

基于这样的认识，税收要对接供给侧结构性改革的思路就比较清晰了。一是要运用税收政策全力推进供给侧结构性改革，目标是要通过减轻税负产生的导向作用来减少对特定要素的供给抑制，来提高有效供给的效率，来降低供给成本，来增加新动能、推动新发展。二是税收政策作用的重点是要促进经济的结构性调整、转型与升级，取向是既要有利于整体经济的结构性改革，又要同时实现与结构性改革相适应的税制改革。三是税收政策要具体研究对接"五大举措"的措施。去产能除去的是低端无效供给，这是应对危机的有效办法，也是经济新旧动力转换的必然结果。去库存主要针对的是房地产等库存积压的企业，通过房地产税推迟等多种办法进一步释放需求潜力，从而化解相关企业的已有库存，减轻其转型升级的压力。去杠杆既包括企业降低杠杆率，进而降低资本市场的过高杠杆，也包括降低政府的杠杆，即降低政府的债务规模，可以通过减税行为缓解企业和政府降低杠杆带来的负面作用。降成本是综合运用财税政策等手段降低企业的生产成本、流通成本和销售成本，降低税负的作用是显而易见的。补短板，是补齐全面建成小康社会的短板，特别是民生和发展的短板。在补短板过程中，特殊税收优惠政策可以促进社会慈善扶贫形成规模，进一步保障民生。四是税收政策要在"五大政策支柱"中找到自己的定位，同时能够协调与其他政策的关系。五是税收在主要作用于供给侧的同时，也要继续运用税收手段来适度扩大总需求。

其二，应该具体研究当前如何发挥税收在供给侧结构性改革中的积极作用。根据当前经济发展与体制性改革的要求，笔者认为应该注重以下六个方面。

一是认识上要到位。必须看到随着我国经济发展进入新常态，主要通过财政支出拉动需求、提振经济的做法受到了越来越大的限制。在经济发展的起飞阶段，比较频繁地使用扩张性的政策是发展中国家的常态，我国也不例外。但进入经济发展新常态后，当基础设施建设等已具规模，政府通过投资等拉动经济的正面效应将会出现衰减。在这种特定的经济发展时期，通过影响供给方的减税等税收政策来推进供给侧结构性改革就是一种主动选择与必然要求的结合。

二是要研究主动对接供给侧结构性改革的切入点。一方面作用于供给侧的税收政策之重点应是对有效供给、急迫供给、高端供给的减税支持，特别是对能够给经济带来新动能的创业创新投资等要素行为的减税刺激，这里要求的就是将比较普遍性的减税与特定的结构性减税有机结合。 另一方面，也要对各种过剩的、落后的、必须淘汰的供给给予税收抑制，笔者的研究表明，结构性减税（对创新型企业的税收优惠）与结构性增税（使落后、过剩产能的税收成本增加）的配合将使不同部门的要素回报率差距持续拉大，促使要素资源流向结构性改革的目标行业。 进而，还要运用税式支出等方式，对地方政府等相关方在化解过剩产能、淘汰落后产能等方面提供税收支持措施。 总之，要从我国发展阶段、补足短板、优化供给、鼓励匹配等国情因素入手，科学地构建支持供给侧结构性改革的税收组合，期待它们能够有助于新动能的形成，使供求在更高的发展水平上实现新平衡，促进我国经济在新常态下长期可持续地发展。

三是要重点研究减税政策的效应问题。 作用于供给侧的税收措施（特别是减税措施）有一个税收回应或税收响应问题（tax response），不同的经济行为主体对于减税的反应是不同的，至少反应程度是不同的，是否能够真正形成实施减税者期待的税收导向行为（如研究与开发费用的增加、创新意愿的提升等），这些都还存在相当的不确定性。 因此，对于任何经济行为主体的税收优惠政策，都必须力争对减税对象的反应程度有所研究。 可以认为，国有企业、民营企业、外资企业等不同所有制的微观个体，传统企业或新兴行业等不同经济业态，对减税政策的反应都可能有所不同，必须加以考虑。此外，在我国特定的中央与地方财力与支出责任的关系下，鉴于地方政府在经济发展中的独特地位，在减税施策推行供给侧结构性改革时，应该考虑地方政府的利益，当然更应加快财税体制改革步伐，这也是结构性改革的内容之一。

四是要注重减税运用与深化税制改革的协调。 税制改革既是近年来持续推进的重要任务，也必然是当前供给侧结构性改革的题内之意。 如前所述，2016 年的消费税、资源税、环境保护税等方面的改革都是很紧迫的，而 2016 年 5 月 1 日全面启动并再次要求力争全面完成的营改增，既是税制改革的重头戏，也对促进供给侧结构性改革有重要的意义。 许多研究已表明，营改增所带来的短期减税效应与长期税制优化将会对发展服务业尤其是科技等高端服务业起到促进作用，有助于加快产业升级，这些都是推进供给侧结构性改革的重要内容。 笔者研究近年来营改增的推进进程，看到的就是一个供给侧结构性改革的渐进过程，就是一个减税与改革并进、通过改革作用于结构性调整的过程，其难度之大可以理解，我们必须全力推进。

五是必须注重减税力度与必要财政支出的协调，从而有效地作用于供给侧的动能再造。任何政策措施都是要相互配合的，不必争论各自政策的长短，需要的是对施策重点与组合的研究。中央也已明确，推进结构性改革特别是供给侧结构性改革，统筹运用财政货币政策和产业、投资、价格等政策手段。因此，笔者还是倾向于提倡财税部门在统一协调下，发挥各自手段的优势，形成对供给侧结构性改革的有力推动。必须提醒的是，在特定条件下，有的行为主体可能偏好财政补贴，有的则偏好减税政策，也有的希望得到组合政策，对此我们必须心中有数。此外，当较大规模减税与必要但仍显著的支出双管齐下时，还是应该考虑财政的承受能力。虽然目前财政赤字处于可控范围内，但仍应正视回旋余地有被进一步压缩的风险。

六是特别注重研究减税与全要素生产率提升的关系。理论与实践都表明，在生产要素投入不变的情况下，全要素生产率的提高可以引致高质高量的产出，这对当今中国经济发展尤为重要。笔者赞同这种观点，即对高新企业的减税将促进创新企业的发展，进而推动整个社会全要素生产率的提升，从而促进全社会全要素生产率的逐步提高。但是，在中国国情条件下，全要素生产率提高的条件与途径还有待研究，要素靠何种黏合剂组合后能形成 $1+1>2$ 的全要素效应还没有完全把握。因此，促进全要素生产率提高的税收政策运用之对象还要探讨，例如，是否可以考虑对有助于提高全要素生产率的教育培训、服务咨询、组织管理等行为提供减税支持，多方促成税收作用于供给侧结构性改革的成效。

其三，要明确税收作用于供给侧结构性改革的国情、体制与阶段特殊性。近来，在谈到税收在供给侧结构性改革中发挥作用时，有些学者将这次改革与发达国家所经历的，特别是美国 20 世纪 80 年代以供给学派为主力推进的税制改革相比较。对此，笔者的基本态度是，不宜轻易地将我国当前的供给侧税制改革与发达国家供给学派税制改革相比较。我们从来都相信一分为二，一方面，发达国家所用的宏观管理与税制改革经验，无论是基于需求端管理的，还是基于供给侧发力的，我们都可以参考借鉴；另一方面，我们要看到我国供给侧结构性改革与发达国家曾经的供给学派实践有着本质的区别，这些本质区别来源于我国所处的不同发展阶段，来源于我国所拥有的不同制度与体制性安排，来源于包括历史文化传统在内的各种国情要求，更来源于当前的我国供给侧结构性改革是在新发展理念引领下所做的主动调整与重大创新，而不是西方国家当年的被动所为。 同为供给侧，性质大不同，则相对应的税制调整与减税作用必然也有许多不同。 同样的，当我们谈减税时，必须考虑我国与西方国家在税制结构、经济行为主体等方面的显著不同。 因此，我们任何时候都不应该只做简单类比，任何时候都不能生搬硬套。 20 世纪 80 年代后期，笔者在介绍美国、加拿大供给学派的税制改革做法时，就强调了税制改革的国际比较与借鉴应持有的基本观点。今天，当我国的经济发展实现了全面跨越、进入了新常态、正在进入全面建成小康社会决胜阶段时，当党中央决定将多年来以需求为主促进发展转入重点以供给入手保证可持续发展时，笔者更对中国特色供给侧税制改革政策实践的前景表示高度的自信。

第七章

全面深化改革与全面依法治国中的
财税发展

党的十八届三中全会提出"完善与发展中国特色社会主义制度，推进国家治理体系与治理能力现代化"的全面深化改革目标，并要求"深化财税体制改革，建立现代财政制度"，并同时提出"落实税收法定原则"的任务。党的十八届四中全会又提出了全面依法治国的目标，在坚持中国特色社会主义法治道路的前提下，对构建现代法治财税提出引领性的要求。据此，中国特色社会主义财税建设进入了在全面深化改革与全面依法治国要求下的新时代。我国财税部门正持续地"坚持党的领导，走中国道路，扬改革旗帜，崇法治精神"，正在努力为建设中国特色的改革财税与法治财税而努力。在本章中，笔者结合 2014 年以来围绕财税改革与财税法治建设撰写的文章而展开，共分为五节，分别是对新预算法的深刻理解与全面把握(第一节)、税收理论现代化在税收现代化中的地位(第二节)、坚持依法治税与实现税收法定原则的中国道路(第三节)、预算确定的税收任务与科学任务观(第四节)，以及依法治税与纳税服务的辩证统一(第五节)。

第一节　新预算法:中国特色财政发展的
阶段性成果与法治性形式

2014 年 8 月 31 日，第十二届全国人民代表大会常务委员会第十次会议通过关于修改《中华人民共和国预算法》的决定，修订后的《中华人民共和国预算法》(以下简称新预算法)于 2015 年 1 月 1 日起施行。作为全国人大常委会组成人员，笔者有幸参加了新预算法的修订、审议与通过进程。 作为财政理论工作者，笔者始终关注在新预算法中体现的我国财政理论与实践的发展。 总体上看，新预算法的实施，体现了党的十八大、十八届三中全会、十八届四中全会精神的要求，是对改革开放以来我国财政改革发展成果和预算体系建立的总结，是中国特色社会主义财政发展与法治财政建设的大事。 因此，运用"中国特色社会主义财政"体系框架来理解与贯彻新预算法，是一个必须坚持的研究角度。 顺着这一发展脉络，从坚持、发展与完善中国特色社会主义财政的基点出发，笔者在这里选择新预算法中的一些重要方面谈谈自己的学习体会，对已在前面第五章第二节中涉及的新预算法关于中央赤字财政措施与地方债务管理的内容，这里将不再重复。

一、阶段性成果与法治性形式：20 年发展道路的总结

用中国特色社会主义财政"五大特征"的研究思路与分析体系来理解新预算法，我们可以得出下面三个依次递进的基本观点。

其一，原预算法是中国特色社会主义财政发展在 1994 年"那个时期"的"初步成果"与"基本法制形式"。 当时的时代背景是，1992 年邓小平同志南方讲话后，我国加快了中国特色社会主义发展的步伐，特别是党在十四大确立了建立社会主义市场经济体制的改革总目标，开始构建与市场经济相适应的公共财政体制，并在 1994 年实行了分税制财政体制改革。"分税制"财政设置的基本原则是"存量不动，增量调整，逐步提高中央的宏观调控能力，建立合理的财政分配体制"，在原来实施的财政包干体制确定的地方上解和中央补助基本不变、认可地方既定利益的前提下，一是进行了税制改革，二是对财政收入增量制度进行了重要调整。 在税制改革方面，建立了以增值税为主体的流转税制度，统一了企业所得税，简并了个人所得税，开征农业特产税、土地增值税等其他税制改革，以及组建国家税务局和地方税务局在内的全新税收征管体系。 而在财政收入增量分配方面，按照中央和地方政府各自的事权划分各级财政的支出范围；根据财权、事权相统一的原则，合理划分中央和地方收入，以及确定税收返还数额、妥善处理原体制补助和实施过渡期转移支付等措施，并配合采取相应的财政改革措施。 原预算法的制定过程，在一定意义上说，就是和分税制改革的酝酿、制定与实施同步，在很大程度上是将上述财税体制改革形成的结果用法律的形式确立下来，初步展现了迈向社会主义市场经济方向的中国财税制度的雏形，应该说是体现了中国特色社会主义财政在那个阶段发展的基本特征。 例如，原预算法在第一章第一条就开门见山地写明制定预算法是"为了强化预算的分析和监督职能，健全国家对预算的管理，加强国家宏观调控"，这在很大程度上反映分税制财政体制改革设立的目标，即"逐步提高中央的宏观调控能力，建立合理的财政分配体制"。 这种立法时的基本判断与主要目的既反映了我们当时对中国特色财政基本职能作用与制度安排的理解，也体现了当时那个特定改革年代的需要。

其二，20 年中国特色社会主义财政的改革发展进程已经取得了重要成绩，必须在预算法修订中充分加以体现。 原预算法通过后的 20 年中，我们在"中国独特财政路"上继续前行，不断迈开改革发展新步伐。 总体上看，在坚持市场经济导向改革思路的前提下，在分税制财政体制的基本框架内，我们根据形势的发展变化，又对财政体制和税收制度进行了三大方面的调整和完善。 一是对中央和地方关系的调整完善，包括不断调整政府间收入划分，逐步调整部分政府间支出责任划分，分步完善并相对稳定了转移支付制度、稳步地推进省以下财政体制的建立。 二是对税收制度的不断调整完善，归纳起来先后分为三个阶段：1994 年到 1997 年的调整与补充阶段，1998 年到 2003 年配合积极财政政策而进行的有增有减的结构性调整阶段，2004 年以后的比较全面与持续的税制改革，最终形成了现在大家都比较熟悉的税收制度。 三是对预算管理制度的调整完善，最主要的就是在公共财政改革方向的引领下，积极推进政府预算体系框架、部门预算、国库集中收付、政府采购、预算公开等预算制度的改革，从而形成了现在我们已经比较熟悉的中国特色预算管理制度。 可以认为，面临着财税体制持续推进的改革进程与许多已经相对成型的基本制度，已经取得的财政预算改革阶段性成果要求必须得到法律的体现，原预算法中的一些内容已经不符合今天的要求，财政改革新成果必须用法律形式相对予以固定，急需上升为法律。 与此同时，我们一方面必须坚持市场导向的财政改革发展的总体方向，另一方面也要对还在探索的问题留下必要的空间。

其三，新预算法是中国特色社会主义财政发展成就在 2014 年"现在这个时期"的"阶段性成果"与"法治性形式"。 修订预算法彰显着我们持续地走好中国特色社会主义财政之路的决心。 正是体现着这种基本思路，经过方方面面的共同努力，历经四届全国人大常委会，历时 10 年四审，新修订后的预算法应运而生。 总体上看，新预算法反映了 20 年来中国特色社会主义财政的重要阶段性成果，是我国财政发展的最新法治化形式，也是我们将继续走好中国特色社会主义财政道路决心的鲜明昭示。 笔者认为，将1994年的原预算法与2014年的新预算法加以比较，我们首先看到的是一以贯之的共性，那就是始终如一地反映着我们对中国特色社会主义财政发展规律的动态探索进程。 与此同时，我们又要看到原预算法与新预算法各自不同的个性。 在分税制财政体制改革刚刚启动的1994年，预算法体现的只能是中国特色财政发展的"初步成果"和"基本法制形式"。 而在财政改革持续了20年后的2014年，新预算法体现的则是中国特色财政的"新阶段性成果"与"法治化形式"。 这里特别要强调的是预算法已经从20年前的中国特色财政的"基本法制形式"转变为今天的"法治化形式"，从"法制"到"法治"，反映的是今天我们在全面推进依法治国新条件下对财税法治建设的理解，是财政成为国家治理现代化基础与重要支柱的法治化要求。

二、立法宗旨：中国特色社会主义财政基本要求的体现

原预算法第一章第一条对立法宗旨的完整表述是，"为了强化预算的分析和监督职能，健全国家对预算的管理，加强国家宏观调控，保障经济和社会的健康发展，根据宪法，制定本法"。 经过多次修改，新预算法第一章第一条关于总则的表述是这样的，"为了规范政府收支行为，强化预算约束，加强对预算的管理和监督，建立健全全面规范、公开透明的预算制度，保障经济社会的健康发展，根据宪法，制定本法"。 比较原预算法与新预算法在立法宗旨表述上的区别，我们可以深刻地体会到中国特色社会主义财政的动态发展进程，体会到当前全面深化改革与全面依法治国对国家财政与预算的要求，体会到我国财政是国家性、公共性与发展性有机统一的鲜明特征，并努力把握这种统一在新时期的表现形式。

其一，"为了规范政府收支"，这是整个新预算法的开篇之句，是一个最为重要的立法定位。 在这一目标中，最核心的词语有二：一是"规范"，二是"收支"。 笔者认为，"规范"固然重要，是我们制定预算法的目标，但更核心的是"收支"，是将"收入"与"支出"同时纳入"规范"与"管理"的范畴。 在新预算法中同时将收入与支出包括在内，如新预算法第四条第二款明确指出，"政府的全部收入与支出都应当纳入预算"，这不仅是"全口径预算管理"的题内之意，更重要的是将收入与支出作为一个整体来看待，为国家同时协调运用收入与支出手段来"保障经济和社会的健康发展"提供了法律地位。 笔者多年坚持这样的观点，在中国特色社会主义财政所反映的制度性特征与体制性安排条件下，为了更好地体现我国独有的"经济决定财政，财政反作用于经济"之"经济财政观"的要求，我们必须同时运用收入与支出手段，必须同时考虑"以支定收"和"以收定支"的辩证统一，这与我们采用市场经济作为主要资源配置方式是没有矛盾的，而且必须坚持在法治的框架内将对财政收支的统一规范、协调使用确定下来。 应该说，本来这样一个认识是基于我国国情与制度安排的，不应该产生异议。 但在预算法修订的过程中，有些学者强调要将对收入的规范从预算法中剔除出去，希望实现预算法只管支出的格局，有的学者甚至明确提出：税务部门没有预算法，只要有单个税种法规与税收征管法，不是也一样收税吗？ 对于这种观点，笔者必须表明自己的鲜明观点。 这些学者所推崇的只管支出的预算法，其基本参照系是西方发达国家的预算制度与相应的预算法，而那种预算法反映的是西方经济制度、体制性特征以及特定价值取向，是与我国基本制度、体制特征与"经济财政观"等不相同的。 我们要看到我国财政预算制度与西方发达国家预算制度的本质区别。 显而易见，如果收入没有被纳入预算法规范的范围，我们就不可能有本章第四节还要详细展开的"预算确定的税收任务"这一概念，长期作为"经济财税观"发挥作用的主要载体而存在的税收任务就会失去其法律地位，这绝对不是我国改革财税与法治财税发展的方向。 因此，当"为了规范政府收支"被确认为新预算法的开篇之句、立法目的时，我们不仅应将其视为"全口径"预算管理之"全面性"的成果，更应将其视为坚持与完善中国特色社会主义财政的必然要求，是中国特色社会主义财政收支协调运用之"合法性"的胜利。

其二，预算法从原来主要是"管理法"转变为"管理法"与"监督法"的统一。"管理法"强调的是财政等部门依据此法来对财政活动进行自我管理，而"监督法"强调的是人大及其常委会对预算的审查监督，两者的统一就是新预算法既规范了财政等部门依法征收、依法支出、依法加强预算管理的行为，又突出了人大及其常委会对预算的审查监督权力。 原预算法中的"强化预算的分配和监督职能"、"加强国家宏观调控"被"为了规范政府收支行为，强化预算约束，加强对预算的监督与管理"所取代，这反映了立法目标的重要变化。"为了规范政府收支"，这是对政府财政部门和人大系统的共同要求，是"管理法"与"监督法"统一的共同要求；"强化预算约束"，主要是针对政府财政部门，是"管理法"的要求；而"加强对预算的监督与管理"，主要是针对人大系统的，是"监督法"的要求。 一边是为"依法理财"提供法律依据，一边是对"依法监督"提出法定要求，两者的结合构成了新预算法立法宗旨的两个重要方面。 必须强调，财政的分配、监督与调控职能，任何时候都是重要的，在新形势下还要发挥作用，但由于预算法是规范财政活动的"程序法"，不是描述财政作用的"实体法"，因此用"规范收支、强化约束"来体现立法宗旨完全合适，体现了财政国家性的要求，体现了对财政作为国家治理基础与重要支柱发挥作用的程序要求，体现了中国国体政体对财政预算活动的制约。

其三，明确将"建立健全全面规范、公开透明的预算制度"作为预算发展的目标。 这是对我国在构建与市场经济要求相适应的预算制度方面已取得的成果的肯定，是对全面深化改革与全面依法治国进程中建立现代预算制度决心的坚持，体现的是对现代财政制度一般的认同，是财政国家性与公共性统一的要求。 当我们已经确立市场在资源配置中的决定性作用后，就必须探索现代国家财政配置、分配与稳定职能的新表现形式，就要坚持财政公共性对现代预算制度的一般要求。 可以想象，在我们刚开始推进市场经济条件下财政预算体系构建、刚启动分税制财政体制改革的 1994 年，我们对现代预算制度之"全面规范、公开透明"的基本特征的认识还没有到位，是不可能把这样一个明确的现代预算设置要求写入预算法总则的。 而经过了20 年的财政体制改革实践，我们对此的认识提高了，观点一致了，十八届三中全会的《决定》明确提出要"实施全面规范、公开透明的预算制度"，在这种动态发展的背景下，新预算法明确将现代预算制度的要求写入总则，明确了"建立"与"健全"这两个依次递进的任务，体现了我们在市场起决定性作用与政府更好发挥作用的新条件下构建中国特色现代财政制度的决心。

其四，继续将"保障经济社会的健康发展"作为立法宗旨的重要组成部分。 在社会主义国体政体与基本制度下，在"经济财政观"与"集中力量办大事"等体制性特征的要求下，服务国家发展大局、保障经济社会健康发展，始终是我国财政的重要职能，任何时候都不能放弃，在"发展仍然是第一要务"的初级阶段更是这样。 笔者作为亲身参加预算法修订、审查、讨论与最终通过全过程的全国人大常委会组成人员，注意到一个重要的事实：原预算法总则中就有"保障经济社会的健康发展"，而在历时 10 年的预算法修订过程中，从第一稿到第四稿，直到最后的表决稿，无论立法宗旨相关条文如何修改(事实上绝大部分提法都发生了重大变化)，但"保障经济社会的健康发展"这个具有根本意义的重要提法始终不变，这正是财政国家性与发展性统一的生动体现。 笔者认为，我们之所以这样坚定不移地保留这一条款，是因为后面有这样重要的一句，也是在原预算法与新预算法中都是始终没有变化的，那就是"依据宪法，制定本法"，我们的宪法是《中华人民共和国宪法》，对于我国的国体政体与基本制度，宪法中已经表述得很清楚了，因此，我国财政保障与服务国家经济社会的健康发展就是必须始终坚持的重要任务，永远不会改变，永远也不能改变。

三、全口径预算：中国特色预算体系入法的深远意义

经过 20 年的改革发展，在中国特色社会主义财政发展的现阶段，政府预算体现为一般公共预算（即原来的公共财政预算）、政府性基金预算、国有资本经营预算与社会保险基金预算构成的"四位一体"预算体系，通俗地说，这是一套中国特色的"国家账本"。 经过反复修改，新预算法对这一中国特色社会主义财政发展成果做了如下表述（第五条第一款）："预算包括一般公共预算、政府性基金预算、国有资本经营预算、社会保险基金预算。"全口径预算体系的这一表述，既体现了建立健全"全面规范、公开透明"的现代预算体系的动态要求，更是从法律上对由基本制度、国体政体、发展阶段等因素而形成的中国特色社会主义预算体系的肯定，具有划时代的意义，主要表现有三。

其一，体现了中国特色预算体系的合法性。 笔者长期坚持从中国特色社会主义财政的角度看问题，这四本预算都是中国特色预算体系的组成部分，同时其理论依据又各有侧重。 一般公共预算（即原来的公共财政预算）的理论依据是财政国家性与公共性的结合，政府性基金预算的理论依据是财政国家性与发展性的结合，国有资本经营预算的理论依据是国家基本制度要求与财政国家性的结合，社会保险基金预算的理论依据是财政国家性、公共性与发展性的统一。 曾有观点认为，在现在的四本预算中，只有一般公共预算与社会保险基金预算是各国都有的，可以入法，而政府性基金预算与国有资本经营预算都具有过渡性质，或者说在一般市场经济国家预算体系中是不存在的。 对于这种观点，笔者不敢苟同。 因为这种观点只用公共财政一般理论来看待我国预算体系的发展，无法描述中国特色社会主义预算体系共性与特性结合的鲜明特征。 在中国特色预算体系中，政府性基金预算与国有资本经营预算的存在，都反映着鲜明的制度特征与体制性安排，这些预算

不是一种过渡性的形式，而是将伴随着中国特色社会主义制度及财政的发展而长期存在，对此，我们必须旗帜鲜明地支持。 因此，这次全口径预算体系入法，是对中国特色社会主义预算体系法律地位的确认，是将改革发展成果上升为法律，是中国特色社会主义财政的胜利。

其二，体现了中国特色预算体系的全面性。 建立"全面规范、公开透明"的预算制度，"政府的全部收入和支出都应当纳入预算"（新预算法第四条），这既是市场经济国家预算制度的共性，更是我国人民当家做主监督管理的要求。 全口径预算入法，财政部门依法行事、依法理财，人大依法进行审查、批准与监督，这是加强社会主义民主政治制度建设的需要，是确保党的主张通过法定程序形成国家意志、预算符合人民要求并得到严格执行的需要，是建立现代财政制度的需要，也是推进国家治理体系和能力现代化的需要。

其三，体现了中国特色预算体系发展的动态性。 中国特色社会主义财政始终是动态发展的，我们既要将已有发展成果上升为法律，还要为未来发展留下空间，全口径预算体系也不例外，在坚持国体政体制约下的体系合法性的同时，还要不断完善发展这一预算体系。 基于此，在预算法三审稿中，原来的表述是预算体系"分为"四个预算，最终定稿为"包括"四个预算，这是实事求是的。 相比较而言，"分为"更多地体现为"完成式"，而"包括"则体现为还有一定的改革调整空间，具有"进行式"的寓意。 例如，随着国家经济社会的发展，随着国家综合实力与对应的财政实力的提升，中国特色社会保障制度最终是要逐步建立的，到那个时候，现行的社会保险基金预算也要相对应地调整为社会保障预算。

四、全口径预算体系细解：财政国家性、公共性与发展性的统一

中国特色社会主义财政是国家性、公共性与发展性的统一，这种统一体现在当今我国财政改革的许多方面。 从新预算法对中国特色全口径预算体系名称与地位的表述，所体现出的各预算间的有机联系，可以清楚地看到我国财政体制改革已经取得的成果，也可以清楚地看到财政国家性、公共性与发展性的统一。

如上所述，全口径预算体系的形成，是中国特色社会主义财政发展的阶段性成果，是中国特色预算体系的主要内容。 经过 20 年的改革发展，在中国特色社会主义财政发展的现阶段，在原预算法提交审议修订的那个时点

上，政府预算体现为公共财政预算、政府性基金预算、国有资本经营预算与社会保险基金预算构成的"四位一体"预算体系。必须看到，经过多年的改革发展，公共财政预算已在全口径预算体系中处于主导与主体的地位。在最后通过的新预算法中，这一特点得到了体现，并结合改革发展实际有了新的拓展，主要表现有三：一是预算更名，二是内容充实，三是地位突出。我们必须基于中国特色社会主义财政的发展来把握这些变化。长期以来，笔者坚持公共财政预算的基础就是财政国家性与公共性的结合，一般公共预算的立法调整更进一步体现了财政国家性、公共性与发展性在新时代条件下的全面结合，体现了我们对中国特色社会主义市场经济对应财政表现形式的高度自信。

其一，预算更名。新预算法将我们多年使用的"公共财政预算"更名或确定为"一般公共预算"。笔者认为，这不是一般意义上的更名或确定，而是对中国特色社会主义市场经济条件下财政表现形式的全新认识的体现。十八届三中全会的《决定》将"深化财税体制改革，建立现代财政制度"作为"完善和发展中国特色社会主义制度，推进国家治理体系治理能力现代化"的组成部分来考虑。在十八届三中全会的《决定》中，没有再使用或者说没有刻意强调公共财政的提法，而是在"财政是国家治理的基础与重要支柱"的前提下论证市场经济对财政表现形式的要求。如本书第四章第一节所述，笔者的学习体会是，"方向不变，高度已有，可以不提"。当年在财政前面加上"公共"二字，体现的是财政职能从计划经济转向市场经济的现实，说明的是财政的钱主要应用于公共产品的提供，强调的是这一转型，表明的是这一态度，指出的是这一方向。而当十八届三中全会的《决定》已经确定市场在资源配置中起决定性作用、政府更好地发挥作用后，可以说，当初确定的这一转型已经基本完成，态度已经世人皆知，方向已经坚定不移，因此，可以不必在财政面前再保留"公共"二字了。基于此，笔者倾向于用财政的公共性取代公共财政的提法。大家当然还可以继续使用国家财政、公共财政、发展财政、涉外财政、改革财政等约定俗成的概念，但作为国家治理基础与重要支柱的财政，要强调的是其国家性、公共性、发展性、改革性与涉外性的统一，强调的是"同一财政、五大特征"。从这一角度理解，新预算法将"公共财政预算"更名为"一般公共预算"的意义就很明确了。根据原预算法，似乎只有公共财政预算才是公共财政，而其他三个预算都与公共财政无关。而现在前者是"一般的"公共预算，后三者则都是"特殊的"公共预算，财政公共性全面地体现在整个预算体系中。 这一更名表明，我们对现代市场经济对应的财政表现形式、对中国特色社会主义财政理论与实践更加有自信。

其二，内容充实。 新预算法第六条第一款为，"一般公共预算是对以税收为主体的财政收入，安排用于保障和改善民生、推动经济社会发展、维护国家安全、维持国家机构正常运转等方面的收支预算"。 研究这一定义，看到的是四个关键词——"税收"、"民生"、"发展"、"国家"。 就收入而言，强调的是"以税收为主体的财政收入"；在支出方面，一是用于"保障和改善民生"，二是用于"推动经济社会发展"，三是用于国家，"维护国家安全、维持国家机构正常运转"。 这种表述体现的就是财政国家性、公共性与发展性的统一。 我们可以将这一定义与财政部门多年使用的公共财政预算定义加以比较，该表述是，公共财政预算"是指政府凭借国家政治权力，以社会管理者身份筹集以税收为主体的财政收入，用于保障改善民生、维持国家机关正常运转、保障国家安全等方面的收支预算"（谢旭人，2011）。 可以看出，新预算法采用的定义增加了财政发展性的要求。 与此同时，我们也注意到，通常我们在提法顺序上，一般都是先提发展后说民生，因为"有发展才有民生"。 而在一般公共预算这一特定预算中，则是先提民生后提发展，这是一般公共预算的本质与财政公共性的要求，财政的钱（主要是纳税人的钱）主要用于提供公共产品与服务，用今天大家都熟悉的语言来说，就是用于保障与改善民生。 应该说，这一内容的充实是有其深刻的理论与现实意义的。 例如，从2015年起，国家下达的地方一般债券都纳入地方一般公共预算管理，这些债券用途都是公益性资本支出，简单地说，就是各种投资项目，体现的都是发展。 因此，当新预算法给出的一般公共预算定义将财政的公共性与发展性都包括在内时，这种对地方一般债券的管理就有理论依据与法律效应了。

其三，地位突出。 新预算法对一般公共预算在全口径预算体系中的地位做了明确规定："一般公共预算、政府性基金预算、国有资本经营预算、社会保险基金预算应当保持完整、独立。 政府性基金预算、国有资本经营预算、社会保险基金预算应当与一般公共预算相衔接。"（新预算法第五条第二款）在三审稿中，原来的要求是"同时保持各类预算间互相衔接"，经过反复审议讨论，最终改为其他三个预算"应当与一般公共预算相衔接"，这就突出了一般公共预算在全口径预算体系中的主导作用与主体地位。 如前所述,这种改动的原因在于财政的公共性应该体现(当然可以有程度上的不同)在所有预算之中。 就政府性基金预算而言,既要保持其"专项用于特定公共事业发展"的发展特性,还要努力做到财政发展性与公共性的结合。 要持续将政府性基金预算中可以用于提供公共服务和用于人员与机构运转的项目转到一般公共预算中,继续留在政府性基金预算中的也要加大两本预算的统筹程度。 就国有资本经营预算而言,既要保持其对国有资本经营收益做出支出安排的完整性,又要提高国有资本收益上缴一般公共预算的比例,同时加强国有资本经营预算支出与一般公共预算支出的统筹使用。 就社会保险基金预算而言,一般公共预算安排从来都是社会保险基金的重要来源,要配合社会保险缴款和其他形式筹集的资金,确保专项用于社会保险的收支预算能够实现平衡,并根据可能提高统筹层次与增加保险项目。

五、坚持中国特色社会主义财政方向:学习新预算法的体会

新预算法通过并实施一年多来,笔者有幸参与了全国人大常委会办公厅等有关部门组织的对新预算法的学习、解读与培训工作,看到各级人大代表、人大干部、财政干部认真学习新预算法,自觉依新预算法办事,很受鼓舞。 与此同时,笔者在全国人大常委会与省级人大常委会参与年初预算审查与年中预算调整工作,更体会到我国在全面依法治国与依法理财方面迈出的扎实步伐,体会到新预算法作为政府从事财政工作、人大履行审查监督职能法定依据的重要意义,更看到了中国特色社会主义财政发展的强大生命力。

在这一进程中,笔者高兴地看到,我国财政理论界在对新预算法的理论解读与实践引导方面做了大量的工作,体现了对中国特色社会主义财政发展的理论自信。 当然也要看到,在预算法的修订过程中,在对新预算法的把握解读中,在随之进行的对预算实施条例修订草案的制订细化中,还存在一些不同的看法。 有的是对全国人大与国务院在预算管理范围上的不同理解,有的是国务院内部财政部与其他部委在管理权限划分上的正常分歧,还有的则是在具体提法乃至法言法语上的不同见解。 这些观点分歧都是正常的,既表明了理论工作者对事业的满腔热情,也推动了大家在实践中不断探索,为法律的持续完善提供理论支撑。 笔者进一步认为,这些讨论表明,这种在党的领导下,在共同事业、共同目标前提下的学习、讨论、辩论直至

最终形成共识的过程，正是中国特色社会主义财政事业充满活力的生动体现。 基于此，笔者倡导要在发展中国特色社会主义财政的动态视野中来把握新预算法，来出台实施条例，来做好全面依法治国与依法理财工作。 笔者愿和大家一起，继续为这一事业的新发展再献微薄之力。

第二节 税收现代化呼唤着税收理论的现代化

如本书第六章第二节所述，2014 年，本届国家税务总局领导顺应时代的要求，提出了"解放思想，改革创新，全面推进税收现代化"的目标设想，从而将税收现代化同国家治理体系和能力现代化的目标结合起来，体现了国家税务系统"提升站位、服务大局"的战略意识。 可以认为，正在推进的税收现代化，是在坚持中国特色社会主义制度的前提下，在服务"两个一百年"宏伟目标与"四个全面"战略布局中的税收现代化，是中国特色社会主义税收的现代表现与系统构建。

一、推进税收理论现代化是时代的要求

中国税收现代化必然呼唤着中国税收理论的强力支撑与同步发展，呼唤着中国税收理论现代化。 总体上看，中国特色社会主义税收体系的现代化，应当包括中国特色社会主义税收理论的现代化，包括我国自己税收理论的持续完善与系统成型，使之更加符合时代的新要求。 具体说来，包含税法、税制、服务、征管、信息、组织六个子体系现代化的中国税收现代化体系，都要求能有服务于税收现代化总体方向与每个特定体系的理论佐证。"税收理论现代化"进程，既包含对一以贯之的中国特色社会主义税收理论体系、已有成果与发展方向的坚持，也有对能更加适应新常态、推进新发展的税收新观点的期盼。

对于税收理论现代化，首先必须明确一个基本观点，即是在坚持中国特色社会主义税收理论已有成果的基础上推进的。 简单说，就是要"坚持方向、动态发展，完善体系、更加成型"。 税收理论现代化的出发平台是在 30 多年中国特色税收发展进程中逐步成型的税收理论体系。 税收理论现代化必须继续立足中国国情，是当代中国税收理论的自我完善与继承创新，而绝

不是另辟新径、再起炉灶。 党的十八届三中全会提出，全面深化改革的总目标是，完善与发展中国特色社会主义制度，推进国家治理体系和能力现代化。 党的十八届四中全会对全面依法治国的要求，前提也是走中国特色社会主义法治发展道路。 因此，我们是在中国特色社会主义制度的前提下深化财税体制改革、加强财税法治建设与推进税收现代化的，我们当然也是在这样的前提下实现税收理论现代化，对此必须毫不动摇。 现代市场经济条件下税收的理论共性，现代法治国家对法治财税的一般要求，我们应该吸收，但是还必须看到中国发展道路、制度体制、所处阶段等对税收理论现代化的特殊要求，这是今天提出税收理论现代化的共同基础。 进而，还要用动态发展的观点来看待税收理论现代化。 中国特色税收发展之路是持续向前的，是在不同历史阶段中面对新问题、迎接新挑战的过程，从改革开放初期顺应市场经济体制与对外开放要求而逐步建立的税收制度，到今天在"四个全面"战略布局指引下让税收在国家治理现代化中发挥更大作用，中国税收发展充满生机活力。 因此，税收理论的形成、发展与现代化都是动态发展的，要在实践中逐步更加成型。

回顾中国税收理论体系的形成与发展，每一位亲身参与其中的理论工作者对此都有深刻的体会，都有对走过道路与发展方向的坚定自信。 今天讨论税收理论现代化时，笔者不禁想到我国税务界德高望重的金鑫同志1985年提出的"三个体系、一支队伍"的战略设想，即"我们要经过艰苦努力，用不太长的时间，建立一套科学的社会主义税收理论体系，建立一套符合我国国情的、有利于经济体制改革的税制体系，建立一套科学的、严密的税收征管体系。 建设好一支革命化、年轻化、知识化、专业化的税务干部队伍"。 在这"三个体系"中，第一个体系就是中国特色的、科学的、符合社会主义社会发展要求的税收理论体系的构建，就是对我们要有自己的税收理论体系的要求与期盼。 与此同时，第二个税收制度体系与第三个税收征管体系的构建，也要求税收理论界要能够结合中国国情与改革开放进程的要求，来对既相互联系又各有特征的这两大体系进行对应的理论研究。 这是构建中国特色税收理论体系较早的明确表述，激励了包括笔者在内的税收理论工作者为之不断地进行努力。 1985年成立的中国税务学会等中国税收学术平台，聚集了一大批致力于税收理论中国化的税务界领导、学者与一线实践者。 1985年创刊的《税务研究》等刊物，发表了一系列有影响的具有鲜明中国特色的税收文章。 应该说，30年来，我们正是这样在实践中不断探索，在比较中深入研究，在税收一般与中国特色结合中不断前行，终于形成了自己的税收理论体系，并为今天继续推进税收理论现代化提供了重要基础与前进平台。

二、中国税收理论现代化的初步成果

中国特色社会主义税收理论体系应如何归纳，今天税收理论现代化再出发的前进平台应如何描述，这需要税收理论与实际工作者的共同研究。在2015年召开的"'税收现代化'研讨会暨《税务研究》创刊30周年座谈会"上，国家税务总局领导、学会领导、专家学者已从不同侧面对税收理论现代化取得的成果进行了阐述，对笔者很有启发，并在该座谈会上重点围绕下面五个方面展开论述。

其一，我们坚持了对中国特色社会主义税收国家性的全面理解，既秉承现代国家税收"强制性、无偿性、稳定性"的基本属性，又对现代市场经济条件下"三性"之表现形式有了新的认识。例如，正是我们坚持了对现代税收"无偿性"的辩证认识，逐步认同了现代市场经济条件下税收"个体无偿、整体有偿"的重要特征，所以有了"个体无偿"对应"依法征管"、"整体有偿"对应"服务税收"的基本判定，所以有了在现代市场经济条件下坚持"依法征管与纳税服务"有机统一这一重要理论突破。正是在对这些税收基本理论的领会中，我们在实践中探寻着对"税收征管"与"纳税服务"这一税收工作"双核心"、"一个钱币之两个方面"的认识，在我国税收的不同发展阶段持续地推动着"纳服征管"工作的前进。

其二，我们探索了对中国特色税收使用特性的正确把握。在我国仍然处在发展中国家初级阶段又采用市场经济资源配置方式的条件下，以税收为主体的一般公共预算收入，就必须在使用上同时体现公共性与发展性的统一。一方面，既然是市场经济主体配置资源，税收使用就必须体现公共性，即纳税人的钱主要应用于公共产品与服务的提供；另一方面，只要发展仍然是第一要务，税收在满足民生、提供公共产品的同时，还必须拿出一部分来搞建设、谋发展，税收也就必然具有发展性。正是这种对税收使用公共性与发展性共存的理解，才有了今天税收使用的合理性与现实性，也才有了新预算法关于"一般公共预算"定义中的表述：以"税收"为主的一般预算收入，首先用于保障与改善"民生"，其次用于推动经济社会"发展"，而后是用于维护"国家"安全与机构的正常运转。

其三，我们构建了具有中国特色的税收基本制度与税收征管制度。 例如，在社会主义市场经济逐步确立中，我们提出了建立与市场经济及公共财政相适应的税制要求。"简税制、低税率、宽税基、严征管"的税制改革方向就是这样一种理论表述，既符合现代税制效率、公平、简便的基本原则，又体现中国特色的税收征管要求。 而在我们逐步对"税收征管"与"纳税服务"有了新的理解后，现实中已将"严征管"与"优服务"有机地结合起来了。 正是基于此，笔者曾经倡导用"简税制、低税率、宽税基、严征管、优服务"来体现新时期的税制改革方向（参见本书第六章第一节）。 再如，我们始终坚持"税收中性与非中性相结合"的现代税收理念，不断深化对政府与市场关系的理解，努力探索"税收不可避免、扭曲必然存在、损失尽量减少"之现代税收观的实现形式，并注重把握税收政策运用的适用范围与运作力度。 我们也始终从国情出发，提出并不断丰富税制结构的"直接税与间接税双主体"理论，探索反映市场经济要求与国情制约条件下的税制结构实现形式。

其四，我们弘扬了中国独特的"经济税收观"与"集中力量办大事"等体制性特征对税收发展的要求。 在中国特色税收体制内，"经济税收观"与"集中力量办大事"是我们的特征与优势。"经济决定税收"，强调的是经济对税收的决定作用，"经济蛋糕"决定着"收入蛋糕"，强调在经济发展的前提下的依法治税；而"税收反作用于经济"，强调的是"收入蛋糕"反作用于"经济蛋糕"，强调的是税务部门必须完成的提升站位、围绕中心、服务大局、促进发展、维护稳定，乃至支持小微企业等重要任务。 正是对这些基本观点的坚持，我们才能在不同发展阶段探寻着"依法征管与税收任务的统一"，在法治的框架内努力发挥中国税收的独特积极作用。

其五，我们持续在依法治国进程中对依法治税理论与实践的认识，持续对税收法定原则等法治税收要求的理解。 伴随着改革开放的深化，我们逐步理解现代法治税收的一般要求，在不同的发展阶段中持续而有效地推进依法治税、依法行政的步伐，积极推动税收法定原则的落实，同时也明确在我国国体政体下与发展阶段中，税收法定原则的落实应有其独特的表现形式，应该探索这些原则落实的中国道路。 简单地说，依法治税必须坚定不移，税收法定必须始终坚持，但在不同国家制度、体制与发展阶段的条件下，法治税收有着不同的实现方式，不存在普世皆准的共同模式。

三、当前推进税收理论现代化的重要方面

回顾过去，是为了立足今天，是为了展望未来。 站在今天这个时点上，我们关注的税收理论现代化，就是对包括上述成果在内的中国税收理论的完善与推进。 这里既包括在国家层面上要符合国家总体发展战略的要求，也包括在税收发展层面上要符合税收现代化的要求。 特别是对于"适应新常态，迈向现代化"的税收发展，对于税收现代化体系的构建，要努力从理论的角度予以支持与佐证。 具体而言，推进税收理论现代化，可以重点关注下面这四个密切相关的理论问题。

其一，要始终坚持"税收理论现代化就是税收理论当代中国化"的理念。 笔者赞同在 2015 年"'税收现代化'研讨会暨《税务研究》创刊 30 周年座谈会"上马国强教授提出的"要形成由税收新概念、税收新定理和税收新制度构成的中国税收话语体系"的设想，赞同在该座谈会上郭庆旺教授提出的"税收现代化就是要根据中国国情，促进税收管理现代化、制度现代化和理论现代化"的观点。 近年来，笔者不断尝试对中国特色社会主义税收理论体系的构建，本书的撰写就是这一执着探索的又一阶段性成果。 税收理论界可以从不同角度来探索中国特色社会主义税收理论体系的内涵，但有一点必须是共同的前提，那就是"税收理论现代化必须是税收理论当代中国化"，而不是其他什么理论的现代化。

其二，要继续探寻"落实税收法定原则的中国道路"。 在国家税务总局提出的税收现代化体系中，摆在第一位的就是建立"完备规范的税法体系"，就是要贯彻十八届三中全会提出的"落实税收法定原则"的要求，就是要落实十八届四中全会全面推进依法治国的要求。 当前，税收法定原则已在《立法法》的修订中单独表述了，到 2020 年前力争对所有税种全面制定法律的时间表也已经确立了，应该说，我们取得了很好的成绩。 但是，理论界对落实税收法定原则的中国模式是否存在，以及必须如何体现税收法定的中国特色，还是有一些不同的看法。 笔者(2015a、2015b)撰文强调，应认真总结中国特色法治税收理论发展的已有成果，努力加强对税收法定新理论观点的研究，持续探寻落实税收法定原则的中国模式。 本章第三节围绕这一主题详细展开论述。

其三，要正确理解"预算确定的税收任务"的新概念，丰富依法治国框架下的"依法治税与税收任务统一"理论。 当前，在中国特色税收发展的

新阶段中，特别是在全面依法治国新要求下，如何依法组织好税收，是税务战线面临的重要任务。 特别是在新预算法实施后，尤其在我国财政预算体制管理重点进行重大改革后，如何理解依法治税与税收任务的关系，是一个重要的理论与现实课题。 国家税务总局提出的"预算确定的税收任务"概念，需要理论界的同志深入加以研究。 笔者（2015a、2015b）认为，"预算确定的税收任务"是在经济发展新常态下依法征管与税收任务共存的新形式，我们应该理直气壮地予以坚持，给予理论上的背书。 本章第四节将围绕这一观点展开论述。

其四，要持续探讨"具有服务保障的税收征管"的统一理念，在新形势下不断丰富"依法征管与纳税服务有机统一"的理论。 国家税务总局提出的税收现代化体系的第三与第四子体系是"优质便捷的服务体系"与"科学严密的征管体系"，在总结2014年工作时强调的也是"纳服征管在规范发展中开创新局面"，这些都需要理论工作者予以理论上的佐证。 笔者（2015a）提出了"具有服务保障的税收征管"的理念，认为在新形势下应该至少在理论上将"依法征管"与"纳税服务"有机地统一起来，并将立足点更多地放在"依法征管"上，而将"纳税服务"内在地嵌入"依法征管"进程中。 本章第五节将详细展开这一新命题。

第三节　落实税收法定与坚持依法治税的中国道路

从根本上说，我们是在坚持中国特色社会主义的前提下推进税收法定与依法治税进程的。 我们要在把握现代国家治理与市场经济对法治税收一般要求的同时，探寻符合我国国体政体、体制特征、发展阶段等国情条件的税收法定与依法治税之路，要形成共性与特性结合的中国法治税收模式。 在当今中国，落实税收法定原则，全面推进依法治税，就是要持续推进中国特色社会主义税收发展，就是要在现有基础上加强对新观点的研究，持续走好中国特色法治税收道路。 必须说明的是，税收法定与依法治税相互联系、相互交叉，是相辅相成、依次递进的整体进程。 在本节中，税收法定主要是指税收法制建设与相关的税收法治思维，依法治税强调的则是国家税务部门据法而从事的征收活动及相关工作思路。

一、在中国特色社会主义税收发展中把握法治税收

就税收法定而言，伴随着改革开放进程与多轮税制改革，我国税收法制建设持续地向前推进。 虽然在特定的历史条件下，税收法定原则的现代表述还需要继续探索，但其精神实质已在实践中逐步体现并发挥作用。 我们创造性地探寻并实践了"体现精神，逐步实行；内外有别，分类推进"的中国税收法定路径。 一是在理论上，我们已经形成了这样一种辩证认识。 一方面，对现代税收法定原则的基本要求已经达成共识。 这些要求包括，现代税收必须依法而征，必须有一个完备规范的财税法体系，税收要素要能法定，征税程序要能法定，税收作为公民财产权利的一种必要让渡必须得到法律的确认与保护。 另一方面，税收法定原则虽是国际社会公认的现代法治税收的重要准则，但并不存在脱离具体国情的普世实现模式。 一般的实现模式应该与不同国家的特殊要求相结合，要把握的是税收法定精神，要坚持的是税收法定现实，要依据的是一国特定阶段的实际要求。 二是在实践中，改革开放之初，对于从计划经济中走出来的中国税收而言，必须从实际出发，探寻一个能在法律框架内有效发挥税收功能的现实路径。 一方面，我们对涉外税收直接制定法律，适应当时扩大对外开放与对接国际惯例的需要，涉外税制成为我国税制改革与法制建设的突破口。 另一方面，我们对国内税收主要采取了授权立法的方式，以适应经济社会发展与体制改革探索的需要。 全国人民代表大会在 1985 年通过了《全国人大税收立法授权决定》，开启了在特定发展时期用税收条例取代税收法律的发展进程。 30 多年来，这种带有鲜明时代特征的现实做法已经起到了积极作用。 简言之，从特定时期需要、已有法律规定、立法工作实践与税收功能发挥等事实出发，可以认为，税收法定原则在我国已经初步成型与基本确立，这就是为何在十八届三中全会的《决定》中对"税收法定原则"采用的是"落实"而不是"确立"的原因所在。 我们当然也要看到，用今天全面依法治国的要求来衡量，税收法定原则在我国税收立法工作中还没有得到全面落实，还有许多税种仍依国务院暂行条例实现征收，税法授权时间也相对过长、范围依然过广。 因此，今天既有全面落实税收法定的现实基础，又有全面落实这一原则的时机与条件。 当前我们对中央"落实税收法定原则"要求的贯彻，是已有税收法定原则实现之中国道路的持续前行，而绝不是另辟新径、再起炉灶，这种"落实"是在中国国体政体与国情条件下的落实，而不是重寻他

国模式的"落实"。

就依法治税而言，在改革开放以来的 30 多年中，我国税务部门坚持依法治税这一现代国家税收与市场经济的要求，在实践中探索具有中国特色的依法治税模式，特别是在我国运用市场经济为主配置资源以后，国家税收与法治税收结合的要求使得我们不断提高对依法治税的重视，不断赋予"收税带队"这一我国税务系统永恒主题新的时代要求。 历任国家税务系统领导都对依法治税持续地予以重视并提出许多有效的工作思路。 特别是在 1997 年"依法治国"被写入党的十五大报告后，时任国家税务总局局长的金人庆同志在 1998 年明确提出"依法治税、从严带队"的口号，第一次将"收好税"与依法治国有机地结合起来，体现了中国税收在现代法治条件下继续前行的决心。 而本届国家税务总局党组上任伊始，就响亮地提出了"提升站位、依法治税、深化改革、倾情带队"的口号，更是给中国税收"收税带队、服务大局"的主题注入了新的活力。 而在党的十八届三中全会、十八届四中全会后，国家税务总局更是提出了"全面推进税收现代化"的战略目标，并将"完备规范的税法体系"置于国家税收现代化六大体系的首位，使依法治税成为全面推进国家治理与依法治国的重要组成部分。 与此进程相适应，我国税收理论工作者也在不同时期做了许多具有创新意义的工作。例如，如何在依法条件下发挥国家税收的职能，如何妥善处理好依法治税与税收任务关系，如何妥善处理好依法征管与纳税服务关系等，都提出了一些重要的观点。 当然，我们在依法治税方面也还存在着不足，理论上也有深入探讨的必要。 但站在今天这个时点上，伴随着全面深化改革与全面依法治国进程，依法治税理念已是根植于中国税收中的指导思想，要研究的是在新形势下依法治税的实现形式并赋予更丰富的内涵。

二、在新形势下探寻"落实税收法定原则"的中国道路

当前，按照"落实税收法定原则"与加快法治税收建设的要求，我们在落实税收法定方面又迈出了新的步伐，其标志性成果有四。 一是 2015 年十二届全国人民代表大会第三次会议对《中华人民共和国立法法》(以下简称新立法法)进行了修订，对原来就已有所体现的税收法定原则进行了重申与强化，对全国人大及其常委会的税收专属立法权做出了单列细化规定，使之更加明确。 二是有关方面就"力争到 2020 年前全面落实税收法定原则"目标达成了共识，形成了与深化税制改革步伐相协调、将现有税收条例逐步上

升为法律的时间表。 三是全国人大与国务院财税部门各尽其责，做到税收立法与税收执法的有效分工与合理衔接，在税收法定条件下有效地发挥国家税收职能。 四是财税理论工作者继续探索落实税收法定的中国道路，尽管在具体观点上还存在分歧，但探索税收法定原则落实之中国模式的方向是一致的。

其一，税收法定原则在新立法法修订中得到了重申与强化。 十二届全国人大及其常委会对立法法的修订，体现了税收法定原则在我国的进一步落实进程。 这次修订前，2007 年通过的《中华人民共和国立法法》（以下简称原立法法）第八条"下列事项只能制定法律"中的第八款为"基本经济制度以及财政、税收、海关、金融与外贸的基本制度"，这已将税收作为全国人大的专属立法权加以表述。 同时该法第九条规定"上述规定事项尚未制定法律的，全国人民代表大会及其常务委员会有权做出决定，授权国务院可以根据实际需要，对其中的部分事项可以制定行政法规，但是有关犯罪和刑罚、对公民政治权利的剥夺和限制公民人身自由的强制措施和处罚、司法制度等事项除外"。 正是依据这些规定，我们开启了前述的国内税法授权进程。

认真比较新立法法与原立法法中关于税收法定的相关表述，认真研究此次修法中体现的基本精神与法理基础，至少可以得出下面三个基本结论。

首先，必须把握税收法定原则在我国立法中体现的动态进程。 笔者的基本判定是，税收法定原则在原立法法中已经存在，并在新立法法中得到强化。 有些学者认为，税收法定原则在原立法法中没有得到体现，这是不合实际的。 税收法定原则在原立法法第八条第八款中已有体现，只是税收是在基本经济制度之下并与财政、海关、金融和外贸等基本制度并列，没有特别加以突出。 而新立法法将税收法定原则单款单列，是为了突出强调与更好落实。 笔者还认为，原来之所以把"税收基本制度"和"财政基本制度"、"海关基本制度"、"金融基本制度"、"外贸基本制度"一起，作为"基本经济制度"的"以及"而出现，并共同表述为全国人大的专属立法权，主要是从基本经济制度以及财政、税收、海关等"子制度"设立的角度来看问题，这是正确的，"税收基本制度"还是从属于"财政基本制度"的。 但是，原立法法的这种表述，用税收法定原则来看，主要不足有两方面。 一方面，这种表述无法体现税收是国家对公民财产的一种"占有"和"获取"，无法体现纳税人缴纳税收是一种"奉献"的特定含义；另一方面，税收法定是国际社会公认的特定领域行为准则，但在金融、外贸等领域中没有这样的对应，税收与金融、外贸等并列只是在"基本制度"上对应的。 因此，这次新立法法将税收专属立法权单列，并将其位置从二审稿时的第九款调为最终稿时的第六款，与国家对公民其他权限"剥夺"的对应款项相联系，直接置于这些款项之后，主要就是基于这样的考虑。

其次，要正确理解新立法法第八条第六款对税收专属立法权的表述内容。 有一段时间，对这些专门表述的解读成为理论界争论的焦点，也是广大纳税人与新闻媒体关注的问题。 在十二届全国人大期间，常委会先后对新立法法修订稿进行了两次审议。 在二审稿时，关于税收法定的单列表述是"税种、纳税人、征税对象、计税依据、税率和税收征收管理等税收基本制度"必须由法律规定。 广大委员就此进行了认真讨论，也出现了正常的意见交流。 笔者在审议中提出的观点是，税收法定主要针对税收基本制度与税收征管基本制度，同时应该为财税部门行使税收职能留下必要的运作空间。 而后的三审稿根据委员们的审议意见，将这一专门表述改为"税种的开征、停征和税收征收管理的基本制度"必须由法律规定，并最后以此表述提交十二届全国人大第三次全体会议审议。 笔者认为三审稿的表述比较合适，因为这已经反映了"税收基本制度与税收征管基本制度"两个税收法定的基本方面。 在大会期间，这一修改后的表述引起了一些争议，焦点就在于"税种是否包含税率"这一涉及原属于税收常识的内容。 作为税收理论工作者，笔者从来认为，税种的设立就已经包含对税率的确定。 而作为全国人大代表，笔者也理解在当前我国经济社会发展阶段上广大纳税人对税率确定问题的特别关注与敏感程度。 因此，笔者最后赞同有关方面提出的表决修订稿，即"税种的设立、税率的确定和税收征收管理等税收基本制度"应该由法律确定。 应该说，对新立法法审议过程中对税收法定单独表述的充分讨论，并最终以大会修订立法的形式加以通过，体现的是广大代表对落实税收法定原则要求的支持，也体现了科学立法、民主立法与党管立法的要求。 现在新立法法已经通过，对于税收法定的表述已经确定，必须予以执行，必须站在落实税收法定的高度进行理解，而不再纠缠于"税种是否包含税率"的问题。 理论探讨依然可以有，各种表述依然各有道理，但税收法定原则得以确定的意义始终是首位的，法律的严肃性必须得到尊重。

再次，要深刻体会新立法法第九条对税收授权保留的意义。 在改革开放的进程中，根据原立法法第九条的规定，行政部门从全国人大得到的税收授权是合法的，也是必需的。 当然用今天落实税收法定原则的要求来看，现实中税收法规的层次仍然不够，迄今为止，我国目前18个主体税种中仍有15个是根据相关条例运行的。 因此，税收条例上升为税收法律的进程还有待加快。 但这里有一个关键问题，就是既要通过对税收专属立法权的单列来加快落实税收法定的进程，又要考虑在过渡期内使行政部门在行使税收职能方面具有合法性。 正是基于这样的考虑，在新立法法中，继续保留了第九条授权国务院可以根据需要制定税收法规的条文，为在过渡期内依法治税提供了法律保障。 还要特别指出的是，在新立法法第八条中，虽然将"税收专属立法权"列为第六款（主要从税收是国家对公民财产权的"占有"和"获取"的一般意义上说），列于"犯罪和刑罚"（第四款）、"对公民政治权利的剥夺和限制公民人身自由的强制措施和处罚"（第五款）之后，但在第九条中，"税收专属立法权"并没有同"犯罪和刑罚、对公民政治权利的剥夺和限制公民人身自由的强制措施和处罚"和司法制度等事项一起归入"授权"除外的事项中。 在修法过程中，之所以没有采纳某些学者提出的"将税收立法、对公民财产权剥夺等"也纳入"授权除外"的观点，是因为主要表明"对公民财产权占有"的税收与其他对公民权利的剥夺，既有一定程度上的共性，又存在着明显差异。 缴纳税收是每个公民必须承担的义务，这与其他被剥夺的权利是不一样的。 因此，新立法法在"授权除外"中区分了这两类"占有"或"剥夺"的情况，这不仅是过渡期中保留税收授权的法律必要，也是在法理上坚持了国家税收与对应征纳关系的特定含义。

其二，"力争到2020年全面落实税收法定原则"的路线图与时间表已经形成。 这一共识的达成体现了税收法定原则在中国落实的现实性，主要有三个方面。

首先，税收法定原则全面落实的目标已经确定。 党的十八届三中与四中全会提出了"深化财税制度改革、建立现代财政制度"与推进法治财税建设的要求，有关方面就是在这样的背景下加快了税收法定步伐。 以后凡是要开征新税的，要由全国人大及其常委会制定税法，即"先立后征"。 同时，要根据"改革要和立法同步"、"改革成熟的经验要上升为法律"的要求，对现行税收条例进行修改的，一般都要上升为法律。 此外，对于其他税收条例，也要根据实际情况，要区别轻重缓急，特别是要权衡对税收的影响，加快税收法定层次提高的步伐。

其次，税收法定的落实要与税制改革进程相适应。 多年来，在我国税制还在不断变动时,许多条例还不具备上升为法律的条件,这时依法治税的层次虽然较低,但符合现实。 而当税制改革进程已经深化,特别是当我们已经提出了构建税收现代化的目标时,在改革与法治的旗帜下,就必须加快税收法定的进程。 增值税条例就是典型的例子。 当"营改增"改革还在进行时,该条例就还有存在的必要。 而当现在已经接近"营改增"的最后阶段时,该条例尽快上升为法律就是水到渠成的,这种渐进次优的税制改革成功经验必然要体现在税收法定的实现过程中。

其二,税收法定原则的落实必须在顶层设计引领下,积极稳妥地逐步实施,不能操之过急。 这里的顶层设计,包括对我国国体政体的坚持,包括对中国特色税收所具有的"做大蛋糕、促进发展"等功能的把握,包括对税收法定原则落实必须考虑的现实性等方面,要全面衡量税收条例上升为法律可能涉及的改革方案。 当前,各方对这一进程已经形成了统筹兼顾的路径共识。 对这一进程的把握,既要加快税收立法步伐,从现在到 2020 年,要完成 15 部条例的法律提升工作,平均一年三部,这是繁重的任务,要有紧迫感并积极稳妥地推进;又要实事求是,这就是我们在总目标提法上加上"力争"二字的深刻含义。

其三,全国人大与国务院在落实税收法定原则方面更加密切配合,共同推进中国法治税收进程。 在中国特色社会主义的国体政体中,全国人大及其常委会作为税收立法机关,国务院及其财税部门作为税收执法机关,都是在党的领导下,为全国人民共同利益而奋斗的,两者目标一致,应该在落实税收法定原则的进程中相互理解、相互配合、各司其职、共同努力。 税收立法人大确定,税收工作财税部门承担,税收立法与税收执法既要各自定位,又要互相促进。 只有这样,税收法定原则才能真正加以落实,税收的收入职能与调控职能才能得到有效实现。

首先,全国人大及其常委会已经为落实税收法定原则做了大量工作。要落实税收法定,最终就是要逐步实现每一个税种都要以国家立法机关制定的法律作为征收依据的目标。 这里主要有三个方面。 一是全国人大要主导提出实现所有税种都有对应法律的任务要求,要通过顶层设计,努力形成完备规范、税制要素科学规范、征纳权利义务明确、税收征管有效运作的税收法律体系。 二是基于实事求是的原则,全国人大应在财税部门的配合下,分期分批明确落实税收法定原则的具体时间表。 对拟新开征税收的法律制定,要加快推进步伐,如环境保护税;对正在进行和需要改革的税种,要通过制定法律来推动改革，如资源税与消费税；对已经进行试点改革的税种，要通过加快法律的前期工作来推动全面改革的步伐，如增值税转型；而对于中央决定明确提出立法要求的，则要作为人大牵头的重点立法工作加以推动，如房地产税的立法与相应改革启动。三是对税收授权立法制度在当前的实施，全国人大要在法律框架内依法履职，同时实事求是地对待。在税收授权立法依然有效的期间内，全国人大要旗帜鲜明地支持财税部门履行其调整税率等政策行为，并对税收政策运用进行监督。全国人大还必须创造条件来提升税收立法层次，通过与执法部门的沟通协商，通过机制评估等有效机制，在适当的时间用适当的形式来逐步实现全面立法的目标。

其次，财税部门在实际工作中不断提升对税收法定落实意义的认识。一是财税部门对全国人大的税收立法工作给予了全力支持，配合全国人大相关专门委员会分门别类地做了大量的前期工作。二是在税收立法授权存在的现阶段中，财税部门特别注重对税收法定原则的尊重，在税收政策运用（包括税率变动）时更加注意方式方法的调整。例如，前阶段在油价下跌时，财税部门上调了燃油税率，不久前又根据需要上调了烟草税率。一些学者认为这些做法违背了税收法定原则，指责有关主管部门已经越权。这种观点至少是一种误解。全国人大对国务院的税收授权依然存在，对燃油税率与烟草税率调整的职权依然在财税部门，这是合法的，而且有关部门在行使这些权限时已经经过了必要程序。需要特别强调的是，在将来所有税收都上升为法律的条件下，法律或执行细则中还是可以且必须赋予财税部门必要的处置权限，对税率也是可以制定调整幅度的。税收法定的核心是要在法治框架内发挥税收的职能，税收工作、税收政策运用在任何国家都是由财税部门完成的，不可能由立法机关来完成，这是常识，也是必须坚持的。

其四，理论界对建设中国特色法治税收的观点更趋一致，为落实税收法定提供了理论支撑。我们既要坚持现代国家对税收法定原则的一般要求，还应在中国特色社会主义法治国家建设的前提下，在中国特色社会主义税收的持续发展中把握税收法定原则的实现形式。就现代法治国家中税收法定原则的要义而言，最简单地说，税收法定原则要求的是，对于征税行为，一是必须由立法机关立法决定，二是征收机关必须依法从事征税活动。然而，正如市场经济作为资源配置方式有其基本原则，但在现实世界各国实践中却存在着不同实现模式一样，税收法定原则受制于不同国家的国体政体与发展阶段等国别政治经济因素，其实现形式必然既有共性又有差异。我们绝不能将西方国家税收的法定原则实现形式视为放之四海皆准的普遍模式生搬硬套地加以模仿，而应在持续构建中国特色社会主义税收的进程中，探寻税收法定原则之中国特色实现模式与推进路径。

笔者要强调的是，税收理论工作者要有社会与体制责任感。不少学者为落实税收法定原则做了大量工作，他们的贡献有目共睹，这里不予展开。但也要看到，还有一些学者(特别是个别年轻学者)片面强调税收法定原则的共性，或者沿用西方国家"三权分立、两院制"下的税收法定原则之做法来对比我国实践，或者片面夸大全国人大与国务院在税收法定问题落实上的分歧，这些都是不恰当的。特别是在当前经济下行压力、社会矛盾复杂存在的条件下，在社会舆论急需引导与社会急需正能量的条件下，理论工作者要有更强的社会责任感。关于税收法定的不少研究，其作用往往不仅是理论探讨，而且常会带来较大的社会影响。因此，我们要多强调税收法定就是要努力让国家税收在法律框架内发挥作用的观点，多强调国家税收是为广大人民群众根本利益服务的观点，多强调经济社会发展都有纳税人贡献的观点，多强调全国人大与国务院都是在党的领导下各司其职、相互配合的一致性，要多宣传税收理论界在税收法定理论上已经达成的共识。

第四节 预算确定的税收任务与科学任务观

当前，在中国特色税收发展的新阶段中，如何依法组织好税收，是税务战线面临的重要任务。在新预算法修订后，在我国预算管理体制进行改革后，特别是面对经济下行压力的现实，如何理解依法征管与税收任务的关系，是重要的理论与现实问题。正是在这样的背景下，国家税务总局提出了"预算确定的税收任务"的新提法，明确要求要牢固树立"科学任务观"，对于这两个相互联系的具有中国特色与时代气息的新提法，既需要广大税务干部在实践中不断加深理解、贯彻运用，也需要税收理论界工作者深入地加以研究。这两年来，笔者多次撰文表达了自己的鲜明立场，明确支持这些既体现法治财税精神又契合时代脉搏的提法，有了一些新的体会。

一、"预算确定的税收任务"的合理性与合法性

笔者认为，从组织收入的必然性、制约性与合法性来看，"预算确定的税收任务"都是在经济发展新常态下依法征管与税收任务共存的新形式，应该理直气壮地予以坚持。这一观点有五层含义：一是税收任务必须存在；二是在新预算管理体制下，这一任务是预测性指标；三是预测性任务仍然也是任务，当预测性指标通过人大程序后，就是预算确定的税收任务，税务部门就必须努力完成；四是在完成预算确定的税收任务的过程中，要努力克服执行中的各种偏差；五是在实践中，如果由于种种原因难以完成预算确定的税收任务，可以通过法定程序报人大批准调整预算。这一理解体现的就是依法治税下依法征管与税收任务的统一，就是探寻在全面依法治国下依法治税的实现形式。

其一，税收任务在我国必须长期存在。在我国特有的"经济税收观"与"集中力量办大事"等体制特征下，税收任务从来都不是可有可无的，无论采取何种形式，无论是强制性的还是预测性的，税收任务的存在都是必然的、长期的。"经济决定税收"强调的是在经济发展的前提下必须依法治税；而"税收反作用于经济"强调的是税务部门必须要完成的围绕中心、服务大局、促进发展、维护稳定、支持就业，乃至支持小微企业发展等重要任务。长期以来，税务部门这些职能发挥的主要载体就是税收任务，就是通过这些任务的变动来实现税收政策作用的力度与方向。在新时期中，要改革与完善的只是税收反作用于经济的形式，而绝不是改变或取消税收反作用于经济的职能。源于这种判断，我们对于税收任务与我国经济制度及关键体制的长期并存性，必须始终保持清醒的认识。

其二，在新预算管理体制下，税收任务将体现其预测性指标的特性。根据党的十八届三中全会的要求，我国财政年度预算的重点从收支平衡、赤字规模向支出预算、财政政策拓展，并在时空上扩展了对财政平衡的理解，赋予了收支平衡更多的内涵，例如，各级政府都要制定跨年度平衡预算，都要逐步制定中长期财政规划，乃至中长期预算。在这种新预算管理体制下，年度的支出是刚性的，而以税收为主的预算收入就由约束刚性转变为预测性。我们必须在新预算体制下来全面理解财政收支平衡原则，要在这种新解读下来把握对必须存在的税收任务的影响。一方面，必须明确税收转为预测性收入有其必然，因为我们已经不再拘泥于年度平衡的传统做法，要更好地把握短期赤字措施应用与长期财政平衡地位的关系，要在把握这种关系的前提下看待税收任务存在形式产生的变化。 但另一方面，预测性任务依然也是任务，税收任务的存在是中国特色税收的立足之本，其本质内容将长久不变，将始终与体制共存，改变的只是形式，而不是内容。 特别要强调的是，在现行财政管理体制主要转向支出管理的条件下，财政部门主要从事支出管理，税务部门主要完成税收任务，财政主管部门与税务执行部门在税收任务提法上的一些区别，反映的是两者职责的不同，本质上是没有矛盾的，反映的是各方在实现财政收支平衡新原则过程中的各尽其责与不同侧重。

其三，预测性税收任务一经人大批准，就是法定的任务，执行预算确定的法定收入任务指标就是依法治税。 这一观点是理解当前依法征管与税收任务的关键。 作为预算收入征收单位的税务部门，必须全力完成具有法定要求的预测性税收任务。 在这里，对新预算法第三十六条、第五十五条与第六十二条的全面解读，有助于我们把握依法治税与税收任务并存的法律依据。 首先，新预算法第三十六条指出，"各级预算收入的编制，应当与经济社会发展水平相适应，与财政政策相衔接"。 这里讲的是编制包括税收任务在内的收入预算时，应该考虑与经济社会发展水平相适应，这讲的是经济决定税收；而这次修订时新增加的"与财政政策相衔接"的要求，强调的就是新预算管理体制对税收任务存在特征的新要求。 而将这种"相适应"与"相衔接"的要求考虑在内后，一旦各级人大对收入预算予以表决通过，就形成了"预算确定的税收任务"这一事实。 其次，新预算法第五十五条专门对包括税务部门在内的预算收入征收部门提出了明确要求。 该条指出，"预算收入征收部门和单位必须依照法律、行政法规的规定，及时、足额征收应征的预算收入"。 这里强调的就是税务部门必须全力完成预算确定的税收任务。 再次，新预算法第六十二条对各级政府提出了要求，"各级政府应当加强对预算执行的领导，支持政府财政、税务、海关等预算收入的征收部门依法组织预算收入"。 将新预算法的这三个条款联系起来看，结论是清楚的。 落实预算确定的税收任务就是贯彻执行预算法，预算收入指标（任务）经本级人大批准后，就应按照批准的预算执行，这就是依法治税。 而在实践中，也就是落实国务院依法制定的《关于深化预算管理制度改革的决定》，税务部门要努力做到"应收尽收"，全力做好"依法组织预算收入"的工作，而各级政府要全力支持依法治税工作的开展。

其四，要克服执行预算确定的税收任务中可能出现的各种问题。多年来，税务部门在完成税收任务时也的确出现过一些问题，主要就是极易导致财政政策"顺周期"运用的"收过头税"与"藏富于民"行为。也正是基于此，人们对税收任务的存在常常多有微词，对协调依法征管与税收任务之间可能出现的矛盾产生怀疑。为了克服这些问题，新预算法第五十五条做了明确规定："预算收入征收部门和单位……不得违反法律、行政法规规定，多征、提前征收或者减征、免征、缓征应征的预算收入，不得截留、占用或者挪用预算收入。"这里讲的"多征、提前征收"就是经济下行压力大、税收任务完成有困难时往往容易出现的"收过头税"问题；这里讲的"减征、免征、缓征"，就是指经济形势较好、税收任务较易完成时易出现的"藏富于民"问题。这里特别要提及的是，在新预算法第五十五条中，新增加了下面这一表述："各级政府不得向预算收入征收部门和单位下达收入指标"。当前税收理论界对这句话有不同解读，有的学者将这句话解读为从此不再有税收任务。笔者认为，这是一种误解。这里仅点明新预算法审议过程中的一个事实。在三审稿中，这句话是放在第三十六条（对应的是第四章预算编制）中的，而最后表决稿中是将这句话挪到了第五十五条（对应的是第六章预算执行），这一变动含义清晰、意义深远。各级政府不得在预算"执行"过程中向税务等预算收入征收部门和单位下达收入指标，显然，这里讲的是"超预算"的收入指标，而不是"预算确定"的收入指标，要纠正的是在"执行"中常常出现的问题，而不是否认预算收入征收部门对"预算"收入任务的执行。

其五，预算确定的税收任务因各种原因的确难以完成的，可以采用法定的预算调整办法进行变更。一方面，税务部门要努力依法征收、应收尽收；但另一方面，给定现行经济结构与税制结构条件，在经济处在下行区间的情况下，经预算确定的税收任务的确也存在着难以完成的可能。在这种情况下，可以通过预算调整来实现税收任务的变动，这也是依法征管与税收任务结合的另一种表现形式。

这里还必须重申的是，在新预算法内对税收任务进行规范是符合依法治税与国情体制要求的。如本章第一节已经阐述的，新预算法第一章第一条"总则"就将"规范政府收支行为"作为预算调整的目标，将"收支"一并列入"规范"的对象，这是新预算法立法的核心。将税收为主的政府收入都纳入预算管理范畴，就为"预算确定的税收任务"提供了法律框架。有些学者认为新预算法只应管支出，不必管收入，实际上就是要在法制框架内不给税收任务以空间。 这是对依法治税的曲解，是对税收任务必然存在之中国特色的不理解。 同样是现代意义上的支出管理体制，在各个国家与体制下的表现形式是不同的。 笔者认为，依法治税，依的法就是由《中华人民共和国预算法》、税种单行法与《中华人民共和国税收征管法》等共同组成的中国财税法体系，"预算确定的税收任务"在这一体系中的地位不容否认。 总之，在法治财税条件下，我们就是要把税收任务纳入中国特色社会主义法制框架内，赋予法治精神，给予理论支撑，让税收任务在依法治税的前提下得以完成。

最后，笔者在全国人大常委会工作的实践中已经了解到，按照十八届三中全会的《决定》关于"落实税收法定原则"的要求，报经党中央同意的《贯彻落实税收法定原则的实施意见》明确提出：开征新税种的，应当通过全国人大及其常委会制定相应的税收法律；对现行 15 个税收条例修改上升为法律或者废止的时间做出了具体安排，力争在 2020 年前全部完成；待全部税收条例上升为法律或废止后，提请全国人民代表大会废止相关授权决定。 目前，环境保护税法、增值税法、资源税法、房地产税法、关税法、船舶吨位税法、耕地占用税法、税收征收管理法（修改），已列入调整后的十二届全国人大常委会立法规划一类项目。 全国人大法律委员会、全国人大常委会法制工作委员会将按照立法法的相关规定，做好相关税收立法工作。制定环境保护税法、房地产税法、船舶吨位税法、烟叶税法和修改税收征收管理法已列入全国人大常委会 2016 年立法工作计划。 方向已明，任务繁重，责任重大，前途光明，笔者将与全国人大常委会同人一道，按照落实税收法定原则中国道路的要求，继续为中国特色法治财税体系的构建而尽力。

二、在新发展理念指引下落实好科学任务观

回顾三年多来的税收实践，国家税务总局在提出"预算确定的税收任务"的同时，还明确提出要牢固树立"科学任务观"。 正是在这两个相互联系、互为促进的理念的引领下，全国税务系统连续三年完成了预算确定的税收任务，得到了各方面的充分肯定。"科学任务观"是国家税务总局在新时期提出的重要理念，在当前全面建成小康社会决胜阶段中，我们既要深刻理解在我国长期税收实践中逐步形成的坚持依法治税与完成税收任务统一之中国特色，又必须按照新发展理念的要求赋予"科学任务观"时代内涵，在新

时期中持续地、坚定不移地做好"依法组织税收"这一税务的核心工作，实现这一重要的政治任务。

如前所述，"收好税、带好队"是我国税务部门的永恒主题。 建设一支能围绕中心、服务大局、敢打硬仗、高效廉洁的税务队伍，努力组织好税收，是税收在国家经济社会发展中发挥重要作用的前提与基础，是所有税务干部必须始终牢记与努力遵循的。 与此同时，在我国经济社会发展的不同阶段，我们始终根据变化了的形势与环境，与时俱进地赋予"收好税、带好队"新的时代特征。"经济决定税收、税收反作用于经济"的"经济税收观"，是我国税收独特的优势，是税收任务能够长期且必须存在的重要理论依据。 笔者认为，经济税收观既符合马克思主义基本原理，又在我国经济税收发展进程中得到充分证明，这是我国税收独有的原则与特性，必须始终坚持。 我们不但要坚持"税收任务是'税收反作用于经济'的重要载体"的观点，还应该在新发展时期对这一重要理念予以时代考虑与必要补充，努力寻求其新的表现形式与着力重点。

长期以来，我国税务战线不断根据时期与环境的变化，不断探寻组织税收的形式。 从基本依据税收任务来组织收入，再到努力在依法治税与税收两者中寻求平衡统一，在实践中不断完善着我国基本制度、资源配置方式、发展阶段、涉外程度等因素决定下的税收组织形式，努力提高税收任务执行的科学性。 例如，在"服务科学发展、共建和谐税收"的前些年，我们强调的是"坚持以科学发展观为指导，增强完成税收任务的决心"。 笔者认为，从一定意义上说，今天提出的"科学任务观"本身就是一个在实践中不断完善、根据变化的环境不断改进的可持续过程。 站在今天这个时点上，我们既要坚持"收好税、带好队"、"经济税收观"等根本要求，又要不断探索新时期新常态下的科学任务观。

2015 年，国家税务总局在全国税收工作会议上明确提出了"科学任务观"的概念，并将其与"预算确定的税收任务"的提法结合起来，成为位列当年年度工作之首的"依法组织税收"的有机整体。 总局首先强调的是，"新修订的预算法明确提出，预算经本级人大批准后，按照批准的预算执行。 预算收入征收部门和单位必须依照法律、行政法规的规定，及时、足额征收应征的预算收入。 国务院《关于深化预算管理制度改革的决定》指出，各级税收征管部门要依照法律法规及时足额组织税收，并建立与相关经济指标变化相衔接的考核体系。 税务部门分解、落实预算确定的税收任务就是贯彻执行预算法"。 据此，总局明确指出："牢固树立科学任务观。 预算安排的收入计划一经人大确定，就要强化任务观，尽心尽力去完成。 依法征税、完成任务是税务局长和税务干部的天职。"可以看出，"科学任务观"在这里的核心是紧扣"全面依法治国"的大背景，强调的是严格依法治税，突出的是努力完成预算确定的收入任务。 2016 年年初，总局在全国税收工作会议上再次重申了"科学的任务观"，继续强化了"预算确定的税收任务"的要求，并将这些要求置于"牢固树立和贯彻落实创新、协调、绿色、开放、共享的发展理念，认真落实推进供给侧结构性改革的各项举措"的大前提下去把握，将"依法组织税收"继续列为全年税务战线必须完成的首要任务，强调完成"十三五"开局之年的税收任务意义重大。 形象地说，总局强调的是"两个一经、尽心尽力"，即"牢固树立科学的任务观，预算安排的收入计划一经人大确定，一经税务总局分解和调整，就要尽心尽力完成"。 可以看出，这里的核心是继续在"全面依法治国"的前提下，努力按照新发展理念来引领税收的组织工作，在决胜全面建成小康社会新时期继续探寻实现依法治税与完成任务的有机统一。

对于在新时期中用新发展理念来把握与落实科学任务观，笔者这里主要谈四个基本观点。

其一，用新发展理念来把握税收"任务"存在的必然性与增加的新内涵。"科学任务观"的第一个关键词是"任务"。 在当前贯彻落实新发展理念的新时期中，就是要坚持对"任务"有全面正确的理解。 如前所述，笔者已将"完成预算确定的税收任务"的合法性与合理性归为五个方面，这里结合对新发展理念的认识，再扼要地重申：一是在中国特色制度性特征与体制性安排下，只要发展依然是党执政兴国的第一要务，作为党和国家实现经济社会发展目标的重要载体，税收任务就必须长期存在。 二是在新预算管理体制下，当我们对年度的预算管理从原来主要在于收支平衡与控制赤字规模转向预算政策与支出安排后，税收任务就是一种预测性指标。 在财政部向全国人大提交的 2016 年预算报告中，清楚地写着"2016 年收入预计和支出安排"，这里的"预计"和"安排"清晰地反映出收入任务的预测性质。三是预测性任务仍然也是任务，而且一旦预测性指标通过人大批准程序，就是预算确定的税收任务，税务部门等预算收入征收部门与单位就必须努力去完成。 四是在完成预算确定收入指标的过程中，我们要努力克服执行中的各种偏差，这里既包括税务部门不得违反法律法规"收过头税"和"藏富于民"，也包括在预算执行过程中，各级政府不得在预算之外再向税务部门下达收入指标。 这种对预算执行偏差的预防与纠正，就是一种科学务实的态度。 五是如果在实践中，由于种种原因的确难以完成预算确定的税收任务，可以通过法定程序报人大批准调整预算。 科学的发展就是实事求是地发展，当任务确实完成不了时，就必须经过法定的程序加以调整。 在深入学习了新发展理念后，笔者更坚定地认为，这一理解体现的就是依法治税下依法征管与税收任务的统一，就是探寻在全面依法治国下依法治税的实现形式，依法而且"科学"地完成好预算确定的税收就是中国税务部门实现促进新发展的首要工作。 在经济发展新常态下，我们要把握"发展带来的机遇"，依法切实组织好税收工作，这是贯彻新发展理念、实现新发展的重要保障，必须始终坚定不移。

其二，深刻认识"科学任务观"之"科学"要求。"科学"首先讲的就是促发展，就是在服务新发展理念指引下的新发展。 在新时期新常态中，我国税收工作发展必须始终围绕服务新发展、全面建成小康社会这一大局来展开。 笔者认为，新发展理念，无论作为一个整体，还是五个方面的发展要求，首先强调的依然是发展。 这里强调的发展，当然不是改革开放初期阶段的起步发展，也不是过去那种传统与粗放模式下的发展，而是具有创新、协调、绿色、开放与共享五大特征的新发展。 习近平总书记指出："中国特色社会主义是全面发展的社会主义。 我国发展虽然取得了巨大成效，但我国仍处于并将长期处于社会主义初级阶段的基本国情没有变，人民日益增长的物质文化需要同落后的社会生产之间的矛盾这一社会主要矛盾没有变。这就决定了我们必须坚持以经济建设为中心，坚持以人民为中心的发展思想，聚精会神抓好发展这个党执政兴国的第一要务，实现更高质量、更有效率、更加公平、更可持续的发展。"从这个基点出发，只要发展依然是党执政兴国、国家长治久安的第一要务，无论税收现代化的目标如何定，中国税务战线的首要任务依然是服务发展，服务在新理念引领下的新发展，税收仍然应该是以服务发展为第一要务。

笔者认为，服务新发展首先就是要"收好税"。 面对错综复杂的国内外形势，面对连续不断的经济下行压力，税务部门的首要任务依然是"切实抓好组织收入工作"。 国家要实现创新发展、协调发展、绿色发展、开放发展、共享发展，每一个方面都离不开强大的国家财力保证，都离不开作为财政收入最主要来源的现代税收。 无论税务部门自身如何实现现代化，税务局首先都是征税局，就是组织收入局，"收好税"作为税务部门永恒的主题，当然应该赋予时代的要求，体现时代的特征，但基本的收税职能始终不能忘记。进而，税务部门还要提升对"收好税"工作的认识，努力从税收工作的各个方面来促进五大发展理念的落实。笔者体会到，新时期"科学任务观"的落实应该从理解"六个必须坚持"中的"坚持科学发展"入手。就"坚持科学发展"而言，在全国范围内，党中央创造性地提出了五大发展理念，而将五大发展理念落实在税务部门，首先就是要科学地组织税收，就是要将新发展理念贯穿于围绕"收好税"而展开的各项税收工作中，就是要促进国家新时期的新发展。

其三，"科学"讲的就是要严格依法征税，就是要按照新发展理念的要求形成一套"科学"的组织收入体系。通过认真研读国家税务总局2016年提出的工作思路与具体要求，可以看出这一体系正在努力形成中。总局是按照"全局上增强统筹性、征管上增强精准性、考核上增强严肃性"的要求来抓好组织收入工作，要求进一步完善以"客观地定、科学地分、合理地调、准确地考"为主要内容的新型税收管理体系，还特别要求要"由算大账向算细账转变，综合考虑各地税源、征管、政策等因素，有理有据地确定各地税收目标；要由直线式下达收入任务向各地多方共担任务转变，不仅向各地分解收入任务，而且税务总局各相关司局和省局各相关处室都要承担加强收入分析、强化税收征管的责任，形成组织收入工作的合力"。笔者认为，这些具体做法给"科学任务观"的落实提供了很好的载体，并鼓励各地努力创新实现税收任务的新形式。

其四，"科学"讲的就是要深化改革，就是服务大局，科学地完成税收任务要与不断推进税制改革结合起来，要和贯彻"积极财政政策要更加大力度"的政策导向结合起来。只有改革与完善符合新经济新形势要求的新税制，才能形成可持续的税源，才能保证"经济决定税收、税收反作用于经济"的落实。2016年是税收改革的关键一年，是同时同步推进税制改革和征管体制改革的开局年份。因此，税务部门既要抓住组织收入的首要目标不放松，还要协调统领税制与征管两方面的改革，积极主动，稳妥有序。2016年还是推进结构性改革，特别是供给侧结构性改革的起步之年，在国家实施的积极财政政策中，政策重点已经从主要靠扩大投资转向供给侧发力与减税降费。2016年5月1日已经全面启动的"营改增"扩大试点就是典型的税制改革与政策运用的有机结合，也是同税务部门既要做好依法收税，又要做好依法减税双重任务密切相关的。 对与促进创新发展和供给侧结构性改革高度相关的营改增进程，税务部门必须参与持续推动，必须提高服务这一进程的认识，必须要求国税和地税密切配合与协调执行，还必须在支撑体系、技术安排、重点环节等方面有切实的措施。 总局已经明确提出："坚持依法征税，既要应收尽收，又要不收过头税。 主动依规减免税，不折不扣落实好优惠政策。"总局主要领导在讲话中明确指出："坚持依法征税，应收尽收，是各级税务部门和广大税务干部的一项基本职责。 同时，主动依规减免税，执行中不打折扣，是各级税务部门和广大税务干部的另一项基本职责；完成预算确定的税收任务压力再大，也不能收过头税，这是各级税务部门和广大税务干部税收征管工作中的一条红色底线。"在 2016 年全国"两会"之"部长通道"上，总局主要领导在谈到"确保营改增 5 月 1 日如期落地、确保所涉及行业税负只减不增"时又再次承诺，之所以能做到，是因为"三个有保障"：政策有保障、预算有保障、执行有保障。 这三个"有保障"从一个侧面诠释了新时期"科学任务观"的内在要求，诠释了依法组织收入、推进税制改革、财税政策运用等重要方面的有机统一：政策上已经将营改增列为贯彻新发展理念、推进供给侧结构性改革、增加发展新动能的重要措施，方向已确定；预算上已经将减税额度考虑在内，实行起来有法有据；执行中依法征收与依法减税都是税务部门不可逾越的底线，则执行有保证。 笔者高度评价这些既有理论依据又有法律思维、既有政策高度又有执行要求的新提法，认为是新时期"科学任务观"的一个很好范例，期待在实践中予以落实，并将继续关注跟踪。

第五节　具有服务保障的税收征管：依法征管与纳税服务的新统一

笔者多年来坚持依法治税与纳税服务的统一，并且高度评价我国税务系统在这方面所做的大量工作，真的是具有中国特色、顺应时代要求。 在当前新形势新时期中，我们要做的就是如何将这两者的有机统一进一步做得更好，或者更确切地说，就是如何寻找一个两者结合的、具有强大生命力的新提法、新载体。 笔者近两年来一直在跟踪这一进程，在思考这一问题。 回顾国家税务总局 2014 年所提的税收现代化体系，第三与第四体系先后是"优质便捷的服务体系"与"科学严密的征管体系"。 总局对 2014 年工作成绩总结的第三点是，"纳服征管在规范发展中开创新局面"，这里讲的是坚持纳税服务与税收征管统筹推、交错抓，互为支撑、相互促进，既提高了税法遵从度，又提升了税收形象，开启了税收征管改革的新征程。 总局在 2015 年的工作总结中，强调的则是"尽心尽职优服务，税务形象在提升"，突出了"服务广大纳税人行动深化，持续深入开展'便民办税春风行动'，形成了'春风送暖花千树，便民办税惠万家'的良好氛围"。 笔者高度认同总局领导对这一进程的把握与工作的推进，高度评价具有中国特色纳税服务工作的持续推进，的确是做到了"纳税人叫好、学者们称赞、国际上好评"，许多经验做法值得研究推广。 笔者要指出的是，这里的核心依然是税收征管与纳税服务的关系，依然是两者的统一。 但是，纳税服务与税收征管究竟是两个体系还是依法治税下的不可分割的有机组成部分，这是一个重大的理论与实践问题，必须在税收适应新常态、迈向现代化的进程中不断加以研究探索。

研究"纳服征管"问题的核心是我们对中国特色社会主义税收国家性理论的始终坚持与全面理解。 总体上看，这种与时俱进的坚持与理解包含了两个方面：一是对国家税收之"强制性、无偿性、稳定性"基本属性的始终坚持，二是对现代市场经济条件下"三性"表现形式的辩证认识。 核心的问题是，广大税收理论工作者坚持了对现代国家税收"无偿性"的全面把握，逐步认同了现代市场经济条件下国家税收具有的"个体无偿、整体有偿"的重要特征，坚持了对这两个相互联系方面的辩证理解。 根据笔者的解读，税收无偿性强调的是"个体无偿"，强调的是纳税人个体缴纳税负的多少和其从政府提供公共产品中获取收益的大小不存在一一对应的补偿关系，税收的这一无偿性并不因主要资源配置方式的变化而发生变化。 在现代市场经济条件下，税收无偿性依然存在，税收的强制性则必然是题中之意。 但与此同时，现代市场经济作为主要的资源配置方式必然对税收无偿性的表现形式产生影响，当我们把纳税人作为一个整体来看待，当以市场为主配置资源而政府必须作为一个"服务型政府"更好发挥作用的时候，的确存在着"纳税人缴纳税负越多、政府应该提供更多更好公共产品"的对应关系，这就是"整体有偿"的含义。 当然，这两者的地位与性质是不同的，笔者一贯坚持，"个体无偿"从来都是基础，是第一性的，而"整体有偿"从来是第二性的,是拓展,是延伸。 基于这样的认识,有了"个体无偿"对应着"依法征管","整体有偿"对应着"服务税收(纳税服务)"这样一种基本判定,所以有了在现代市场经济条件下坚持"依法征管与纳税服务"有机统一的重要理论突破。 正是在对这种税收基本理论的把握中,我们在实践中不断地探寻着"依法征管"与"纳税服务"协调发展的实现形式。 应该说,从本质上看,"依法征管"与"纳税服务"是税收工作不可分割的两个重要方面,是"一个硬币之两面"的关系。 长期以来,我们曾经比较片面地强调"依法征管"而忽略了"纳税服务",这是必须纠正的。 因此,在上届国家税务总局领导的工作思路中,突出强调了"依法征管"与"纳税服务"之"双核心"的地位,将"纳税服务"提升到了前所未有的高度,并在协调推进两个体系建设方面取得了显著的成绩。 而在迈向税收现代化的今天,本届国家税务总局领导又在原有基础上有了新的突破。 一方面,在税收现代化目标体系中,将"纳税服务"与"依法征管"继续作为两个重要体系来加以推进,即在税收现代化六大体系中明确分为"优质便捷的服务体系、科学严密的征管体系"这两个方面。 另一方面,又在实践中将"纳服征管"工作作为一个有机整体来加以把握与全面实施,在总结 2014 年全国税收战线取得的六大成绩里,总局明确将"纳服征管在规范发展中开创新局面"统一作为一个方面来加以表述,反复强调坚持纳税服务与税收征管要统筹推、交错抓,认为必须开启税收征管改革的新征程。 显然,这样一种迈向税收现代化的工作思路呼唤着我们理论工作者加强对"依法征管"与"纳税服务"这两个税收工作之重要侧面的研究,呼唤我们提出更符合时代要求的新观点来。

正是在这样的背景下,笔者(2015a)提出了"具有服务保障的税收征管"的理念,认为在新形势下应该至少在理论上将"依法征管"与"纳税服务"更加有机地统一起来,并将立足点更多地放在"依法征管"上,而将"纳税服务"有机地、内在地嵌入"依法征管"的进程中。 笔者认为,这样一种理论上的持续探索,这样一个理论发展及其对税收实践的启示,正是我国税收理论自成体系、不断发展并持续完善的一个缩影,也正是今天税收现代化进程呼唤税收理论现代化这一时代要求的一个体现。

在较长的一个时期中,税务部门考虑较多的是税收征管,考虑的是征税人对纳税人的要求,而对纳税人的需求考虑较少,对给予纳税人必要的服务的考虑也较欠缺。 随着改革开放发展的深化,我们对税收征纳关系的理解也在不断深化。 在时代的呼唤下,上届国家税务总局领导提出了"服务科学发展、构建和谐税收"的重要理念,突破性地使用了"服务税收"、"纳税服务"等概念,在纳税服务方面做了大量行之有效的工作,最终将纳税服务提升到了与税收征管同样的高度,成为税务部门的两大核心任务之一。 面对这一发展进程,笔者多年来从理论与实践的结合上,从国家财税与公共财税的结合上,从中国国情与国际惯例的结合上,就依法治税(税收征管)与纳税服务的关系,写了一些文章。 笔者特别强调的是"坚持依法治税,倡导(优化)服务税收"的基本观点,始终认为依法治税(税收征管)是前提,是基础,是目的,始终是第一性的,而纳税服务是依法治税(税收征管)的必然延伸,是扩展,是手段,应该是第二性的。 在中国特色税收发展过程中,笔者高兴地看到,各地在税收征管与纳税服务中做了很多探索,取得了很多可喜的进展,我们对税收征管与纳税服务的认识也应与时俱进、持续提高。

在我国经济发展与税收发展进入新常态后,在改革与法治旗帜下持续推进税收现代化的新条件下,我们有必要在努力做好税收征管与纳税服务工作的同时,进一步思考如何在深化改革与依法治税的前提下将两者统一起来。应该看到,国家税务总局的政策导向实际上已经体现了这一方向。"纳服征管在规范发展中开创新局面"这一归纳性提法本身就表明了这一发展趋势。与此同时,在2014年中,税务部门有目的地在纳税服务与税收征管两个方面开展了一些突破性的规范发展工作。 在纳税服务方面,有效地进行了"便民办税春风行动",全面试行《全国县级税务机关纳税服务规范》,其版本也在实践中不断升级。 2015年总局围绕简政放权、服务发展、国际合作、提效减负等方面推出11类服务项目,各地则在这些服务项目基础上推出了2200多条便民办税举措。 而在税收征管体系建设上,2014年已经全面实施税收风险管理,拟定《全国税收征管规范》。 2015年则乘中办、国办印发和公布的《深化国税、地税征管体制改革方案》的东风,全面拉开征管体制改革大幕,征管体制改革正在全面再上新台阶。

现在值得进一步研究的是,伴随着税收征管与纳税服务各自规范的实施,伴随着两个方面各自版本的提升,两者如何在事实上衔接,有些关系如何在理论上说透,都值得加强研究。 工作可以分开来做,本质却必须梳理清楚。 前阶段笔者在基层调研中听到一些反映,引起一些思考。 例如,前台与后台的关系应该如何处理,服务与征管的连接应该如何把握。 此外,在与国际税收同行的交流中,在我们将纳税服务的标准版本翻译后向外宣传时,国外税务部门同行似乎没有搞懂服务与征管的区别,因为在他们看来,服务与征管只是相互依存的两个方面，各国在税收实践中也没有刻意强调两者的区分。基于这些原因，笔者认为，作为我国特定历史阶段税收发展的产物，我们在一定的历史阶段上先后提出与分别强调税收征管与纳税服务是可以的，也是必要的，但随着时间的推移，特别是当我们在改革与法治的旗帜下进入新常态、推进现代化时，我们可以逐步且应该更加强调两者的统一性，至少先在理论上，在深化改革与依法治税的框架内，对于税收征管与纳税服务这一硬币之两面，应多强调其统一性，并在实践中多注重协调。

基于此，笔者认为，"具有服务保障的税收征管"理念，与前述"预算确定的税收任务"的提法相类似，都应该是适应新常态、迈向现代化的必然要求。笔者希望此类既有理论依据又有现实需要的新提法，能成为中国特色税收现代化的标志性提法而形成一种新常态，不要被人为割裂，而要始终有所侧重，始终有机统一。特别需要强调的是，"具有服务保障的税收征管"理念，必须坚持在改革与法治理念下实施。在税收的两大核心业务中，无论是税收征管还是纳税服务，共同的依据都是依法治税，最终指向的也都是依法治税。依法征管首先是有良法可依，其次是依法征收和管理，最后是对违法的纳税人或者执法人的责任追究。纳税服务同样指向的是依法治税，在"具有服务保障的税收征管"新理念中，这两者应该是统一的，而在我们对纳税服务突出宣传多年以后，现在应该重点考虑两者的统一性，重点考虑两者在规范上的协调性。

总局领导在 2015 年纳税宣传月启动座谈会上指出，纳税服务需要"真情、规范、创新"，而其中的规范讲的就是依法办事，要有一套科学的工作规范，要用税务人的规范换来纳税人的更多方便，这实际上也是体现了在依法治税前提下协调税收征管与纳税服务的发展趋势。笔者欣慰地看到，自2015 年春天起，税务部门又推出第二轮"便民办税春风行动"，并进一步规范税收征管标准，从 5 月 1 日起在全国试行《全国税收征管规范》，为纳税人提供统一的管理标准和操作指南。税务总局还在研究深化国税部门与地税部门的合作，研究制定税收数据等方面的协调规范。通过制定实施一系列税收工作规范，来提高税收工作规范化、法治化水平，让纳税人享受到便捷高效、公平公正的服务，同时依法认真抓好税收征管工作。总之，经济与税收发展新常态对依法治税与纳税服务提出了新的要求，而国家税务总局推出的一系列新措施、新方法提供了新的活力与支撑，可以说，我们对两者辩证关系的把握已经上升到了一个新阶段，让我们在实践中继续加深理解，不断探索，使"具有服务保障的税收征管"模式成为一种新常态。

总局在布置 2016 年任务时，更是进一步提出了新时期"征管纳服"工作的新要求，事实上为我们逐步迈向构建"具有服务保障的税收征管"模式推进了一大步。总体上看，总局紧紧围绕深化国税、地税征管体制改革的主线全面推进征管体制改革。2016 年年初，总局就要求尽快推出几项影响较大、关联性较强、能使纳税人有较强感受的改革举措。就"便民办税春风行动"而言，总局将其作为落实 2015 年《方案》的"当头炮"，提出了 10 类 31 项具体措施，着力解决纳税人办税中的"痛点"、"堵点"和"难点"问题。通过认真研读这些具体措施，笔者深切地感到很多内容是把"纳服"与"征管"有机地结合起来了。如前所述，笔者认为，2015 年《方案》中关于"依法治税、便民办税"的提法，讲的就是依法治税与纳税服务的关系，而"便民办税"是一种比"纳税服务"更符合税收本质要求的提法，也同样能反映纳税人的期盼，"便民办税，春风行动"作为抓手，立意深远，效果很好，持之以恒地坚持下去就能逐步地形成"具有服务保障的税收征管"新模式。再如，2016 年总局将实施《国税、地税合作工作规范 2.0 版》，作为实施 2015 年《方案》的"先手棋"，这又是一个重要举措。总局要求，对于拟定中的国税、地税合作事项，要在 2016 年上半年基本落实到位，年底前则全面落实到位。应该说，一方面加强对"便民办税"的努力，另一方面加快国税、地税的合作步伐，两者齐力推进，就能更有效地建立起符合新时期要求的"征管纳服统一"体系，就能逐步真正形成"征税人努力、纳税人满意、用税人得益"这样一种期待中的局面。

第八章

新时期中国大国财政的理论与实践

    财政的统筹性(涉外性)或统筹财政(涉外财政)是中国特色社会主义财政的重要组成部分,努力发挥我国财政统筹性的作用,这是笔者一贯坚持的基本观点。 党的十八大以来,国内外形势不断发生变化,以习近平为总书记的党中央审时度势,提出了实现"两个一百年"的奋斗目标,带领全国人民朝着中华民族伟大复兴中国梦的实现而奋力前行。 在这一新时期中,国家前进有了新战略,经济发展进入新常态,国家治理有了新要求,涉外战略有了新思维,而这一切都为财政如何在新时期新形势下发挥作用,特别是服务统筹内外两个发展大局提出了新的要求。 在这一阶段中,中国财政的最大亮点之一就是响亮地提出了"大国财政"的口号,并在最短时期内有效地实施了大国财政的许多政策措施,充实了中国特色涉外财政的理论与实践,取得了丰硕的阶段性成果,得到了国内外的高度关注。 伴随着这一重要进程,两年多来,笔者始终关注着中国特色大国财政建设方面的发展,撰写了一些文章,提出了一些观点,在此基础上形成了本章的主要内容。 第一节主要基于笔者在 2014 年撰写的文章,就大国财政理念的时代要求、中国特色与理论依据做了初步探讨;第二节结合大国财政理念两年来的实践,讨论大国财政的基本做法、主要成绩与阶段总结;第三节是对当前国内关于大国财政的研究思路进行比较分析,从理论与实践的结合上就大国财政的持续发展提出建议。

第一节　中国特色大国财政的理论探索

　　2013 年 12 月 25 日，财政部长楼继伟在谈到本届财政部党组工作思路时，明确指出了财政在做好服务大局、促进改革、完善制度、改进方法等国内工作的同时，首次提出要树立"大国财政"理念，提出"要主动出题、妥为应对、积极参与国际财经事务，努力维护和增进国家利益"。"大国财政"的理念，在我国改革开放与国力增强的进程中时有提及，但作为财政部党组的工作思路，还是第一次完整提出。　这既是本届财政部党组在历届财政部工作基础上的拓展，又是对以习近平同志为总书记的党中央重要部署决策的贯彻，是统筹内外两个大局之财政观的体现，是统筹推进国家财政治理现代化与参与全球财政治理之双重任务的载体。　笔者高度赞同这种理念，因为这与自己多年来对中国特色涉外财政构建的一贯观点相连接，与笔者在新时期所期待的具有战略意义的财政理念相吻合。　笔者据此与所带博士生在《财政研究》2014 年 6 期上发表了《浅议"大国财政"构建》的探索性文章。

　　在该文中，笔者首先回顾了中华人民共和国财政的发展进程，回顾了在各个不同发展阶段上对财政理念的需求。　在计划经济时代，我国经济发展水平相对落后，对外开放程度较低，财政主要还是吃饭财政与建设财政，财政实力与国内需要的矛盾较为突出，国内财政政策运用对国际财经活动也难产生重大影响。　改革开放以来，随着市场经济体制的逐步建立和对中国特色社会主义的不断探索，我国经济实力不断提升。　历届财政部党组持续着对我国国情条件下财政发展之路的探索。　总体上看，我国财政已经呈现出"做大蛋糕、促进发展、持续改革、注重民生、有效调控、统筹内外"等重要特征。　与此同时，伴随着对外开放进程，财政之涉外侧面得到了越来越多的体现，财政统筹国内外两个大局的能力逐步凸显。　简言之，在中国特色社会主义建设已经取得可喜成绩的今天，在中国大国实力与地位已经初见端倪的今天，在中国特色财政已粗具实力并期待展示抱负的今天，可以说，我国财政已经积聚了大国财政的一些基本要素，逐步具备了大国财政的一些基本特征。

站在今天这个时点上，我国正处在全面建成小康社会、实现中华民族伟大复兴中国梦的关键时刻。 财政活动既关乎国内百姓的民生，关乎每一个中国人梦想的实现，关系着国家富强、民族振兴、人民幸福的实现，也同时要对应着中华民族对人类社会应该承担的历史责任，要能为世界的和平发展与各国的友好合作做出更多贡献。 当前，面对艰巨繁重的国内改革发展稳定任务和错综复杂的国际形势，财政建设必须既有一以贯之的持续性，又要有与时俱进的时代性。 就国内而言，党的十八届三中全会提出了全面深化改革的目标，将"深化财税体制改革、建立现代财政制度"置于国家治理现代化的大局中。 就国际而言，国家间财政关系不断显示出新特征，国际财政治理越来越为各国所关注。 作为上升中的发展中大国，财政又该如何均衡地应对国内外事务，在维护本国利益的同时促进世界和平发展，这些问题值得我们去回答。 在过去的特定时期中，也有学者曾对大国财政建设提出了一些看法，但总体上看，系统研究大国财政构建还是新课题。 笔者认为，大国财政构建，虽然主要是对我国财政涉外侧面的工作要求，但其精神实质应体现在新时期财政建设的方方面面。 在现阶段大国财政构建中，要重点把握"两特两统筹"的基本要求："两特"指的是大国财政构建应该具有"中国特色"与体现"时代特征"；"两统筹"指的是大国财政构建应在"统筹国内外两个大局"进程中发挥作用，应在"统筹推进国家财政治理现代化与参与国际财政治理体系构建"进程中有所建树。

一、坚持大国财政构建的中国特色

大国财政有两个要素：一是财政，应该具备国家财政之一般要求，体现国家财政之基本职能；二是大国的财政，指的是那些无论资源禀赋还是国际影响都能列入大国范畴的国家之财政。 大国财政，既要能反映大国所具备的基本特征，又要能服务于大国国家目标的实现和战略地位的提升。 大国财政还有特殊与一般之分，由各大国不同国情所决定的该大国财政，是大国财政特殊；而对某一类型（发达或发展中国家、社会主义或资本主义国家）的大国财政而言，属于不同类型的大国财政还有一些共性，加以归纳，就形成了这类大国财政的一般。

在对发达大国与发展中大国财政一般比较的基础上，结合对社会主义大国与资本主义大国财政异同的理解，再来分析基于我国国情的"独特大国财政路"，结论是明确的。 中国是一个走社会主义道路的、实力上升中的发展中大国,这样一种大国财政,要反映社会主义大国财政的要求,要体现发展中大国财政的一般,也要借鉴发达大国财政的一些做法。简言之,要构建的大国财政,就是"中国特色社会主义大国财政",是"中国特色社会主义财政"与"大国要求"的结合,既要将大国要素(发展中但实力提升、采用市场经济、坚持对外开放)体现在财政建设之中,又要体现中国特色社会主义对财政的基本要求。

在本书中,笔者已经反复强调,中国特色社会主义财政主要体现为财政的国家性、公共性、发展性、改革性与统筹性(涉外性),那么如何将这五大特征与"大国要求"结合起来,提炼为"中国特色社会主义大国财政"构建的基本要求呢?显然,财政国家性、公共性、发展性与改革性主要是对应着我国财政发展的国内侧面,而统筹性(涉外性)就是财政发展的对外侧面。关于财政统筹性中如何体现"大国要求",将在本节第二部分结合"时代特征"加以阐述,这里讨论如何在财政国内发展中也能内在地体现出大国财政构建的要求。

其一,财政的国家性是中国特色社会主义财政的第一性质,这是与基本制度相联系的。财政的国家性要求坚持财政的社会主义性质和发挥财政的职能作用。作为坚持社会主义的大国财政,更应该强调其国家性,要努力使让国家更加强大成为每一个公民或纳税人追求的目标,包括国家财政利益在内的国家利益应该是大家的共同利益。在国内,我们要研究国家财政的一般职能在实现大国发展中的作用,包括"配置、分配、稳定"的国家财政职能,"稳固、平衡、强大"的国家财政目标,和"生财、聚财、用财"的国家财政实现办法。特别要指出的是,随着我国经济实力的提升,财力在不断壮大,但作为一个人口多、底子薄的大国,要办的事很多,要解决的矛盾也很复杂,钱再多都是不够的。因此,要始终坚持国家利益至上、为国纳税理财,宣传为国家富强、民族复兴、人民幸福的中国梦而聚财用财的理念,而不应像发达大国那样强调人均税负的高低,强调个人该从国家那里得到的利益。而在国际上,我们要走好已经选定的社会主义道路,就必须不断提高财政实力,为我国在世界多极角逐中占有重要一极提供财力支持。

其二,财政的公共性主要是与运行机制相联系的。当市场经济成为主要资源配置方式时,财政就体现出很强的公共性。作为中国特色社会主义大国,我们对财政的公共性应该有更全面恰当的理解。这里仅强调两点。一是要努力建立既体现国情特色又有大国财政一般的财政公共性体现机制。

市场和政府的结合是现代市场经济的基本特征，也是财政公共性体现的现实起点。 改革开放以来，我们在这方面已经摸索出许多有效做法，特别是党的十八届三中全会已经确定"市场在资源配置中起决定性作用和更好发挥政府作用"，对应的，财政公共性作用的发挥已进入新时期。 我们既要不断完善财政公共性的运行机制，也要对财政公共性的现有表现形式有足够自信。与此同时，还要考虑我国基本制度与运作方式对财政公共活动的特定要求，并不断探索这些体制性特征的新表现形式。 二是要妥善处理好财政国内公共性与财政国际公共性的关系。 当今世界，主要国家地区都采用市场经济资源配置方式，但市场经济在一国框架和全球经济下的资源配置不完全一样。 经济全球化既带来主权国家部分经济主权的逐步让渡，又要求各国要在国内外公共产品提供上有所兼顾。 作为负责任的发展中大国，我们要在满足国内公共需求的同时，积极参与国际公共产品的提供和相关资源配置活动。

其三，财政的发展性是我国财政适应经济发展阶段而具备的特点。 作为一个坚持社会主义方向的发展中大国，强调财政之发展性意义特别重大。在发展仍是解决所有问题关键的前提下，我国财政必须在促进发展中发挥作用并考虑国情的制约。"促进作用"，就是财政要始终在"做大蛋糕"上有所作为，这对我国经济保持良好发展势头相当重要。 这里有两点必须注意：一是要强调财政服务经济建设中心的作用，只要仍然处在初级阶段，这种理念就不能轻言放弃；二是要研究市场在资源配置中起决定性作用条件下财政发展性的新表现形式，过去经济高速发展时期行之有效的一些财政做法可能需要改进，当前经济面临下行压力且不轻易出手刺激时，则要努力探寻切实可行的促进措施。"国情制约"，就是财政的活动范围要考虑到初级阶段的可能限制。 有两点值得注意：一是在组织财政收入方面，要采用的应是符合现阶段经济发展水平的收入形式；二是在财政支出方面，要处理的是发展和民生的关系，是财政的公共性与发展性的关系。 只要发展仍是第一要务，我国财政就不仅要考虑民生支出，还要兼顾发展支出，国家越大，这种平衡抉择就越重要。 当然，随着我国实力的提升，民生支出占财政支出的比重会稳步提升，但前提始终是坚持"尽力而为"和"量力而行"的辩证统一。

其四，财政的改革性是当代中国财政发展的鲜明标志。 持续着正能量的改革进程，体现在财政上就是财政体制的不断改革与持续完善。 动态性、变动性、调整性是我国财政的重要特征。 财政体制改革在任何国家都是常态，但在体制转型国家中显得更为突出。 财政改革性的理念，不仅包含着财政公共性所体现的市场经济要求，还强调对财政发展不断提供动力的追求。 基于此，我们要努力体会党的十八届三中全会关于"深化财税体制改革、建立现代财政制度"的要求，加快改革步伐。 与此同时，考虑到在我国这样的发展中大国推进财政体系现代化能对全球财经治理体系产生的影响，就可以领会到财政改革性在我国大国财政建设中的独特意义。 在全球财经体系中，我们无意用自己的发展模式去改变别人，但却愿意用财税体制改革实践去丰富财税改革的内容。

二、体现大国财政构建的时代特征

财政的统筹性(涉外性)是中国特色社会主义财政的重要组成部分，也应该是最能直接反映大国财政构建要求的财政特性。 就所有实行对外开放的国家而言，财政涉外性都必然存在。 笔者(2011)曾将中国特色社会主义涉外财政定义为两大任务，一是努力构建一个能使国家财经利益最大化的主权国家财政，二是努力构建一个能逐步更加关心国际财经问题的主权国家财政。 当我们把这一财政涉外性的内涵与"大国要求"一并考虑时，还能得到什么新的启示呢？

总体上看，我国大国财政在新时期的构建，就是要在财政发展中统筹好国内外两个"大局"，把握好国际财经发展的"大势"，体现出中国大国财政的"大气"，在国际财经秩序改革调整中办好"大事"。 正是基于此，财政部党组提出了财政"要主动出题、妥为应对、积极参与国际财经事务，努力维护和增进国家利益"的战略任务，对我国财政涉外性在新时期的职能体现赋予了鲜明的时代特征。

财政部党组的要求是相互联系的整体，"要主动出题"是总体要求，"妥为应对、积极参与国际财经事务"和"努力维护和增进国家利益"则是具体任务要求。"要主动出题"，就是既要"找准题"，又要能"主动找"。 出题是任务，主动是态度。 总体上讲，就要不断结合变化的形势，认真贯彻落实党中央国务院的重要战略部署，就是要顺应国内发展大局与国际发展大势来发挥涉外财政的特殊作用。 笔者认为，当前要"主动出"并"认真答"的涉外财政题目至少有五个。

其一，要出好并答好"内外协调、敢于担当"之题。 财政部门要主动基于对国内外两个大局的统筹来出题，来谋划，来发挥涉外财政的积极作用；要主动作为，敢于担当，提升财政站位，发挥财政在国家发展与治理中的基础与支柱作用，通过协调财政内外两个方面来服务于国家大局；要"站位高远、能算大账"，站在统筹内外两个大局的高度来审视财政在涉外方面的支出活动，树立与"大国财政"地位相匹配的新观念，坚持长远与眼前相结合、国内与国际相结合、政治与经济相结合，"坚持正确的义利观，算好国家利益大账，多算政治账、战略账"；要"主动出击、先手为强"，对于党中央、国务院提出的国家发展战略，要能从涉外财政发展角度出谋献策、主动请缨、精心谋划、巧力出招，打好主动仗，下好先手棋，开创新局面。

其二，要出好并答好"坚持道路、有效出牌"之题。财政部门要主动向世界展现中国特色社会主义大国财政之路的特色，用不断呈现出来的成果向世界宣传中国特色财政模式的生命力，同时也向世界表明在"对内同心共筑中国梦、对外共同追梦求和谐"新条件下的中国财政观，争取国际各方面的理解和支持，为国家改革发展稳定大局创造良好的国际财经环境。多年来，我们始终强调并努力做好财经外交工作，强调通过开辟经济财政外交战线来服务国家外交战略。在新的历史条件下，要继续从对外财经交流与合作的角度，对我国外交谋求的自主发展、多极存在、均势制衡、深耕亚太、经略周边等重要战略提供有效服务；要在国家对外战略中出好财政或财经这张"好牌"，发挥财政的独特涉外职能。例如，中央明确提出了建设丝绸之路经济带和21世纪海上丝绸之路的战略设想，财政在这方面大有可为；再如，财政部门要落实中央的要求，积极推进由我国主导的国际多边开发机构的组建工作，要加快亚洲基础设施投资银行与上海合作组织融资机制建设等工作。总之，面对不断变化的新形势，要领会中央精神，主动寻好牌，适时出好牌，持续出好牌，并"努力将好牌打成好局"。

其三，要出好并答好"妥为应对、积极参与"之题。这是新形势下财政涉外性体现的重要任务之一，是常说的"努力构建一个逐步更加关注国际问题与提供国际公共产品的主权国家财政"在新历史条件下的体现。"国际财经事务"讲的就是通过财经活动来体现对国际问题的更加关注与对国际公共产品的逐步提供，而"妥为应对"与"积极参与"表明的是对挑战与机遇并存现实的把握。"妥为应对"，讲的是对各种挑战的应对，这里包括在国际财经领域中来自政治上的挑战，来自经济上的挑战，来自应对各种全球新问题的挑战；"积极参与"，强调的是对机遇的把握，对于有利于和平共赢的国际合作，对于有利于国与国财经关系发展的国际秩序的建立，对于有利于科技发展与创新进步的合作活动，对于有利于应对各种全球新问题的机制，作为负责任、能担当的大国财政，我们都要积极参与。就当前而言，我们要利用现行多边双边、全球区域治理体制，积极参与求完善，妥为应对谋利益；要充分利用二十国集团在当今全球经济秩序维护中的独特作用，推进这一多国平台在促进全球经济稳步复苏、平衡增长和有关大国协商共存等方面发挥更大作用；还要顺应全球贸易自由化与区域自由贸易区建设等经贸发展大势，努力以负责任大国的姿态，推动 WTO 后多哈回合谈判的持续进展，促成能兼顾发达国家与发展中国家利益的比较平衡的结果，同时把握好多边与双边贸易发展的平衡关系，从财经利益与贸易利益协调的角度构建一个现实的国际经济贸易运作体系。

其四，要出好并答好"努力维护、持续增进"之题。这里强调的是财政涉外性体现的另一个重要方面，就是常说的"努力构建一个能使国家利益最大化的主权国家财政"的新表现形式。国家利益包括经济利益、政治利益、安全利益、人民利益，服务于这些利益是涉外财政的重要任务。对于这些利益，既要维护，又要增进，财政要通过主动出题和持续运作来加以实现。这里仅谈三点。一是面对当前世界贸易保护主义抬头、发达国家再用贸易保护措施的新情况，要运用国际规则允许的反倾销税、反补贴税等手段维护国家利益，维护公平的贸易条件，反对各种形式的贸易保护主义，这是集财政大国与贸易大国于一身的我国在国际经济贸易格局中应取的积极之势。二是基于国家利益，要运筹好与主要发达国家和新兴市场经济国家的财经关系，灵活运用涉外财政手段，加强与相关国家的互联互通。三是加快与相关国家的自由贸易区的建设，既开展对外关税等边境税谈判，又做好与贸易投资相关的境内财税协调工作。

其五，要出好并答好"国内治理、国际治理"之题。既扎实做好国内财政发展工作，又逐步参与国际财经治理体系的改革与建设进程，不断提高话语权。从国内财政治理现代化走向国际财政治理体系现代化，是时代对我国财政的要求，是我们应有的担当。这是一个长期逐步的进程，但一定是一个真正财政大国必须前进的方向。放眼当今世界，一方面，主权国家永远是世界活动的主体、财政永远首先是主权国家的财政；另一方面，共同的关注、不断的融合，包括财政在内的各种经济主权都有部分让渡的趋势。在这种矛盾统一的世界中，各国财政都必须在推进本国治理体系与治理能力现代化的同时，将国际财经治理体系的建立、国际财经秩序规则的形成作为一种最重要的国际公共产品来看待与提供。 不可否认，在全球问题的治理上，在国际财经秩序的建立中，有些国家有更强的治理能力，会起到更多的引领作用；有些国家积极性不高，搭便车将是始终伴随这一特定国际公共产品提供而存在的副产品；也有一些国家面临发展和治理之间的取舍。 面对这一现状，我们必须坚持的是"尽力而为"与"量力而行"的结合，既要勇于担当，又要实事求是，这些都是我国财政涉外性发挥作用时必须考虑的重要课题。

上述五个题目的提出与应答，体现的是我们对新时期涉外财政任务的理解，体现的是新时期我国大国财政涉外性的时代特征。 就当前的国际形势与时代特征而言，总体上看，我们依然处在机遇与挑战并存的时代，仍处在"世界多极化、经济全球化、科技有进步、全球新问题"这20个字所概括的当代国际发展格局中，时代的总体特征没变，而新发展新因素不断涌现。在这一总体判断中，最鲜明的是"世界多极化"与"经济全球化"。 这是当今国际政治经济格局中相辅相成、互为影响的两个重要进程，也是影响我国财政涉外性体现的重要因素。 因此，对上述五个题目的提出与应答，必须牢记并随时围绕这两个重要背景来进行。

笔者（2012c）曾经提出，分析研究我国的财政发展，要坚持基于世界多极化背景的"国际政治视角"与基于经济全球化背景的"国际经济视角"的有机结合。 近年来的研究实践表明，将这两个视角结合起来的研究方法，是把握我国财政涉外性体现的重要方法，核心是体现了当今世界格局中政治经济因素交融、国家间财经关系深受其制约这一时代特征。 今天，当我们将"大国要求"与这两大研究视角结合起来时，就能更好地理解财政部党组对大国财政构建提出的要求，就能在错综复杂的国际政治经济形势中努力建设好中国特色的涉外财政。

三、把握大国财政构建的"两个统筹"

笔者上面讨论了大国财政构建的中国特色，围绕着财政国家性、公共性、发展性与改革性，讨论了财政在做好国内工作时应该考虑的大国要求；而后，笔者围绕着财政涉外性，研究了大国财政构建中必须反映的时代特征。 而将这两者结合起来，就是大国财政构建要考虑的第一个统筹，即努力在统筹国内外两个大局中发挥财政作用。 与此同时，在讨论财政改革性与涉外性的时候，笔者探讨了如何在推进国家财政治理现代化的同时为全球财政治理体系做出贡献。 这就构成了大国财政构建中要注意的第二个统筹，即在统筹推进国家财政治理现代化与参与全球财经治理现代化进程中发挥财政作用。

总体上看，统筹国内外两个大局是大国财政构建的长期任务，而统筹国家财政治理现代化与参与国际财经治理现代化是当前必须重点考虑的问题。前一个统筹主要是时点上的平衡理念，是在国家财政发展的任何时期都要同时把握的理念；而第二个统筹既是时点上的平衡理念，也是先后的时序理念。 应该说，在大国财政构建中如何把握"两个统筹"的要求，还有很多内容需要研究。 这里仅就把握大国财政构建"两个统筹"时应处理的五个关系，提一些粗浅的看法。

其一，国内发展与国家安全的关系。 2014 年 4 月 15 日，习总书记在国家安全委员会第一次会议上发表重要讲话，提出要坚持"总体国家安全观"，走出一条中国特色国家安全道路，并首次提出了构建集政治安全、国土安全、军事安全、经济安全、文化安全、社会安全、科技安全、信息安全、生态安全、资源安全、核安全 11 个方面于一体的国家安全体系。 习总书记指出，国家安全是头等大事，要"既重视发展问题，又重视安全问题，发展是安全的基础，安全是发展的条件"，为我们处理好国内发展与国家安全关系提出了明确的要求。 作为大国财政，面对错综复杂的国际形势，就要既能服务国内发展，又能有效维护国家安全。 笔者认为，在我们长期将促进发展与改善民生作为财政必须解决的重要关系的同时，还应该将国内发展与国家安全作为财政必须解决的另一重要关系。 对于国家安全体系而言，每个方面的支出都有紧迫性。 例如，大国国防在维护国家利益与促进世界和平方面的作用日益显现，大国财政予以支持责无旁贷，我们应站在总体国家安全观的高度上审视国防支出，理直气壮地加大国防与相关的财政投入。

其二，国内民生改善和国际公共产品提供的关系。 这两者反映的是在国家利益与全球利益面前的平衡与取舍，这是一个永恒的主题。 但也必须看到，随着国家实力的提升，随着国际上对中国崛起期望的增大，国内公共产品提供与国际公共产品提供的矛盾将更加凸显，处理好这两者关系的迫切性也会更加突出。 我们既要坚持仍是发展中大国的基本国情，在财力将长期相对紧张的前提下，始终将国内民生改善这样的任务放在首要位置；与此同时，随着大国地位的显现与能力的提升，对国际公共产品的提供与对国际问题的关注将逐步内在于大国财政之中，这将不仅是一种道义的要求，更多的是一种必须承担的责任。 对此，作为大国的个体或纳税人，要理解在给定财政蛋糕下增加国际公共产品提供上的必要性。 从国家的角度出发，在提供国际公共产品时，也需要寻求那些与国家形象和能力都能相适应的提供对象，努力处理好"尽力而为"和"量力而行"的关系。

其三，大国财政与大国金融要素组合的关系。 这里讲的金融要素，指的是中央银行、商业银行、保险证券、资本市场、相关金融资源配置体系等。 应该说，每一种金融要素，对应的每一个金融行业或部门都在我国大国崛起进程中发挥了积极作用，这里讲的大国财政与大国金融发挥作用的关系，强调的是各方在面对新任务的今天，必须更加协力、更加注重配合，共同探寻大国经济运行模式和大国在国际舞台上发挥作用的形式。 当然，强调大国财政与大国金融的关系，也包含对蕴含在大国财政与大国金融关系背后的财政政策与货币政策更加有效组合运用的关注，包含着对大国政府力量与大国市场运作之间、"看得见的手"与"看不见的手"之间更加合理配置的关注。 这是一个大问题，必须在实践中不断去探索，笔者只想表明一点，就是应在大国治理与走向世界的新条件下更好地发挥财政与央行的协同作用，形成更有效的并肩作战的"大国财政"与"大国央行"。

其四，国内财政制度建设和国际财政体系的关系。 我国走的是中国特色社会主义道路，我国财政坚持的是中国特色的财政制度，我国财政既有一般国家财政的共性，又有适应于我国社会制度和实际情况的个性。 纵观本节，笔者要表明的是，我国财政既要为本国发展与民生服务，又要为国际社会共同家园贡献力量。 历史上的社会形态从来都不是单一的，基于我国国情和发展阶段而形成的中国财政，将成为多极国际财政体系中重要的一极，也会为他国财政发展或再造提供新的参照系，对此我们要始终充满自信。

其五，国家财政政策运用和国际政策协调的关系。 作为大国财政，其财政政策的运用必然会对国际财政政策的协调产生重要的影响。 长期以来，发达大国财政政策的基调与走向在全球的影响力是明显的，而发展中大国政策运用的影响力则相对较弱。 近年来，随着我国经济实力的增强，特别是应对国际金融危机以来我国积极财政政策的有效运用，在国际上赢得了赞许，我国财政政策运用的影响力与正外在性日益凸显，在全球财政政策协调中的地位不断提高，也为我国大国财政政策在未来的全球财政协调中发挥作用提供了很好的起点。 必须指出的是，在国际贸易、国际投资与国际金融等传统领域中，发达国家的影响力较大，在秩序规则的制定与政策运用上有较多的话语权，而国际财政（国家间财政关系）领域是一个相对竞争的国际财经舞台，国家间财政竞争与协调是一个相对新的国际现象，包括中国在内的新兴大国提升话语权的空间相对较大，这为我国大国财政在国际财经秩序完善中发挥作用提供了空间。我们要牢固树立大国财政理念，在新的历史条件下根据变化的情况继续运用好财政政策，力争发挥我国财政政策运用在国际宏观政策协调中的引领或影响作用。

第二节　对大国财政理念与实践的再认识

时间过得很快，从本届财政部党组 2013 年年底提出构建"大国财政"的工作思路以来，两年多过去了，伴随着国内外形势的不断变化，围绕着党中央的战略部署，服务于新时期新常态的任务要求，我国财政正在努力实践"大国财政"之"主动出题，妥为应对，积极参与国际财经事务，努力维护和增进国家利益"的目标，不断推出实现形式，持续挖掘理论内涵，取得了阶段性成果，得到了各方面的好评，值得回顾与总结。

总体上看，大国财政理念的提出与实践的推进，是财政部党组对以习近平同志为总书记的党中央重要部署决策的贯彻，是统筹国内外两个大局之财政观的体现，是财政服务于"两个一百年"和中华民族伟大复兴目标的重要载体之一。两年来，在实践方面，财政积极服务于国家在新时期的大国战略，特别是服务于我国提出的"一带一路"倡议，财政持续促进了亚洲基础设施投资银行（以下简称"亚投行"）、丝路基金、金砖国家新开发银行（以下简称"金砖银行"）等载体形式的形成，在涉及重要国家利益的大国关系、地区平衡等方面做出了独特贡献。我国财政还在国际财经治理体系中发挥着越来越重要的作用，这些都标志着大国财政理念已经逐步转化为现实，持续付诸行动。

如上所述，对于新时期大国财政的理念与实践，我们要坚持两个基本观点。其一，要坚持大国财政构建的中国特色。大国财政，既要能反映大国财政所具备的基本特征，又要能服务于大国国家目标的实现和战略地位的提升。中国是一个走社会主义道路、实力上升中的发展中大国，这样一种大国的财政，必须符合社会主义大国对财政发展的要求，同时也要体现发展中大国财政的一般，当然也要借鉴发达大国财政运作中的一些做法。简言之，我们要构建的大国财政，就是"中国特色社会主义大国财政"，是"中国特色社会主义财政"与"大国担当"的结合。其二，要体现大国财政构建的时代特征。两年前，根据对当时国内外形势的理解，笔者尝试将这些任务归纳为 5 个方面 40 个字，即要"内外协调、敢于担当"，要"坚持道路、有效出牌"，要"妥为应对、积极参与"，要"努力维护、持续增进"，要统筹"国内治理、国际治理"，认为这是中国特色大国财政构建要特别注意的重要方面。

两年多的实践表明，我国财政在实践大国财政理念方面已经取得了重要的阶段性成果，既坚持了大国财政构建的中国特色，又与时俱进地体现了新时期大国财政构建的时代特征。可以说，我们坚持了道路，体现了自信，探寻了形式，做出了贡献。笔者这里进一步尝试用三大方面 24 个字来归纳这两年走过的大国财政路，那就是"准确站位、服务大局，统筹内外、相互配合，持续实践、创新形式"。

一、"准确站位、服务大局"的大国财政

大国财政理念的提出与实践，要体现的就是新时期新常态下我国财政的责任担当，要呼唤的就是我国财政在实现中华民族伟大复兴进程中的职能体现，就是要在实现国家、民族与人民最高利益的大局中准确定位，发挥作用。两年多的实践表明，大国财政已经成为我国新时期"大国战略"的重要组成部分，已经为实现国家战略做出了特别的贡献。笔者认为，深刻理解动态发展中的我国国家战略定位，是理解我国大国财政作用与担当的关键，是把握财政"准确站位、服务大局"的核心。放眼今天世界，我们依然处在机遇与挑战并存的时代，仍然处在重要的发展机遇期，时代的总体特征没有发生本质变化，但许多新因素在不断涌现。面对这样错综复杂的国际发展大势，党的十八大以来，以习近平同志为总书记的党中央在谋求中国特色大国战略方面已经做出了一系列重要决策，展示了一系列新理念，实施了一系列新举措，举世瞩目，令人信服。这些都为大国财政的准确站位、服务大局指明了方向，奠定了基础。

对于新时期的我国大国战略，或者说"动态发展的大国定位"，我们要有准确的把握。在我国实施改革开放后的相当一段时期内，我国实行的是

"韬光养晦、有所作为"的总体对外战略，这是完全正确与理智的，是由当时我国经济政治实力与正在酝酿经济起飞的阶段性发展任务所决定的，埋头做好自己的事，营造有利的周边与国际环境，是这一阶段的重要特点。 根据这一战略，国家财政投向国际与地区事务中的资源相对有限，我国也还没有具备主动积极提供国际与区域性公共产品的能力。 然而，在改革开放已经走过了 37 个年头后，今天我国经济社会政治发展已经进入了一个全新阶段，中国特色社会主义道路实践已经取得了巨大成功，中国已经成为一个在世界舞台上有举足轻重地位的发展中大国，中国与世界的关系正在发生着重要的变化。 一方面，中国自身地位的显著提高，表明中国已经从普通意义上的发展中大国变成在国际关系中能起重要作用的大国；另一方面，国际社会对中国在国际体系中角色身份的认知也已发生变化，其中虽然包含着不同国际政治力量的各自利益，但各国对中国发展的关注与关切程度都在提高，面对层出不穷的全球新问题，要求中国承担更多国际责任的呼声在不断增多。 正是面对这样一种新形势、新现实、新对比，党中央纵览全球、审时度势，基于中华民族发展的最大利益，既胸有成竹又稳重谨慎地提出并实践着新时期的大国发展战略。 习近平总书记在系列重要讲话中深刻地阐明了这一战略，我们必须认真学习领会。 例如，2014 年 11 月，习近平总书记在中央外事工作会议上强调了"中国必须有自己特色的大国外交"，提出要使我国的外交工作有鲜明的中国特色、中国风格、中国气派。 显然，这些要求不仅是对外交战线的，更是体现了对国家发展战略的定位。 正是在这样的指导思想下，正是在我国发展强大的基础上，近年来，我国已经开始以明确、自信、坦然的态度表达自己的战略目标与利益诉求，已经愿意更积极地承担与自身实力相对称的义务，正在努力树立我国在国际社会中"负责任、有担当大国"的形象。 国家确认了"大国"地位，大国财政发挥作用就有根基，就有方向，就有任务。 财政就必须基于自己的能力，紧紧围绕国家战略目标，从财政角度将实现国家利益最大化与更加关注国际问题结合起来，在保持国家经济社会发展的同时提供更多的国际公共产品，并努力在国际财经体系的改革塑造上发挥作用，这就是大国财政策略实施两年的背景与基调。

两年多的实践还表明，大国财政在实现国家大国战略的一些重要领域中已经发挥了积极作用，主要体现有三。 一是努力服务于我国提出的"一带一路"战略构想。"一带一路"战略是党中央做出的重要决策，是实现大国

战略的重要抓手，既是一个实现各国共赢的重要国际合作形式，又是一个将
要影响人类社会未来发展重大格局的点睛之作。"一带一路"战略对外就是
"一带一路"倡议，是中国将自身发展战略与区域合作相对接的重大构想。
财政充分认识到"一带一路"战略的意义，将服务"一带一路"作为当前与
未来一个时期大国财政发力的重点，参与谋划并迅速实施了亚投行等一批重
要的组织形式。 二是努力服务于我国在新时期要打造的新型大国关系，特
别是新型中美大国关系。 习近平总书记早就提出要构建"前无古人，但后
启来者"的新型大国关系的倡议，并在这两年的中美等大国关系与交流中体
现出中国大国战略的风范，赢得了全球赞誉。 我国财政深刻认识到服务于
国家构建新型大国关系的重要性，运用涉外财政的相关措施努力服务于这一
重要国家战略，为中美政治经济关系、为主要大国经济外交关系，进而为国
际财经体系的变革与调整发挥了独特作用。 三是努力服务于国家在新时期
的"深耕亚太、经略周边"之区域战略。 这一区域战略是大国战略实施的
重要组成部分，体现的是一种基于共生理念、体现共利共赢的周边区域合
作。 习近平总书记早在 2013 年 10 月的周边外交工作座谈会上就提出了
"让'命运共同体'意识在周边国家落地生根"的重要理念，财政部门两年
来深刻地认识到这一战略的重要性，积极和国内有关部门配合，推出了丝路
基金等重要载体，得到了各方好评。《中共中央关于制定国民经济和社会发
展第十三个五年规划的建议》特别指出，要"加强同国际金融机构合作，参
与亚洲基础设施投资银行、金砖国家新开发银行建设，发挥丝路基金作用，
吸引国际资金共建开放多元共赢的金融合作平台"。 据此不难看出，亚投
行、金砖银行与丝路基金已经成为中国大国财政实践的三大抓手。

二、"统筹内外、相互配合"的大国财政

在准确站位、服务国家战略的前提下，新时期大国财政发挥作用的重要
特征就是要统筹好内外两个大局，就是要据此来出题、来谋划。 大国财政
要有雄厚的基础，还要有内外协调的能力，经略周边首先是做好自己，大国
财政就是统筹财政。 两年来这方面的实践体现为四个方面。

其一，通过协调我国财政的内外两个方面来服务于国家大局。 本届财
政部党组上任后，对于财政统筹内外两个大局的思路是鲜明的，简言之，就
是"守住底线"与"大国财政"两者的有机统一。 在对外发挥大国财政独
特作用的同时，财政在国内始终坚持了"守住底线、突出重点、深化改革、

引导舆论"这一基本要求。"守住底线",就是要求财政继续坚持"做大蛋糕、服务发展"的基本理念,特别在经济社会发展进入新常态后,要能从财政角度适应、把握与引领新常态。 两年来,财政部门应对经济下行压力,在没有大规模刺激的条件下支持市场为主配置资源,合理运用手段支持经济发展,着力调结构、稳增长、惠民生,用好改革动力,展现政策威力,支持创新活力。 同时防范与化解财政风险,推出包括地方债务余额限额管理等新举措,促进了国内经济社会的稳中求进发展。 正是在国内财政作用发挥的支撑下,涉外财政才能更有效地服务于国家的大国战略。

其二,财政能站在统筹内外两个大局的高度来审视在涉外方面的支出活动,能树立与"大国"地位相匹配的财政新观念。 两年来,涉外财政支出都力图体现"统筹内外算大账"的基本原则,努力坚持长远与眼前相结合、国内与国际相结合、政治与经济相结合,做到了"坚持正确的义利观,算好国家利益大账,多算政治账、战略账。"对于党中央提出的国家发展战略,能从涉外财政发展角度出谋献策、主动请缨、精心谋划、灵活出招。 两年前,笔者曾形象地提出,对于和大国财政相关的涉外支出活动,要努力做到"把好牌打成好局",今天看来,已经出手和正在出手的"好牌"已经为全面实现"好局"提供了有力的支持。

其三,努力发挥我国"集中力量办大事"的制度性与体制性优势,在党的统一领导下,财政能与国内各方密切配合,组合出招。 首先体现的是"大国财政"与"大国税务"、"大国金融"等的协同配合。 两年来,作为财政的重要组成部分,税收战线在国内做好"提升站位、依法治税、深化改革、倾情带队"工作的同时,为了配合国家的对外总体战略,也响亮地提出了"大国税务"口号,努力"把握总体发展趋势,树立大国税收理念,统筹内外两个大局,推动国际税收合作",既运用税收政策支持国家"一带一路"战略发展,又在加强国际税收合作、打击国际逃避税、维护发展中国家税收利益、促进国际税收新秩序建立等方面频频亮出新招(详见本书第九章第五节)。 同样,两年来,金融部门已经事实上在实践着"大国金融"理念,站在国家战略的高度来谋划"与大国经济相匹配的大国金融"之发展。在大国治理与走向世界的新条件下,"大国财政"与"大国央行"已经协同出手,人民币稳步国际化进程与成为 SDR(特别提款权)一揽子货币的阶段性成果就是例证,而这一进程背后体现的就是财政、金融、投资、贸易的协同努力。 据此,笔者可以做出这样的判断,"大国税务"、"大国金融"等理念与实践，已和"大国财政"的理念与实践一道，成为我国新时期大国财经对外战略的有力抓手，生动地诠释了我国"决策高效、组织有力、集中力量办大事"的社会主义制度性与体制性优势，值得总结与发扬。

其四，我国政府（财政）与全国人大及其常委会在推进大国财政进程中密切配合，合法地调动重要财政资源来服务于国家的最大利益。 大国财政的实施需要对相关载体提供法治化保障，全国人大及其常委会能在全面依法治国进程中规范、迅速地审批涉外财政相关条约与协定，这是大国财政能"集中力量办大事"的又一特色与优势。"党的领导、人民当家做主、依法治国"的有机统一，是我国政治制度的基本特征，党长期执政、为国为民深得全国人民拥护，中国梦的实现是各族人民的殷切希望。 因此，在大国财政相关支出用于提供必要的国际或区域性公共产品时，作为最高权力机关的全国人大及其常委会，必须能够以高度的责任心与使命感，履行好神圣的审批职责，既要珍惜国内纳税人的每一分钱，又要基于国家利益敢用善用，及时高效地发挥大国财政的积极作用。

两年多来，作为本届全国人大常委会的组成人员，笔者参加了对包括金砖国家新开发银行、《多边税收征管互助公约》、东盟与中日韩宏观经济研究办公室、亚洲基础设施投资银行等几个重要大国财政载体形式的讨论与审查，体会了这一进程的优越性与合法性。 这些协定法律程序的及时履行，为大国财政的体现发挥了重要作用。 正如财政部长楼继伟在《关于提请审议批准"亚洲基础设施投资银行协定"的议案的说明》（以下简称《协定》）中明确指出的，"作为筹建亚投行的倡议发起方和亚投行的最大股东国，我国应争取率先完成国内批准程序，并推动更多国家及早完成批准程序，使《协定》早日达到生效条件，确保亚投行在 2015 年年底前正式成立并及早投入运作"。 正是深刻认识到国家战略的重要意义，委员们在审议中充分理解，高票通过了这一议案，显示了中国特色社会主义政治制度对大国财政的有力保障。 同时，委员们也对财政参与相关载体运作时应注意的风险防范、绩效效益、管理监督等提出了很好的建议。 两年大国财政的实践路，就是大国财政与法治保障的结合路，也是全面推进依法治国的前进路。 笔者认为，对于"集中力量、法治保障"这样一种制度性与体制性优势，我们始终不能放弃，要有坚定的自信。 这一优势在财政发展的许多方面都很重要，而在实现大国财政之目标方面体现得更为淋漓尽致。 我国财政的这一优越性在国际比较中可以看得更清楚。 美国财政可谓是大国财政，但其能够这样做吗？ 显然不可能。 西方国家谋求党派私利的选票政治，西方国家相互掣肘的议会形式，不可能有效地提供大国财政发挥作用的政治安排。国内有些财政学者没有看到这一条，对我们"集中力量办大事"的制度安排还有微词，这是不妥当的，应该从这些实践中有所体会与领悟。 中国特色社会主义公共选择制度与财政发展道路，是我们实现伟大中国梦的重要保障。

三、"持续实践，创新形式"的大国财政

两年来大国财政实践的重要特点就是创造出了一批载体形式，除了财政在国际财经治理领域中所做的贡献外，主要的表现形式就是在服务"一带一路"战略中形成的几个重要抓手。 归纳起来，这些载体形式主要体现了"合作共赢、遵循规则、组合出招、策略灵活"之基本特征。

其一，努力实现"合作共赢"的基本目标。 服务国家根本利益与注重各国互利共赢，是大国财政必须把握的基调，亚投行、金砖银行与丝路基金等都强调了这一点。 倡议成立亚投行是我国为促进亚洲基础设施发展和区域互联互通做出的切实贡献，是推动建立公开、公正、透明的国际经济治理体系的新努力。 亚投行于 2015 年 12 月 25 日正式成立，是与"一带一路"倡议密切相关的，是为促进亚洲地区基础设施建设和互联互通，从而推动亚洲经济可持续发展和区域经济一体化而成立的多边开发银行，其投资对象首先包括"一带一路"沿线的亚投行成员国的基础设施建设项目。 而金砖银行是金砖国家为应对可能金融危机而构筑的共同金融安全网，主要资助金砖国家及其他发展中国家的基础设施建设，对金砖国家有重要的战略意义。进而，金砖银行不仅面向金砖国家，还面向全部发展中国家。 中国推动设立金砖银行，既是彰显中国大国实力的好机会，也可推动其他国家的基础设施建设。 丝路基金则是由中国外汇储备、中国投资有限责任公司、中国进出口银行、国家开发银行共同出资设立的中长期开发投资基金，重点是在"一带一路"进程中寻找能够给相关国家地区带来利益的投资机会，并能及时有效地提供相应的投融资服务。 丝路基金运行中同样也遵循四大原则。第一，对接原则。 丝路基金的投资首先要与各国的发展战略和规划相衔接，在"一带一路"发展的进程中寻找投资机会。"一带一路"没有严格的地域划分，只要有互联互通的需要，丝路基金都可以参与相关的项目。 具体来说，丝路基金将通过以中长期股权为主的多种投融资的方式，投资于基础设施、能源开发、产业合作和金融合作。 第二，效益原则。 丝路基金的资

金分别来自不同的股东，包括外汇储备、中投公司、进出口银行和国开行，这些资金都有相对应的人民币负债，所以丝路基金不是援助性或者捐助性的资金，在运作上必须坚持市场化的原则，投资于有效益的项目，实现中长期合理的投资回报，维护好股东的权益。 第三，合作原则。 丝路基金是按照公司法设立的中长期开发投资基金，不是多边开发机构，一定要遵守中国和投资所在国的法律法规，维护国际通行的市场规则和国际金融秩序，注重绿色环保和可持续的发展。 金琦指出，丝路基金的优势在于可以提供中长期的股权投资，要与国内外其他金融机构发挥相互配合和补充的作用，通过股权、债权以及贷款相配合的多元化的投融资方式，为一些可以在中长期实现稳定的合理回报的项目提供更多融资的选择。 第四，开放原则。 丝路基金是开放的，在运作一段时间之后，欢迎有共同志向的投资者加入丝路基金来，或者在子基金的层面上开展合作；也愿意与国际和区域的多边金融机构，包括亚投行以及开行、口行、各个商业银行等金融机构，还有中非基金这样已经成立的基金开展投融资的项目合作。

其二，"遵循规则"是大国财政运作必须考虑的因素。 大国财政，特别是与金融银行形式的结合，体现的是大国财政与大国金融的关系，是政府力量与市场运作的关系，是"现有秩序"与"必要改革"等的关系，因此既必须按照国际惯例来运作，又要体现影响或引领国际财经新秩序的要求。 以亚投行为例，强调按照稳健原则来开展经营，并努力体现创新。 亚投行是国际经济治理模式的一种创新，力争超越以西方国家为支配地位的传统国际合作开发模式。 亚投行的发展中国家成员股占多数，并拥有较大话语权，回应了国际经济格局的发展变化。 亚投行还将推动发展理念的创新。 现有的多边开发银行以减贫为宗旨，沿袭了捐款国主导借款国的传统西方发展援助模式，而亚投行坚持求同存异、开放包容、互利共赢，强调更加平等互利的发展伙伴关系，更加注重经济增长对实现全面发展的基础作用。 亚投行还将推动投融资渠道和服务模式的创新。 就丝路基金而言，主要秉承商业运作、互利共赢、开放包容的理念，通过股权、债权、贷款、基金等投融资方式为"一带一路"建设和互联互通提供投融资支持，还将遵循对接、效益、合作、开放等基本原则。

其三，"组合出招"是大国财政运作的鲜明特征。 亚投行、金砖银行和丝路基金是我国政府从国家战略出发共同推进的工作，都是促进全球与区域基础设施建设、推动国际财经治理改革的重要举措。 在这些形式中，财政直接或间接参与运作，都是大国财政实践的重要载体，相辅相成地发挥作用。三者虽然都是政府（财政）出资，但机构性质和定位不同，不影响各自独立运作。三者错位发展，各有侧重。亚投行侧重于亚洲地区的基础设施投资建设，金砖银行则主要是为金砖国家及其他发展中国家的基础设施和可持续发展动员资源，两者在成员构成、目标区域、业务方向上有明显不同。丝路基金主要是中国有关机构出资成立的投资基金，服务于"一带一路"战略。三者之间互补合作，共同促进亚洲和全球基础设施建设和互联互通，为推动全球和区域发展做出贡献。

其四，"策略灵活"是大国财政成功的重要原因。国际合作要想成功就要既讲利益又讲策略，大国财政的推进要"算大账，讲策略，明义利"，两年多来几个重要载体在成型过程中都展现了这一特征。策略灵活就是既坚持原则，又能做出必要让步。在众多安排中，亚投行关于投票权与股权的关系就是典型事例。亚投行的投票权是由基本投票权、股份投票权和创始成员投票权组成的。基本投票权由全体成员平均分配，每个成员的股份投票权等于其持有的股份数，每位创始成员投票权则有 600 票。这种安排既考虑了权益原则，考虑了创始成员的利益，又能照顾到一般发展中成员的能力，易为各成员所接受，更具有开放性与竞争力。在这种安排下，我国作为"亚投行"的创始成员国和最大股东国，认缴股本额为 297.804 亿美元，股份数量 297.804，实际投票权占总投票权的 26.06%，既能保证我国对亚投行的主导作用，又使这一平台具有较强吸引力。应该说，在当前错综复杂的国际环境下，这种安排有策略上的意义。在亚投行的倡议提出后，美国、日本等对亚投行态度消极，不断设置障碍加以阻挠，美国策动的"跨太平洋伙伴关系协定"（TPP）和日本实施的"亚洲基础设施建设计划"还直接与亚投行叫板，因为中国倡导的合作形式是对美日在现有国际财经体系主导权的挑战。因此，在大国财政实施过程中，应继续注意灵活地利用策略，有时还须做必要让步，以服务于国家利益的实现。

必须认识到，大国财政实践是一个持续演进的过程，我们要持续地探寻大国战略以及大国财政实现的载体与形式。例如，十二届全国人大常委会已经完成了关于东盟与中日韩宏观经济研究办公室升级为国际组织的中国国内法律程序，这一中国在其中起到重要引领作用的新型区域性国际财经组织的最终形成可能会产生四个方面的影响。一是成为第一个全由区域内经济体组成的多边组织，这对于构筑完善的东亚经济治理格局、促进本地区团结和政治互信、维护我国周边稳定具有重要和深远的意义。 二是将有助于进一步提升区域内经济和金融稳定。 三是将有助于提高对国际高端人才的吸引力，增强政体机构能力建设，拓展未来发展空间，提升其国际地位，为深化与其他国际机构的合作创造有利条件。 四是将与 IMF 形成有益补充和良性竞争，对区域宏观经济和金融形势提出独立的观点和看法，从而在一定意义上推动国际金融体系改革进程。 除此之外，中国还在近期以非借款成员国身份加入欧洲复兴开发银行，这将有力推动"一带一路"倡议与欧洲投资计划对接，为中方与该行在中东欧、地中海东部和南部及中亚等地区进行多种形式的项目投资与合作提供广阔空间。 可以看到，中国的大国财政理念与实践还在不断发展和丰富中，其内涵和外延还在不断有益地扩展中，因此我们对其的研究还将不断持续进行。

　　笔者长期关注我国涉外财政的发展，认为这是中国特色社会主义财政的重要组成部分。 笔者（2011）将中国特色社会主义涉外财政定义为两大任务，一是构建能使国家财经利益最大化的主权国家财政，二是构建能逐步更加关心国际财经问题的主权国家财政。 笔者（2012c）提出，分析研究我国财政发展，要基于"国际政治视角"与"国际经济视角"的有机结合。 而在2013 年年底大国财政理念提出后，笔者赞同这一提法，因为这既是时代的呼唤，也与笔者（2014）的基本观点吻合。 本节阐明的内容是这些研究的继续，是对两年来的大国财政实践的回顾，同时我们还需要继续跟踪大国财政面向未来的实践，继续给予理论上的思考与探索。

第三节　当前大国财政研究的思路比较与未来展望

　　自本届财政部党组提出"大国财政"理念之后，两年多来，我国财政理论界同人同样"围绕中心、服务大局"，已经开始关注对大国财政基本理念、主要特点、理论内涵、逻辑体系、表现形式等的研究探索，对大国财政构建也有了新的认识与领悟，体现了中国财政学者的时代责任感。 虽然说，两年多来的大国财政更多的是体现在实践的创新与措施的出台，但中国特色的实践必然呼唤着理论的更新，期盼着理论的佐证。 本节将主要围绕两年多来，特别是近期比较集中出现的一些关于中国特色大国财政研究的文章观点进行比较分析，力图从学者们的研究成果中去归纳大国财政理论建设必须关注的一般规律与普遍问题。 总体上看，国内现有关于大国财政的研究思路与方法可以粗略地归纳为四个方面。 一是主要基于国情、围绕大局，从我国大国财政实践入手而形成的对策研究，可以称之为"特殊大国财政研究"。 二是主要从决定一般大国财政的普遍规律或重点要素入手对大国财政构建进行的理论分析，可以称之为"一般大国财政研究"。 三是主要站在全球、国际或国家间财政关系的角度来定位与研究主权大国财政的发展问题，和前两种研究思路主要是立足主权大国财政"自身"有所不同，这种思路将对当前大国财政的研究置于国际视野来看，因此可以称之为"国际财政治理视角研究"。 四是主要就大国财政构建时应该注意的某些特定因素或特定问题的研究，与第一、第二种将大国财政作为一个"整体"来研究的思路不同，这种研究关注的是大国财政构建中的"部分"或"局部"问题，因此可以称之为"大国财政管理研究"。 虽然说这些研究思路之间也是相互联系，相关学者在研究过程中也可能分别涉及不同的思路，但这些研究思路的出发点与侧重点还是有显著不同的。

一、基于国情、服务大局的"特殊大国财政研究"思路

所谓"特殊大国财政研究"思路，强调的就是主要基于国情因素、服务大局要求、实际政策需要等而对中国大国财政实践进行的归纳分析，目的是要提炼出中国特色大国财政建设的主要特征与发展路径。 总体上看，我国之所以提出大国财政理念，之所以践行大国财政做法，是时代的要求、形势的需要，也是基本国情、发展阶段、国家实力与统筹内外两个大局之政治考虑的结果。 因此，从理论的角度上说，对大国财政的探索，主要就应该立足于对"中国特色大国财政之路"的探索，在研究我国实行大国财政实践时，就应该站在全局性、大局性、政治性的高度，就应该关注所处时代的各种国内外因素，就应该分析当前与今后一段时期大国财政各种具体载体措施的可行性。 应该说，这是一种立足国情、面向现实的实事求是的研究方法，做好这种"政策经济学"研究本身就是中国财政学者义不容辞的责任。

必须指出的是，事实上，我国财政学者多年来关于大国财政的一些研究遵循的也都是这种路径，贾康(2007)的论文就是典型的代表。 在该文中，作者就是基于特定时期国家财政建设中出现的新问题，运用了"大国财政"的分析方法，探讨了在那个时期国家财政应该发挥的作用。 文章指出，我

国已经进入全面建设小康社会的关键时期，强大健康的财政将成为我国提升国际竞争力和实现民族复兴的重要支持。在我国大国财政的构建过程中需要解决诸多困难，例如，我国是世界上最大的发展中国家，经济发展水平落后于世界上许多国家，城乡二元经济结构的调整与化解问题非一朝一夕所能解决，既需要合适的财政政策进行干预，也需要强大的财政实力作为后盾；我国东部沿海城市较为发达，经济发展的基础和条件都远超中西部地区，只有强大的财政实力才有可能平衡好区域经济的发展；除经济发展水平与发达国家有差距，我国人民享受的社会公共产品无论在数量上还是在质量上都远低于发达国家，这些公共产品的提供也需要大量资金；人才的引进、技术的提高、产业结构的调整也都需要资金投入吸引人才、引进技术、引导产业结构的转变；我国的社会保障体系还在逐步建立、健全中，为应对老龄化带来的支付高峰，也需要填补转轨成本；国防和必要的重点建设也需要可观的资金支持。基于这些分析，文章最后提出了基于"大国财政"理念的一些主要任务，即注重财政对二元经济结构的影响、财政在缓解区域间发展差异方面的作用、财政对公共产品和公益服务的提供、财政对经济发展方式转变的促进、财政在社会保障体系建立方面的贡献，以及财政支持国防建设等。该文的最后结论是，我国大国财政的建立应该从国情出发，特别要注重优化结构、增加有效供给和支持深化改革。

这两年来，包括笔者在内的许多学者更是强化了基于国情、服务大局的研究导向，所得出的结论基本都属于这一思路范畴。关于这一思路，笔者不再详细展开，只举一例来简述这种方法的主流地位与基本观点。在楼继伟部长2013年年底明确指出要树立"大国财政"理念后，我国财政理论界由此掀起了讨论"大国财政"的热潮。这一讨论涉及的范围比较广，就连由东北财经大学财税学院与辽宁省财政科学研究所主办的《地方财政研究》，作为一个主要研究地方财政问题的杂志，也在2016年1期上设立了《大国财政》研究专栏，集中展示了一批国内学者关于大国财政的最新研究成果，从一个侧面显示了国内财政理论界对大国财政这一当前我国财政重要实践形式的高度重视。在该专栏"大国财政考验大国智慧"的按语中，编者事实上比较集中地表述了关于大国财政研究的"特殊大国财政研究思路"的基本观点。一是强调"时代呼唤着中国大国财政的形成"。面对着不断变化的国际发展新趋势，作为国家治理基础与重要支柱的中国财政必须突破国内界限，从区域化、全球化的视角来思考问题。二是"发展中大国财政是需要智慧的"。 大国财政是与大国地位相辅相成、相匹配的财政。 中国是一个后发大国，还非富国强国，则其发展中国家之大国财政建设注定面临更多的不确定性，考验着我们发展中大国的智慧。 三是我们正在探寻和必须探寻的是"中国特色的大国财政之路"，这就是"对内守住底线，深化改革；对外主动引导，有效出牌"。 对内以稳定经济发展、提升财政自身能力为底线，通过合理运用财政工具、推进改革并防范风险，促进了国内经济社会的稳定发展；对外则适时实施"一带一路"战略、组建亚投行、金砖银行、丝路基金等重要载体，加快对外战略布局，推进并力图引领国际财经合作，提升国际影响力。 四是"中国大国财政之路并非坦途，任重道远"，并据此提出了建设中国特色大国财政之路上急待破解的一些难题，而要破解这些难题，依然是要基于国情、把握大势，在统筹内外两个大局的实践中不断摸索，奋力前行。

二、探索规律、提炼要素的"一般大国财政研究"思路

在许多情况下，老一些理论工作者重点从事政策经济学或对策研究的同时，必然还有另外一些学者侧重于对基础理论的关注，对我国大国财政的构建也不例外。 所谓"一般大国财政研究"思路的核心就是力图首先揭示大国财政一般应该具有的普遍规律与期待特征，而后再将中国构建大国财政之路摆进去，比较中国大国财政之路与一般（或其他）大国财政建设规律的差异，进而提出下一步构建中国大国财政的理论主张或政策建议。 具体而言，基于这种思路的现有研究，一般是重点从"大国"加"财政"这一对具有普遍意义的概念及其联系入手，通过把握"大国"与"小国"之区分，把握国家"财政职能"与"非财政职能"之划分，辅之以历史或现实中其他大国财政建设的实践比较，来分析探索大国财政构建的一般规律，并据此对中国大国财政的建设提供政策建议。

刘尚希等（2016）力图将大国财政建设的一般规律归结为四个方面。 一是强调大国财政是大国治理的核心。 大国治理包括两个方面，既包括大国崛起过程中的公共风险治理，也包括全球化进程中的全球公共风险治理。而治理公共风险是财政的使命，则大国财政必须考虑公共风险治理的这两个方面，必须起到核心的作用。 二是大国财政是大国影响力的体现，大国崛起和不断提升影响力必须要有大国财政支撑。 三是大国的财政体系和制度安排是大国在全球范围内发挥作用和配置资源的基础。 四是大国财政是大国引领人类文明的制度安排。 该文通过对这些大国财政的一般描述与理论期待，认为当前中国大国财政建设虽然已经取得一定成绩，但与大国的体量、全球治理的要求相比，我国大国财政实力还存在一定的差距，进而结合当前实际，提出了构建中国大国财政的路径与建议。 在作者提出的政策建议中，有一些建议具有独到之处。 笔者特别赞赏该文作者提出的"以风险观念和柔性思维为基础"来发挥大国财政作用的鲜明观点。 树立"风险观念"的建议抓住了治理与应对公共风险是财政使命的关键，强调要充分认识"不确定性是世界的基本性质"。 大国财政要在新国际治理中发挥作用，就要始终树立风险意识，要把防范与化解公共风险作为重要理论前提。 而"柔性思维"则是强调在大国财政佐助大国崛起的过程中，当遇到各种挑战，特别是遇到各种公共风险时，既要靠实力说话，又要有以柔克刚的思想与智慧，要把财政政策的外溢性的影响力变为维护国家利益的软性工具。应该说，"风险观念"与"柔性思维"的理论思维与政策建议，在一定程度上揭示了一般大国财政构建中的重要核心问题，探讨了在国际经济财政关系中大国主权国家之财政建设必须注意的一般性方法要求。 这些观点启示我们，作为发展中国家的大国财政，要在国际舞台上发挥作用，在不断增强硬实力的同时，还应该始终有明确清醒的风险意识，要不断丰富运用大国财政手段的方式方法。 而就这些方面而言，我国大国财政的构建的确还有较长的路要走。

王雍君等(2016)从"大国"与"小国"在发挥财政职能上的天然优势与劣势入手，分析大国财政一般具有的共性。 归纳起来，作者的基本观点有四。 一是"大国"与"小国"的关键区别在于规模因素(如人口、领土和适宜居住区面积)，而不在于实力(不论是硬实力还是软实力)。 二是尽管实力比规模更重要、更能决定国家的前途与命运，但规模亦非无关紧要的因素，至少就财政职能的发挥而言显得尤为突出。 就影响一国政府实现其财政职能的能力与方式而言，规模既可能带来显著的潜在优势，也可带来显著的潜在劣势。 三是从现代财政配置、分配、稳定三原则的实施而言，大国与小国在实施这些原则方面，都有潜在的优势与劣势。 与小国相比，大国财政在稳定职能上具有相对优势，在分配职能上具有相对劣势，而在配置职能上则优势与劣势参半。 四是由于财政职能上的优势与劣势是潜在的而非现实的、相对的而非绝对的，因此无论是大国还是小国，都必须发掘优势、规避劣势，才能更好地发挥财政的职能作用。 在这些对大国与小国财政构建一般规律探讨的基础上，作者侧重对我国财政作为大国财政(主要就规模因素而论)如何在大国国内发挥作用提出了一些意见,如应将分配与配置职能置于比稳定职能更优先的地位;在考虑实施分配职能的国内财政政策时,要考虑能体现大国财政规模效益的相关组合;在国内财政体制改革中,要考虑到大国财政在配置职能上优势劣势参半的特点,应采用必要形式来规避潜在的偏好劣势,构建合适的有大国特点的现代财政制度。 可以看出,该文的主要立足点是从大国(主要是由规模定义的)之财政职能实施入手来分析问题,重点是大国财政之国内侧面,这与这两年我们主要探讨的中国大国财政之统筹内外两个大局、更关注发挥中国财政在国际经济关系中作用的研究重点有所偏离,且论述中对财政三大职能表述、对发达国家联邦制财政理论适用性等一些观点还有待商榷。 但是笔者依然认为该文作者提出的一些研究思路值得我们在大国财政构建中注意,一些可能带有一般性规律的因素必须考虑。 笔者一贯认为,我国大国财政构建的关键在于处理好国内"守住底线"与对外"有效出牌"的关系。 就"守住底线"而言,就有结合大国实际,妥善处理好财政配置、分配与稳定三大职能,发挥财政作用,促进国内经济社会健康发展的任务。 在这方面,该文作者提出的一些具有提示性的观点,值得财政决策部门考虑。 而就"有效出牌"而言,我们也有一个考虑财政三大职能在国际上发挥作用以及发挥作用有效性的问题,大国财政在"主动引导、有效出牌"的时候,选取运用载体、使用财政资金、把握参与程度时,都可以将大国财政职能发挥因素的潜在优劣加以考虑,重点是在于大国财政配置职能的国际延伸,还是侧重考虑稳定职能的国际延伸,还是想在分配职能的国际运用上也多发挥作用,这些方面都值得我们继续深入地加以研究。

笔者的学生曾聪在其博士论文(2014)中通过对美国、日本、英国、法国等发达国家和印度尼西亚等发展中国家的分析比较,归纳出大国财政的一些基本规律。 该文的分析有五个层次。 一是对大国标志的认定。 他认为,对大国的定义不仅要考虑总量的大小、经济实力的强弱,还需要考虑国际影响力,因此,在国际社会具有影响力、经济总量处于全球前列,并且有与国民生活要求相匹配的国内外治理能力和发展潜力的国家才可以称为大国。二是对大国经济的认定。 一般说来,大国经济应该具备的特征是:较大的经济规模、内需具有规模性和稳定性、产业与结构分布具有互补性与回旋余地。 三是对大国财政的认定。 强调大国财政并不是大国和财政的简单结合,而是指与国家实力和发展目标相匹配的财政,能够联通内外,有较强国内外治理能力、发展潜力与影响力的财政。 四是归纳出发达大国财政的特点主要包括：财政收入规模大、国内财政治理能力强大、承担的责任和国际影响力大、具备更强的国际公共产品供给能力。 五是归纳出发展中大国财政的特点主要有：财政收入规模相对较小、财政支出也较不平衡（特别是民生支出较少）、财政治理与管理相对不足、在国际财政治理中的地位较弱。基于这些比较，该文对作为后起发展中大国、当前又在国际事务中发挥重要作用的中国大国财政发展提出了一些政策建议。

三、国际视野、大国定位的"国际财政治理视角研究"思路

这种研究思路的核心是站在国际经济（财政）治理的角度来审视大国财政发挥作用的空间与方法。 应该说，站在国际财政的角度来研究主权国家财政（包括大国财政）的思路，从来都是国际财政研究的主流方法。

赵仁平（2007）主要从区域内国家间财政关系与国际财政关系的比较入手，分析主权国家在国际（区域内）公共产品提供方面的差异。 该文认为，相比全球领域，区域领域更为现实。 区域经济一体化已成为全球经济一体化的重要体现，成为各国经济参与全球竞争的重要载体，考虑区域内的财政问题会更加现实。 区域一体化中的国家为获得经济发展往往会采取消除贸易壁垒、让生产要素更为自由流动等措施，同时各国财政政策的相互影响也会较大。 国际经济体最终也是由多个区域经济体组成的，区域经济体内财政问题的良好解决有助于国际财政问题的解决。 国际公共产品也可从区域角度出发，先考虑区域内公共产品的提供，然后逐步扩展到全球公共产品。这种导向思路对主权国家财政参与提供国际公共产品是有一定帮助的。

杨伊（2009）则认为国家的财政活动由于全球能源供给和国际贸易环境的不断变化，呈现出国际性和全球性的特点，国际公共产品的提供从来就是一项复杂的系统工程，需要不同主权国家的共同努力，而各类大国的责任更为重大。 当我国经济发展处于参与全球化的重要阶段，我国财政在有效提供国际公共产品上面临着巨大的挑战。 全球能源供给不足需要各国协同合作，从全球大局考虑，合理配置资源，实现全球可持续发展。 国际贸易环境的变化，需要在开放经济下，正确处理国内发展政策与国际贸易环境之间的关系，充分发挥全球化的优势，为自身谋得发展的同时也为良好国际贸易环境的形成做出贡献。 良好国际贸易环境的形成与维护本身就是一项重要的国际公共产品。

而在新时期我国提出"国家治理体系与治理能力的现代化"、"财政是国

家治理的基础和重要作用"、我国应该"开创对外开放新局面、完善对外开放战略布局、积极参与全球经济治理"等重要观点后，就有更多的学者将对"大国财政"构建的研究与国际经济财政治理等因素结合起来考察。

杨志勇等(2016)就是把大国财政放在全球经济新秩序下加以考察，依托所谓"新财政治理理论"来描述国际经济治理下的大国财政一般，并对我国大国财政之构建提出建议。该文结合对财政治理现代化理论与文献的回顾，提出了新财政治理中应当解决的三个突出问题：一是财政治理效率的提高，二是财政治理的制度化问题，三是全球财政治理的问题。作者进而将中国在新时期大国财政的构建放在这三个突出问题的框架下加以分析。就提高财政治理效率问题，建议应该按照大部制的要求来优化我国现有财政机构的设置，以满足实现大国财政职能的需要。就提升财政治理的制度化问题，建议进一步厘清国家治理与市场治理的关系，从大国财政的实践上看，特别要关注国有经济治理、财务管理的制度化等与财政改革密切相关的问题。就加强中国作为发展中大国在全球财政治理中发挥作用的问题，建议当前重点参与国际税收治理、国际公共产品提供、国际财政政策协调和国家外汇储备管理制度改革等。

卢洪友(2016)则从大国内涵、大国标准与大国地位的基本概念或范畴入手来探索大国财政构建的一般规律，并据此对我国大国财政的构建提出政策建议。该文首先认为，大国是一个历史范畴。作为一个大国，不仅要具有硬实力，还要具有软实力。大国财政是大国治理的基础，是与大国地位相辅相成、相互匹配的财政。作者进而从大国各种内在标准入手，特别是国家硬实力与软实力的构建入手，强调对于任何大国财政的构建，一定要从这些基本标准入手，从而做出实事求是的判定。这一观点的关键就是要区分发达大国财政与发展中大国财政。基于这样一种判断，作者进而认为，中国还是一个快速发展中的大国，但远非富国强国，则中国财政也还属于发展中的大国财政，对此必须有客观的认识，要理性地看待中国的大国及对应的大国财政地位。而要构建作为发展中大国的中国大国财政之路，从根本上说就是要坚持统筹内外两个大局和量力而行、量入为出的原则，重点应放在夯实财政硬实力，提升财政软实力。作者据此特别强调要处理好三个重要关系：一是处理好国内财政治理与参与全球财政治理的关系，二是处理好国内财政支出与国际性财政支出的关系，三是处理好国内公共产品提供与国际公共产品提供的关系，核心就是要务实地为中国的大国崛起服务。

四、强化治理、加强管理的"大国财政管理研究"思路

这种思路的核心是在大国财政的框架内讨论财政管理问题，或者说研究大国财政构建中的某一个具体侧面。当前这方面的文章相对较少，但毕竟提供了一个对大国财政建设有实用价值的研究思路。

马蔡琛（2016）的论文就是这样一个代表。该文是在大国财政的视野中讨论跨年度预算平衡机制这一财政预算建设中的重要问题。该文的研究思路是依次递进的三个层面。首先是对跨年度预算平衡这种现代预算平衡机制的内涵做出界定，重点讨论该机制下对权宜性选择与长期制度性安排的区分、对"软赤字"与"硬赤字"的把握、对跨年度预算平衡机制跨越时间的选择等重要内容。接着比较了单一制大国与西方发达国家联邦制大国在国家治理层面上的差异，讨论单一制财政体制与联邦财政体制的异同，特别强调在单一制大国财政的制度下，要着重考虑政府治理结构与层次设置对任何财政体制性安排的影响。最后，以中国这一单一制、多层次的大国为例，考察在这种国家治理结构下建设大国财政的问题，特别是如何构建基于五级财政构架下的跨年度预算平衡机制问题。该文得出的很多政策性建议是很有针对性的，例如，跨年度预算平衡机制在中国各层级政府中的具体表现形式应有所不同；要针对不同财政层级的预算管理需要，采用繁简不同的预算预测方法；要避免预算管理改革中的"单兵突进"，加快推进行政管理制度的配套改革。

笔者认为，在当前财政理论界对大国财政的研究重点放在涉外层面，重点放在如何运用财政手段服务国家对外发展战略的时候，也就是研究中国大国财政的"涉外层面"时，以马蔡琛（2016）等为代表的"大国财政管理研究"思路却将研究视野放到了大国财政构建的"国内"层面，这实在是难能可贵。这也给了我们一个重要的启示，中国大国财政的构建本身就应该是为统筹内外两个大局服务的，大国财政的任务本身就应该是同时面对大国自身发展和中国作为发展中大国在国际的地位增强这双重任务的，我国大国财政的自身建设也应该放在内外统筹这两个方面来思考。与此相适应，本节所考察的大国财政研究的四种思路，一定应该是相互补充、共同发展的。每一种思路都是从一个特定侧面或角度来看待大国财政建设这一新生事物；每一种思路在坚持自己特定侧面深入研究的同时，都要向其他研究思路学习，群策群力，共同促进中国大国财政理论与实践的发展。

第九章

统筹内外两个大局的中国大国税收

在我国对内强调"同心共筑中国梦"、对外重申"与世界同分享共发展"的新时期中，中国税收应该如何为国家战略服务，如何为统筹内外两个大局服务，特别是"适应新常态，迈向现代化"进程中的税收如何更好地服务国家"大国战略"的实施，是一个重大的理论与现实问题。党的十八大以来，国家涉外税务战线的同志们开拓创新、奋力进取，付出了努力，提升了站位，创造了经验，服务了大局。笔者多年来关注我国涉外（国际）税收的发展，在新时期中更是持续地研究了中国税收"提升站位、服务大局"的问题。三年多来，笔者先后尝试用一些税收新理念来描述与评价我国税务部门的实践创新，力图从理论与实际结合的角度为涉外税收的新发展贡献力量。本章就是按照这样的顺序展开的。第一节以笔者在 2011 年阐述的"内外统筹的税收观"为蓝本而撰写。第二节以笔者在 2012 年提出的"跟踪四大进程、构建统筹税收"的框架内加以阐述。第三节以笔者在 2014 年提出的"'现实版'与'升级版'结合的中国特色涉外税收"为基础来讨论。第四节是以笔者在 2015 年提出的"大国税收"思路来构思。第五节是在国家税务总局 2015 年年底提出"大国税务"理念后，笔者对中国税务走向世界的再思考。

第一节　牢固树立"内外统筹的税收观"

2011 年是中国加入 WTO 的第十个年头。2001 年 12 月 11 日，中国正式加入世界贸易组织，标志着我国的对外开放进入了一个新的时期，也对我国涉外税收的发展提供了一个全新机遇。弹指一挥间，至 2011 年，十年过去了，笔者等在《税务研究》2011 年 5 期上撰写了《税收发展与税制改革：加入 WTO 十年后的再思考》一文，谈了加入 WTO 十年对我国税收发展的启示，提出了构建"内外统筹的税收观"的观点，并结合当时的时代背景，即国际金融危机的影响还未完全消除，包括涉税摩擦在内的各种国际经济贸易摩擦不断加剧，税收参与统筹国内外两个大局任务更加繁重等而展开论述的。四年多过去了，虽然国内外形势已经发生了许多重大变化，但笔者当时提出的一些观点，对我们今天构建"统筹税收"与"大国税收"还是有一定启示的，无论从研究的思路上还是对具体发展实践的跟踪把握上看，都还具有一定的延续性。

笔者首先阐述的是提出"内外统筹的税收观"理念的必要性，以及在涉外税收实际工作中运用这种理念必须注意的外部条件。笔者当时认为，在我国改革开放的实践中，税制改革与我国参与经济全球化进程的不同阶段、不同重点都是紧密相连的。无论是改革开放初期最早进行的涉外税制改革，还是后来的企业所得税"两法"合并，无论是应对国际金融危机中出口退税政策的反复使用，还是在应对国际金融危机中的"扩大内需、稳定外需"战略下对相关出口贸易税收政策和国内现代服务业税收优惠的实施，国家税收政策措施变动与税制调整都是同我国参与经济全球化进程、努力获取最大国家利益联系在一起的。面向未来，我们更应该看到国际因素对我国税制改革与税收政策运用的影响将会越来越大。笔者特别指出的是，应该着重关注未来五至十年国际形势的可能走向与变化，因为这五至十年既是我国完成"十二五"规划、迈向"十三五"时期的关键时期，前面五年也恰恰是我国在加入 WTO 时承诺的非市场经济国家过渡条款依然生效的时期。种种迹象表明，在我国不断深化全方位对外开放、更加融入全球经济发展进程中时，可能还会遭受很多涉及财税的经济贸易摩擦，而且表现形式将会有新的变化。过去，贸易对手国在涉财涉税摩擦方面主要攻击我们对一般贸易准则遵守不够，现在则会找各种与我国经济财税体制核心内容相关的事项来发难。例如，过去讲我国运用出口退税方法支持商品出口是事实上的"少征多退"，现在对手国则把反补贴的重点指向我国国有商业银行的贷款，指向我国地方政府在土地出让等方面提供不一样的优惠程度上，指向过去相当一段时期内我国地方政府财力不断增加及其政策性运用上，而这些都涉及我国整个经济财政体系乃至国家体制性安排的核心。基于这一认识，从税收服务内外两个大局统筹的角度看问题，我们就应该基于"内外统筹的税收观"的角度看待税收相关问题，就要正确应对涉财涉税贸易摩擦。

笔者进而阐述了"内外统筹的税收观"的基本含义。简要地说，"内外统筹的税收观"就是强调我国税收发展与税制改革都应该紧紧围绕服务国家内外两个大局而展开，具体就涉外税收的构建而言，必须要努力完成以下两个长期而艰巨的任务：一是要努力构建一个能"使国家利益最大化的主权国家税收"。利益最大化就是要"内外兼修"，对内运作要有效得当，处理对外争议时要有理有节，这就要求无论与外贸相关的税收，还是金融方面的税收，也包括对实体经济的税收，都必须既要有利于自身发展，又要兼顾他国的关切。二是要努力构建一个"更加关注国际问题的主权国家税收"。现在我国的经济总量已经是全球第二，虽然就人均 GDP 等因素而言，我们还是发展中国家，但我们毕竟要承担自己的责任，必须在国家间税收关系的发展中、在国际税收关系的调整中做出贡献。

在这两句话中，包含了三个核心词——"主权国家税收"、"国家利益最大化"、"更加关注国际问题"。其中，第一个核心词讲的是定位，后两个核心词讲的是基于这一定位的两大任务。笔者多年坚持这样一个观点，只要国家依然是国际各种事务的最基本单元，国家税收就始终是一国经济主权的核心部分，无论经济全球化与其他国家间经济合作形式如何发展，主权国家税收都是最难让渡的部分，坚持主权国家税收的立场，是一国涉外税收服务国家发展战略，参与国家间税收关系调整、参与构建国际税收关系准则的出发点与基石。而在这前提下，两句话就是表明了统筹内外的国家涉外税收发展的两大任务。

前一句话讲的是使自己国家的利益最大化。在经济全球化条件下，要通过一定税制的设置与政策的运用来实现利益的最大化，要考虑尽量在"合理"的范围内（即他国可以接受的条件下）使自己国家的利益最大化。经济全球化是什么？对于每个主权国家而言，经济全球化就是立足于自己利益的最大化，同时在权衡利弊后在必要时逐步让渡部分经济主权的过程，就是既要做强自己又要兼顾他国的过程。主权国家的税制应该能够考虑这些问题，既要促进自身经济发展与利益的实现，又要尽量避免或妥善处理各种涉财涉税的贸易摩擦。

后一句话强调的是要逐步更加关注国际问题。什么是当前与我国税制设置与改革相关的国际问题？站在 2011 年的时点上，笔者当时主要归纳了对国际问题关注的三个方面。 一是对国际公共产品的逐步提供。 这里既包括对应对全球气候极端变化、倡导节能减排措施、索马里公海护航、反对国际恐怖主义等方面的关注，也包括对如湄公河四国护航在内的一些区域性国际公共产品的提供。 无论是对哪一种国际公共产品的提供，支撑的都是中国纳税人的钱，国际义务与相应支出的增加显然是税制设置与改革时必须考虑的重要因素。 二是对国际经济治理体系构建的逐步参与。 就当时的国际治理体系而言，既有多边的 WTO、IMF 等，还有主权国家组织的 G20、金砖国家等，我们都要逐步参与。 伴随我国国际地位的逐步提高，一方面我们要在涉财涉税的国家治理体系建设中发挥更大的作用，特别是在类似于国际税收论坛与对话机制中体现出必要的引领作用；但另一方面，想要在国际治理体系中起到重要作用，也必须考虑相应的义务与支出，世界上永远没有免费的午餐。 三是对财税政策国际运用的逐步协调。 应对国际金融危机，国际财税领域最重要的特征就是财税政策运用的国际协调的强化。 什么是财税政策运用的国际协调呢？ 通俗地说，就是"同进同退"。 宏观财税政策在过去、现在和将来都首先是主权国家的事，但在经济全球化的今天，一国政策的运用会对他国乃至在国际上产生影响，即部分具有了国际外溢性的特征，这就需要各国的有效配合与协调，应对危机同进入、政策退出要商量。 应该说，在 2008 年以来应对国际金融危机的过程中，我国在这方面取得了世人公认的成果。 同时，笔者也指出，多年来，在各种国际协调领域内，如贸易、投资、技术、知识产权等各个方面，规则都是发达国家定的，我们都是先学习，然后保护，再争取参与，这是一个较难的过程。 但在财税的国际合作上，由于我国"集中力量办大事"政治体制的存在，由于我国财税政策的运用和财税整体力量的形成，会使我们在这一领域的国际协调和合作中处于相对领先的位置，应该给予充分的关注，并作为我国税收发展与税制改革的重要方面来考虑。

第二节　跟踪四大进程，构建统筹税收

　　2012 年，在喜迎党的十八大召开的时刻，笔者盘点了当时国际发展的新态势，进一步将"内外统筹的税收观"拓展为"统筹税收"的理念，作为

笔者对中国特色社会主义税收体系涉外侧面尝试性的理论表述。 笔者总结了党的十六大以来我国涉外税收的发展进程，在《涉外税务》2012 年 10 期上发表了《跟踪四大进程，构建统筹税收》一文，明确提出了构建"统筹税收"的理论主张。 在该文中，笔者指出，在从党的十六大到即将召开党的十八大的这个阶段中，中国税收继续沿着中国特色社会主义道路前进，在改革开放以来取得的成绩的基础上，在科学发展观的指引下，又取得了许多新的成绩，税制改革不断深化，征管体制日趋完善，税收政策有效运用，理论体系逐步构建，"服务科学发展、共建和谐税收"的理念深入人心。 笔者有幸参与了这一过程，有幸持续探索中国特色税收的建设之路，尤其注重对我国涉外税收的研究。 在认真总结这些年来我国税收发展经验的基础上，笔者详细阐述了"跟踪四大进程、构建统筹税收"的政策建议与理论探索。

笔者(2012b)所提及的"四大进程"，指的就是"经济全球化、世界多极化、科技有进步、应对新问题"这四个当时国际形势发展的进程、趋势，或者说是重大特征，而"跟踪四大进程"，就是要认真研究这些进程或特征对我国税收发展，特别是涉外税收发展的深刻影响。 笔者当时总结的这 20 个字的特征，体现在时任中央领导同志的多次重要讲话和许多中央文件中。例如，国家"十二五"规划对战略机遇期中的国际特征做了这样表述："从国际上看，和平、发展、合作仍是时代潮流，世界多极化、经济全球化深入发展，全球经济政治格局出现新变化，科技创新孕育新突破，国际环境总体上有利于我国和平发展。 同时，国际金融危机影响深远，世界经济增长速度减缓，全球需求结构出现明显变化，围绕市场、资源、人才、技术、标准等的竞争更加激烈，气候变化以及能源资源安全、粮食安全等全球性问题更加突出，各种形式的保护主义抬头，我国发展的外部环境更趋复杂。"从党的十六大到党的十八大之前的实践告诉我们，从上述表述中提炼的这 20 个字是对"和平发展合作"时代特征的提炼性描述，是研究我国税收发展要考虑的重要外部因素。 而将这些国际特征与国内"改革发展稳定"任务结合起来考虑，就有了如何在"统筹国内国际两个大局"的更高层面上谋划新战略机遇期中我国税收发展的问题，就有了在新战略机遇期中构建"统筹税收"的历史任务。 而在"统筹税收"的理念下，我们要做的依然有二：一是在深化对外开放的同时，继续构建一个"有利于国家利益最大化"的主权国家税收；二是在税收服务于国内改革发展稳定大局的同时，构建一个"逐步更加关注国际问题"的主权国家税收。

一、始终把握经济全球化对主权国家税收的影响

"经济全球化"始终是我们所处时代重要的经济特征。结合我国国情,把握经济全球化进程对主权国家税收的影响,应该说仍然是研究我国税收新发展的首要涉外因素。简要说来,就是要始终做到:总结经验、立足当前、展望未来。

其一,要认真总结税收支持我国参与经济全球化的成功经验与有效做法。笔者在长期跟踪经济全球化进程并特别关注我国参与这一进程的经验的基础上曾经指出,研究经济全球化进程及其对主权国家税收的影响,主要就是把握其"不变"与"变"的对立统一,即既要看到全球化进程不变的客观发展趋势、不变的主权国家主导地位与博弈关系等对各参与国税收发展的制约,又要看到全球化变化中的形式、不断出现的挑战、各国应对挑战的做法等对各参与国税收发展与政策运用的影响。党的十六大以来,我国参与经济全球化的重要经验是,必须始终了解特定国家参与经济全球化的主要阶段与特定内容,并将此背景作为税收运作之着力点,税收要做的就是有的放矢地支持对全球化特定阶段与内容的参与。改革开放以来,我国参与的主要是实体经济全球化,特别是货物贸易自由化和投资全球化,我们对虚拟经济全球化(主要是金融国际化)的参与是审慎的,因此,党的十六大以来,我国税收政策主要是继续服务于对实体经济全球化的参与。在贸易方面,增值税转型、出口退税政策的长期频繁运用等,都是始终服务于扩大内需与稳定外需这一目标,且不断根据形势变化而调整体制与政策的着力点。在投资方面,税收发展与税制改革也同样可持续地为"引进来"与"走出去"战略服务,且逐步从以前者为主向两者协调发展过渡。在贸易与投资的关系上,税收始终从税制改革的侧重点与税收政策的立足点等方面,来调整我国参与贸易自由化与投资全球化两大进程的参与速度、相互比例与发展态势。而在贸易投资作为一个整体在国民经济发展大格局中的作用而言,税收的着力点与政策体现的轻重缓急,都促进了我国对实体经济与虚拟经济全球化合理参与程度的确定,都能在 2008 年年底以来同时应对外来实体经济危机冲击与防范国际金融风险方面起到积极作用。今天,在我们坚持对实体经济全球化的有效参与、同时有选择地加大对虚拟经济全球化参与的时候,这一经验仍需认真总结,这一思路仍需予以坚持,昨天的经验是为了更好地服务

于今天的发展并做好对明天的准备。

其二，在 2012 年的时点上，在对应的政策建议方面，笔者提出，税收要努力根据统筹内外两个大局的要求来为国家经济的"稳增长"做贡献。当时面对的是错综复杂的国际形势与艰巨繁重的国内改革发展稳定任务，不确定性因素多，在党中央"稳中求进"工作总基调的要求下，我国税务部门应对经济下行压力及其对应的收入下行压力，已经取得了可喜成果。 从继续参与经济全球化，统筹内外两个大局，把握好消费、出口、投资等重要关系的角度看问题，税务部门必须努力通过税收政策运用、实施应收尽收、加快结构性减税步伐、落实税制改革目标、推进征管体制改革等重要方面来服务大局。 从实践上看，我们在继续把握好"稳"与"进"、长期与短期、中央与地方、内需与外需等关系以服务国内大局的同时，要通过结构性减税等政策措施，克服当前源于国际市场的不利因素，支持我国外向型经济渡过难关，实现中央提出的"牢牢把握大力发展实体经济这个重点"之要求。 要在新条件下，更有效地用好出口退税等政策，促进我国对货物贸易自由化的参与，从外经贸发展侧面助推当前"经济增长缓中趋稳"态势的前行。 要积极稳妥地推进"营改增"试点在地区与行业中的新扩展，通过相关税收政策运用来发展现代服务业，提升我国在参与服务贸易自由化中的竞争力。而在落实"结构性减税"要求时，要重视政策性运用与体制性安排的有机结合。 当前应对经济下行压力，税收的政策性运用往往会大于体制性安排，这是必需的；但从长远坚持发展实体经济、促进对经济全球化参与的角度看问题，还必须更加注重税收的体制性安排，继续完善适应对经济全球化参与的税制及征管体系。 此外，我们还要把眼光放得再远一些，一方面要总结多年来我国税收政策运用适应国际经贸规则促进外向型经济发展的经验，继续服务于内外经济的统筹发展；另一方面还要加紧研究经济全球化的新特点，研究国际治理体系的变革趋向，努力在制定相关国际经济贸易税收规则、促进国际治理新体系形成方面有所作为，从税收侧面减少或缓解因经济贸易摩擦给我国经济发展带来的不利因素。

其三，要把握继续深化参与经济全球化对我国税收发展的长远影响。多年来，我们持续地关注经济全球化的新特征，通过对这些特征的把握来深化对全球化本质的理解，研究全球化进程对主权国家税收（或者更广义地说，主权国家财税）的深刻影响。 2008 年年底，国际金融危机发生后出现的许多事件加深了我们的认识：在私人部门里，源于与创新相伴的金融风险积累，最后演变为主要大国的次贷危机并进而加深为国际金融危机与经济危机，使实体经济与虚拟经济部门同时陷入困境；而在公共部门里，欧盟国家频频出现主权债务危机，从本质上说，是财政风险在区域"货币已经一体化、财税依然主权化"条件下的正常表现。这些都给予我们深刻的启示，更加认识了经济全球化本质及其对主权国家财税的影响。简言之，经济全球化就是主权国家或地区逐步让渡部分经济主权（包括货币、金融、财政、税收）、换取国家利益的最大化，从而形成的你中有我、我中有你的进程。在该进程中，最容易让渡的是货币金融，最不好让渡的是财政税收，因为后者同国家的本质联系更为密切、在风云变幻的今天更凸显其重要性。一方面，各国要运用财税手段来应对私人部门的难题，过去几年应对国际金融与经济危机中各国"实体救济、虚拟救市"的实践就是这样；另一方面，各国要在财税主权逐步让渡与最终的政治限制中寻求平衡，当前欧盟国家对主权债务危机处理的两难局面就是范例。把握这些重要特征与跟踪最新进展，就能对我国继续参与经济全球化对未来国家财税发展的影响有前瞻性的认识，既要看到当前参与全球化特定阶段与内容的影响，还要看到随着这一参与的深化，在未来 10～20 年里对我国财税的影响。例如，我国已经在推进区域一体化进程，已进展了十多年的中日韩与东盟（"10＋3"）安排，2010年启动的中国东盟自贸区等就是典型实例，这些都涉及一定的财税安排。总之，我国在未来参与全球化与区域一体化的进程中，必须在适度让渡财税主权与获取国家利益最大化间进行权衡，对此应有前瞻性的考虑，多做预期性的安排。

二、始终把握世界多极化对我国税收发展的影响

"世界多极化"，或者叫"政治多极化"，是对我们期待中的当前国际政治格局的描述。改革开放以来，我国国际地位不断提高，特别是党的十六大以来，从对内构建和谐社会、推进科学发展，到对外倡导和谐世界，实现和平崛起，党中央提出的这一思路已经得到国际社会的广泛理解和赞同。但是，我们也要看到，我国成为世界上第二大经济体，国外一些势力不高兴。我国是世界上人口最多的国家，经济总量总有一天会是世界第一，这是正常的发展趋势，但有些势力不愿看到的是在我们体制下还能这样顺利发展，总想用种种手段来遏制中国的和平崛起，对此我们应保持清醒的头脑。对于全球化，有些势力期盼的是单极化、美国化，而我们要求的是多极化。

我们应从当前国际政治形势对我国税收发展的影响出发，做好应对准备。多年实践给予我们的启示至少有三个方面。

其一，要深刻理解多极化对主权国家税收发展的影响，理解税收问题上升到国家战略、税收要服从于国家利益的必然性。 政治多极化事实上就是一个国家间竞争、制度间竞争的过程，税收因素已经事实上成为这种竞争的重要组成部分。 过去十年中，国外某些势力攻击我国的领域，除了人权、知识产权、汇率决定等因素外，还加上了税负问题，因此，我们要在特定的国际政治背景下看待过去十年里境外媒体就所谓"税收痛苦指数"对我国的攻击。 如本书第二章第一节所述，一方面，看待国际税收竞争（包括以税制竞争力或税负排行榜等形式出现的国际税收舆论竞争）要有平常心，因为这也是经济全球化的产物；但另一方面，对于国外势力对我国税负问题的有意责难，要放在多极化的背景下思考，保持清醒，有效应对。 我们要在这种有效应对中为中国特色税收体系的形成与制度化发展提供有利的内外部条件。

其二，要在世界多极化的背景下加快中国特色社会主义税收理论体系的构建。 在多极化格局中，我们要靠自身独特的文化、历史、价值、传统、政治与体制等重要因素来成为一极，而包括税收理论在内的中国特色经济理论建设也应该是重要组成部分。 西方强调的单极化，所对应的就是基于所谓"普世价值"的西方经济理论体系，而我们必须有自己的。 因此，对中国特色税收理论体系的探索，要放在多极化的背景下去掂量其重要性，要摆脱"普世价值"在税收理论上的影响，这应该是我们这一代学者的责任。 纵观全书，笔者对这一观点的表述已经很清楚了，这里不再重复。

其三，要在加强对外财经交流合作的要求下发挥税收服务国家战略大局的作用。 党的十六大以来，我国税收（财税）部门在执行对外财经交流合作的过程中发挥了积极作用，从财税特定角度为我国在世界多极化格局中占据位置、表达声音做出了贡献。 例如，我国无论是在多边的 WTO、IMF，还是主权国家组织的 G20、金砖国家等相关活动中，都已经从涉税特定角度对国际治理体系的建设与改革起到了积极作用。 再如，我国积极参加了由经合组织（OCED）倡导的"税收透明度与情报交换全球论坛"，国家税务总局多次就税收透明度建设及税收情报交换工作与各国进行交流。 作为关注国际财税治理体系建设的大国，我国一直致力于税收透明度建设，与各国携手共建国际税收征管新秩序，并在避免双重征税协定和税收情报交换协定网络等国家间财税交流活动中发挥作用，维护了国家利益，为推动建立公正公平的国际税收秩序做出贡献。此外，自 2005 至 2011 年，我国已经连续四届参加了"国际税收对话机制"，该机制的特点就是得到众多国际组织和重要主权国家的支持，是多极化条件下的国际财税平台。我国财税主管部门始终如一地根据我国实际与对国际财税问题的关注，在论坛中发挥着积极的作用。应该说，这些涉外财税活动都是构建统筹税收的重要实践，也是国家税务总局近年来提出的和谐税收等新理念的重要国际外延，是对和谐世界建设中国家间税收关系发展规律、对涉税国际治理体系构建的有益探索。

三、把握"科技有进步"对我国税收发展的影响

我们讲的"科技有进步"，指的是在全球范围内科学技术进步发展自身体现的一个动态发展进程，对此必须辩证把握。站在 2012 年的时点上，笔者当时的基本判断是，一方面，当前在世界范围内正孕育着科技方面新的重大突破；另一方面，在短期内还没有出现类似于第三次科技革命那样具有重大影响力的科技进步。对于这种科技"有进步、孕突破"的双重特征，我们要全面把握，以此为基点来看待科技新发展与可能新突破对主权国家税收发展的影响。

其一，要深刻认识科技"不断进步、尚无突破"这一现实对各国税收发展及相互关系的可能影响，要寻求主权国家面对这一现实的应对之策。例如，在过去十年内，内需不足已经成为困扰我国经济发展的主要问题，但事实上需求不足是一种全球性现象，而这在很大程度上与各国与地区普遍采用市场经济资源配置方式有关，因为供大于求是市场经济运行的常态。放眼当今世界，各国都存在内需不足，你的内需就是我的外需，合在一起就是全球需求不足。可以判定，如果在一定时期内，世界范围内的科技没有迅速出现重大的突破，没有带来新的创新，没有带来新的重大需求，则世界经济的缓慢复苏进程将是长期的，各国都将面临较长时期的经济下行压力，贸易保护主义盛行将成常态。这种判定对主权国家税收发展及国家间税收关系有着深刻的影响。例如，我们今天讲的经济下行压力及对应的财税收入下行压力，可能就不会只是一年半载，我们要做好财税收入下行的心理准备并提出应对之策，要持续地抓好应收尽收，要通过精细化、专业化、信息化等手段来提高税收征管水平，处理好坚持依法治税与完成税收任务的关系，为促进国家经济长期平稳较快发展尽力。与此相对应，面对着世界经济缓慢

复苏，各国运用税收手段来进行国家间的竞争将继续成为维护国家利益的重要手段，国际税收竞争形式将不断翻新，国际税收竞争加剧与贸易保护主义措施的叠加就是长期趋势，对此要有心理准备与政策安排。

其二，要加深对"孕育突破、积聚希望"这一科技发展趋势的把握，要提高国家税收在这一进程中所能发挥的能动作用，要积极有效地运用税收政策来使我国在新一轮科技发展、创新推动的国际竞争中取得先机，在新科技发展正在引领的全球性经济结构调整中占据有利位置。 放眼今天世界，既然科技正孕育着突破，就有谁先突破、从哪里先行突破、经济结构会相应先发生哪些变化的问题，就有相应的税收政策运用问题。 从当前"后危机"时代各国的政策取向上看，各国都正在加大科技投入，都在构建适应于特定发展阶段与国情的科技投入机制与创新体系，都在推动新科技引领的经济结构性调整。 相应的，各国对税制的完善与调整、对税收政策的运用，包括对事实上的结构性减税措施的运用，都是寻求在全球科技酝酿新突破的过程中为本国抢占先机，这值得重视与借鉴。 我国在税制改革与政策运用中，已经越来越重视对国家创新体系建设的支持、对高科技产业的培育扶持、对科技体制改革的助推和对经济结构调整的促进等，并积累了经验。 例如，从国情出发，我们形成并运用了一套促进科技创新的税收扶持政策，包括鼓励高新技术产业发展、研发费投入、技术转让等方面的税收政策以及对科技开发用品与重大技术装备的进口优惠政策。 例如，2012 年 7 月，在中央加快国家创新体系建设的重要文件中，又对如何运用财税政策来深化科技体制改革、强化企业技术创新主体地位、促进科技与经济密切结合提出了明确要求。 现有的企业研发费用税前加计扣除政策要拓宽范围，扩展到包括战略性新兴产业、传统产业技术改造和现代服务业等领域的研发活动；现有的企业研发费用计核办法要加以改进，合理扩大研发费用加计扣除范围，加大企业研发设备加速折旧等政策的落实力度等。 再如，近年来我们结合国情创造性地运用了结构性减税政策，有目的地通过有利于经济结构调整、转变发展方式的减税措施运用来支持创新、强化经济结构调整，取得了显著成效。在 2012 年应对经济下行压力的过程中，通过包括当前"营改增"在内的税制调整与政策运用，突出了对科技进步与创新开发的税收优惠支持政策。应该说，这些政策的运用符合当前世界科技发展进步的潮流，也符合现代各国税收政策运用的趋势，必须予以坚持。

四、关注"全球新问题"对我国税收发展的影响

过去我们讲放眼世界，主要强调的是对世界性的经济、政治、科技这三方面大势的把握。但近些年来，还要加上对包括气候极端变化、资源能源紧缺、粮食安全关注、恐怖主义抬头等一系列所谓"全球新问题"的关注。显然，当全球新问题频发且不断成为常态，则应对新问题就必然成为各国共同关心并积极参与的新进程。这一进程需要各国的相互协调与共同应对，也必然对国家间税收关系带来影响，对主权国家税收发展提出要求。站在2012 年的时点上，回顾过去十年的发展，笔者认为，这一进程至少给我国税收发展带来了两个启示。

其一，更加注重对稳固平衡强大国家财税建设重要性的认识，逐步更加关注国际问题与提供国际公共产品。全球新问题的频繁出现，首先带来的就是日益凸显的不确定性与不可预见性，这就要求主权国家的财税实力能够应对各种不测之需，要求负责任的大国在更加关注国际问题时要有足够的财力保证。过去十年来，面对不断出现的国际新问题，我国税收有力地助推了对国际公共产品的逐步提供。当前讲的国际公共产品，相当部分就是对全球新问题的应对，这里既包括对应对国际气候极端变化、反对国际恐怖主义等的关注，也包括对一些区域性国际性公共产品的提供。但无论是对哪一种国际公共产品的提供，使用的都是中国纳税人的钱，支撑的都是负责任的发展中大国的财力，而且这种支撑只会越来越多，任务只会越来越重。因此，我国对国际义务的履行和相应支出的增加，显然是我们在面对全球新问题时进行税制改革要考虑的因素。

其二，更加关注特定国际新问题的出现对我国税制建设与改革的中长期影响。这种影响体现在相互联系的两个方面，一是密切跟踪了当前应对全球新问题进程对各国税制发展的影响，二是在把可持续发展理念与发展中国家国情结合起来的基础上持续地推动了我国税制的完善。多年来，对开发清洁能源、注重环境保护、防止大气变暖、减低气体排放等问题的关注已成为各国税制改革与政策运用的重要方面，包括对环境税的广泛开征与对资源税的持续关注等。与此同时，这种税收发展趋势也在现行国际经济政治框架内体现出其复杂性，在绿色税收理念对各国税制发展起着引领作用的同时，不少打着环境保护与资源节约旗号的动议却往往带有新保护主义的色彩，对发展中国家发展有制约作用。与此相类似，在近年来应对国际金融

危机的过程中，发达国家提出了一些运用税收手段来防范金融乃至财政风险的内容，同样带有这样深刻的两重性。 正是在这样的背景下，我国税收在过去十年的发展中，一方面体现着我国对全球新问题挑战的关注，税制已经越来越反映着可持续发展与防范各种风险的要求。 例如，2008 年年底出台的成品油价格与税费改革方案，既为国内外石油市场接轨提供了条件，又体现了对能源问题的关注。 再如，近年来我国不断推出有利于节能减排的税收政策，如鼓励购买小排量汽车的消费税政策、对消费税范围的扩大、不断试点推进的资源税改革等等。 但另一方面，我国又始终对可能出现的绿色保护主义等保持必要的警觉性，密切注视并坚决反对发达国家以关注全球新问题为名来推行贸易保护主义，不做超越我国经济发展阶段的承诺。 我国在对待发达国家提出的碳税、碳关税以及金融交易税、金融机构税等问题上，都既坚持了对国际经济发展与环境资源保护负责任的态度，强调包容性或共享式增长的理念，又从我国国情制约与维护国家利益的角度加以应对。总之，应对全球新问题与体现发展中国家特殊利益的必要权衡，值得我们长期关注与继续探索。

五、坚持"统筹税收"构建的全面性与动态性

回顾 2012 年之前十多年的实践，笔者得到的启示是，要认真把握与不断跟踪体现为上述四大进程的国际新发展态势及其对我国税收的影响，在构建中国特色社会主义税收时要考虑外部因素，而将这些因素同国内改革发展稳定任务结合起来，就有了服务内外大局、构建统筹税收的迫切需要。 应该说，多年来，我国税收理论工作者已经加强了对统筹税收的研究。 当然相比较而言，我们关注经济全球化对我国税收发展的影响更多一些，而对于其他三个进程带来的影响的研究则相对不足。 我们应该同时把握这四大进程对我国税收发展的影响，并将这些把握与服务国内大局统筹起来考虑，就是要坚持构建"统筹税收"，这是总结回顾时应得出的第一个结论。

进而，时代从来都是在不断变化的，国际风云变化莫测，时代潮流浩浩荡荡，因此，我们始终必须牢记统筹内外两个大局任务的实现，始终必须考虑不断变化的国内外形势，这就是必须要强调坚持"统筹税收"构建的动态性，这是我们总结回顾应得出的第二个结论。 笔者当时指出，站在面向战略机遇期的新历史起点上，我们应该继续跟踪把握国际形势的发展动向，更好地在统筹内外两个大局的进程中发挥税收的作用。 一是我们要将税收服

务于国内改革发展稳定的任务放在统筹内外大局的层面上来审视。当前我国正在深化进行的财税体制改革，既要有利于促进国内经济社会的协调发展，又要适应我国继续对外开放的需要。无论是当前财政部牵头正在深化的"营改增"等税制改革举措，还是国家税务总局正在加快进行的税收征管体制重大改革，都是既适应国内发展的需要，也符合国际新发展态势下各国税收发展的趋势。二是我们要继续在适应参与经济全球化、顺应世界经济结构调整的层面上看待国内正在进行的"城镇化、信息化、工业化、市场化、国际化"进程，看待这些进程对我国税收发展的要求与制约，看待税收服务与促进这些进程的作用。三是我们在把握以市场为主配置资源与必要宏观调控关系时，既要研究一般国家市场与调控的共性做法，还要研究在我国"集中力量办大事"体制性优势下实现两者结合的独特形式，对应的就是要研究税收如何既在市场经济条件下发挥作用，又能在中国特色宏观调控中体现出独特职能。四是我们要在符合世界税收发展与建设中国特色税收的结合中继续探索，要将社会主义国家税收的要求与现代市场经济公共税收的理念结合起来，处理好短期与长期、民生与发展、发展与分配等关系，处理好税收公共性与发展性的关系，处理好优化国内税制与完善涉外税制的关系，处理好提供国内公共产品与更加关注国际问题的关系。

时间过得很快，而今回首提出构建"统筹税收"构建的理论与跟踪我国涉外税收的实践，笔者的总体感受是，我们一定要始终坚持税收服务内外两个大局的统筹观，一定努力把握国际形势发展的新变化，一定要关注近年来上述"四大进程"发展可能出现的新特点，一定要紧紧围绕党的十八大以来的党中央对国内工作的新部署安排和对国际大势的更全面把握，努力做好税收服务大局的工作，努力构建具有新时期特色的中国涉外税收。正是基于这样的判断，在过去三年中，笔者继续着对中国特色涉外税收的研究，主要成果则体现在下面这三节中，与时俱进地、可持续地提出的一些中国特色涉外税收的新理念。

第三节 从"现实版"到"升级版"的 中国特色国际税收

党的十八大以来,在习近平同志为总书记的党中央领导下,我国各项工作进入了全新的时代,税收战线上也进入了税收新常态,开启了税收现代化的新时期。 在此背景下,我国涉外(国际)税收发展也进入了新阶段,体现着新常态,承担着新任务,进行着新思考,迈出了新步伐。 跟踪国家涉外税务战线工作的新发展,笔者在《国际税收》2014 年 9 期上发表了文章《从"现实版"到"升级版":中国特色国际税收思考》,在已有"统筹税收"理念的基础上,结合国家税务总局正在打造的"中国国际税收升级版"的新要求,提出了构建"既要立足现实版、又要迈向升级版"的中国特色国际税收的政策建议。

在 2014 年 3 月召开的全国国际税收工作会上,国家税务总局对我国国际(涉外)税收工作发展提出了"提升站位,开拓进取,全力打造中国国际税收升级版"的新目标。 这既是国际税收战线落实党的十八届三中全会提出的"深化财税体制改革、建立现代财政制度"改革蓝图的具体行动,也体现着国内外新形势下国家发展战略大局对国际税收战线再做贡献的殷切期盼。作为国际税收理论工作者,笔者认为,我们要做的有三,一是要在回顾中把握"中国国际税收现实版"的主要特征,二是在新形势下根据"提升站位"的要求来探索"中国国际税收升级版"的基本内涵,三是要在中国特色国际税收发展的总体框架下处理好从"现实版"到"升级版"的继承、调整与提升的关系。

一、对"中国国际税收现实版"的把握

什么是"中国国际税收现实版"? 简单地说,就是伴随着我国对外开放进程而逐步成型的中国特色国际税收之发展。 36 年来,我国国际税收经历了起步、进展与不断完善的过程,在涉外税制建设、税收政策运用、服务内外两个大局等方面都扎实地向前推进,国际税收已经成为中国特色社会主义税收发展的重要组成部分。 这次总局会议上将这一"现实版"的特征归纳

为四个方面。一是"国际税收法规体系不断完善"，国际税收法规已经不仅涉及多边和双边税收协定，还在其他税收安排和情报交换方面都有拓展；二是"跨境税源管理力度不断加大"，涉外反避税和征管能力的提升以及国际税基信息来源的加大，为税源管理提供了基础保障；三是"服务跨境纳税人的水平不断提升"，国际税收服务流动性税基的水平持续提高，涉外税制竞争力持续加强，在注重消除双重征税、减轻跨国纳税主体税负等方面也都取得了成绩；四是"国际影响力不断提高"，这既体现在国际税收服务国家对外开放战略能力的持续提高上，也表现在我国国际税收话语权和影响力的逐步加强。

笔者长期跟踪中国特色国际税收的发展进程，在不同阶段中，也从不同角度回应时代的呼唤与发展的需求，持续地对"中国国际税收现实版"进行着理论探索。根据这些源于实践的理论探索，笔者认为这一"现实版"还应具有以下四个方面的特征。其一，中国特色国际税收的构建始终同时从狭义国际税收与广义国际税收这两个方面来全面推进。狭义国际税收强调的是从税收管辖权出发，以涉外税收制度为桥梁，主要涉及涉外税收征管，研究的是国际税收关系的形成以及处理这种关系的准则与规范。广义国际税收则将研究视野拓宽到主权国家的经济贸易活动和由此形成的国际经济活动，以国际政治经贸关系中的税收因素与效应为考察对象，研究国际经济、国际税收与国内税制三者的互动，研究国际经贸关系与国际税收关系的交叉。显然，这次总局会议对"现实版"四个特点的归纳，主要还是在狭义国际税收的范围内进行，从一个国家职能局的角度来看问题，这样做是合适的。但是，如果从广义国际税收的角度来理解国际税收"现实版"的特征，来看待国际税收战线已经取得的成就，就远远不够了。无论在税收服务国家对外开放、支持"引进来"与"走出去"战略的实施，还是在推进国家税制改革与完善、统筹内外两个大局中发挥国际税收的作用，国际税收战线都做了大量的工作，有认真回顾与总结的必要。其二，在我国加入世界贸易组织前后，围绕着税收优惠政策与国民待遇等多边经贸原则的关系，围绕着国际税收竞争下国家税收政策的运用，围绕着运用国际经贸规则所认同的税收手段来推进国家对外开放水平的提高，我国国际税收"现实版"在实践中积累了丰富的经验，在经济全球化进程中正确地处理了国家税收政策运用与国际经贸规则的关系，形成的国际税收法规体系与运用的涉外税收政策得到了国际上的逐步认可。其三，在我国对外经贸摩擦近年来不断增加的现实条件下，包括财政、税务、海关、商务等部门在内的广义国际税收战线在实践中灵活地运用了税收中性与非中性相结合的政策原理，有效果断地采用了出口退税、涉外财税补贴、应对摩擦税收措施等政策工具，丰富了中国特色国际税收"现实版"的时代内涵与国情特征。 其四，过去十多年中，根据国家"对内科学发展、构建和谐社会，对外和平崛起、构建和谐世界"的总体要求，我国国际税收牢固树立了统筹内外两个大局的战略思维，从涉外特定角度促进了"统筹税收"观念的形成，体现了"和谐世界新理念下国际税收政策运用"的思路，为服务国家的内外协调发展做出了贡献。 中国特色国际税收之"现实版"，既体现了"服务国家利益"的主权国家税收的要求，同时也树立了"逐步更加关注国际问题"的主权国家税收理念。

简言之，"中国国际税收现实版"就是在时代要求与国情制约下不断探索的、沿着中国特色税收发展道路前行的阶段性结果，这里既有需要坚持的一以贯之的内容，又有因时代变化需要调整与提升的部分。 在新的历史条件下，国家税务总局提出从"现实版"到"升级版"的新发展目标，"升级版"体现的应该是一个进行时，强调的就是继续走中国特色国际税收发展道路，适应新形势，提升新站位，再有新举措。

二、认识打造"中国国际税收升级版"的深刻内涵

打造"中国国际税收升级版"，首先就是要对面临的新形势有一个准确的把握。 对于国内外新形势，国家税务总局提出了要适应四个"新形势带来的更高要求"，即因"日益激烈的国际税源争夺"而带来的更高要求、因国家"新的对外开放战略"而形成的更高要求、因国家"税收现代化的改革发展"而提出的更高要求，以及因"国际税收规则的调整"而导致的更高要求。 这是一个对形势依次递进的判断，既有基于狭义国际税收范畴而形成的新共识（第一点），又有站位于广义国际税收而提出的新要求（第二点）；既有基于国内改革发展大局提出的新期盼（第三点），又有根据国际政经财税发展趋势而提出的新要求（第四点）。 放眼当今世界，经济全球化的持续深入导致绝大部分国家都参与到国际税源争夺中。 这种争夺不但是各种国际税收竞争博弈形态的体现，更是基于各种国内外因素变动而对税基流动产生影响的进程。 我们既要准确捕捉国家间对流动税源争夺的新动向，更要关注我国对外开放新战略对国际税收发展的要求。 而从国内来看，党的十八届三中全会提出了"深化财税体制改革"与"构建开放型经济新体制"这两个

相互联系的要求，国际税收战线应该时时将服务"新的对外开放战略"与"深化财税体制改革"结合在一起，提升服务这两个大局的站位；应该时时将"促进国家税收现代化"与"推进国际税收规则调整"结合在一起，提升服务这两个目标的站位。 随着我国总体实力的提高，国内税收现代化的逐步实现必将影响国际税收体系，会促进国际税收规则发生相应变化，而将这些税收因素融合进我国对外开放战略的实施中时，也同样会对国际经贸关系及相关规则的变动产生影响。 对于这些新形势、新特点与新趋势，我们在打造"中国国际税收升级版"时要始终加以把握。

根据全国国际税收工作会议的要求，国家税务总局给出的"中国国际税收升级版"体现在"职能定位完整、法规体系完备、管理机制健全、管理手段先进、组织保障有力、国际地位提升"这 36 个字的中长期任务上，从而实现总局主要领导提出的"一年上一个台阶，三年有一个明显变化"的目标。"职能定位完整"讲的是适应新形势新要求的国际税收发展的定位问题，要全面覆盖适应国家内外两个大局发展的涉外税收各个方面。"法规体系完备"讲的是法规，新一轮财税体制改革的首要目标就是要完善立法，这种完善同时涉及内外两个方面，只有继续强化税收法规体系建设，才能在涉外层面做到依法治税，全面体现市场在资源配置中的决定性作用。 而"管理机制健全"、"管理手段先进"和"组织保障有力"讲的是体制机制与管理问题，是升级版打造的重点。 从当前情况看，跨国纳税主体在全球寻找不同国家税制的漏洞从而进行避税的现象越发明显，需要我们很好地加强管理机制体制建设，同时通过管理、信息和网络技术等手段的运用来支撑管理体制运行，此外，我国税务机关组织有序、保障有力、善于"集中力量办大事"等体制性特征，能为现行体制作用的发挥扣紧最后一环。"国际地位提升"讲的是随着我国经济实力的不断提高，我国应该在国际税收领域中发挥更大作用。 这几个要求层层相扣、依次递进、重点突出、任务明确，笔者予以认同。

三、打造"中国国际税收升级版"应注意的五个方面

在认同国家税务总局工作要求的同时，从中国特色国际(涉外)税收理论与实践结合的角度看，笔者进一步认为打造"升级版"还应重点关注以下五个方面。

其一，要通过不断的"提升站位"来明确打造"升级版"的战略意义。

"提升站位"至少具有三个方面的内涵。 一是应将打造"升级版"的意义放在新时期国家税收工作的总体框架下来考察。 总局主要领导提出的"提升站位、依法治税、深化改革、倾情带队"是对国家税务工作新任务的描述，体现在国际税收战线上就是提升站位、把握形势、内外协调、全面升级。 二是要将打造"升级版"放在当前服务国家经济发展"升级版"的大局下来考虑，就是要从国际税收的角度来服务好国家经济的稳增长、守底线、调结构、促就业等重要任务，主动靠前，倡导大局意识、宏观意识、服务意识、长期意识。 三是要将打造"升级版"放在服务中华民族伟大复兴中国梦的国家大局中来谋划，要坚持统筹内外两个大局的税收观，国际税收工作要算政治账、算大账，要有服务"两个一百年"宏伟目标的发展定位，要有在国内外大局协调中做好"国际成本效益分析"的税收发展规划。

其二，要持续地在狭义国际税收与广义国际税收两个方面同时打造"升级版"。 必须看到，前述 36 个字的中长期目标仍然主要是从国家职能局的角度来讨论，即从一定意义上说，这是狭义的"升级版"，其任务的完成也是当前打造"升级版"的重点工作。 但是理论与实践都表明，我国国际税收的定位、职能与作用的涵盖面应该更广。 在"提升站位"的要求下，期待的实际上是在国家统一领导下、各方协力打造的是广义"升级版"，是在把握好市场决定性作用与政府更好发挥作用关系下的国际税收作用和定位，需要统一指挥、相互配合、同心协作、共赴目标。 财政、税务、海关和商务等部门需要合力研究国际政治角逐、国际经济竞争、国际财税竞争新条件下的"升级版"的表现形式。 如果能够对"升级版"做这样一种广义的、主动的、多维的、协调的理解并加以实施，我国国际税收的发展必将会提高到一个新的水平。

其三，要持续做好国际税收服务"构建对外开放新体制"的工作。 这里至少包含两层意思。 一是要研究新形势下，税收政策服务"引进来"与"走出去"战略的新表现形式。 例如，我们既要研究如何利用税收工具支持国际视野、国家战略下的中国资源布局和培养国际经济合作竞争新优势，包括研究支持海外石油资源并购和高铁对外出口等新举措的税收战略，也要研究如何利用税收政策服务进一步放宽投资准入问题。 近期国家税务总局为支持上海自贸区发展出台了十项创新税收服务，同时为了让自贸区的税收政策能与国际接轨，并能提供可复制的经验，总局还在抓紧研究针对境外股权投资和离岸业务的税收政策。 应该说，这些都是支持"引进来"的税收战略的有益尝试。 二是要研究应对仍在增加中的涉税经贸摩擦的新税收对策。 不能忽视传统关税工具在保障国家经济权益中起到的积极作用，实际上围绕关税的贸易摩擦仍然占较大比例，还应持续拓展约束性关税在这方面的使用。 要运用反倾销税、反补贴税等手段维护国家利益，维护公平的贸易条件，利用这些手段反对各种形式的贸易保护主义。 还可以更合理地利用区域贸易协定产生的"歧视性"税收差别，减少因贸易同构竞争引发的区内贸易摩擦，发挥国际公共产品的正向外部效应。

其四，要站在服务国家总体战略的高度参与国际税收规则的制定。 这里至少有三个方面。 一是在国际税收关系的参与中发出中国声音，主动涉及更多国际税收规则的制定。 要深入开展《税基侵蚀和利润转移》专题项目的研究，继续探索国际反避税新手段，在多边公约和情报交换上做好文章；要积极参与在国际税收领域内的准则制定，使未来规则更多地体现中国立场和照顾广大发展中国家的利益诉求。 二是要能在多边国际经济贸易体系、G20 等国际组织平台上发出中国声音，不单纯就国际税收来论国际税收，而是善于在国际政治经济贸易等平台或渠道中参与制定相关国际经济准则，在国际政治经贸规则的制定中发挥税收因素的作用。 三是通过做好中国事情、讲好中国故事来从更深远的层面上影响国际税收关系的形成。 要通过分析现行国际税制变化趋势与我国涉外税制的关系，在新一轮税制改革中有所体现；要通过建立中国特色现代税收制度，使中国版税制成为国际税制的一部分，用中国式"国家税收治理"来为多元的"国际税收治理"提供可行的参照系与发展道路。

其五，从国家税务总局的工作职责出发，要特别做好新形势下的涉外税收征管工作。 这里涉及面很广，总局的工作布置也很全面，笔者不予展开，只想表达一层意思，就是要稳妥地处理好"依法治税"与"纳税服务"对立统一之国际拓展的关系。 笔者曾对国内的依法治税与税收服务提出过"坚持依法治税，优化纳税服务"的观点。 国家税务总局在描述"现实版"特征的时候，已分别将"加强跨境税源管理"与"服务跨境纳税人"作为两个重要方面。 在国际范围内看问题，前者是"依法治税"的拓展，后者则是"纳税服务"的拓展。 笔者也注意到对这两者的现有排列顺序，同样强调的是"依法治税第一性，纳税服务第二性"的基本观点。 对此，在打造"升级版"时仍然必须坚持这样一种政策导向。 无论从理论还是实践来看，当被征管对象拓展至国际关系层面时，就与国内对象存在着异同性，同是纳税人,异于跨境管理,由此更要强调税收征收服务的辩证观。 特别是在当前国际税源争夺加剧、税基侵蚀日益严重的现状下,在跨国要素流动去身份化趋势十分强烈的背景下,依照税收管辖权来加强税源征管更是当务之急,而顺国际惯例来服务跨境纳税人则应适度把握,既要有特色,也不必过于强化,只要将涉外税收服务保持在国际可竞争的水平上即可。

综上所述,笔者将中国国际税收从"现实版"到"升级版"的提升过程理解为在新的历史条件下对中国特色国际税收持续探索的进行时,理解为"既要立足现实版、又要迈向升级版"的有机结合。 从一定意义上说,这是从国际(涉外)角度探索构建中国特色税收的进程。 当我们在国内强调"同心共筑中国梦的财税观",在国际上重申中国梦与世界"同发展共分享"的特征时,要研究的就是如何从不同侧面来构建中国特色税收。 笔者(2014b)特别指出,打造"中国国际税收升级版"任务的提出,就是对构建中国特色税收的国际思考,体现的就是大国战略、大国风范,顺应的就是时代发展之期盼与民族振兴之要求。 为此,国际税收理论工作者必须持续提升站位,不断努力,为中国国际税收升级版的持续完善添砖加瓦。

第四节　树立大国税收理念,推动国际税收合作

在 2014 年 11 月 16 日的二十国集团领导人第九次峰会上,习近平主席明确指出:"加强全球税收合作,打击国际逃避税,帮助发展中国家和低收入国家提高税收征管能力。"这是面对错综复杂的国际经济发展新态势,我国最高领导人对国际税收合作的权威表态,也是对我国参与国际税收合作应取态度的重要指示。 认真领会习近平主席的重要讲话精神,笔者至少有五个方面的体会。 其一,全球(国际)税收合作是当今世界经济发展的重要趋势,因此必须顺应潮流、加强合作。 其二,打击国际逃避税是国际税收合作的当务之急,对于逃避税在国际上的蔓延态势,必须予以遏制。 其三,国家税收合作的主体是主权国家,从各国国家利益与共同利益出发,各国应该加强税收合作,共同打击国际逃避税。 其四,必须建立有利于全球税收合作、有效打击逃避税行为的国际税收新秩序,而在这进程中,发展中国家和低收入国家的利益必须得到特别重视,特别是这些国家的税收征管能力必

须得到有效提高。 其五，作为负责任的发展中大国，中国应该在加强国际税收合作、打击国际逃避税、维护发展中国家税收利益等重要方面体现大国担当，负起大国责任。

基于这一认识，笔者等(2015)进一步思考新时期我国涉外税收应该肩负的责任，结合着对我国在新时期事实上实施着"大国战略"的全新实践，对应着我国财政战线提出的"大国财政"新理念(邓力平等，2014)，对中国涉外税收的发展又有新的认识，并在《税收经济研究》2015年第4期上，首次明确提出了在新时期树立"大国税收"的理念，并将笔者要表达的观点归纳为四点："把握总体发展趋势，树立大国税收理念，统筹内外两个大局，推动国际税收合作。"

一、审时度势，努力把握国际税收合作新趋势

本轮国际金融危机对全球经济影响深远，原有全球贸易和投资格局被打破，而期待中的新国际经济秩序尚未全面建立。 从一定意义上说，国际经济发展进入了"新常态"。 新常态是21世纪初西方国家媒体与理论界开始使用的新词汇，首先描述的是互联网泡沫消失后，发达国家出现的经济虽然复苏但就业却无显著增加的怪异现象。 而自2008年国际金融危机后，新常态一词被许多学者频繁地用于描述金融危机过后世界经济出现的复苏缓慢、增长乏力、失业增高、投资不振等新现象，其中隐含的共识是，全球经济将经历为期较长、深刻和全方位的震荡与调整，当前应该是处在全球经济新一轮长周期的下行阶段，各国必须对此有所警觉与反应。

在全球经济发展新常态下，我们必须对与国际经济发展密切相关的国际税收发展态势有充分的认识。 经济决定税收，税收反作用于经济，在一国经济税收的发展关系中是这样，在国际经济税收领域中也不例外。 国际经济发展的新态势决定了国际(国家间)税收关系的走向，各国期待通过对国际税收关系的调整来形成对国际经济发展的正向作用，力争出现有利于各国共同发展的新局面。 笔者多年来研究经济全球化下的国际税收竞争与对应的国际税收合作(协调)问题。 无论从理论与现实来看，已经达成的共识包括：主权国家经济税收利益最大化依然是当今各国处理国家间税收关系的出发点，国际税收竞争是实现国家利益最大化的重要表现形式，同时在同处地球村的现实中，各国仍将经常采用协调合作方式来避免损失，争取共赢。进而，当世界经济形势趋好时，国家间的税收竞争往往成为主流，而在全球形势严峻时，协调合作则往往成为各国政策之首选。 基于这样的认识，从后金融危机时代全球经济发展进入的新常态来看，当前国际税收关系领域的特点可以归纳为"形势严峻、税基侵蚀、合作必须、层次提高"。 当前处在经济发展长周期下行段的严峻经济形势，使得各国在面对经济复苏曲折乏力的现实中处境艰难，应对危机的扩张性财政政策运用与多年财政刚性支出居高不下的矛盾叠加，导致各国对财政收入的依赖性加强，对因经济形势困难与新业态发展等导致的税基侵蚀问题有了更多警觉，有了强化税收合作、打击国际逃避税的利益基础，有了提高合作层次与制定国际税收新规则的愿望。

基于这一判断，我们应该关注国际税收合作新态势的基本趋势与主要特征。 就基本趋势而言，笔者赞同郝昭成（2015）对国际税收新发展中四个变革、七个动向与五个新概念的表述，这里围绕国际税收合作主要特征讨论三个重要方面。

其一，发达国家国际税收合作将持续加强。 虽然在本轮金融危机中处境相当艰难的首先是发达国家，但不能否认，其目前仍是全球外商直接投资的主要来源国。 从现实来看：一方面，跨国公司避税活动日趋频繁，发达国家作为全球跨国公司重要来源地负有监管责任；另一方面，发达国家为应对经济下行压力而实施的积极财政政策导致大量财政赤字，为解决这一难题，拓展税收成为重要的解决途径。 在这一背景下，近年来，发达国家对国际税收合作的关注度不断上升。 国际经合组织（OECD）作为发达国家国际税收的主要合作平台，在 2014 年发布了《国际增值税（货劳税）指南（2014）》、《全球金融账户涉税信息自动交换标准》以及 BEPS（税基侵蚀和利润转移）阶段性成果等多个文件。 这些文件分别对消除增值税对跨境贸易的重大扭曲、涉税信息自动交换以及解决税基侵蚀等多个国际税收问题提出了解决途径。 从国际税收发展趋势来看，发达国家在国际税收规则方面仍将是主要的制定者和执行者，其对国际税收相关规则的制定也将越来越全面化和精细化。

其二，发展中国家逐步成为国际税收合作的重要力量。 2014 年《世界投资报告》指出主要发展中国家（金砖国家、阿联酋、韩国和土耳其等）已经成为外商直接投资的重要来源地。 随着发展中国家对外直接投资（OFDI）活动的日趋加强，其对国际税收合作的需求也日趋凸显。 2014 年，包括中国在内的金砖五国成立金砖银行并发表《福塔莱萨宣言》，并在第十七项中指出："我们强调在税收征管方面合作的承诺，并将在打击税基侵蚀和税收情报交换全球论坛中加强合作。"金砖国家是发展中国家的新兴主导力量，其在国际税收合作方面发出的声音代表了发展中国家的共性需求。 当然，发展中国家不仅加强自身合作，也积极寻求与发达国家共同进行国际税收治理的机会。 G20集团作为发展中国家与发达国家共同合作的平台，在2014年2月就曾发表公告称将加强国际税收合作，有效应对全球化和数字经济时代出现的税基侵蚀和利润转移问题，并呼吁各国积极参与税收情报自动交换工作。 可以预期，发展中国家在未来国际税收合作的舞台上将扮演更加重要的角色。

其三，国家单边国际税收行为不可忽视。 2014年7月1日，美国宣布《海外账户税收遵从法案》（FATCA）正式生效，郑重要求所有美国的海外金融机构必须自动交换5万美元以上的美国公民账户信息，否则将受到严厉惩罚。 虽然FATCA的目标是利用国外金融账户打击偷逃税款的美国纳税人，但是美国可以通过FATCA从世界范围的金融机构搜集居民海外资产信息。 这种通过单边政治和经济实力达到本国国际税收的目的成为国际税收发展中必须关注的一个新趋势。 必须看到，美国这种单边行为目前受到了大多数国家与地区的支持，目前已经有超过120个国家及地区与美国签署了FATCA相关协议。 究其原因，主要是由于以国家形式签订的FATCA存在对等互惠的基础，当双边签署协议后可以拿到各自国家或地区的相关税收信息，因此许多具有国际税收合作需求的国家就会积极参与到FATCA"扩围"之中。 由于美国此类单边国际税收的行为仍是一个新兴现象，其未来发展趋势还取决于单边国家政治和经济的稳定，因此其后续发展还存在很多不确定性，但值得我们更加密切关注。

二、统筹内外，开创我国国际税收工作新局面

在国际税收关系在全球经济发展新常态下转入合作为主的新形势下，作为一个发展中大国，我国应该如何应对？ 特别是在我国经济社会发展进入新常态的条件下，我们应该如何把握国内外发展大势，统筹内外两个大局，努力做好主动参与和积极推动国际税收合作趋势的工作？ 是需要认真回答的问题。

首先，我们应当明确"全球经济发展新常态"与"我国经济发展新常态"的本质区别，同时又要把握其存在的相互联系，这是对新时期我国参与

国际税收合作方向把握的根本保证。从 2014 年习近平总书记在河南考察时首次明确指出中国经济发展已经进入一个新常态，至 2014 年 12 月中央经济工作会议将新常态上升为国家战略，认识新常态、适应新常态、引领新常态已经成为当前和今后一个时期我国经济发展的大逻辑。必须看到，国外和国内的新常态概念用词虽然一样，但其本质却是完全不同的。笔者这里高度认同李扬（2015）的生动归纳，"国外的新常态充满了对经济长期停滞的无奈，甚至是对各种矛盾集中爆发的恐惧；而国内的新常态则宣示了中国经济转型的决心，并指出了中国经济长期发展的美好前景以及实现美好愿景的现实路径"。与此同时，我们也要看到国外和国内新常态概念也有一定的联系，这就是在开放经济的条件下，国内经济发展新常态显然要受到全球经济新常态的强烈影响。

从这一认识出发，笔者提出了我国参与、推动乃至引领国际税收合作的基本思路，用简单的语言来说，就是"做好自己，顺应潮流"。一方面，在国内经济发展新常态的引领下，我国税收发展进入了"适应新常态，迈向现代化"的新阶段，首先要办好自己的事，走好自己的路，要继续高扬中国特色社会主义税收旗帜，秉承改革与法治要求，做好税收服务经济发展新常态与至 2020 年前基本建成税收现代化体系的工作。另一方面，我们要清醒把握由国际经济发展新常态决定的当前全球税收合作发展趋势，要看到在国际税收合作新局面的初步形成中，既有经济全球化持续进程的客观需要，也有发达国家面对当前困难处境所做的被动调整，但无论如何，国际税收合作已经成为潮流，主动参与并持续推动这一进程符合我国国家利益，而且相比国际金融、投资等传统领域，财税国际合作起步较晚，此时参与时机适当、位置有利。总之，我们应该在服务国内经济发展新常态的要求下，在统筹内外两个大局的前提下，做好新时期我国涉外税收工作，把握国际税收发展潮流，有效地参与、推动乃至引领国际税收合作趋势发展。具体说来，笔者认为应该做好三方面的涉外（国际）税收工作，其中第一个方面就是本章第三节阐述的持续构建中国特色国际（涉外）税收的"升级版"的要求，这里不再重复，重点谈其他两个观点。

其一，要配合国内推进改革与法治的进程，做好在涉外与国际税收领域的依法治税等工作。党的十八届三中全会提出全面深化改革目标，以上海自由贸易试验区等为代表的一系列改革举措表明了党中央简政放权、释放改革红利的决心。党的十八届四中全会提出的全面依法治国战略则代表了国家治理现代化进程中的全新突破与理念更新。 在这种背景下，我国的税制环境正在持续发生变化，税制设置要更符合现代市场经济的要求，税收征管与服务要更能体现现代效率与国际惯例，依法治税要更能成为征纳双方遵循的准则，而就涉外税收而言，我们还要把这一进程放到国际税收竞争与合作的背景下去考察。 在经济全球化深入的今天，各国纷纷投入日益激烈的国际税源竞争当中，同时又不得不在国际税收合作的大势中拿捏好税收竞争的尺度。 我们同样要在这些方面下功夫，使涉外税收政策既符合国家战略利益，又与国际税收合作的趋势相吻合，在国际潮流允许的前提下努力吸引更多优质的国际税源。 例如，笔者注意到近年来国家税务总局多次出台了针对上海自贸区的创新税收服务政策，国务院也印发《关于推广中国（上海）自由贸易试验区可复制改革试点经验的通知》，明确了在投资管理领域中，涉税事项网上审批备案等税收政策属于可复制的改革经验，如此等等。 可以认为，涉外税收领域的深化改革和简政放权是拓宽投资准入、吸引国际税源的有效途径之一，也符合国际税收合作发展的趋势。 再如，做好涉外税收征管工作的重要条件仍然是依法治税。 当前国际税基争夺加剧必然导致日益严重的税基侵蚀，打击逃避税是全球税收合作的重点。 因此，按照税收管辖权来加强税源征管，既符合国家利益，也顺应国际趋势。 在强化改革与法治的要求下，"进一步完善法规体系"、"加强跨境税源管理"及"服务跨境纳税人"等都是涉外税收战线要做好的重要工作，也是我国有效参与国际税收合作的前提条件。

其二，要把握国际经济新常态特征与国际税收合作趋势，积极参与国际税收规则制定，提升我国在国际税收领域的地位。 随着全球经济进入变革与调整的新时期，原有国际规则也将随之发生变化。 我国作为世界第二大经济体和最大的发展中国家，理应在国际舞台上发出自己的声音。 近期我国"一带一路"战略的实施和亚洲投资银行等开创性工作的进行，已经得到了众多国家的支持与认可。 而国际税收合作领域作为世界经济秩序中的重要方面，理应包含中国声音，体现中国元素。 国家税务总局局长王军被《国际税收评论》评为全球税收领域最具影响力的十名人物，从一个侧面表明国际社会对我国国际税收地位的肯定。 在这一有利条件下，我们更应该积极参与国际税收领域的规则制定，使未来相关准则更多地体现中国立场。笔者这里仅提醒一点，就是要继续把握好对国际税收竞争的辩证理解。 理论与实践都表明，国际税收竞争是国家间税收关系的常态，国家间之所以走向税收合作，通常都是税收竞争发展到一定阶段的结果，也是维护必要税收竞争的前提条件。 在当前国际税收合作成为潮流的特定时期，还是要在有关规则中体现对合理税收竞争的肯定，对有害税收竞争的防范和对税收合作条件的把握。 多年来，OECD 等国际组织反对的只是有害国际竞争，BEPS 也只是把"有害税收实践"单独作为行动计划，正常的税收竞争是一种客观事实，适当减少和必要规范是维护国际税收秩序公平的必要，但不是一味地反对税收竞争。

三、提升站位，在推进税收合作中树立"大国税收"形象

三年多来，面对新形势新发展，国家税务总局多次提出税收要"提升站位"。 就国际税收领域而言，提升站位就是要牢记国家对税务部门的期望，要把握国际税收发展的趋势，要统筹内外两个大局，有效参与和积极推动国际税收合作，为国家利益最大化与促进世界发展做出贡献。 而要做到这一点，笔者首次明确提出必须树立"大国税收"新理念。

大国税收是什么？显然，大国税收并不是以税收量的多少、国家财力的大小作为主要标志的，作为发展中大国，人口多、底子薄，钱再多都不够用，人均税收及对应的人均支出都将长期处在较低水平上。 简单地说，我们所说的大国税收至少有两个标志，就是作为发展中大国，一是要和国家在国际政治经济体系中的地位相匹配，二是要与国家对外总体战略要求相适应。 满足这两个要求的大国税收内涵是很丰富的，这里只强调一点，即有效参与、推动乃至引领国际税收合作，这是大国税收地位体现的题中之意。一方面，作为处在快速上升中的发展中大国，我国在国际政治经济活动中的作用在提高，地位在凸显，我国在国际税收准则制定、国际税收秩序重组、国际税收合作走向等重要方面，也要有独特的地位、明确的声音、必要的担当，要在国际税收治理越来越成为各国所关注的今天，力争做出发展中大国独特的贡献。 另一方面，就是要从适应国家对外总体战略的要求出发，通过在涉外和国际税收领域中的活动，有效统筹内外两个大局，均衡应对内外事务。 具体说来，基于"大国税收"理念来参与国际税收合作，我们至少应该做到以下五点。

其一，要努力构建与中国大国地位相匹配的现代税收制度，这是参与和推动国际税收合作的重要前提。 我们要加快推进我国税收"适应新常态，迈向现代化"的进程，特别要提高现代税收征管的能力与水平，"打铁还须

自身硬"。 同时，作为大国，其税收现代化体系之确立，意义往往不仅在国家体系内部，还具有很强的外溢性作用。 只有这样，我们才能在国际税收体系中树立形象，在国际税收合作进程中占据有利地位。

其二，要努力树立中国大国税收的法治形象，这是参与和推动国际税收合作的重要保障。 现代国家治理与市场经济条件下的国家税收，是法治税收；国家间的税收关系，也必然遵循税收法治化的要求。 我们要加快国内法治税收的构建，持续落实税收法定原则，同时还要努力在涉外税收法治建设上迈出新步伐。 2015 年 7 月 1 日，全国人大常委会正式批准了我国加入《多边税收征管互助公约》，这是我国参与国际税收征管合作的重要一步，对我国参与国际税收治理、提高跨境税收征管水平有着划时代的意义。 笔者有幸参与了对这一公约的审议过程，和广大委员一道投下了神圣一票。笔者始终认为，作为负责任的大国，当我们想要推动、影响乃至引领国际税收相关准则制定时，必须同步有一个良好的国内与涉外税收法治化进程，这一进程要持续推进。

其三，要努力打造中国特色的大国税收模式，这是参与和推动国际税收合作的重要基础。 我国税收是中国特色社会主义税收，是现代税收共性和体制性等国情特色的统一，在参与国际税收合作中，这一特性不但不能丢，还应有所强化。 在国际税收合作进程中，既要吸收共性、强调趋同，又要持续创造或保持独具特色的税收做法。 这里仅举一例。 在当前国际税收合作的重点领域中，各国都会在"加强跨境税源管理"与"服务跨境纳税人"结合方面下功夫，这是一种共性。 但作为发展中大国，面对国际税源争夺加剧的现实，我国应坚持"加强跨境税源征管第一、服务跨境纳税人第二"的做法，按照税收管辖权实行的依法征管始终必须是重点，而对跨境纳税人的服务只要保持在国际可接受的水平上即可。 近年来，笔者倡导要实行"具有服务保障功能的税收征管制度"，涉外方面更需要这样。 我们要形成国际认可、中国适用的现代"纳服征管"模式，只有这样，才能为有实力参与国际合作、打击逃避税奠定基础。

其四，要努力将推进国家税收治理现代化与参与国际税收治理体系结合起来，这是参与和推动国际税收合作的必要担当。 我们无意将自己的税收模式作为标准加以输出，但我们有责任为能够带来共赢的国际税收关系形成做出努力。 从国内税收治理现代化走向国际税收治理体系现代化，是新常态下中国大国地位对税收的必然要求，也将会得到各方的欢迎与认可。 这当然是一个长期逐步的进程，但一定是真正税收大国奋斗的目标。 对于国际税收相关规则，多年来，我们走过了认识、适应和遵从的阶段，正在跨入参与、推动乃至引领的阶段，我们要在推动国家税收治理现代化的同时，努力为国际税收新规则新关系的确立提供大国贡献，这是必须把握的路径与方向。

其五，要在建立国际税收新秩序中特别兼顾发展中国家和低收入国家的利益，这是参与和推动国际税收合作的工作重点。 作为负责任的发展中大国，在加强国际税收合作、打击国际逃避税的过程中，要特别注意维护发展中国家的经济与税收利益，帮助广大发展中国家提高税收征管能力。 既要在 G20 等国际组织中善于为发展中国家呼吁，又要在我国能起主导作用的条件下引领发展中国家发出一致的声音。 例如，参与 BEPS 行动计划，发展中国家与发达国家关注的重点显然有异，我国要和发展中国家一道，既要关注居民国的税收流失问题，更要关注所得来源国的税基侵蚀问题，因为后者与发展中国家利益更为关联。 在重组国际税收秩序过程中，我们要和发展中国家同进退、共发声，才能真正体现发展中大国的责任与担当。

总之，大国税收构建是"两个一百年"宏伟目标下打造大国战略的组成部分，依此理念来参与和推动国际税收合作有其意义。 我们从来"不就税收论税收"，而是始终坚持"立足税收，走出税收"的基本思路，今天在讨论国际税收合作问题上也依然是这样。 我们要体会大国税收的内涵，提升我国在国际税收领域中的地位，完成时代赋予中国税收的重任。

第五节　大国税务的理论建设与实践运作

在上一节，笔者结合国际税收合作形式提出了"树立大国税收理念，推动国际税收合作"的思考。 随着习近平主席两次在 G20 会议上进一步强调指出要加强全球税收合作，打击国际逃避税，将国际税收治理作为防范国际经济风险的重要措施之一，我国税收理论和实务工作者开始研究中国税务逐步走向国际税收治理舞台中央的问题。 2015 年 11 月 10 日的《中国税务报》，在头版发表了署名为郭瑞轩的文章《树立大国税务理念　构建新型国际税收关系》，提出要深度参与全球合作，提升国际税收治理水平，树立

"大国税务"理念。 这一观点与笔者提出的"大国税收"理念在方向上是一致的。 随着对大国税收认识的持续深入，研究中国税务事实上逐步树立大国税务观的进程，结合国家税务总局在构建"大国税务"方面的新要求，笔者这里尝试提出"时代要求，形势必然，实践为本，理论支撑"这16个字，作为对中国特色大国税收之路的再认识。

一、顺应"时代要求"，寻求大国定位

"时代要求"，就是要把握当今经济全球化和政治多极化的新特点，寻求大国税收的恰当定位。 笔者对大国税收的第一个判断是，大国税收指的是全方位开放经济条件下对全球税收治理体系能够产生深远影响的国家税收行为。 这里有两个关键点：一是必须是开放经济条件下的国家税收行为。 在闭关锁国或封闭经济条件下，一国经济体量再大，它也不能对其他国家产生影响，其国内税收行为也无法对国家间的税收关系产生影响，因此，也就不能称为真正的大国税收。 这是大国税收的基本题中之意，也符合经济学理论的基本概念。 从世界经济全球化和国际政治多极化的发展趋势来看，世界大部分国家已经或快或慢、或多或少地融入全球经济发展中，这是基本的时代背景。 二是必须能够对全球国际税收行为产生影响。 从经济学的基本分析中不难看出，大国与小国的区别就是在开放经济条件下，能否对世界经济产生影响，作为大国发挥作用重要侧面之一的大国税收，当然也必须具有这一基本功能。 因此，笔者认为，只有一国税收行为符合上述两个关键点，才能符合大国税收的基本条件。

就我国当前的实践来看，党的十八届五中全会公报明确提出，要"坚持开放发展"，"必须顺应我国经济深度融入世界经济的趋势，奉行互利共赢的开放战略，发展更高层次的开放型经济"。 一方面，在新的发展机遇期内，我国将以更加积极的姿态、全方位地融入经济全球化和国际政治多极化之中，并且这种融入是高质量的融入，因此符合大国税收形成的第一个要件。 另一方面，中国是全世界经济总量最大的发展中国家，国际贸易总量、外商直接投资与对外直接投资在全球范围内都名列前茅。 中国经济的发展越来越受到世界各国的关注，中国经济发展模式的成果已经并将继续对世界经济发展路径产生深远影响。 近期国际货币基金组织将中国人民币纳入SDR就是明证。 因此，大国税收形成的第二个条件同样存在。 因此，对中国税收已经逐步进入"大国税收"状态或阶段的判断符合"时代要求"，是顺应当今世界发展大趋势、大背景下的国家涉外税收行为。

二、认清"形势必然",坚定树立信心

"形势必然",强调的是国际税收治理形势与我国经济发展形势都必然要求我国树立大国税收理念。 从国际税收治理形势发展来看,原有的由发达国家主导的格局正在发生改变,发达国家与发展中国家协商共同治理的"双轮驱动"模式逐渐被各方所认可。 从国际组织形式看,包含主要发达国家与主要发展中国家在内的 G20 至少部分取代了 G8 集团成为国际税收合作的重要平台,它与 OECD 组织形成了国际税收合作的支柱性平台。 在2015 年土耳其安塔利亚召开的 G20 领导人第十次峰会上,该会议就国际税收治理达成共识:"为在全球范围内实现公平、现代化的国际税收体系,我们核准《G20/OECD 税基侵蚀和利润转移(BEPS)项目行动计划》中的一系列措施。 广泛、持续地落实行动计划是确保 BEPS 项目取得成效的关键,特别是在跨境税收裁定的情报交换方面。 因此,我们强烈敦促按时落实BEPS 项目,并鼓励包括发展中国家在内的所有国家和辖区参与。 为在全球监测 BEPS 项目的落实情况,我们呼吁 OECD 在 2016 年年初建立一套包容性框架,该框架将在平等参与的基础上纳入感兴趣并致力于实施 BEPS 项目的非 G20 国家和辖区,包括发展中经济体。 我们欢迎 IMF、OECD、联合国和世界银行集团为感兴趣的发展中经济体提供适当的技术援助,帮助其应对国内资源动员方面的挑战,也包括 BEPS 方面的挑战。 我们认识到,感兴趣的非 G20 发展中国家实施 BEPS 行动计划的时机可能与其他国家不同,期待 OECD 和其他国际组织能够确保该框架适当考虑发展中国家的情况。我们在加强税收体系透明度方面不断取得进展,我们重申此前承诺,将于2017 年或 2018 年年底同各成员国和其他国家就税收情报开展应要求交换和自动交换。 我们邀请其他辖区共同参与。 我们支持提高发展中经济体在国际税收议程中的参与度。"从这些重要的宣言性表述中可以看出,国际社会现在已经逐步达成共识,已经在世界范围内对日益严峻的税基侵蚀和利润转移提出了应对措施,而实施的主体已经不仅包括传统发达国家,也包括新兴经济体和主要发展中国家。 中国作为最重要的发展中国家,其对国际税收治理相关行动计划的参与和执行,将有助于保证国际税收竞争不会进一步恶化,有助于促使国际税收协调能够继续取得持续性的进步。

而从我国经济发展形势来看,党的十八届五中全会指出要"提高我国在

全球经济治理中的制度性话语权"。《中共中央关于制定国民经济和社会发展第十三个五年规划的建议》也明确提出，"积极参与全球经济治理"，"推动国际经济治理体系改革完善，积极引导全球经济议程，促进国际经济秩序朝着平等公正、合作共赢的方向发展"。而从 2015 年中国的外交活动来看，也确是在践行"积极参与全球经济治理"，是名副其实的"中国特色大国外交全面推进之年"。仅从涉外经济各国层面来看，如前所述（本书第八章第二节），大国财政理念在实践中得到持续落实、持续推动，亚投行已经正式成立，其既得到发展中国家的支持，也得到不少发达国家的事实上认同。在以发展中大国为主体的金砖银行中，中国投票权（39.95%）与影响力都最大，远高于其他国家的投票权（巴西、俄罗斯、印度各为 18.10%，南非为 5.75%）。丝路基金则已经起航，将为"一带一路"战略提供动能，即通过杠杆方式撬动沿线各国的基础设施建设投资。大国金融实践取得长足进展：国际货币基金组织将人民币纳入 SDR，从而使得我国货币跻身美元、欧元、日元和英镑等公认的国际储备货币的行列，并且在货币权重中居第三。这是新兴经济体和发展中国家的货币第一次进入 SDR，这对全球经济治理，特别是对全球金融治理具有里程碑意义。除此之外，以服务"一带一路"战略为主要目的而加入欧洲复兴开发银行，以服务亚洲当地金融需求而成立东盟与中日韩宏观经济研究室等战略布局等是大国金融多措并举的实践。最后，以"优质优价、优进优出"为目标的贸易强国战略布局，以"加快实施自由贸易区战略"为途径的高标准自由贸易区网络建设，以巴黎气候变化大会为蓝图的中国碳市场建设，以 WTO 全面取消农产品出口补贴为里程碑的多边贸易进程推进，都体现着中国在相关经济领域中的大国气魄。综此，笔者这里的第二个判断是：中国已经有条不紊地推进中国特色大国治理体系建设。这是一个系统性、全方位的工程，其中的各个领域都需要互动推进，否则就会出现"短板"现象。大国税收属于大国治理体系中的重要部分，并且还可通过外溢影响带动其他经济领域来服务国家战略大局。这也是大国税务理念能够在《中国税务报》头版头条、《新闻联播》中接连被提及的重要原因，这是当今形势下理性大国发展的必然选择之一。

三、突出"实践为本"，打造中国特色

"实践为本"，强调的是努力实施具有中国特色与阶段特点的中国涉外税收实践，这是我国大国税收构建的核心内容。"大国税收"实践就是"大

国税务"理念在现实中的运用。 大国税务在当前践行的重要内容就是我国税务机关近年来日趋加强的反避税行动。《中共中央关于制定国民经济和社会发展第十三个五年规划的建议》中提到坚持开放发展，要注重"反逃税监管措施"。 截至2015年11月，我国税务部门反避税调查立案265件，结案188件，补税入库113.5亿元。 平均个案补税金额6 037.18万元，前11个月补税入库金额就比2014年的79亿元高出43.7%。 可以说，我国反避税的力度在加强，税务机关对于涉外企业相关税务的把控越发到位。 支持反避税行动是一个系统工程，给予强力支撑的是国家税务总局"持续打造国际税收升级版"的战略部署，是以六大目标体系构成的"税收现代化"体系，是"互联网＋"税收征管手段的与时俱进运用。

需要强调的是，虽然反避税在大国税务中十分重要，但国际税收治理参与及引领在大国税务中的重要程度一样必须关注。 据此，笔者的第三个判断是，"坚定不移反避税"与"积极参与国际税收治理体系构建"应该成为大国税务大鹏之两翼，缺一不可。 反避税更多地侧重国内角度，强调通过税收机关反避税来维护国家核心利益；而国际税收治理参与及引领强调的是从国际视野出发，在一定条件下以让渡部分利益为代价，与他国协调达到本国核心利益最大化的目标，同时促进全球经济的健康持续发展。 就当前而言，我们要积极参与乃至努力引领国际税收治理体系的构建，笔者的建议主要有两个方面。

一方面，是要融入已有规则，补齐国际税收短板。 中国作为发展中国家和新兴经济体，在融入经济全球化的过程中，与发达国家在部分已有规则的接纳上存在时间差距与执行差距。 因此，大国税收实践的重要一步就是融入已有规则，接纳符合我国经济发展水平的税收公约和协定。 只有在此基础上，我国才既能熟悉国际税收的规则制定，又能得到世界各国的普遍认可；也只有在此基础上，才能谈及在国际税收领域的影响和引领。 以《多边税收征管互助公约》（以下简称《公约》）为例，经济合作与发展组织（OECD）和欧洲委员会（COE）在斯特拉斯堡制定《公约》的时间是1988年1月25日。 2010年5月27日，应二十国集团（G20）伦敦峰会吁请，OECD通过议定书的形式对《公约》进行了修订，并向全球所有主权国家开放签署。 2011年6月1日，修订后的《公约》对外公布并生效。《公约》的宗旨是在全球开展国际税收征管协助，打击跨境逃避税，维护良好的国际税收秩序。《公约》规定了缔约方之间的征管协助范围和形式，考虑到各国法律体系和征管实践的差异，并允许缔约方对部分内容做出保留。因此，总体上看，参加此《公约》有利于我国国际税收征管的展开。我国涉外税收的实践表明，随着对外投资规模的不断加大，加强跨境税源管理，打击跨境逃避税，是我国当前税收征管面临的主要难题。有鉴于此，2013年8月27日，国家税务总局经国务院批准在法国巴黎签署《公约》。2015年7月1日，第十二届全国人民代表大会常务委员会第十五次会议通过《公约》，正式完成我国参加该条约的国内批准程序。笔者作为全国人大常委会的组成人员，参与了这一审查与批准过程，有了深刻的体会。在审查讨论过程中，常委会组成人员都认识到，批准《公约》将有助于应对我国国际税收征管面临的难题，有助于拓展我国国际税收征管协助的广度和深度，提高对跨境纳税人的税收服务和征管水平，挤压跨境逃避税的筹划空间，维护我国税收的权益。因此，这一议案得到了常委会组成人员的高票通过。

另一方面，是积极参与合作，引领国际税收方向。从现实来看，首先我们要接纳和适应已有国际税收规则，其次我们还"不能当旁观者、跟随者，而是要做参与者、引领者"，在新制定的国际税收规则中发挥大国税收影响力，使得国际税收规则中体现中国声音。以税基侵蚀和利润转移（BEPS）项目为例，其中的七项产出成果和一份解释性声明由OECD在2014年6月26日形成，并于9月16日对外发布。2015年9月21日，OECD财政事务委员会第90次会议在巴黎召开，来自包括中国在内的54个国家和地区的二百多名与会代表审议并一致通过了BEPS最终报告以及解释性声明。这些报告和声明由OECD于2015年10月5日对全球发布，并提交当年的二十国集团（G20）财长和央行行长会议审议，并最终由11月15日至16日召开的G20第十次领导人峰会核准了BEPS中的一系列措施。BEPS报告共包含了15个行动计划：数字经济（行动计划1）、混合错配（行动计划2）、受控外国公司制度（行动计划3）、利息扣除（行动计划4）、有害税收竞争（行动计划5）、防止滥用协定（行动计划6）、人为规避常设机构（行动计划7）、转让定价（行动计划8—10）、数据统计（行动计划11）、强制披露（行动计划12）、转让定价资料（行动计划13）、争端解决（行动计划14）与《多边工具》（行动计划15）。BEPS根据约束性强弱分为"最低标准"、"共同方法"和"最佳实践"三大类。虽然OECD不具备法律约束力，但这些报告是由OECD部长理事会批准和G20各国领导人背书的，对OECD和G20成员具有政治和道义约束，而对于广大发展中国家则具有参考意义。在此项国际税收合作行动中，中国以 OECD 合作伙伴身份平等参与 BEPS 行动计划，与 OECD 国家享有同等的权利和义务。 为了做好 BEPS 工作，国家税务总局成立了 G20 税制改革工作领导小组，制订工作方案，明确职责分工、时间表和路线图，全面推进此项工作。 国家税务总局还派员担任 BEPS 指导委员会委员，参与设计、监督和审议各项行动计划方案、进程和成果。 2013 年至 2015 年，国际税务总局共参加 BEPS 相关会议 86 次，向 OECD 提交我国立场声明和建议 1 000 多条，很多意见得到采纳并体现在最终成果中，为该项目所遵循的核心原则的确立和推动各项成果顺利完成做出了贡献，也为发展中国家和新兴经济体提升规则制定的话语权、维护税收权益发挥了作用。 总之，参与 BEPS 项目有利于我国参与国际规则制定，这次国际税制改革为我国与发展中国家参与国际税收规则制定、提升话语权和影响力提供了机遇。 我国以平等身份参与改革，表达我国及发展中国家的立场和观点，提升了我国在国际税收领域的话语权和影响力。

近年的实践还证明，大国税务理念的实践始终是在符合我国整体战略布局的前提下进行的。 以服务"一带一路"国家战略为例，国家税务总局 2015 年发布了《关于落实"一带一路"发展战略要求 做好税收服务于管理工作的通知》。 无论是侧重于国内的反避税等相关税收风险管理，还是侧重于服务企业走出去的税收协定谈判以及涉税争议双边协商等，都是围绕国家战略布局、维护国家核心利益。 笔者在跟踪近年来国家涉外税务工作取得进展的基础上，认为涉外税务工作要继续顺势而为，着眼大局，突出核心。 在双边及多边税收谈判中，有些情况下需要让渡部分利益，在这中间有一个把握"度"的问题，哪些利益可以让，哪些核心利益必须坚持，必须有一定之规，必须全面衡量。 我们要看清国际税收发展的大势，要从国家利益出发并结合国际税收发展态势，进行有重点的税收规则参与和引领，顺大势，想大局，谋大利。

四、强化"理论支撑"，构建话语体系

"理论支撑"，强调的就是要突出"大国税收"理论研究在实践"大国税务"时的先行性、基础性与指导性。 笔者认为，"大国税收"与"大国税务"的提法既有联系，又有区别。 其联系在于大国税收与大国税务理念都突出了中国参与税收规则制定、提升话语权和影响力的要求，而区别则在于大国税务更多地从税收实务角度出发强调大国理念的运用，大国税收理念还

强调了理论与实践的关系，特别是需要研究什么样的国际税收理论能够指导现阶段的大国税收实践。 如同笔者提出的"税收现代化呼唤着税收理论的现代化"相适应，"大国税务"实践同样需要"大国税收"理论的支撑，同样呼唤着"中国特色国际税收理论的现代化"。 笔者认为，当前至少应该考虑以下三个方面。

其一，要持续推进大国税收角度下的国际税收合作理论研究。 在上一节中，笔者曾就"加强全球税收合作，打击国际逃避税，帮助发展中国家和低收入国家提高税收征管能力"谈了五个方面的体会：国际税收合作是趋势，打击国际逃避税是当务之急，合作主体是主权国家，建立全球税收新秩序刻不容缓，中国应该体现大国担当。 可以认为，这五个方面实际上就是当前国际税收合作理论研究的主要内容。 进而，我们还要加强对支撑我国成为国际税收合作引领者的研究。 以 OECD 为例，从《认定和消除有害税收行为的进程》的报告到今天的税基侵蚀和利润转移（BEPS）行动计划，这一国际组织始终是国际税收合作的重要力量，其制定的国际税收合作规则普遍被各方所认可。 必须看到，支撑这些规则设立的背后是大量的国际税收合作理论研究，既包括先于规则制定前的理论构想和实证模拟，也包含规则实施后的后续研究，这就保证了最终的规则尽可能地贴近现实并照顾多方利益。 因此，我国在建立大国税收的进程中，税收理论工作者必须提供理论和实证支持。 近期，国家税务总局发布了税基侵蚀和利润转移项目 2015 年最终报告中文版，其中展现了我国向 OECD 提交的多条建议，这里凝聚着我国国际税收理论工作者的贡献，值得继续加强研究。 此外，我们还要研究中国单方面国际税收行为的可能性以及影响。 可以看到，有关针对美国《海外账户纳税法案》的研究已经逐渐涌现。 中国作为发展中大国能否也实施类似的国际税收单边合作行为、机制如何设定、对国内外经济有何影响、其他国家会有什么反应等，同样都值得相关研究人员深入探讨。

其二，要以大国税收为出发点，继续注重不对称性国际税收竞争理论的研究。 现实中的国际税收竞争主体往往是不对称的国家，其在人口数量、资源禀赋、经济规模等多个方面存在明显差异。 笔者的早期研究表明，在国际税收竞争中，大国往往可以凭借不对称性占据一定的优势，这将导致两个结果：一方面，大国在国际税收竞争中可以让渡部分利益给予小国，这种让渡既能保证小国税基不受侵蚀，同样也在大国可承受范围之内，避免了竞争到底的尴尬局面，实现了不对称各国的多赢局面；另一方面，虽然不对称性使得让渡成为可能，但大国如果让渡过多，就会形成小国侵蚀大国税基的情况，这种不符合大国利益的局面必然导致国际税收合作的失败。笔者因此将税收辩证观引入不对称性国际税收竞争中，认为国际税收竞争一定要把握"度"的问题。站在今天这个时点上，大国税收建设已成为我国税收体系建设的必然选择，笔者认为，前述研究的基本结论，特别是不对称性国际税收竞争中的税收辩证观依然适用。与此同时，新形势也对继续研究提出了新要求。从大国的角度出发，在什么样的条件下参与国际税收竞争对我国经济发展有利，在什么样的外部条件下我国的税收竞争不会导致恶性外部竞争，以及影响"适度"国际税收竞争的主要因素有哪些，值得我们深入研究。这些研究既要包括数理模型的缜密探讨，也要通过实证分析提供具体对策，从而为决策部门在政策制定上将更具有科学性，也更能为我国参与良性国际税收竞争与国际税收协调提供理论支持。

其三，立足大国税收，做好国际税收合作对国内经济发展作用的理论研究。如前所述，在开放型经济新体制下，中国的经济发展已经不再局限于国内，必须统筹国内国外两个大局。从大国税收角度出发，我们应该做到双向的理论创新：一方面，要研究新常态下我国国际税收行为对国内经济的影响，这既包含国际税收行为对国内经济的直接效应，也包括国际税收行为影响世界经济进而影响国内经济的间接效应。这实际上研究的是涉外税收行为是否为税收中性。笔者认为，在这种研究中要继续坚持中性与非中性相结合的现代税收理念，探索现代税收观的实现形式。另一方面，我们还要研究国内经济发展对涉外税收的影响，特别是我国经济发展对国际税收环境的新要求。涉外税收政策是根据国内外经济形势制定的，理应随着国内环境变化进行调整。在我国经济进入新常态，经济结构和发展方式不断调整的情况下，如何调整涉外税收政策以实现主权利益最大化应是参加国际税收合作的根本目的。

附录一

中国特色社会主义财政与
对新预算法的认识

邓力平

（2015 年 10 月 21 日江西省人大常委会
"人大讲堂"的报告，根据录音整理）

非常高兴到江西省人大常委会"人大讲堂"来学习。 今天我是作为研究财税的老师，也作为人大代表、人大工作者，与各位同志一起交流对中国特色社会主义财政和新预算法的理解和认识。"人大讲堂"是独特的。 刚才我问了洪主任、史主任等各位领导，这与其他省人大常委会的学习机制不一样，是一个集各路精英的讲堂。 授课对象除了省人大常委会、区市人大常委会的同志、人大代表外，还包括"一府两院"的同志，这是非常特殊的。"一府两院"由人大选举、人大产生、对人大负责，也参与人大培训，这是对中国人大制度的一项贡献。 所以，我感到这是一个很好的学习和交流机会。

今天讲堂的主要内容，是对去年 8 月 31 日全国人大常委会通过、今年 1 月 1 日开始实施的《中华人民共和国预算法》的学习体会。 预算法经过修订通过了，严格意义上就是预算法，没有新旧之分。 现在说新预算法，主要是为了表明新预算法与 20 年前通过的原预算法之间的联系、发展和增加的新内容。

对于新预算法的判断。 同志们都知道，预算法我们称之为"经济宪法"，是财经战线活动的最基本的大法，是规范我国财政活动包括收支在内的基本大法。 理解新预算法，我个人的基本观点有三句话。 第一句话，预算法规范的财政活动是中国特色的财政活动，是具有中国特色社会主义的财政。 第二句话，规范财政活动的新预算法是中国特色社会主义财政发展的阶段性成果与法治化形式。 第三句话，各级人大及其常委会要以预算法为依据，做好对财政工作的审查、管理、监督。 财政部门也要依据法律做好依法理财工作。 换言之，人大与政府财政部门都要以新预算法为依据，各司其职，做好新时期中国特色社会主义财政的运行与发展工作。 选择这个角度来讲解，是因为新预算法通过后，社会上有各种不同的解读。 这里有一个基本判断，就是如何理解新预算法，我国的财政预算制度究竟是朝着所谓"普世价值"的财政制度发展，还是坚持个性与共性的结合，继续朝着中国特色社会主义财政发展。 这是个大是大非的问题，必须旗帜鲜明、理直气壮地回答，即我国财政是中国特色的社会主义财政，新预算法所反映、所规范的，就是中国特色社会主义财政。

中国特色道路就是党领导人民将马克思主义基本原理与中国实践相结合的道路。 从广义上说，从南昌起义、井冈山斗争到建立社会主义共和国，以毛泽东同志为核心的党的第一代领导集体带领我们干革命，实际是将马克思主义理论与中国实践相结合，是走自己的道路。 新中国成立后对社会主义革命与建设的探索，实质上也是追求这种结合，是对中国特色社会主义的追求。 我国的财政从一开始也就烙上了这种烙印。 从狭义上讲，改革开放以来，以邓小平同志为核心的党的第二代领导核心带领我们走的中国特色社会主义道路，改革开放后的财政也就烙上了这个时期的特征。 把两个时期联结在一起，就是一以贯之的中国特色社会主义财政的发展道路。 我国今天的财政有很多内容，有很多实际做法，如果按照西方一般公共财政教科书的讲法，可能是不符合那种教科书要求的。 但是，我们这个制度、这个体制，我国在这个阶段对市场经济的把握方式，我们改革开放后参与全球化进程的需要，共同构成了对我国当代财政的决定因素。

总体来讲，我们财政具有一定的共性，这种共性至少体现在三个方面：第一，现代国家财政的一般要求，包括对财政的、对税收的、对支出的要求；第二，现代国家治理体系构建的基本要求，实现国家治理体系与治理能力现代化提出的要求，也同时反映了这些要求；第三，市场经济体制下的资源配置方式对现代财政本身的要求。 几十年来，讲得最多的公共财政这种提法，就是顺应了市场经济体制的资源配置方式。 但是，我们还有很多具有自身特色的内容。 我归纳为五个方面：一是我国国体政体的基本要求，是社会主义国家基本制度的要求。 二是对现代市场经济把握程度的要求和使用程度的要求。 市场经济是最有效、最可行的资源配置方式，但对其的把握程度是不一样的。 三是要把握我国所处阶段的基本要求，即我国依然是一个发展中国家，依然处在社会主义初级阶段。 昨天，我从南昌西客站看到九龙湖，一路从省级行政新区、红谷滩南昌市新区看到了江西、南昌的崛起，这也是中国特定阶段发展财政发挥作用的重要表现形式。 四是始终把握着改革、法治不断完善、不断前进的体制动力要求。 五是对外开放进程的要求。

将我国财政反映的共性与个性结合起来看，特别是我国财政的特性，这些就对我们国家的财政有了一些新的要求。 例如，我国将全口径预算体系写入了新预算法，全口径预算体系中有四大预算，即：一是原来的公共财政预算，现在称之为一般公共财政预算；二是政府性基金预算；三是国有资本经营预算；四是社会保险基金预算。 在预算法的修订过程中，有一种观点认为，在四大预算中，只有一般公共财政预算和社会保险基金预算是全世界市场经济国家都有的，是必须入法的。 而政府性基金预算和国有资本经营预算是特定阶段的产物，从长远讲是否应该纳入预算法的体系，有人是有想法的。

简单来讲，政府性基金预算包含着各种基金，如三峡基金、能源基金等，实际上，它最大的特点有两个，一是主要在地方，二是大头是卖地。有的同志认为，放眼今天世界，有哪个国家的财政收入有这么多是来源于卖地的？ 这虽然讲得没错，但我也反问这些同志，你讲的这些国家和地区中，哪一个土地是国家的？ 在土地是国有的前提下，采用市场作为资源配置方式的前提下，从马克思开始就告诉我们，劳动是要素，它要收益，资本是要素，它要收益，土地也是要素，它也要收益，难道不能卖到更好的价钱吗？ 土地财政有没有问题？ 从已有实践上看，当然有。 我将土地财政存在的问题归纳为八个字，即"过度依赖、不可持续"。 如何将这些问题妥善地解决？ 土地作为一种收益，作为广义财政的重要来源，在市场经济条件下用来发展经济、进而保障民生又有什么不可以？ 所以，政府性基金预算在相当程度上反映了土地出让的收支活动，这在社会主义市场经济条件下将长期存在，是必须入法的。

关于国有资本经营预算，有些同志认为，大型国有企业主要是国家所有的。 国有企业主要分为商业类和公益类两大类。 实际上，在现在的大型中央企业里，一部分为中国移动、中国联通、中国电信、国家电网、南方电力、中石化、中石油，这些属于自然垄断的企业，国家拥有它们天经地义，这是没有问题的。 还有另外一部分，如一汽、二汽、上汽、鞍钢、武钢、宝钢，还有生产动车的中国南车、中国北车，现在合并为中国中车等。 从财政学角度来说，这些企业的产品，是一般竞争性产品，具有消费排他性，所以有些学者就认为这类企业都应当民营化，这个民营化本质讲就是私营化。我记得当年国资委的老主任李荣融说过一句话："我国这 123 家大型国有企业是共产党执政的经济基础，是不会民营化的，在市场经济条件下依然要发挥它们的作用。"这就是中央现行的国企改革的基本思路。 包括混合所有制，你混合我，我也混合你，前提是我要留着，不是我都放开，都不要了。所以，国有资本要长期存在是制度与体制决定的，国有资本经营预算要入法也是必需的。 我和马志武主任一起参加全国人大常委会会议审议，当时四个预算全部写入预算法，我发言的重点就是，全口径预算入法既表明是"全面性"，更表明中国特色社会主义预算体制的"合法性"。

同样，可能还有人会认为，全世界的税收主要是在市场经济条件下解决民生和公共产品的提供。 没错，全世界都一样。 但是在现阶段处于发展中国家的中国，税收是不是除了保障民生外还可以拿出一部分来搞建设谋发展？ 这个在理论上必须明确解读。 我的观点是，包括税收在内的各种财政收入，在现阶段除了保证民生外，仍然具有推动经济社会发展的重要职能。这是我给大家讲的第一个观点——我国的财政是自己的财政。

第二个观点，新预算法是这 20 年来乃至今后更长时期内中国特色社会主义(以下简称"中特")财政发展的阶段性成果和法治性表现形式。 新预算法和原预算法相比，原预算法老不老？ 它一点都不老，才 20 年。 1992年小平同志南方讲话，确立了市场经济的改革方向，确立了分税制财政体制，并一直沿用至今。 当时通过的预算法表明了中国特色社会主义财政在那个时候的初步成果和基本法制性形式。 20 年走到今天，我们在改革中取得的经验有一些上升为法律，有一些在实践中证明不合适的要修改。

先谈谈我的基本思路。 一是在"四个全面"战略布局下走好中国特色社会主义财政发展道路，这就是我刚才讲的基本观点。 二是认真学习贯彻新预算法，全面加强对政府全口径预算决算的审查监督工作。 三是"讲政治、知形势、懂财政、审结构、抓重点"。 我认为人大和人大代表审查预算时就要注意这 5 个方面 15 个字。

第一讲政治，我刚才讲的很多内容就是讲政治。 第二知形势，要明确当前的形势，特定情况下的形势。 明年一月份的人代会预算审查工作，就要考虑当前经济下行压力、存在"三期叠加"特定阶段对预算审查提出的要求。 第三懂财政。 这是我十年来讲预算法的基本要求，讲对预算的审查，我始终结合财政来讲，讲"中特"财政发展之路。 2005 年我给全国人大代表讲对预算的审查，题目叫"公共财政下的预算管理"；2010 年再给全国人大代表讲课，题目就改叫"新时期的预算审查"，讲的是当时服务科学发展与构建和谐社会下的预算审查，特别讲的是处理好民生和发展的关系；现在给全国人大代表和各级人大的同志讲课，题目就改为"中国特色社会主义财政与新预算法下的预算审查"。 我这里概括的这五个特点，还包括结构审查的问题和研究重点的问题，这是我们人大的同志要重点看的。

这里我要讲三个部分。 第一部分，我对"中特"财政的理解，它和现代财政制度的关系；第二部分，为什么说新预算法是阶段性成果与法治性表现形式；第三部分，我结合四本预算谈谈审查基本思路与关注重点。 因为今天对象主要不是人大代表，所以我把讲课重点放在第一与第二部分。

第一部分有三个内容，实际上是学习党的十八届三中全会、十八届四中全会精神的体会。 这三个内容是：第一，中国特色社会主义财政的基本特征，是我对"中特"财政基本特征的理解；第二，现代财政制度——中国特色社会主义财政的新阶段；第三，建立全面规范、公开透明的现代预算制度，现代预算制度是现代财政制度重要组成部分。 新预算法颁布了，第二点和第三点的主要内容都已体现，所以今天我重点讲第一点，就是"中特"财政的基本特征。 这个特征是我理解"中特"财政的五个要素，也即影响一个国家或者决定一个国家财政制度的五大要素，概括为 20 个字。 第一个要素是"国体政体"，究竟是资本主义国家还是社会主义国家？ 我们是社会主义国家，我们财政在任何时候首先都是社会主义的国家财政，我称之为财政的国家性。 第二个要素是"配置方式"，究竟是市场经济还是计划经济？今天我们实行的是市场经济，其对应的财政形式就是大家都熟悉的公共财政。 党的十八届三中全会之后，我建议将"公共财政"改称为"财政的公共性"，等会我会解释为什么这么说。 第三个要素是"发展阶段"，究竟已经是发达国家还是依然是发展中国家？ 毫无疑问，我们是后者。 2006 年我第一次提出发展财政的概念，今天我称其为财政的发展性。 第四个要素是"前进动力"，究竟是完备、完善、成熟的体制还是不断处在调整改革变动中？ 毫无疑问也是后者，所以，第四个内容也叫财政的改革性，也包括财政的法治性。 最后一个要素是"涉外程度"，究竟是封闭经济还是开放经济？从改革开放的外向经济到党的十八届三中全会提出的开放型经济新体制，这一进程对财政的要求就是要建设统筹财政、涉外财政。本届财政部党组的最大贡献之一，就是明确提出大国财政的概念，得到了中央的高度认可。从财政服务"一带一路"、亚投行、金砖银行到丝路基金，在这个意义上，大国财政起到了重要作用。这五个要素我称之为财政的国家性、公共性、发展性、改革性、统筹性。就新预算法而言，重点是前四个要素。我下面和大家交流一些基本观点，同时结合新预算法，看看我们提出的这些观点有没有在预算法中得到体现。

第一，财政的国家性。这里我写了两句话："'不走封闭僵化的老路，不走改旗易帜的邪路，坚定走中国特色社会主义道路。'——坚持我国财政的社会主义性质"。"'财政是国家治理的基础和重要支柱，科学的财税体制是优化资源配置、维护市场统一、促进社会公平、实现国家长治久安的制度保障。'——把握国家财政职能作用的体现形式。"引号内是十八届三中全会的《决定》的原话，破折号后是我的观点。什么是中国特色社会主义国家财政？前一句讲的是坚持我国财政的社会主义性质，后一句讲的是把握国家财政职能作用的体现形式。在多年来对国内外财税进行比较的过程中，我始终认为，不同国家的财政的收入与支出都具有很强的政治性、制度性要求，财政活动一定受制于不同国家的性质。举个例子，上届全国人大常委会委员长吴邦国同志在中国特色社会主义法律体系形成的那一届全国人代会上，提出什么是中国特色社会主义。就是五个"不要"、八个"要"，五个"不要"就是不搞多党轮流执政、不搞指导思想多元化、不搞联邦制、不搞"三权分立"和"两院制"、不搞私有化。所以，我们必须坚定不移地按照基本制度的要求来把握我们的财税体制改革。我们的根本政治制度，党的领导、人民当家做主和依法治国的统一，这与西方的"两院制"、"三权分立"等是完全不一样的。

自1994年实施市场经济改革方向和分税制财政体制以来，我们把公共财政提到了新的高度。只要我们坚持市场经济改革方向，公共财政这个方向就是不能变的。但是，无论何时都不能忘记，摆在第一位的首先是国家财政。十八届三中全会报告写了这句话："财政是国家治理的基础和重要支柱。"简单地说，就是财政是国家的财政、国家治理的财政，这给多年财政理论界在财税是国家财政还是公共财政的争论画上了句号，同时提到了一个新的高度，财政永远是和国家有本质联系的分配关系。今天国家职能主要体现在国家治理的新要求。 科学的财政体系是什么？ 中央提了 24 个字，"优化资源配置、维护市场统一、促进社会公平、国家长治久安"。 如何理解十八届三中全会讲的国家财政职能呢？ 这个职能里面体现着国家财政和市场经济对公共财政要求两者的统一。 至于什么是国家财政职能作用的体现，作为财政理论学者，我这里提出 18 个字来供大家参考，这是我多年研究的观点。 把握国家财政，首先把握 6 个字的国家财政职能——配置、分配、稳定；其次，6 个字的国家财政目标——稳固、平衡、强大；再次，6 个字的国家财政实现办法——生财、聚财、用财。 共 18 个字，国家财政的目标、职能都在预算法中得到相当程度的体现。 这 18 个字我倒过来解释。第一，"生财、聚财、用财"，大家都知道，生财之前还有养财，用财后面还有理财，这是通俗的讲法，好理解。 第二，"稳固、平衡、强大"，这是中国特色，最早我们说"平衡"，后来讲"稳固"，最后加上了"强大"。 这是 2000 年时任江泽民总书记在中央党校财税领导干部研讨班讲话时的题目，就是"为构建一个稳固平衡强大的国家财政而奋斗"，这是第一次完整地把几代中国财政人追求的目标写进去了。"稳固、平衡、强大"，"稳固"和"强大"不言而喻，从一个小家的财务到整个国家的财政都希望稳固强大。 财政目标的关键在于"平衡"二字。 新预算法把财政编制预算原来的一个平衡原则扩展为五大原则，同时给财政平衡的做法赋予新的含义。 有的同志认为新预算法讲财政预算平衡没有过去那么重要了，怎么理解这个问题？本人多年的观点核心就是一句话，把握好短期赤字财政措施和长期财政平衡地位的关系。 预算法这次修订的一个重要方面就是对中央赤字和地方债务给予全新的解读和标准，这实际上是多年来实现"短期赤字财政可以用、长期财政平衡要坚持"的观点得到了充分认识。 财政赤字和赤字财政一样吗？ 肯定是不一样的。 财政赤字打的是平衡预算，用的过程中或有盈余或有赤字。 赤字财政打的就是不平衡的预算，就是列着财政赤字，把赤字作为预算编制中的重要组成部分，挥舞着这个重要工具朝着既定目标坚定不移地走去。 到年底，人大代表审查什么？ 第一，目标实现没？ 第二，赤字控制住了没？ 过去，我们的提法是"财政赤字不可怕、赤字财政要不得"，后来我们运用了市场经济，发现赤字财政措施实际上是可以用的。 怎么用？无非两个要求——风险可控、时间可控。 赤字财政的措施，如果风险不可控，如果时间一直用，迟早是要出问题的。 所以"风险可控、时间可控"是运用赤字财政措施的关键，这一点我们要认真理解。

这次地方债务管理，楼继伟部长这次给全国人大常委会的报告，列了五个风险指标，都是关于风险可控指标的。 实际上，风险可控是一方面，从当前这几年的实践看来，时间可控也是要努力做到的。 道理很简单，赤字就像感冒打点滴一样，点滴剂量越大，效果越好，去得越快，但越感觉有依赖，下次又不想锻炼，不想健身，就像有毛病的时候，点滴一下就好，那就永远难以停掉。 所以，本届党中央国务院实施新的宏观调控政策，叫做要有战略定力，不做慌不择路的事，绝不轻易回到原来传统的刺激做法上去，讲的就是这个道理。 所以，平衡是国家财政的重要目标，最大的核心在于如何实现，在于短期赤字可用，长期财政要平衡。 这句话在新预算法中得到了最充分的体现。

现在讲"配置、分配、稳定"的三大职能，也是理解财税体制 24 个字要求的核心。 在配置职能、分配职能、稳定职能这三大职能中，我们也倒过来解释。

稳定职能讲的四个字，财政政策，即宏观调控，这个大家都理解。 积极的财政政策，国际上叫扩张性的，我们叫积极；国际上叫紧缩的，我们叫适度从紧；国际上中性的，我们叫稳健。 大家都可以对应地理解。 在整个特定的发展过程中，积极的政策我们应用得比较多。 请同志们记住一个基本观点，即发展中国家比较频繁地使用积极的财政政策是一种常态。 为什么这样说？ 发达国家使用扩张性的或者紧缩的财政政策，做法是相机抉择。 你好了我就撤，你不行我就来，这叫相机抉择。 发展中国家做这个事情，从来是一箭双雕，既实现相机抉择又利用这个机会，特别是利用扩张性政策的时候，把建设发展搞上去，基础设施越快越好。 实际上我们这么多年来就是这样。 南昌的建设是这样，福州的建设是这样，厦门的建设也是这样，全国各地的建设都有这样一个特点。 所以对发展中国家财政宏观稳定职能的把握，有它特殊的含义。 进而，同志们看《决定》中的这句话，叫财政要帮助"实现国家长治久安"，实际上是把宏观财政的职能，扩展到国家治理的高度。

分配职能讲什么？ 公平公正。 这是大的方向，大家也好理解，这里就不展开。

国家财政职能中最需要解读的是配置职能。 讲财政的配置职能必须和特定的资源配置方式在一起，今天就是市场经济的资源配置。 如何理解财政的配置职能，我讲三句话，大家就知道基本的要求了。 第一句话，"财政要支持市场为主去配置资源"。 市场经济条件下的财政说你有配置资源的职能，不是叫你把所有钱都放在自己的口袋里，如果连一根火柴都需要自己去生产，那是计划经济条件下的财政，就是全能财政。 因此，现在财政支持市场为主配置资源，这是第一句话。 第二句话，"财政也有配置部分资源的资格"。 这个资格来自于什么? 来自于公共产品的提供，来自于基础设施的提供，来自于公平公正之要求。"也有"、"部分"两个词是重点。 第三句话，"财政在配置那部分资源的时候，也要讲效率"。 这里用了一个"也"字，因为市场配置资源主要讲效率，财政用人家一部分资源，你也要讲效率。 同志们，这就是绩效财政的来源。 有人讲，绩效财政是公共财政的事，与国家财政无关，而我说绩效财政是国家财政的职能，是国家财政和公共财政的结合产物。 20年前预算法不可能写绩效财政，20年后讲求绩效变为新预算法的重点编制的原则，这是我们对市场经济发展取得成果的肯定。 把这三句话结合在一起看，配置职能就是中央提的优化资源配置，维护市场统一；而促进社会公平，就是我们讲的分配职能；实现国家长治久安就是宏观稳定职能广义的发展。 所以，在新预算法中，对财政优化资源配置的要求，对讲求资源配置效率的要求，对新预算平衡观的要求，都有了全面的、法律性的解读。

第二，我讲一讲财政的公共性，也就是通常说的公共财政的要求。 大家看这段话，十八届三中全会提的"市场配置资源是最有效率的形式，市场在资源配置中起决定性作用，更好地发挥政府的作用"。 如何理解公共财政? 我这里送大家四句话，这是我对公共财政一以贯之的观点。

第一句话，"市场经济呼唤着公共财政"。 多年财政理论界所有的同志都对此没有异议，只是理解的角度有些不一样。 市场经济对应的财政方式叫公共财政。 财政本来就是公共部门的财务，为什么在财政的头上戴上"公共"这个帽子? 带上这个帽子是不是同义的反复? 这个反复有没有必要? 这是20年来理论界讨论的焦点，一直争论至最近，现在基本尘埃落定。 20年前我参加这个讨论，我的观点就是两个字。 第一个字，财政头上带上"公共"二字，这两个字是不是同义的反复? 我的回答是"是"，就是同义的反复。 第二个字，这个重复有没有必要，我的回答是"有"。 因为我们从计划经济转向市场经济，公共财政的核心是什么? 就是财政的钱主要用于公共产品与服务的提供，就是这个概念，财政的钱主要用于公共产品的提供。 道理很简单，杯子等私人产品部分主要让市场来提供，公共产品留给政府来提供，由税收等财政收入来资助。 而当年为什么要重复？ 因为表明我们转向的内容，表明我们转向的态度，表明我们的决心，表明我们的去向。 所以同义反复是完全必要的，所以我们长期坚持了"公共财政"的提法。

既然表明这种提法是个重复，同时在特定历史条件下这个重复又有必要，这个讲法实际上就隐含着，到一定的时候，当转向已经基本完成，当我们这个决心已经路人皆知，当我们这个态度已经鲜明坚定，当我们这个方向始终坚定不移的时候，财政前面的"公共"两字是不是可以不用再提了？ 我曾在一篇文章里讲，等到那一天，当政府和市场的疆界已经很明确的时候，财政头上的"公共"两字可以不用再说了。 现在看来，这一天已经来到了。 在党的十八届三中全会的决定中，关于深化财税体制改革，建立现代财政制度的整段论述中，通篇没有使用或者说不再强调"公共财政这个提法。 现代财政是个时代的概念。 现代财政可以有国家财政，也可以有公共财政支持。 这里的新意在于，财政是国家治理的基础与重要支柱，没有提公共财政，就是现在财政头上不再带上"公共"的帽子，首先问大家，公共财政的方向我们还坚持吗？ 回答是必须坚持。 必须明确，只要我们坚持市场经济的方向，我们就坚持公共财政的方向，这是坚定不移的。 但是为什么帽子又拿起来了？ 因为过去我们讲市场经济起什么作用时，强调的是对资源配置的"基础性作用"，而在今天的决定中，叫"决定性的作用"。 在中国的语言语境中"决定"已经顶了天了，是最高的表述，所以当我们这样提的时候，市场和政府的疆界已经很清楚，财政头上的"公共"二字就可以不用提了，取而代之的是"财政是国家治理的基础和重要支柱"。 作为对这一观点的理解，讲一个例子。 原来全口径预算体系的第一个预算叫公共财政预算，这次改名为一般公共预算。 原来讲第一个预算是公共财政预算，给人的感觉隐含着后面三个预算都与公共财政无关。 而现在第一个预算改名为一般公共预算，隐含着后面三个预算都是特殊的公共预算。 事实上也正是这样。 政府性基金预算中用于一般使用的可以调过来，今年调了 11 项政府性基金到一般公共预算中。 同时要尽可能统筹使用政府性资金预算和一般公共预算，尽管两个预算之间还是有"防火墙"。 国有资本经营收益的预算，这些钱除了用于国有部门内部弥补过去和展望未来以外，还要不断提高缴纳增加到一般公共预算的比例中。 同时如果还有钱，你要充实社会保障基金，这就是跟一般公共预算的关系。 最后是社会保险基金预算。 大家都知道钱哪里来的，3 个 1/3，一个 1/3 是你我他大家交的，一个 1/3 是单位给的，最后一个 1/3 是一般公共预算兜底。 所以大家看到，是不是第一个预算是一般的公共，后面三个是特殊的公共？ 这种提法，表明我们对市场经济条件下中国特色社会主义财政强大的理论自信。

对市场经济呼唤的公共财政这种提法，实际上就讲市场经济条件下的财政具有很强的公共性，这个公共性就体现为提供公共产品。 提供公共产品，用今天我们比较熟悉的语言来说，就是保障和改善民生，是提供公共产品的最主要的内容。 市场经济提供公共产品这个提法，我曾经提过三个同心圆的观点。 这个圆心就是财政的职能所在，一圈两圈三圈，越往外，离这个圆心越远一些，我认为公共财政也是，社会主义公共财政的三个同心圆是什么？ 第一个同心圆，最厚最结实的同心圆，是"公共产品"，这是最主要的。 第二个同心圆比较稀薄，是"外部调节"，就是纳税人的钱也可以用于市场经济运作所必需的外部条件，包括市场经济运作所必需的法制环境，包括事业单位履行的职能。 第三个同心圆是比较稀薄的，讲尽量不要用纳税人的钱去提供一般竞争性的产品，这叫"尽量不"，但是在一定条件下是可以提供的。 在一定的条件下，市场经济私人部门可以参与对部分公共产品的提供。 在发展中国家初级阶段的中国，这种提供还要鼓励，作为必要的补充。

市场经济能不能提供公共产品呢？ 我的回答是能，只是没那么有效。那么，政府财政公共部门能不能在一定条件下参与对部分私人产品的提供？原则上也是可以的。 现在财政部力推的私人部门与政府合作（PPP）的这些项目，核心的理论依据就在于这种交叉的提供，未来有的要逐步过渡给市场，有的还要政府参与，同时刚才讲的国有资本要在关系到国家民生、国家安全的这些一般竞争性中间占一席之地，其理论依据也是这种交叉提供。所以当我讲公共财政的第一句话，市场经济呼唤的公共财政的时候，我是结合着我们自己的特征，结合着公共产品提供的深度和广度，结合着外部条件，也结合着我们对一般竞争性部分领域的部分占有，是基于这种特殊的阶段跟国情来讨论"市场经济呼唤公共财政"的基本判定。

除这句话以外，下面还有三句话，理论界就在这些问题上不断地有着不同的观点，这里把我的观点简要说一下。 第二句话是什么？"政府和市场的结合一定是公共财政运作的起点。"这告诉我们，市场提供私人产品，政府提供公共产品，这是一种原则的分配。 但在现实中，政府跟市场的结合，一定是我们公共财政资金走向必须考虑的重要因素。 第三句话，有的同志认为要逐步改变的，而我认为是要坚持的，就是我国公共财政运作必须体现体制性的特征。 同志们想，我们的体制性特征是什么，除了制度性安排外，还有什么是体制性特征？ 我认为，体制性特征核心的两大块，一块是"集中力量办大事"，我国的资金运作包括财政补贴运用、民生提供都体现集中力量办大事。 现在有些学者老是拿西方公共财政的教科书来解读我们的公共财政运用，认为最需要根除就是集中力量办大事这类的安排，而我认为最需要保持的就是集中力量办大事，这个东西如果没有，不说是一盘散沙，至少是缺乏了体制性优势。 另一个体现就是"经济财政观"，即经济决定财政，财政反作用于经济。 通俗地说，国民经济的大蛋糕决定财政收入的中蛋糕，财政收入的中蛋糕反作用于国民经济的大蛋糕。 公共财政运用一定与这些相联系。 现在要研究的是新形式、新常态下的表现形式，中国财政理论工作者的最大任务就是寻求支撑实践的理念依据。 第四句话是，任何公共财政一定与特定的公共选择制度相联系。 如前所述，中国公共财政对应的公共选择制度不是"三权分立"、"两院制"，而是党的领导、人民当家做主与依法治国的统一。

第三，讲讲发展财政。 这几年我们研究公共财政，借鉴的公共财政的国家或者地区都是发达国家或地区，在这些国家或地区中，发展作为第一要务，他们已经完成了，而我们还没有。 所以财政在保障和改善民生的同时，还必须拿出一部分钱来搞建设谋发展。 发展财政的核心其实就是八个字——独特作用，国情制约。 独特作用是指财政还得拿出些钱来充当社会先行资本的作用。 财政就必须在做大蛋糕、促进发展的根本问题上始终保持坚定不移的态势。 当我国在实施市场经济资源配置条件下实现经济起飞的过程中，财政要干什么？ 其一，该提供的公共产品要提供，这是基本要求。 其二，促进发展的基础设施、具有外溢性的各种平台，要帮助建设，即"政府搭台、企业唱戏"。 多年来我们将发展财政的各种形式用得淋漓尽致，各地科技园、开发区、高新区、孵化器、"五通一平"等做法，都是发展财政的方式。 中国财政在任何时候都必须兼顾方方面面的要求。 陈云同志当年讲过，计划经济条件下的财政是要做什么，一要吃饭、二要建设，简明扼要、通俗易懂。 市场经济条件下财政干什么，首先还是一要吃饭，把饭吃得更好；二要民生，这是公共财政的要求；三要发展，在市场条件下，同时又处在经济起飞过程中，提供公共产品、提供外部条件，促进经济发展，财政都要有所作为。其三，有的本来应该由市场经济、民营经济、私人部门来参与的，在一定条件下，政府也必须贡献。在特定风险特别是危机袭来时，民营经济按照市场规律是难以承担稳定重任的，这就需要财政的贡献。归根结底的基本道理还是一句话，财政要为推动国家经济社会的"发展"做贡献。

在计划经济年代，私人产品无法极大丰富，那时想把公共产品全部覆盖下来，但盖不住。当我们引进市场的时候，私人产品开始逐步极大丰富。民生和发展在一定条件下是对立统一体，一定程度上是有矛盾的，一定程度上又是可以统一的。先有发展才有民生，同时我们要知道，有时我们抓民生就等于是在抓发展。在大部分条件下，给定财政蛋糕，民生与发展可能存在一定矛盾。因此，在初级阶段提供公共产品、保障改善民生，要做到尽力而为、量力而为、循序渐进、持之以恒。我们要坚持新时期民生发展观的要求，体现发展财政与公共财政两者统一的要求。我从来都是这个观点：中国财政当今要解决的核心问题是在国家财政的前提下，努力处理好公共财政与发展财政两者的关系。这一观点，应该说在新预算法中已经得到了相当的体现。

第四，财政的改革性，这里包括改革财政、法治财政的要求，大家在对党的十八届三中、四中全会的学习中得到了许多体会，都比较熟悉，就不展开论述了。

第五，涉外财政。统筹内外两个大局对我国财政的要求。请大家记住，财政是国家主权的集中体现；金融可以国际化，财政很难国际化；金融很好进行国际协调，财政税收很难协调。欧盟历史、欧洲债务危机、2008年应对国际金融危机的经验都告诉我们，各国的利率政策可以协调，但财政税收部分就比较难协调。因此，任何时候，国家财政都是为了国家利益最大化。但我们同时也要考虑经济全球化与参与提供国际公共产品对我国财政的要求。实际上，在当前战略大局下，大国财政、国际财政的研究给我们提供了一个全新的理念，大家如果有兴趣可以多关注这方面的问题。

接着我再讲讲新预算法。关于新预算法的背景、任务就不展开说了，重点讲新预算法的几个基本特点，其中有一些与地方人大的同志相关，也与中国财政发展的阶段性任务有关。我这里重点想讲"立法目的明确、预算原则清晰、平衡机制创新、地方债务严管"这四个方面。预算法原来七章七十九条，现在七章一百〇一条。预算法是"大修"，但其本质与基础性的东西都没变,那就是中国特色社会主义财政发展阶段性的产物和法治化的体现。

第一,立法目的明确。 预算法第一章第一节,关于预算法的宗旨是这样写的:"为了规范政府收支行为,强化预算约束,加强对预算的管理和监督,建立健全全面规范、公开透明的预算制度,保障经济社会健康发展,依据宪法,制定本法。"主要说明预算法总则包含财政的国家性、财政的公共性和财政的发展性三个方面。 预算法这次明确讲,为了规范政府收支、强化预算约束、加强预算的管理。 这三句都是全新的,原预算法第一条写的是为了强化预算的分配与监督职能,为了强化财政的国家宏观调控。 这次修改的核心在于,原来预算法是管理法,主要给财政部门依法理财提供法律依据,这次是管理法和监督法的统一。 管理法强调的是财政部门至少在程序上、规矩上依然按照法律来行事,对政府、财政按照法律进行收支。 对财政部门来讲,财政在所有工作中要注重对预算的约束、内在的约束。 而人大要加强对预算的监督与管理,所以是管理法与监督法的统一,是国家财政在国家治理新阶段要求中的新体现。 第二句,新预算法中新加的"建立健全全面规范、公开透明的预算制度",这句话是党的十八届三中全会对现代预算制度的要求,体现的是财政公共性的要求,体现的是市场经济条件下坚持公开透明、全面规范预算制度的要求,这是市场经济改革 20 年来取得成果的体现。 20 年前,这个提法无法写入预算制度。 第三句话很重要,保障我国经济社会的健康发展。 这次预算法的修改历经十年,历经四届人大常委会,加上最终的完成稿一共有五稿,总则中的许多内容都有反复修改,只有这句没有变,即保障我国经济社会的健康发展。 这句话保留下来是有特定意义的,表明中国财政始终具有发展性,具有做大蛋糕、促进发展这一基本要务。 为什么这样做,为什么能这样做? 因为下面还有"依据宪法、制定本法"这句话,我们依据的是中国宪法。 另外,预算法的第一句话的核心是规范,更重要的是把收和支都列入预算法了。 有些学者认为,最好只管支出,不要管收入。 甚至有学者讲过,税务部门收税什么时候依据过预算法,不是有征管法、单行法? 他们的核心是想办法把收支分开,把收从预算法中拿出去,就管支;我们则是收支都是共同要做好,这是经济财税观的要求,是体制安排的必然,也是政策运用的需要。 现在全口径都要纳进来,无论收和支都要纳入管理,这是全面性要求。 收支的协调配套是中国特有的。

　　第二，预算原则清晰。 原预算法，预算编制按照收支平衡原则来做，新预算法进行的两个重大突破。 一是编制预算原则由一个变为五个。 二是收支平衡给了新的解读。 这都是贯彻党的十八届三中全会的精神，体现了20年来财政体制改革的结果。 现在预算法的五大原则分别是统筹兼顾、勤俭节约、量力而行、讲求绩效和收支平衡。 这五大原则分为三大类，前三个原则体现着中国的体制性安排和阶段性特征。 在国家治理的条件下，不能仅看平衡，还要看其他因素；勤俭节约就不用说了，这是我们的传统；量力而行体现在发展中的阶段要求。 而绩效财政是财政公共性的要求。 最后一个收支平衡，财政就是一收一支。 一收一支就要讲平衡，不讲平衡的财政就不是财政，不讲平衡的预算法就不是预算法，但是对新财政、新预算管理体制下的平衡观有了新的解读和讲法。 我理解，这里主要有三句话：第一句话，关于人大比较关注的年度预算，审查年度预算要由收支状态、赤字规模向支出预算与政策拓展。 这是党的十八届三中全会的原话，精神都体现在预算法里了。 把收支状态、赤字规模当作 A，后面支出预算与政策当作 B，就是由 A 向 B 拓展。 A 讲的就是不列赤字，不能有赤字，年度必须平衡，B 讲的就是主要管支出，从此不再重点管收入。 既然重点管支出，那就可能出现年度收支不平衡，我们从此就不再拘泥于年度赤字问题。 由 A 向 B 拓展，不是说由 A 完全转向 B，如果是由 A 完全转向 B 的话，从现在开始就不需要讲平衡。 第二句话，各级政府都要制定跨年度预算平衡机制。 实际上就是拓宽了平衡概念的时空，跨年度预算平衡机制的核心还是"平衡"二字，不是告诉你跨年度赤字。 第三句话，我们要逐步建立中期财政规划，迈向中期财政预算。 当前搞的是三年滚动式，实际就是说这个跨度是三年。 回到我刚才讲的，就是要妥善处理好短期赤字财政措施的运用和长期财政平衡地位的关系。 这三句话就把这个关系讲明白了。

　　第三，平衡机制创新。 有几个问题请大家理清楚，一是税务部门还有没有任务？ 去年，全国税务工作会总结经验的第一条，就是面对经济下行的压力，全国 80 万税务大军努力完成预算确定的税收任务。 这里有个新的概念，"预算确定的税收"。 在新的平衡机制下怎么理解这个问题？ 这句话原来写在预算法修订第三稿的第四章第三十六条，第四章的题目是预算编制。 最后通过的预算法改到第六章第五十五条，第六章的题目是预算执行。 把这个问题当作预算执行中要避免的倾向来说，不是编制问题，是执行问题。 这就明确地告诉你，预算通过的税收任务就是任务，必须要执行的。 最近我写了一篇文章，对预算确定的税收任务这个概念讲了五句话：第一句话，在中国的制度性和体制性安排下，中国的税收任务将长期存在，不能没有。 第二句话，在新预算管理体制下，税收任务是预测性的。 第三句话，人大通过预算确定的预测性收入任务就是法定收入任务，必须全力完成。 第四句话，我们要努力避免在预算执行过程中出现的偏差。 预算法第五十六条告诉你四个偏差，一是不能收过头税，二是不能减征、缓征、免征、少征应收税款，三是不能挪用、占用，四是各级政府不能再超预算下达任务指标。 第五句话，一旦收入的确完成不了，必须通过预算的法定程序来解决。 同志们如果有兴趣，请看新预算法第三十六条、五十五条、六十二条与六十八条，写得非常清楚，这个问题必须得到解决，理论依据必须阐明，这叫预算确定的税收任务的概念。 我们要把收入问题和支出问题摆在一起来统筹考虑，财政部门现在注重支出的管理，收入征收部门与单位则根据预算确定的任务努力加以完成，大家共同努力，同时规范地达到预算法确定的任务与要求。

第四，地方债务管理。 有了平衡机制之后，预算法对中央赤字和地方债务也有新的规定。 关于中央赤字，原预算法是这样写的："中央公共预算不列赤字；部分确需的建设资金可以通过举借内债外债来解决，实行余额管理"。 1998年以来，我们用一千亿债务应对亚洲金融危机，法律依据就是第二句，部分确实需要的建设资金，我们就用了，但实际上，不列赤字那个帽子始终制约着我们。 这次将这句话直接改成："中央一般公共预算中所需的部分资金可以通过举借国内外债务来解决，实行余额管理。"这样就把帽子拿起来，中央一开始就可以列赤字，运用赤字财政措施。

地方债务则是另外一回事。 原预算法这样写的："各级地方政府要根据量入为出、收支平衡的原则编制预算，不列赤字。"现在如何改变？ 首先，法律已经不适应形势的发展了，发展财政要求各级政府都要谋发展求跨越。 各级的资金都是紧运行的，地方在分税制财政体制没有大变动的条件下就必须寻求资金来源，但又必须规范。 按照现在改革的要求，就是要"堵后门、筑高墙、开前门"。 所以，这次改动后在"不列赤字"前加了一句话"除本法另有规定外"。 下面有一大段话讲如何举债，主要分六个部分，一是举债主体是省级政府，二是举债方式为地方政府债券，三是举债规模是地方债务余额限额管理，四是债务管理是调整预算，五是债务使用是公益性资本项目，六是债务风险要严控。

　　最后，我简要谈谈全口径预算审查。

　　一是一般公共预算。定义要记住八个关键字，即税收、民生、发展、国家。一般公共预算的定义为：一般公共预算是对以税收为主体的财政收入，安排用于保障和改善民生、推动经济社会发展、维护国家安全、维持国家机构正常运转等方面的收支预算。从定义来看，一般公共预算的来源是税务机关征收的税收，三大用途为民生、发展、国家，恰恰体现了前面所讲的财政的民生性、公共性、发展性和国家性的要求。预算法在立法的过程中，保留"推动国家经济发展"的内容，这是非常重要的。同时，在定义中，将"保障和改善民生"放在"推动经济社会发展"的前面，这与一般讲话中的先讲发展再讲民生的顺序也是不同的。在新预算法中，一般公共预算的财政收入主要先用于民生，次要的才用于经济发展。这次如果没有这个定义，将地方债务的一般地方债务放在一般公共预算中管理，那是不合适了。现在有这句话，这样做就是规范的，体现了既有民生又有发展。在这个前提下，人大代表在审查预算时，要审查收入在哪里、支出在哪里，新的平衡观怎么把握，赤字怎么理解，政策怎样审查，都要注意。

　　二是政府性基金预算。其定义为：政府性基金预算是在一定期限内向特定对象征收、收取或者以其他方式筹集的资金，专项用于特定公共事业发展的收支预算。定义中有三个特定：特定阶段、对特定对象征收的资金、专项用于特定公共事业的发展。这本预算全部讲发展，这是多么重要的概念。过去用公共财政的理念来讲政府性基金预算是永远也讲不清楚的，那就不要讲了，主要理论依据是财政的发展性。所以，当前审查的核心，就是对政府性基金中特定项目的发展模式的审查，其中重要的就是妥善地处理好土地出让收益收支的审查。土地出让收益收支这种财政收入，是中国现阶段财政发展的特殊表现形式。

　　三是国有资本经营预算。其定义为：国有资本经营预算是对国有资本经营收益做出支出安排的收支预算。这里不是对国有资本的经营进行管理，而是对国有资本经营的收益的预算收支。资本经营收益的主要用途，一是用于国有资本自己解决历史陈账问题，即支持国有经济，面向未来；二是不断提高国有资本收益上缴一般公共财政的比例；三是充实社保资金。特别是在当前国有企业改革的新背景下，应当很好地研究对国有资本经营预算的审查。

　　四是关于社会保险基金预算。严格意义上说，社会保险基金预算不都是政府的钱，按照党的十八届三中全会的要求，这块预算最终还将过渡为社会保障预算。 当前，这块预算的一个特点就是草案前三稿中规定的"收支平衡、略有节余"的原则，在预算法草稿的前三稿中都有这样的写法。 但是，在最后一稿中将"略有节余"的内容删除了。 在中国当前阶段，伴随着中国迈向老年社会，伴随着中国经济社会平稳发展，社会保险基金预算能够做到"收支平衡"比较重要，就是守住底线。 这本预算，在当前阶段有一个发展、前进的过程，在审查中也区别各地有不同的"五金"、"七金"等不同的成绩，就需要采取不同的审查做法。

花了两个小时，向同志们讲了我对中国特色社会主义财政的理解，并从中国特色社会主义财政的阶段性结果与法治性特征的角度来理解新预算法，同时简要地谈了对预算审查的一些观点。 我不敢说我讲的所有内容都是对的，但有两点我可以保证，一是这些内容都是基于中国国情，二是这些内容都是我自己思考的。 不对的地方，请大家多多批评指正。

谢谢大家!

附录二

关于编译出版《财政理论与实践》一书的回顾

邓力平

（2016 年 3 月 28 日，庆贺中国财经出版社成立 60 周年文章节选）

　　《财政理论与实践》（*Public Finance in Theory and Practice*），是美国著名财政学家马斯格雷夫教授夫妇合著，由美国麦克劳-希尔图书公司出版的一部专著。 自 1973 年第一版问世后，至 1989 年共出了五版。 这既是一部以美国财政理论、财政政策与财政基本制度为研究对象的学术著作，又是一本可供大学讲授财政学所用的经典教科书，在国际财政理论界有着极大的影响。 自 20 世纪 70 年代后期开始，笔者就在中国财政经济出版社的组织下，和邓子基教授一起从 1980 年起开始编译已出版《美国财政理论与实践》（1987 年 9 月出版），2003 年 6 月又再次全书翻译已出版的《财政理论与实践》。 现将其中一些重要环节记录下来，可以从一个角度来加深我们对中国特色社会主义财政发展进程的理解。 因为，总体上看，这一编译、翻译与出版的过程，生动地体现了改革开放以来的中国特色财政理论建设之"既坚持以我为主，又倡导吸收借鉴"的一贯做法，体现了出版社编辑同志和编译者所持有的坚定立场、敏锐视角与务实态度。 应该说，此书翻译出版前后所经历的过程，体现着我们对中国特色社会主义财政坚持和对国外财政理论借鉴相结合之不断深化的认识，至今仍然深刻留在笔者脑海里的许多细节，可以从一个特定侧面来折射中国特色社会主义财政事业的发展进程，可以从一个特定角度来反映这一进程所特有的发展路径、阶段特征与历史烙印。

　　20 世纪 70 年代末，伴随着我国的改革开放进程，中国财经出版社的同志敏锐地认识到，我们既要坚持我国财政理论研究的社会主义发展方向，又必须面向世界，大胆地引进一些国际上公认的财政理论专著，既要立足国情，又要比较借鉴。《财政理论与实践》一书就是在这样的背景下引进的。当时中国财经出版社把这本书的翻译任务交给了邓子基教授，与其联系的责任编辑是袁中良同志。 在邓子基教授的组织下，厦门大学经济系财政研究方向先后组织了一批同志开始了这项工作。 首先翻译的是该书 1976 年的第二版，参加翻译的有：邓子基、吴人珊、黄有土、常勋和我。 经过努力，我们于 1983 年基本上完成了全书的翻译任务。 但此时，该书又有了新的版本，于是在出版社的支持下，由邓子基教授和我重新根据该书 1984 年第四版进行翻译，并由上海财经大学的苏挺、孙仁江同志负责译文的校订工作，最后于 1987 年 9 月出版。

这本 1987 年版的译著主要有三个特点，这在一定程度上体现着在改革开放初期我们对译著的认识，也体现着当时我们和出版社编辑同志达成的共识。 其一，我们最后采用的是"编译"的形式，而不是对全书的"翻译"。由于当时国内对国外财政理论与实践的了解还不够全面，以及当时历史条件的限制，同时也由于一些基于当时政治判断下的正确考虑，我们在翻译完全书后，只是挑选了第四版中的三十章（原书共三十七章）来出版，而且对原书的结构安排也做了一定的调整，还删除了一些章节，如税负转嫁和归宿等部分。 其二，我们在书名中专门加上了"美国"二字，以"美国财政理论与实践"的书名出版，其原因主要在于原书是根据美国的财政实践轨迹进行论述，而当时我国又迫切需要了解美国的财政实践做法，因此加了国别限制并配上"编译"的形式，有利于我们对国外财政加以分析研究，在比较中借鉴。 其三，我们特别撰写了《一本全面论述美国财政理论与实践的著作——编译者代序》一文，放在全书的最前面。 这里我们摘引其中两段带有总结性与时代性的表述，"该书作为一部专门研究财政理论与实践的专著有其特点与独到之处，对我们系统地了解当代资产阶级财政理论的现状，了解美国财政政策与财政基本制度都很有帮助。 而且作为一本教科书，该书通俗易懂、深入浅出，有利于选择阅读。 作为了解美国财政、西方财政和美国经济的一个'窗口'，该书确实是值得一读的"。"当然，由于作者的阶级立场与局限性，他们对资本主义财政的本质等问题不可能做出正确的评价。必须指出，作为全书指导思想的主要是西方资产阶级经济学理论，对于这些方面，我们在阅读中应给予充分的注意，要进行必要的分析与批判。"

时光飞逝，今天回过头来看这段历程，在 20 世纪 80 年代初中期就大胆地引进出版国外财政学重要著作，同时采用"添名、编译、代序"等务实方式、坚持"客观、借鉴、批判"等表述方式，虽然烙着特定阶段的印记，但无疑是正确的，既反映着特定阶段的特征，又坚持了比较借鉴的方法。 任何时候，我们都既只能做在特定阶段被认识是正确的或者是可以接受的事情，又始终必须有着一以贯之的总体前进方向，必须坚持基本立场不动摇。应该说，在该书的编译出版过程中，笔者与出版社编辑在这个方面始终保持着清醒的头脑，同时看法高度一致，配合相当默契，几经波折，最后成书。该书是我国改革开放后全面系统介绍国外财政理论与实践的最早一本译著，对我国财政体制的改革并最终选定沿着社会主义市场经济方向构建财政理论框架产生了较大影响，对此，作为该书的编译者，笔者是很高兴的，同时也衷心感谢出版社编辑和领导的支持与努力。

2003 年，再次受中国财经出版社的委托，邓子基教授和我又组织重新翻译了该书的 1989 年第五版，应该说，我们在 20 世纪 80 年代对该书采用编译等形式是一种合理的选择，但对于了解全书而言，毕竟还是留下了遗憾。 中国财政出版社给了我们弥补缺憾的机会，希望我们能再次牵头组织翻译出版全书，这时与我们联系的责任编辑是洪钢和杨波同志。 虽然当时教学科研工作极为繁忙，我们还是义不容辞且愉快地接受了任务，在邓子基教授的关注下，主要由笔者负责并组织所带的博士研究生进行初译，最后由我们对全书通稿进行译校，最终圆满地完成了任务，该书于 2003 年 6 月正式出版了。 总体上看，该书有三个重要特点。 其一，我们在书名中删去了原来在特定历史条件下使用的"美国"二字，恢复了原来的书名"财政理论与实践"的。 其二，我们对全书进行完整翻译出版。 应该说，对全书翻译出版最主要的考虑是，经过 20 多年的改革开放，我国财政学界对国外财政理论已经有了较普遍、较深刻的了解与认识，无论是对国外财政理论的把握、分析、比较和借鉴，还是对其中某些部分的扬弃与批判都达到了相当的水平，因此，我们已经有相当的自信，可以全部翻译，可以充分比较借鉴。其三，特别值得一提的是，该书没有采用当时流行的"公共财政"概念，没有将书名确定为"公共财政理论与实践"，而是坚持使用了"财政理论与实践"作为书名。 笔者在 2003 年的"重译再序"中指出："细心的读者可能还会发现，本书书名并没有采用当前普遍使用的翻译术语'公共财政'，而是仍然翻译为'财政'。 这是因为译者认为，'Public Finance'本来就应该译为'财政'，仅就翻译术语而言，没有必要另译成'公共财政'。 我们关于财政本质与职能、国家分配论与公共财政论的关系等方面的基本观点，已经众所周知，这里不予重复。马斯格雷夫在该书中所描述的财政理论和实践，既是财政一般的内容又是财政特殊的内容。因此，我们认为，目前这一译法是比较妥当的。"这段话已经把笔者的观点表述得很清楚了。笔者认为，该书既强调了国家财政的配置、分配与稳定等基本职能，也充分阐述了我们现在理解的公共财政的众多范畴，因此最后书名的确定，表达的是在市场经济条件下财政是国家财政与公共财政统一的重要理念。对于笔者的这种认识与决定，责任编辑洪钢、杨波同志表示了理解与支持，这在当时全国财政理论界对公共财政解读的特定氛围下，是极其难能可贵的，既表明了出版社编辑对财政基础理论研究与译者作者所持观点的尊重，又表明了出版社编辑同志对坚持中国特色与借鉴国外观点相结合这种一以贯之的辩证态度。

时间过得很快，中国特色社会主义财政事业正在财政理论与实践工作者的共同努力下持续推向前进，今天，在党的十八大，十八届三中全会、十八届四中全会、十八届五中全会精神的指引下，我们已经到了全面建成小康社会的决胜阶段，中国特色财政建设也与时代同步，无论从理论与实践上都在奋力开辟新天地，努力再上新台阶。笔者注意到，就关于当代中国财政的基本定义而言，十八届三中全会的《决定》中，特别是在第五部分"深化财税体制改革"中有两个显著的特点。一是首次提出"财政是国家治理的基础与重要支柱"的重要论断，对我国财政在国家治理体系与治理能力现代化进程中的地位与作用做了明确的表述，再次表明了我国财政的国家性和财政在当前国家治理新征程中的时代使命。二是通篇没有再使用或再突出强调我们已经比较熟悉的"公共财政"提法，而是使用"财政"、"财政在国家治理中的作用"或"现代财政制度"等表述。将这一表述上的变化与十八届三中全会的《决定》中强调的市场在资源配置中起"决定性"作用的重要判断一并考虑，笔者的基本体会是，当我们已经强调市场在资源配置中的决定性作用，也就是我们已经理清了市场与政府在资源配置中的界限后，财政在市场经济条件下的作用已经很清晰，财政就是国家的财政，这种国家财政在市场经济条件下必然按照分工来提供公共产品，就必然具有财政的"公共性"特征。因此，我们既要在市场经济导向的深化改革进程中坚持体现与发挥财政的公共性，又没有必要再将"公共"二字作为前提始终冠于"财政"之前。从"公共财政"到"财政的公共性"这一表述上的变化，对于我们在中国具体国情与发展阶段上理解公共财政的概念，坚持在市场经济起决定性作用条件下的财政表现形式有着重要的指导性作用，表明的是我国对改革发展到今天中国特色财政发展的强大自信。 应该讲，这些认识或共识形成的过程，是财政理论与实际工作者对中国特色财政基本特征持之与恒、不断探索的结果。 在这里，结合着对《财政理论与实践》一书先后长达 23 年的编译与翻译过程，特别是结合我们在该书书名选择问题上的坚持，笔者深切地感到，笔者之所以能够一以贯之地坚持对中国特色财政发展的观点，是与多年来出版社编辑同志的理解、支持与鼓励分不开的。 笔者以上面这些清晰的回忆，向尊敬的出版社编辑表示诚挚的谢意与崇高的敬意，并愿意在未来的时光中，继续和大家一道，为中国特色社会主义财政理论事业的发展不懈努力，再做贡献。

重要文献

［1］习近平.习近平谈治国理政［M］.北京：外文出版社，2014.

［2］中央宣传部.习近平总书记系列重要讲话读本（2016 年版）［M］.北京：学习出版社，人民出版社，2016.

［3］中国共产党第十八届中央委员会第三次全体会议文件汇编［M］.北京：人民出版社，2013.

［4］中国共产党第十八届中央委员会第四次全体会议文件汇编［M］.北京：人民出版社，2014.

［5］中国共产党第十八届中央委员会第五次全体会议文件汇编［M］.北京：人民出版社，2015.

［6］中共中央关于制定国民经济和社会发展第十三个五年规划的建议［M］.北京：人民出版社，2015.

参考文献

［1］财政部预算司.2015.关于预算公开的现状分析与思考［J］.中国财政（2）.

［2］郝昭成.2015.国际税收迎来新时代［J］.国际税收（6）.

［3］贾康.2007.大国财政的新任务［J］.当代经济（12）.

［4］李扬.2015.中国经济新常态与改革创新［R］.十二届全国人大常委会专题讲座第十七讲.

［5］刘尚希，李成威.2016.大国财政：理念、实力和路径［J］.地方财政研究（1）.

［6］刘雪莲，李晓霞.2015.中国特色大国外交及在东亚地区推进特点［J］.东北亚论坛（6）.

［7］楼继伟.2015.认真贯彻新预算法 依法加强预算管理［J］.中国财政（1）.

［8］楼继伟，张少春.2015.深化财税体制改革［M］.北京：人民出版社.

［9］卢洪友.2016.中国的大国财政定位及建设之路［J］.地方财政研究（1）.

［10］马蔡琛.2016.大国视野中的跨年度平衡机制［J］.地方财政研究（1）.

［11］孙瑞标.2015.在"税收现代化"研讨会暨《税务研究》创刊三十周年座谈会上的讲话［J］.税务研究（6）.

［12］王力.2014.中国现代税收管理若干实践与思考［M］.北京：中国税务出版社.

［13］王雍君，赵国钦.2016.论大国财政的优势和劣势［J］.地方财政研究（1）.

［14］谢旭人.2011.中国财政管理［M］.北京：中国财政经济出版社.

［15］杨志勇，樊慧霞.2016.新财政治理理论：大国财政与全球经济新秩序［J］.地方财政研究(1).

［16］杨伊.2009.国际财政研究［D］.南昌：江西财经大学博士论文.

［17］曾聪.2014.大国财政构建与国际公共产品提供［D］.厦门：厦门大学博士论文.

［18］赵仁平.2007.论国际区域财政研究的基本框架［J］.云南财经大学学报(4).

［19］邓力平.2016.大国财政理念与实践的再认识［J］.地方财政研究(1).

［20］邓力平.2015d.新预算法：基于中国特色社会主义财政的理解［J］.财政研究(10).

［21］邓力平.2015c.对税收理论现代化相关问题的思考［J］.税务研究(10).

［22］邓力平.2015b.落实税收法定原则与坚持依法治税的中国道路［J］.东南学术(5).

［23］邓力平.2015a.适应新常态、迈向现代化：对当前税收工作的四点思考［J］.财政经济评论(1).

［24］邓力平，王智烜.2015.树立大国税收理念 推动国际税收合作［J］.税收经济研究(4).

［25］邓力平，王智烜.2015.开放型经济新体制与国际税收合作新要求［J］.经济与管理评论(6).

［26］邓力平.2014b.从"现实版"到"升级版"：构建中国特色国际税收的思考［J］.国际税收(9).

［27］邓力平.2014a.中国特色社会主义财政、预算制度与预算审查［J］.厦门大学学报(哲学社会科学版)(4).

［28］邓力平，曾聪.2014.浅议"大国财政"构建［J］.财政研究(6).

［29］邓力平.2013b.共筑"中国梦"的财税思考［J］.涉外税务(6).

［30］邓力平.2013a.对新时期财政发展支出与民生支出关系的再认识［J］.中国财政(3).

［31］邓力平.2012c.财政热点与财政理论：国际视角的分析［J］.财政研究(11).

［32］邓力平.2012b.跟踪四大进程 构建统筹税收［J］.税务研究(10).

［33］邓力平.2012a.立足税收 走出税收——兼谈三个层面的税收观［J］.涉外税务(2).

［34］邓力平,罗秦.2011b.税收发展与税制改革:加入 WTO 十年后的再思考［J］.税务研究(5).

［35］邓力平.2011a.中国特色社会主义财政:"四位一体"的分析［M］.北京:经济科学出版社.

［36］邓力平.2010.发展财政理念及其政策启示［J］.财政研究(11).

［37］邓力平.2000.关于社会主义公共财政的几点看法［C］//公共财政:经济学界如是说［M］.北京:经济科学出版社.

后　记

　　中国特色社会主义财政税收是中国特色社会主义伟大事业的重要组成部分，认真研究其基本内涵与主要内容，始终跟踪其最新发展，努力为其最新实践提供理论佐证，这是当代财税理论工作者的责任担当与历史使命。　党的十八大以来，中国特色社会主义财税发展进入了全新的阶段，新进程呼唤着我们立足新时代、把握新常态、研究新问题、迎接新挑战，为构建中国特色社会主义财税体系贡献力量。　正是在这样的背景下，笔者持续思考着中国特色社会主义财税发展的时代特征。　三年多来，笔者在学术杂志上发表文章、在论坛会议上提出观点、在授课讲座中梳理思路，形成了自己对中国特色社会主义财税在新阶段发展的分析框架、基本内容、思路观点与政策建议。　2015年下半年起，经过一年的努力，笔者在这些思考研究的基础上，完成了专著《中国特色社会主义财税思考》，作为对中国特色财税发展新特征把握的初步体会，希望有助于我们更好地理解中国特色社会主义财税的伟大实践，并为财税界同人做进一步研究提供参考。

　　本书在写作过程中得到了我所带博士生们的大力协助，本书的某些章节是在笔者与所指导博士生的合作文章基础上形成的。　第八章第一节基于笔者与所带学生曾聪博士合作的文章（《浅议"大国财政"构建》，载于《财政研究》2014年第6期）而完成。　第九章第一节在笔者与所带学生罗秦教授合作的文章（《税收发展与税制改革：加入WTO十年后的再思考》，载于《税务研究》2011年第5期）基础上写作而成。　第九章的第四节和第五节在笔者与所带学生王智烜副教授的文章上（《树立大国税收理念推动国际税收合作》，载于《税收经济研究》2015年第4期；《开放型经济新体制与国际税收合作新要求》，载于《经济与管理评论》2015年第6期）修改完成的。　此外，王智烜副教授还承担了本书后期的一些排版工作，在此表示感谢。　本书还要感谢厦门大学自主科研基金的支持，《中国特色社会主义财政的理论与实践研究》（Y0761622）与《中国特色国际税收的理论与实践》

（Y0761604）对本书的出版提供了经费支持。 本书的完稿也离不开厦门大学出版社领导、编辑的全力支持、持续鼓励与不断督促。 厦门大学出版社是我出版第一部专著的出版社，能在这里继续出书是责任，也是光荣。 出版社同志们的工作热情、敏锐思路、积极配合、包容程度都给笔者留下了深刻的印象，也坚定了在繁忙政务与教学工作的同时，必须按时优质完成书稿的决心，在此一并表示感谢。

　　笔者从来都坚持这样的观点：中国特色社会主义财税发展是一个动态过程，我们对其的认识也必然是一个动态过程，同时也一定能伴随着不断前进的中国特色财税发展实践而丰富完善。 笔者对于自己的思考结论，从来不敢说全对，也不敢期望所有的观点都能得到财税界同人们的赞同。 但有两点从来都是有把握的，一是笔者的研究一定是基于国情，是根植于中国财税发展的实践；二是笔者得出的结论一定是独立思考而完成的。 因此，本书的出版希望能得到财税界同人的批评与指正，笔者更期望能和同人一起继续努力，提供更多新的研究成果，以无愧于我们伟大时代的丰富实践，共同为中国特色社会主义财税的发展贡献力量。

邓力平

2016 年 5 月于厦门国家会计学院